STUDIA OECUMENICA FRIBURGENSIA
(= Neue Serie der ÖKUMENISCHEN BEIHEFTE)

Herausgegeben vom Institut für Ökumenische Studien
Freiburg Schweiz

61

Zum Einband:

Das Titelbild nimmt die Berufung der Söhne des Zebedäus in der Darstellung der Bernwardsäule (um 1020) im Hildesheimer Dom auf. Der Ausschnitt zeigt Jesus, der Jakobus und Johannes seine rechte Hand entgegenstreckt. In der Linken hält er das Buch als Zeichen für das Wort des Lebens, das er selbst ist. Die ährenförmige Gestalt des Buches wie des Gewandes Jesu unterstreicht die Einheit von Person und Botschaft. Aus dem Boot kommt Jesus die Hand des Jüngers entgegen. Wird sie nach dem Buchstaben greifen oder nach dem ‚lebendigen Wort'? Daran entscheidet sich die Lebenskraft der Theologie, die Fruchtbarkeit unseres Einsatzes für die Gemeinschaft der Kirche.

Denn der Buchstabe tötet, der Geist aber macht lebendig ...
Der Herr aber ist der Geist, und wo der Geist des Herrn wirkt, da ist Freiheit.

2 Kor 3,6.16

Uwe Wolff

Iserloh

Der Thesenanschlag fand nicht statt

Herausgegeben von Barbara Hallensleben.
Mit einem Geleitwort von Landesbischof Friedrich Weber
und einem Forschungsbeitrag von Volker Leppin.

Institut für Ökumenische Studien
der Universität Freiburg Schweiz

Friedrich Reinhardt Verlag Basel

2013

Bibliografische Informationen der Deutschen Nationalbibliothek

Die Deutsche Nationalbibliothek verzeichnet diese Publikation in der Deutschen Nationalbibliografie; detaillierte bibliografische Daten sind im Internet über http://dnb.d-nb.de abrufbar.

Veröffentlicht mit Unterstützung des Hochschulrates
der Universität Freiburg Schweiz

Die Druckvorlage der Textseiten
wurde vom Institut für Ökumenische Studien
als PDF-Datei zur Verfügung gestellt.

© 2013 Institut für Ökumenische Studien
der Universität Freiburg Schweiz
Herstellung: pagina GmbH, Tübingen

ISBN 978-3-7245-1956-0
ISSN 1662-6540

www.reinhardt.ch

Erwin Iserloh

15. Mai 1915 – 14. April 1996

*Wir wollen nicht auftreten als Herren über euren Glauben,
sondern als Mitarbeiter an eurer Freude.*
(2 Kor 1,24; Primizspruch)

*Ich danke dem, der mir Kraft gegeben hat:
Christus Jesus, unserem Herrn.*
(1 Tim 1,12: zum Goldenen Priesterjubiläum 1990)

INHALTSVERZEICHNIS

Barbara Hallensleben
Vorwort I

Landesbischof Prof. Dr. Friedrich Weber
Geleitwort III

1. Kapitel:
„Was hatte Luther zu dieser Tat getrieben?"
Rückblick auf eine Kindheit im Münsterland 1

2. Kapitel:
„Das kotzt mich an". Bund Neudeutschland (1934–1939) 9

3. Kapitel:
„Man muss sein babylonisch Herz nicht immer zu Worte
kommen lassen". Studium in Münster 21

4. Kapitel:
„... und ich blieb am Leben?" Im Zweiten Weltkrieg 41

5. Kapitel:
„Restlos entschlossen zur Wahrheit".
Geistliche Aufbauarbeit 1946/47 55

6. Kapitel:
„Vor dem Herrgott ist alles erledigt".
Römischer Aufenthalt 1947–1950 65

7. Kapitel:
„Folklore des hammerschwingenden Luther".
Vom Heiligen Rock zum Thesenanschlag 83

8. Kapitel:
„Vergangenheit, die in die Gegenwart reicht und eine
Zukunft hat". Zurück in Münster 104

Nachwort:
Zur Trilogie des glaubenden Herzens.
Hinweise und Danksagung 119

DOKUMENTATION 123

A. *Erwin Iserloh*
   Lebenserinnerungen 123

B. *Barbara Hallensleben*
   Erwin Iserloh – ein „Moderner von (über)morgen" 154

C. *Erwin Iserloh*
   Der Thesenanschlag fand nicht statt 169
   I.   Zum Ablass-Streit 169
   II. Luther schreibt an die Bischöfe 173
   III. Luther und seine Zeitgenossen über den Ablass-Streit 188
   IV. Der Thesenanschlag fand nicht statt 197
   V.   ... und doch begann die Reformation am 31. Oktober 1517 215
   Nachtrag: Sind die erhobenen Einwände ein Gegenbeweis? . . . 226

D. *Volker Leppin*
   Der „Thesenanschlag" – viel Lärm um nichts? 239

E. Erwin Iserloh. Vollständige Bibliographie 247

Vorwort

Barbara Hallensleben

In seinem Buch „Die philosophische Hintertreppe" (München 1966) kennzeichnet Wilhelm Weischedel die großen Denker der Philosophiegeschichte mit je einem kurzen Epitheton: Sokrates oder *Das Ärgernis des Fragens*, Thomas oder *Der getaufte Verstand*, Hegel oder *Der Weltgeist in Person* ...

Was könnte Erwin Iserloh besser charakterisieren als: Iserloh oder *Der Thesenanschlag fand nicht statt*. Mit dieser These schaffte er den Sprung in die Massenmedien und in die profanwissenschaftlichen Debatten wie kaum ein Theologe seiner Zeit. In dieser These verbindet sich eine kleine historische Detailfrage mit einer großen symbolträchtigen Metafrage: Worum ging es dem Reformator Martin Luther? Um den Bruch mit der Kirche – oder um die Reform der einen Kirche Jesu Christi?

Worum geht es im bevorstehenden Gedenkjahr der Reformation 2017? Um die Feier der Spaltung – oder um einen Weg zur Versöhnung durch die Heilung des Gedächtnisses der Christen? Iserloh als Kirchenhistoriker war überzeugt, dass unsere Verantwortung für die Geschichte sich auch auf die Vergangenheit bezieht. Auch von unserem Glaubenszeugnis hängt es ab, ob die un-heilen Geschehnisse der vorausgegangenen Jahrhunderte zu einer *felix culpa* werden. An uns liegt es, angesichts des Versagens und der Missverständnisse um so stärker gemeinsam auf das Heil zu vertrauen, das uns *sola gratia* geschenkt ist. *Sie sind alle abgewichen und allesamt verdorben; da ist keiner, der Gutes tut, auch nicht einer* (Psalm 14,3; Luther-Übersetzung).

Ursprünglich war dieser Band als biographische Studie über Erwin Iserloh gedacht. Das Projekt bot sich an, da die private Forschungsbibliothek von Erwin Iserloh zur Geschichte und Theologie der Reformation in die Universitätbibliothek Friboug integriert ist und das Institut für Ökumenische Studien einen Teil der Archivmaterialien aus Iserlohs Nachlass beherbergt. Der lutherische Theologe und Meister des biographischen Erzählens PD Dr. Uwe Wolff stellt uns Erwin Iserloh vor Augen als Menschen in den Herausforderungen seiner Zeit und Eiferer für die Kirche und ihren beständig aufgetragenen Gestaltwandel. Dem Forschungspool der Universität Fribourg sei für die Unterstützung herzlich gedankt.

Der Titel des Bandes holte die am Projekt Beteiligten ein. Bald stellte sich heraus, dass die Frage nach dem Thesenanschlag weder historisch noch symbolisch an Bedeutung verloren hat. Der Vortrag, den Erwin

Iserloh am 8. November 1961 im Auditorium Maximum der Johannes Gutenberg-Universität in Mainz gehalten hat und der den Auftakt der Debatte bildet, ist beim Aschendorff Verlag in der Gesamtausgabe der Aufsätze und Vorträge Iserlohs lieferbar.[1] Die erweiterte Fassung erschien ebenfalls bei Aschendorff unter dem Titel „Luther zwischen Reform und Reformation. Der Thesenanschlag fand nicht statt"[2], ist jedoch vergriffen. Iserlohs sorgfältige Argumentation anhand der Quellen ist also schwer zugänglich. So fiel die Entscheidung, die wesentlichen Texte Iserlohs zum Thesenanschlag in diesen Band aufzunehmen. Dem Aschendorff Verlag gilt ein herzlicher Dank für die spontan und unkompliziert erteilten Abdruckrechte. Der Tübinger Kirchenhistoriker Volker Leppin erklärte sich bereit, den Ertrag der jüngeren Veröffentlichungen zum Thesenanschlag aufzuarbeiten. Sein Forschungsbeitrag macht dieses Buch zu einer umfassend dokumentierten Grundlage für die Debatte um den Thesenanschlag.

Auch die übrigen Publikationen von Erwin Iserloh zu Geschichte und Theologie der Reformation verdienen weiterhin Aufmerksamkeit. Die vollständige Bibliographie am Ende dieses Buches lädt zum Weiterlesen ein. Die Homepage des Instituts für Ökumenische Studien macht viele Texte online zugänglich: http://www.unifr.ch/iso/de/projekte/erwin-iserloh

Die biographische Grundidee des Buches bleibt bestehen. Menschen wie auch Kirchen haben ihre Lebensgeschichte, sie begegnen einander mit ihren Erfahrungen und Einsichten, ihren Stärken und Schwächen, mit ihren Hoffnungen – und stets im Licht des Aufrufes zur Metanoia, den Luther in seiner ersten Ablassthese formuliert: „Da unser Herr und Meister Jesus Christus sagt: ‚Tut Buße' usw. (Mt 4,17), wollte er, dass das ganze Leben der Gläubigen Buße sein sollte". Das Geleitwort des Braunschweiger Landesbischof Prof. Dr. Friedrich Weber zeigt Erwin Iserloh als Gesprächspartner in dem heutigen Streben, die eine, heilige, katholische und apostolische Kirche, die uns im voraus zu unseren Bemühungen im Leib Christi gegeben ist, gemeinsam zu bezeugen.

Fribourg, 31. August 2013

---

[1] Erwin Iserloh, Luthers Thesenanschlag. Tatsache oder Legende? (Wiesbaden 1962); abgedruckt in: ders., Kirche – Ereignis und Institution. Aufsätze und Vorträge, Bd. II: Geschichte und Theologie der Reformation, Münster 1985, 48–69.

[2] Münster 1966; zweite Auflage 1967; dritte verbesserte Auflage 1968 mit einem neuen 8. Kapitel: „Sind die erhobenen Einwände ein Gegenbeweis?"

Geleitwort

Landesbischof Prof. Dr. Friedrich Weber

Dieses Geleitwort schreibe ich ausgesprochen gerne, denn es hat mich einen Abend im ostfriesischen Fischerdorf Greetsiel, der ersten Station meines Pfarrerlebens, erinnern lassen.

Am 5. August 1982 – im Gemeindehaus hatte ein von der evangelischen Kirchengemeinde Greetsiel und der römisch-katholischen Gemeinde Emden gemeinsam verantworteter Vortragsabend für Kurgäste und Urlauber stattgefunden – saß ich in unserem Pfarrhaus mit Pastor Konrad Kanthak (†) aus Emden und Prof. Dr. Erwin Iserloh (†) zum Nachgespräch zusammen. Erwin Iserloh hatte einen Vortrag zum Thema: „Luther – Reformator oder Ketzer?" gehalten und die zahlreich Erschienenen mit seiner profunden, zugleich verständlichen und den Zuhörenden zugewandten Weise eine Spur zu einem Verständnis Luthers gelegt, das zum Nachdenken anregte. Schnell war klar geworden, dass es ihm nicht um „Reformator oder Ketzer" ging, sondern um den Zeugen des Glaubens, der für Iserloh eher „absichtslos zum Reformator wurde".[1]

Woher weiß ich das nach mehr als 30 Jahren noch so genau? Nun, an diesem Abend hat mir Professor Iserloh sein 1980 erstmals erschienenes Buch „Geschichte und Theologie der Reformation im Grundriss", das übrigens – so im Vorwort – seine Entstehung der wertvollen Hilfe von Barbara Hallensleben verdankt, geschenkt und mit einer Widmung versehen. „Ut omnes unum sint!" – so sein mit einem Ausrufezeichen ergänztes Zitat aus Johannes 17,21, dem evangelischen Pfarrer zugeeignet. 13 Jahre später wird dieses Bibelwort zum Titel der Ökumene-Enzyklika *Ut unum sint* Johannes Pauls II., in der dieser die Ökumene in Gottes Plan begründet sieht und sogar zum Dialog über das Papstamt auffordert. Der Bezug zum Dokument des II. Vaticanums *Unitatis redintegratio*, das wesentlich zu einem neuen Verständnis der aus der Reformation hervorgegangenen Kirchen beitrug, ist deutlich.

Ob Erwin Iserloh während des Abends im evangelischen Pfarrhaus an *Unitatis Redintegratio* Nr. 3 gedacht hat? Wer weiß, aber an die entscheidenden Sätze zu erinnern, ist es nie zu spät: „wer an Christus glaubt und in der rechten Weise die Taufe empfangen hat, steht dadurch in einer gewissen, wenn auch nicht vollkommenen Gemeinschaft mit der

---

[1] Erwin Iserloh, Geschichte und Theologie der Reformation im Grundriss, 2. durchgesehene Auflage, Paderborn 1982, 33.

katholischen Kirche ... Ebenso sind diese getrennten Kirchen und Gemeinschaften trotz der Mängel, die ihnen nach unserem Glauben anhaften, nicht ohne Bedeutung ... im Geheimnis des Heiles. Denn der Geist Christi hat sich gewürdigt, sie als Mittel des Heiles zu gebrauchen, deren Wirksamkeit sich von der der katholischen Kirche anvertrauten Fülle der Gnade ... herleitet".

1995, vielleicht hat Ernst Iserloh diese neue Wendung noch wahrgenommen, wird deutlich, dass für Johannes Paul II. Konfessionalismus nichts anderes als Engführung ist, der die Augen vor dem Reichtum, der in der Verschiedenheit der Konfessionen liegen kann, verschließt: Wir sind „uns als katholische Kirche bewusst ..., vom Zeugnis, von der Suche und sogar von der Art und Weise gewonnen zu haben, wie bestimmte gemeinsame christliche Güter von den anderen Kirchen und kirchlichen Gemeinschaften hervorgehoben und gelebt worden sind".[2]

Iserlohs Ausrufezeichen hinter dem Bibelwort lese ich 31 Jahre später als eine frühe Bestätigung des in der Einleitung der Enzyklika formulierten Leitmotivs des Papstes: „die Ökumene ist ein Imperativ des christlichen Gewissens und der Weg der Kirche".

Und natürlich wissen wir es alle, verlieren es gelegentlich unserer konfessionellen Egoismen und konfessionalistischer Blindheiten wegen aus dem Blick, dass Christus die sichtbare Einheit seiner Jünger wollte und dass die Spaltung der Kirche einen Skandal darstellt. Genau dies wird in Joh 17,21–23 ausgesagt. Es geht um die Einheit der Glaubenden in der Liebe nach dem Maß der Einheit zwischen Vater und Sohn. Nicht anders spricht Paulus in 1 Kor 1,10, und im Epheserbrief heißt es: „Ertragt einander in Liebe, bemüht euch, die Einheit des Geistes zu wahren durch den Frieden, der euch zusammenhält. Ein Leib und ein Geist, wie euch durch eure Berufung auch eine gemeinsame Hoffnung gegeben ist; ein Herr, ein Glaube, eine Taufe, ein Gott und Vater aller" (Eph 4,3–5).

Das II. Vatikanische Konzil bedeutete für die katholische Kirche einen epochalen Einschnitt. Aber es war nicht nur ein römisch-katholisches, sondern ein gesamtchristliches Ereignis. Denn es stellte die Weichen für eine glaubwürdige Verkündigung des Evangeliums in der modernen Welt und öffnete den Weg zu einem ökumenischen Miteinander der christlichen Kirchen. Es verhalf einem neuen Kirchenverständnis zum Durchbruch, stellte das Verhältnis der Kirche zur Welt auf ein neues Fundament und vollzog den Eintritt der römisch-katholischen Kirche in die ökumenische Bewegung. Indem die Grundperspektive des Konzils auf die Kirche von der Binnensicht zugleich in die einer Außensicht wechselt,

---

[2] Papst Johannes Paul II., Enzyklika *Ut unum sint* (1995), Nr. 87.

bedeutet dies unter ökumenischer Perspektive: „Zur Verständigung auf das eigene Kirche-Sein wie die Einheit der Kirche wird der Blick auf die anderen Kirchen und kirchlichen Gemeinschaften konstitutiv bedeutsam und unaufgebbar. ... Mit diesem Perspektivwechsel entdeckt die katholische Kirche im Konzil eine erneuerte, ökumenische Weise der eigenen Identität".[3] Auch den nicht römisch-katholischen Kirchen tut solcher Perspektivwechsel nur gut, damit sie nicht in ekklesiologischem Provinzialismus erstarren. Dieser Perspektivwechsel lässt aber auch deutlicher erkennen, was den christlichen Kirchen gemeinsam aufgetragen ist.

In der Leuenberger Konkordie von 1973, die mittlerweile 107 Signatarkirchen hat, wird gesagt: „Das Evangelium wird uns grundlegend bezeugt durch das Wort der Apostel und Propheten in der Heiligen Schrift Alten und Neuen Testament. Die Kirche hat den Auftrag, dieses Evangelium weiterzugeben durch das mündliche Wort der Predigt, durch den Zuspruch an den einzelnen und durch Taufe und Abendmahl" (LK 13).

Dass sich durch glaubwürdige Verkündigung neue Wege zu einem guten ökumenischen Miteinander der Kirchen eröffnen, ist eine wichtige Position des II. Vaticanums. Und so wage ich als Catholica-Beauftragter der lutherischen Kirchen Deutschlands und als Bischof einer lutherischen Landeskirche bewusst mit dem Reformator Johannes Calvin[4] – Schüler Martin Luthers – die These: Nicht im organisatorischen und lehrmäßigen Zusammenhalt liegt die Einheit der Kirche begründet, „sondern darin, dass die Stimme Christi gehört werde".[5]

Die Verkündigung des Evangeliums also – Grundaufgabe der Kirche Jesu Christi – konstituiert die Einheit der Kirche. Calvin ist in seiner „Antwort an Kardinal Sadolet" vom 1. September 1539 – wohl eine der beeindruckendsten Verteidigungsschriften der Reformation – der Meinung, dass nur so die alten Grundsätze der Heiligkeit, der Katholizität und der Apostolizität gewahrt werden können. Die Kirche, so lautet Calvins Definition, „ist die Gemeinschaft aller Heiligen, welche, über den ganzen Erdkreis und durch alle Zeiten zerstreut, doch durch die eine Lehre Christi und den einen Geist verbunden ist und an der Einheit des

---

[3] Johanna Rahner, Öffnung nach außen – Reform nach innen, in: Una Sancta 65 (2010), Heft 2, 137–154, hier: 138.

[4] In diesem Zusammenhang möchte ich daran erinnern, dass es gerade zwischen Calvin, Melanchthon und Luther eine große theologische Nähe gibt, die erst durch die Auseinandersetzungen mit den Gnesiolutheranern verloren ging. Vgl. Christoph Strohm, Calvin, München 2009, 39 und 106ff.

[5] Johannes Calvin, Studienausgabe, hg. von E. Busch / M. Freudenberg / A. Heron / C. Link / P. Opitz / E. Saxer / H. Scholl, Bd. 2: Gestalt und Ordnung der Kirche, Neukirchen 1997, 369 (CStA).

Glaubens und brüderlicher Eintracht festhält und sie pflegt. Dass wir mit dieser Kirche in irgendeinem Punkt uneins wären, bestreiten wir entschieden".[6]

Emphatisch beschloss er sein Schreiben an den Kardinal: „So gebe denn Gott, Sadolet, dass Ihr mit all Euren doch noch einmal erkennt: es gibt kein anderes Band kirchlicher Einheit, als dass uns Christus, der Herr, der uns mit Gott, dem Vater, versöhnt hat, aus unserer Zerstreuung in die Gemeinschaft seines Leibes sammelt, damit wir so allein durch sein Wort und seinen Geist zu einem Herzen und einer Seele zusammenwachsen" (Übersetzung Christian Link).[7] Weil die Kirche der Leib Christi ist, „heißt sie ‚katholisch' oder allgemein; denn man könnte nicht zwei oder drei ‚Kirchen' finden, ohne dass damit Christus in Stücke gerissen würde – und das kann doch nicht geschehen!"[8]

Es liegt also nicht im Wollen der unterschiedlichen Konfessionskirchen, Einheit zu konstituieren. Diese ist allem ökumenischen Bestreben voraus konstituiert. Sie ist also zu suchen, weil sie vorausgesetzt ist.[9] Ohne die vorausliegende Einheit gäbe es keine ökumenische Bewegung und nicht die Sehnsucht danach, dass doch alle eins seien. Das Bekenntnis zur vorausliegenden, in Christus bereits gegebenen Einheit, wie sie im Neuen Testament bezeugt wird, findet seinen Ausdruck im uns alle verbindenden Bekenntnis von Nicäa–Konstantinopel aus dem Jahre 381. Wir glauben mit seinen Worten gemeinsam an die eine, heilige, katholische und apostolische Kirche. Dieses Bekenntnis verbindet orthodoxe, römisch-katholische und evangelische Christen und gehört mit der Bibel zu unserem wichtigsten gemeinsamen Erbe. Es verbindet uns mit den Glaubenszeugen und Märtyrern aller Zeiten und Konfessionen. Es verbindet uns auch heute als konkrete Landeskirchen, Freikirchen und Diözesen im 21. Jahrhundert. Wir glauben gemeinsam an diese eine Kirche, so wie Generationen vor uns das getan haben. Und indem wir an sie glauben, bekennen und bezeugen wir ihren Herrn, den Herrn Jesus Christus, der das Leiden der Welt und ihrer Menschen auf sich nahm und den Tod überwand, und wir beten um Vergebung für das, was wir uns – im Bekenntnis geeint – im Alltag unseres Kirche-Seins angetan haben.

---

[6] CStA, 369, zit. nach Christoph Strohm, Johannes Calvin, München 2009, 58.
[7] Zit. nach Michael Weinrich, Calvin als Ökumeniker, in: http://www.ekd.de/calvin/wirken/oekumene.html (Aufruf vom 5.7.2013).
[8] Johannes Calvin, Institutio IV,1,2.
[9] „Diese ökumenische Erkenntnis führt Calvin auch dazu, der römisch-katholischen Kirche nicht einfach abzusprechen, dass sie Kirche sei": Georg Plasger, Johannes Calvins Theologie – Eine Einführung, Göttingen 2008, 110.

Wir sind als evangelisch-lutherische Kirchen, gemeinsam mit den anderen aus der Reformation hervorgegangen Kirchen und Freikirchen, auf dem Weg zur Feier der 500. Wiederkehr der Veröffentlichung der 95 Thesen in Wittenberg durch Martin Luther. Ich habe immer dazu eingeladen[10], diesen Weg in ökumenischer Gemeinschaft zu gehen. Über die Meissen-Kommission der Evangelischen Kirche in Deutschland und der Church of England geschieht dies bereits, und auch die römisch-katholische Kirche ist mit auf dem Weg. So formulieren der Lutherische Weltbund und der Päpstliche Rat zur Förderung der Einheit der Christen gemeinsam: „Wenn im Jahr 2017 katholische und evangelische Christen auf die Ereignisse vor 500 Jahren zurückblicken, dann tun sie das am angemessensten, wenn sie dabei das Evangelium von Jesus Christus in den Mittelpunkt stellen. Das Evangelium soll gefeiert und an die Menschen unserer Zeit weitergegeben werden, damit die Welt glaube. Dass Gott sich uns schenkt und uns in die Gemeinschaft mit sich und seiner Kirche ruft, das ist der Grund für die Freude im gemeinsamen Glauben".[11]

Natürlich ist in diesem Zusammenhang der Reformator Martin Luther die zentrale Gestalt, an der sich durch die Jahrhunderte die Geister geschieden haben. Und natürlich ist für evangelische Christen der 31. Oktober ein Tag dankbaren Erinnerns an das, was er als Einzelner in Auseinandersetzung mit seiner Kirche bewirkt hat. Es war das Ringen um Gott, das Martin Luthers ganzes Leben bestimmte, bewegte und auch zur Veröffentlichung der Thesen trieb. Die Frage „Wie kriege ich einen gnädigen Gott?" ließ ihn nicht los. Er fand den gnädigen Gott im Evangelium von Jesus Christus. „Wahre Theologie und Gotteserkenntnis sind im gekreuzigten Christus" (Heidelberger Disputation).

Ob er oder der Universitätspedell die Thesen nun an die Tür der Schlosskirche zu Wittenberg gehämmert hat, ist immer noch strittig.[12] Erwin Iserloh meinte 1961, der Thesenanschlag habe nicht stattgefunden, der Historiker Heinz Schilling schreibt dagegen 2012: jüngere Quellenfunde machten es wahrscheinlicher, dass „die 95 Thesen tatsächlich an die Tür der Schlosskirche angeschlagen wurden".[13] Und Volker Leppin

---

[10] Friedrich Weber, Konfessionalität und Ökumene. Zur ökumenischen Dimension der Reformationsdekade, in: BThZ (Berliner Theologische Zeitschrift) 28 (2011), Heft 1, Leipzig 2011, 106–119.
[11] From Conflict to Communion, Leipzig – Paderborn 2013.
[12] Joachim Ott / Martin Treu (Hg.), Luthers Thesenanschlag – Faktum oder Fiktion (Schriften der Stiftung Luthergedenkstätten in Sachsen-Anhalt, 9), Leipzig 2008.
[13] Heinz Schilling, Martin Luther, München 2012, 164. Auch Thomas Kaufmann, Geschichte der Reformation, Frankfurt – Leipzig 2009, 182, geht von einer Veröffentlichung am 31.10.1517 aus.

hält in diesem Buch fest: „Will man also Luther Glauben schenken, so wird man für den 31. Oktober 1517 weiterhin kaum etwas anderes feststellen können als: Ein Thesenanschlag fand nicht statt".[14]

Die hier nur angedeutete Diskussionslage bewegt mich nun nicht dazu, eine erneute akademische Auseinandersetzung um die Historizität des Thesenanschlags anzuregen. Mich interessiert eigentlich viel mehr, ob durch den Martin Luther zugeschriebenen handwerklichen Akt des Hämmerns gegen die Schlosskirchentür in Wittenberg ein bestimmtes Bild des Reformators prägend geworden ist, das seinen Reformimpulsen keineswegs entspricht und zugleich bis heute den ökumenischen Dialog über Luther und seine Bedeutung auch für die römisch-katholische Kirche überlagert und beschwert.

Im Blick auf die 500. Wiederkehr dieses Ereignisses wird es nun ökumenisch um zweierlei gehen: Den Verlust der Einheit kann man nicht feiern. Er gehört zu den dunklen Seiten der Kirchengeschichte. Darum werden wir im Jahre 2017 gemeinsam bekennen müssen, „dass wir vor Christus schuldig geworden sind, die Einheit der Kirche beschädigt zu haben. Dieses Gedenkjahr stellt uns vor zwei Herausforderungen: Reinigung und Heilung der Erinnerungen und Wiederherstellung der christlichen Einheit in Übereinstimmung mit der Wahrheit des Evangeliums von Jesus Christus (Eph 4,4–6)".[15]

Wenn wir wissen, dass evangelische und römisch-katholische Theologen Luther 1983 auf Weltebene als „Zeugen des Evangeliums, Lehrer im Glauben und Rufer zur geistlichen Erneuerung"[16] würdigten und auch Papst Benedikt XVI. 2011 in Erfurt davon sprach, dass Luther sein Leben lang „um Gott gerungen hat und dass sein Denken und seine ganze Spiritualität auf Christus ausgerichtet war"[17], wenn also das Reformationsjubiläum gleichsam ein Christusjubiläum würde, dann können „sich ökumenisch aufgeschlossene Katholiken inzwischen vorstellen, 2017 vielleicht doch nicht nur irgendein korrektes oder freundliches Grußwort zu sprechen, sondern sogar ein wenig mitzufeiern, vor allem aber kräftig mitzubeten".[18]

Ich kann mir vorstellen, dass dies Erwin Iserloh sehr freuen würde.

---

[14] Vgl. unten 245.
[15] From Conflict to Communion, Leipzig – Paderborn 2013, Vorwort.
[16] http://www.christ-in-der-gegenwart.de/aktuell/artikel_angebote_etail?k_beitrag= 2997750
[17] http://www.kath.net/news/38657/print/yes
[18] http://www.tag-des-herrn.de/content/bischof-feige-katholische-thesen-zum -reformationsgedenken

1. KAPITEL:

„Was hatte Luther zu dieser Tat getrieben?"
Rückblick auf eine Kindheit im Münsterland

*„Am allermeisten ist sein Genie
von der Psychose bestimmt,
die ... sein Innenleben mit Leiden
und nie gelöster Disharmonie und Spannung erfüllte".*[1]

Schulfrei gab es am 31. Oktober im katholischen Münster nicht. Denn an diesem traurigen Tag hatte die Kirchenspaltung begonnen, deren Nachwirkung sich in den Exzessen der Wiedertäufer verheerend gezeigt hatte: Kommunismus und Vielweiberei waren die Folgen gewesen. Am 31. Oktober 1517, so glaubten Katholiken wie Lutheraner, hatte Martin Luther 95 Thesen an der Tür der Schlosskirche von Wittenberg angeschlagen. Das war der Beginn der Reformation und der Anfang vom Verlust der Einheit. Was hatte Luther zu dieser Tat getrieben? Evangelischen Pfarrer und Religionslehrer hatten dafür Erklärungen. Diese liefen alle auf eine negative Begründung des Luthertums hinaus. Was immer Luther im Innersten bewegt haben mochte, er war vor allen Dingen *gegen* etwas: gegen Mönchtum und zölibatäres Leben, gegen Ämterkauf und Vetternwirtschaft, gegen das Gesetz des Alten Testaments, gegen die Beichte, die Messe, gegen den Papst.

Die wichtigsten Stationen aus Luthers Leben waren uns aus dem Religionsunterricht vertraut. Das Kind, das wegen des Diebstahls einer Nuss von seiner Mutter bis aufs Blut gestäupt wurde. Das Erlebnis auf freiem Feld in der Gegend von Stotternheim, wo der Blitz direkt neben dem jungen Studenten einschlug und er daraufhin gegenüber der heiligen Anna das Gelübde tat, in ein Kloster einzutreten. Der Thesenanschlag. Der Kampf gegen den Teufel auf der Wartburg und wie er mit dem Tintenfass nach ihm warf.

Wir Kinder der Fünfziger Jahre wussten nichts über das andere Bekenntnis, selbst dann nicht, wenn eine katholische Großmutter im Haus lebte. Eine evangelische Kirche war für Oma Selma keine echte Kirche. Das merkte sie schon beim Öffnen der Tür: Weder rechts noch links gab

---

[1] Paul J. Reiter, Martin Luthers Umwelt, Charakter und Psychose, Band II, Kopenhagen 1941, 574.

es ein Weihwassergefäß. Oma Selma starb betend. Nach dem Mittagessen faltete sie die Hände und schloss die Augen. Wie der heilige Antonius wurde sie 104 Jahre alt. Der Wüstenvater lebte in Ägypten. Wir wuchsen in den Fünfziger Jahren im katholischen Münsterland auf. Unsere Oma war katholisch. Wir Enkelkinder waren evangelisch getauft worden. Darüber verlor Oma Selma so wenig ein Wort wie über die Zeit des großen Krieges. Sie tat so, als gäbe es die Kirche und die Kinder Martin Luthers nicht. Eines Sonntags kam die Hochbetagte von der Sonntagsmesse nach Hause und sagte: „Nächsten Samstag gibt es in Sankt Ida einen ökonomischen Gottesdienst!" Sie meine wohl einen ökumenischen Gottesdienst. Oma Selma ließ sich nicht belehren. Für sie war der ökonomische Gottesdienst eine Art Feier zur Rückkehr des verlorenen Sohnes.

Oben am Turm der Lambertikirche hängen noch heute jene drei Käfige, in denen man die Leiber der Wiedertäufer den Vögeln zum Fraß ausgesetzt hatte. Jeder sollte sehen, wohin die lutherische Ketzerei führt. In Lamberti hatte Bischof Clemens August Graf von Galen, der „Löwe von Münster", gegen die Euthanasie gepredigt. Draußen vor den Stadttoren zwischen den Mooren und Sümpfen lebte die westfälische Seherin Annette von Droste-Hülshoff. Der Königsberger Philosph Johann Georg Hamann fand in Münster seine letzte Ruhestätte.

Der Name der Stadt Münster geht zurück auf das lateinische Wort für „Kloster" *(monasterium)*. In meiner Kindheit prägten Nonnen das Stadtbild. Sie arbeiteten in den Krankenhäusern oder fuhren auf ihrer Leeze zu einem diakonischen Einsatz. Das Fahrrad heißt in Münster Leeze. Hier regnet es nicht, sondern es meimelt. Der kleine Junge wird Koten genannt, das Mädchen Kaline und der Hund Keilof. Wir gingen nicht baden, sondern plümpsen und achilten anschließend unsere Brote. Münsteraner Masematte ist ein Dialekt des Rotwelsch. Wer in der Hitlerzeit Masematte sprach wie die Bewohner des Kuhviertels, wurde deportiert.

Ich kam in der Raphaelsklinik zur Welt. Raphael ist das Urbild aller Schutzengel. Das Krankenhaus war eine Gründung der Clemensschwestern. Nach dem Wiederaufbau trug es noch die Spuren der Zerstörung durch Luftminen, Spreng- und Brandbomben. Beide Eltern waren Flüchtlinge. Die Mutter kam aus dem evangelischen Königsberg, der Vater aus dem katholischen Sagan/Schlesien. Meine Geschwister und ich waren somit Kinder einer „Mischehe". Das Wort hatte bereits eine unheilvolle Geschichte gehabt und bezeichnete nun im katholischen Münster der Fünfziger Jahre einen spirituellen Makel. So stand ich 1959 wie die anderen Kinder des katholischen Kindergartens St. Ida vor dem heiligen Nikolaus, hinter dem ein pechschwarzer Knecht Ruprecht mit der Rute drohte. Die Verkleidung durchschaute ich nicht und wusste auch nicht, dass der „Herr Kaplan" in dem roten Nikolauskostüm steckte. Alles war so heilig und ehrfurchtgebietend, dass ich voller Ergriffenheit vor dem heiligen Nikolaus stand und geradezu erschüttert war, als dieser mir aus dem goldenen Buch vorlas, was ich letzte Woche verbrochen hatte: Ich hatte der Tata, unserer lieben Tante Martha, widersprochen. Als mich der heilige Nikolaus nach meinem Namen fragte, verschlug es mir die Sprache. Denn wer war ich neben diesem heiligen Mann, an diesem heiligen Ort an diesem heiligen Tag? Dann aber sagte ich: „Ich bin der heilige Uwe!" Nur das erklärende Wort der Kindergärtnerin rettete mich. Tante Anneliese sagte dem Nikolaus: „Das ist das Kind aus der Mischehe!" Das erklärte damals im katholischen Münster alles Fehlverhalten.

Wir wohnten im Stadtteil Gremmendorf. Mit den Bewohnern zog die Erinnerung an die verlorene Heimat in das neu erbaute Haus ein. Es gibt Erschütterungen, die über Generationen nachhallen. So war der Krieg allgegenwärtig: draußen auf dem Albersloher Weg, wo die Ketten britischer Panzer mit höllischem Lärm den frischen Asphalt aufrissen, durch die Bombentrichter im Wald von Sebon, bei den Nachbarn, bei Besuchen von Verwandten und Bekannten. Gremmendorf war altes militärisches Gelände. 1936 wurden hier ein Militärstützpunkt und eine Luftnachrichtenkaserne errichtet. Nach dem Krieg bezogen englische Besatzungstruppen das weiträumige Gelände am Albersloher Weg und an der Loddenheide. Junge Soldaten gehörten zum Ortsbild meiner Kindheit. Sie traten als überhebliche Besatzer auf, verwickelten sich rasch in eine Schlägerei und hatten vor niemandem Respekt – außer vor der Military Police. Einmal im Jahr wurden die Tore der Kasernen für deutsche Besucher geöffnet. Dann durften wir Hubschrauber und Panzer besichtigen. In schrecklichem Realismus war auch ein Lazarett mit Verwundeten aufgebaut worden. Mit viel künstlichem Blut und reichlich Verbandszeug hatte man alle nur denkbaren Verletzungen inszeniert. Mich traf der Anblick unvorbereitet, und wie bei anderen Eindrücken aus frühen Tagen wurde ich die Bilder nie wieder los. Da lag ein Mann mit blutdurchtränktem Kopfverband. Der Glaskörper des linken Auges war aus der Höhle getreten und lag auf der Wange.

Flüchtlinge und Kriegsversehrte wohnten auch in der unmittelbaren Nachbarschaft. Herr Nikolaus hatte im Krieg beide Beine und einen Arm verloren. Herr Röder war verschüttet worden. An der Stirn trug er eine tiefe Delle, die von einem Kopfschuss zurückgeblieben war. Sein weißes Haar war von gelben Farbtönen durchwirkt, in denen der Zigarrenrauch kondensiert war. Frau Röder besaß ein weißes Simca Cabriolet mit roten Sitzen. Wenn sie damit gelegentlich unterwegs war, überkamen ihren

Mann Verlustängste. Dann saß er bei meiner Mutter am Tisch und weinte. Auch bei Ausflügen am Wochenende oder in den Ferien wurde die Vergangenheit wieder lebendig. Tante Edith, Kriegerwitwe und Mutter von zwei Kindern, arbeitete als Landhebamme. Ihre Schwester Ulla hatte den Untergang der Wilhelm Gustloff überlebt und wusste davon so zu erzählen, dass ihre Worte ein Leben lang nachhallten.

Wir wohnten in den Stichstraßen des Erbdrostenwegs nach Konfessionen getrennt und besuchten unterschiedliche Volksschulen. Die St. Ida-Schule und die Pestalozzi-Schule waren Konfessionsschulen. Ungetaufte Schüler oder Schüler mit einem anderen Glauben gab es nicht. Obwohl beide Schulen nur etwa 800 Meter voneinander entfernt lagen, bildeten sie zwei verschiedene Welten. Die Katholiken waren anders. Ihre Konfession zeigte sich in der strengen Einhaltung des Sonntagsgebotes. In katholischen Gärten wurde am Sonntag kein Unkraut gezupft und kein Gemüsebeet umgegraben. Die Familie besuchte die Messe. Die Mädchen trugen weiße Kommunionkleider, die Väter errichteten zu Fronleichnam einen Straßenaltar, und die Frauen schmückten ihn mit Blumen. Unsere Straße ließ der Priester bei der Prozession links liegen.

St. Ida betraten wir nicht, obwohl die Kirche immer offen stand. Ein Blick durch das Kirchenfenster zeigte: Hier war alles fremd, die Kleidung, die Rituale, der feierliche Ernst, die Einrichtung, Kirchenbänke, Kreuzwegstationen, Weihrauchgefäß, ewiges Licht und Tabernakel, Heiligenfiguren – einfach alles. Schon beim ersten Schritt in das Gebäude wären wir als Ketzer aufgeflogen. Da war neben der Tür das Wasserbecken, in das die Katholiken wie Oma Selma in geübter Weise einen oder mehrere Finger tauchten. Dann bekreuzigten sie sich, gingen dabei auf die Knie oder machten wie die Mädchen einen Knicks in Richtung Tabernakel. Kaum hatten sie in einer Bank Platz genommen, standen sie schon wieder auf oder knieten nieder nach einem Gesetz, dessen Regeln offensichtlich nur Eingeweihte befolgen konnten. Diese Welt war so fremd wie die Rituale der Buddhisten und Muslime. Fremd war das Gemeindeleben. Die Jungen waren Messdiener und Mitglied eines katholischen Bundes wie der Georgspfadfinder.

Dann kam Erwin Iserloh. Es war das Jahr 1961. Ich war sechs Jahre alt, und schon längst als Kind aus einer Mischehe entlarvt worden. Er war Priester und Professor für Kirchengeschichte. 46 Jahre alt. Durch seine Äußerungen über Martin Luther wurde er über Nacht weltberühmt. Er befreite die vielen tausend Kinder aus schlesischen und ostpreußischen Mischehen vom Makel des Ketzertums.

"Reformation ist eine katholische Angelegenheit". Dann kam Erwin Iserloh

1961 löste Erwin Iserloh ein weltweites Medienecho aus. Er wies nach, dass der berühmte „Thesenanschlag" ins Reich der Legende gehört. Erwin Iserloh war damals junger Professor für Kirchengeschichte und katholischer Lutherspezialist. Dass es eine katholische Lutherforschung gab, wurde auf evangelischer Seite nur mit Widerwillen zur Kenntnis genommen. Grund war die Angst, die Katholiken könnten den Lutheranern ihren besten Mann nehmen. Man hatte die Bilder von den Wänden abgehängt, die Statuen der Heiligen und der Maria von den Sockeln gestürzt, den Weihrauch und die Messdiener aus der Kirche entfernt – allein übrig blieb Martin Luther. Wenn Iserloh schrieb: „Reformation ist eine katholische Angelegenheit"[2] – so sah man darin eine Provokation. Durch die Bestreitung des Thesenanschlages glaubte man die evangelische Identität bedroht.

Der Mann mit dem Hammer gehört in das Reich der Lutherlegenden des 19. Jahrhunderts. Ferdinand Pauwels (1830–1904) hatte mit seinem Gemälde „Martin Luthers Thesenanschlag" (1872) diesem Lutherbild Ausdruck verliehen. Der Gestus einer entschiedenen Umwertung der Werte lag in der Luft und wurde später auch von Friedrich Nietzsche als Sohn eines lutherischen Pfarrers bedient, als dieser mit seiner „Götzen-Dämmerung" zeigte, „wie man mit dem Hammer philosophiert". Iserloh befreite Martin Luther von dieser Aura der Kraftmeierei, indem er immer wieder betonte, „dass Luther keine Szene vor der Schlosskirche angesichts des dortigen Wallfahrtsbetriebs von Allerheiligen gemacht hat, dass er nicht verwegen auf einen Bruch mit der Kirche hingesteuert ist, er vielmehr absichtslos zum Reformator wurde".[3]

Im Rahmen einer Buchbesprechung hatte Iserloh erstmals die These aufgestellt, dass Martin Luther die 95 Thesen nicht an die Schlosskirche zu Wittenberg angeschlagen habe.[4] Sein Freund Konrad Repgen hatte die

---

[2] Erwin Iserloh, Anfänge der Reformation, in: ders., Kirche – Ereignis und Institution. Aufsätze und Vorträge, Band II: Geschichte und Theologie der Reformation, Münster 1985, 1–69, hier: 1; zit. als: Iserloh, Aufsätze II.

[3] Erwin Iserloh, Leserbrief in den Westfälischen Nachrichten (WN) vom 27. Oktober 1983 zu dem Artikel von Kurt Aland „Der Thesenanschlag fand statt" (WN 15. Oktober 1983).

[4] Erwin Iserloh, Luthers Thesenanschlag. Tatsache oder Legende? In: TThZ 70 (1961) 303–312 (Rezension: Hans Volz, Martin Luthers Thesenanschlag und dessen Vorgeschichte, Weimar 1959); vgl. Vinzenz Pfnür, Die Bestreitung des Thesenanschlages durch Erwin Iserloh. Theologiegeschichtlicher Kontext –

erste Intuition gehabt.⁵ Das schmälert Iserlohs Verdienste nicht, denn er machte sich sofort an die Arbeit der sorgsamen historischen Überprüfung der Quellen. Die Frage packte ihn und weckte sein wissenschaftliches, mehr noch sein kirchlich-ökumenisches Engagement. Die Beweisführung anhand des Quellenmaterials war einleuchtend. Am 8. November 1961 trug Iserloh seine These im Auditorium Maximum der Universität Mainz vor⁶ und danach immer wieder.⁷ Die aller Effekthascherei fernstehende *Neue Zürcher Zeitung* kommentierte den Vortrag:

> „Der Verfasser nimmt also Luther in den Spuren seines Lehrers Joseph Lortz gegen den traditionellen Vorwurf eines revolutionären Kirchenspalters in Schutz und anerkennt gleichzeitig die größere Verantwortung der katholischen Kirche".⁸

Luther hatte seine 95 Thesen den Bischöfen zur Diskussion vorgelegt. Diese nutzten nicht die Chance zu einer Erneuerung der Kirche. So tragen sie eine erhebliche Mitschuld an der Kirchenspaltung. Iserlohs Bestreitung des Thesenanschlags als eines Aktes protestantischer Rebellion eröffnet die Möglichkeit einer Rehabilitation von Leben und Werk Martin Luthers durch Rom. Die NZZ kommentiert in diesem Sinne:

> „Das sind deutliche Worte. Sollte sich der Protestantismus Iserlohs Kritik zu eigen machen – er wird sich an die erkannte historische Wahrheit halten müssen –, so sollte auch im anderen Lager die Kritik an der eigenen Kirche gehört werden. Das Eingeständnis, dass Martin Luther einzig die Erneuerung der Kirche im Auge hatte und kein demagogischer Revolutionär war, würde schließlich auch dort einer gerechten Beurteilung der Reformation Vorschub leisten".⁹

Auswirkung auf den katholisch-lutherischen Dialog, in: Joachim Ott / Martin Treu (Hg.), Luthers Thesenanschlag – Faktum oder Fiktion?, Leipzig 2008, 111–126; Stefan Michel / Christian Speer (Hg.), Georg Rörer (1492–1557). Der Chronist der Wittenberger Reformation, Leipzig 2012.

⁵ Vgl. Konrad Repgen, In memoriam Erwin Iserloh (1915–1996), in: Historisches Jahrbuch 117 (1997) II, 255–270, hier: 264.

⁶ Erwin Iserloh, Luthers Thesenanschlag. Tatsache oder Legende?, Wiesbaden 1962; ders., Der Thesenanschlag fand nicht statt, in: Geschichte in Wissenschaft und Unterricht, Heft 11 (1965), 675–682.

⁷ Vgl. Angela Antoni, Bibliographie Iserloh, in: Remigius Bäumer (Hg.), Reformatio Ecclesiae. Beiträge zu kirchlichen Reformbemühungen von der Alten Kirche bis zur Neuzeit. Festgabe für Erwin Iserloh, Paderborn 1980, 967–989; vgl. unten 247–267: Erwin Iserloh. Vollständige Bibliographie.

⁸ Karl Fueter, Luthers Thesenanschlag – eine Legende?, in: NZZ vom 16. Februar 1962.

⁹ Ebd.

Was Iserloh in vielen Aufsätzen wiederholte und argumentativ ausbaute, ließ in protestantischen Kreisen die Wellen hochschlagen. Die renommierte *Theologische Literaturzeitung* sprach von einem ökumenischen Wettlauf zu Luther und konstatierte: „Dass die katholische Theologie seit geraumer Zeit in großem Stile dabei ist, Luther für sich zu erobern, ist kein Geheimnis mehr".[10] In evangelischen Gemeinden wurde Iserloh mit Rudolf Bultmann verglichen: Der eine habe die Bibel entzaubert, der andere den letzten Heiligen des Protestantismus vom Sockel gestürzt. Kurt Aland, Herausgeber einer mehrbändigen Lutherausgabe und des berühmten Nestle-Aland, der griechischen Edition des Neuen Testaments, ließ sogar bei der Westfälischen Reit- und Fahrschule Erkundigungen einholen, um die Reitgeschwindigkeit bei normalem Trab und Schritt zu erfahren und auf diese Weise seine Gegenargumentation zu stützen. Im Vorfeld des 450. Jahrestages der Reformation (1967) war die Stimmung gereizt. Viele Lutheraner hatten erwartet, dass der Kirchenbann gegen den Reformator aufgehoben würde. Am Ende des Zweiten Vatikanischen Konzils waren in einem gleichzeitigen Akt in Rom und in Konstantinopel/Istanbul die Exkommunikationen des Jahres 1054 feierlich „aus dem Gedächtnis und aus der Mitte der Kirche entfernt" worden.[11] Konnte dieser feierliche Akt nicht als Präzedenzfall für ein entsprechendes Vorgehen im Falle Luthers gelten?

Die Aufhebung des Lutherbanns lag nicht in Iserlohs Blickfeld. Ihm ging es zunächst um die historische Wahrheit und um die daraus folgende Deeskalation auf dem Weg der Ökumene. Eine wesentliche Annäherung glaubte er mit seiner These vollzogen zu haben. Den Thesenanschlag Luthers zu bestreiten, hieß nichts anderes, als dem Reformator nicht länger polemische und provokatorische Absichten zu unterstellen. Luther habe den Bruch mit der katholischen Kirche im Herbst 1517 nicht gewollt, sondern das Gespräch mit den kirchlichen Autoritäten gesucht. Dass es schließlich zur Kirchenspaltung kam, sei wesentlich auch der Unduldsamkeit und mangelnden Dialogbereitschaft der Bischöfe zuzuschreiben.

Erwin Iserloh gehört zu jener Schule katholischer Wissenschaftler, die sich bereits in den Dreißiger Jahren des letzten Jahrhunderts für eine differenziertere Beurteilung des Reformators eingesetzt hatten. Von ihnen und vom Leben Erwin Iserlohs in den bewegten Zeiten nationaler, politischer und spiritueller Umbrüche soll hier die Rede sein. Für den

---

[10] Ulrich Kühn, Ist Luther Anlass zum Wandel des katholischen Selbstverständnisses?, in: Theologische Literaturzeitung 12 (1968) 882–898, hier: 882.
[11] Tomos Agapis. Vatican – Phanar (1958–1970), Rom – Istanbul 1971, 280–281.

ökumenischen Dialog ist Erwin Iserloh heute eine exemplarische Gestalt: ein katholischer Priester, der Luther in vielem wesensverwandt war. So formulierte es vorsichtig ein Journalist im letzten großen Lutherjubiläum von 1983, als er Iserloh gegenüber äußerte,

> „dass Sie ein wenig jene Gaben in sich tragen, die auch den Reformator Martin Luther ausgezeichnet haben. Sie werden im besten Sinne des Wortes als streitfreudig geschildert, also als jemand, der mit der Ratio und mit dem Herzen kämpft, der sich engagieren kann und aber auch das temperamentvolle Widersprechen nicht verschmäht."

Erwin Iserloh erwiderte:

> „Was heißt streitfreudig? Ich bin Historiker, und das erste Gesetz der historischen Wissenschaft ist doch die Wahrheit und zwar die ganze Wahrheit, ob sie bequem ist oder unbequem. Nur über die Wahrheit kann man zu den Dingen vordringen, kann man auch miteinander in wirkliche Verbundenheit kommen".[12]

---

[12] „Niemals nur Hochschullehrer, immer auch Seelsorger". Erwin Iserloh im Gespräch mit Karl Hagemann: WDR III, 3. August 1983, 17.40 Uhr. Zitiert nach: Akte Iserloh. Universitätsarchiv Münster, Bestand 207, Nummer 367.

2. KAPITEL

„Das kotzt mich an".
Bund Neudeutschland (1934–1939)

*„Es geht darum, das zu tun,
was kein anderer tut."*
Erwin Iserloh[13]

*„Müssen die Protestanten denn immer die Tüchtigeren sein?"
Ein katholischer Junge aus dem Ruhrgebiet*

„Geschmettert wurde dergleichen Liedgut auch im Bund Neudeutschland, kurz ND, ein katholisches Konkurrenzunternehmen zu den protestantisch dominierten Pfadfindern. Wir trugen lindgrüne Uniformhemden mit Achselklappen und Brusttaschen, Fahrtenmesser an den Gürteln, und manch eines der mitgeführten Kochgeschirre hatte zwanzig Jahre zuvor noch unseren Vätern gedient, als sie in Frankreich, Russland und anderswo auch schon dergleichen Lieder gesungen hatten. Doch unsere Fahrt war friedlich und führte uns nur an den Dümmersee. Das Lager gruppierte sich ums Küchenfeuer, über dem in verrußten Hordentöpfen Nudeln, Suppen und Eintöpfe abgekocht wurden, zu denen es Bundeswehrschwarzbrot aus Dosen gab, Panzerplatten genannt".[14]

Erwin Iserloh gehört zur Generation jener Väter, von deren Kochgeschirr der Schriftsteller Klaus Modick (*1951) hier spricht. Wie Iserloh in seiner Zeit, so sangen auch die Bundesbrüder nach dem Krieg die Lieder der deutschen Jugendbewegung aus den frühen Tagen des Wandervogels. Nur gebetet und Messe gefeiert wurde nicht mehr konsequent. „Höhepunkt des Lagerlebens war das abendliche Lagerfeuer mit allerlei Gruselgeschichten und Musik". Die ersten Gitarrengriffe lernte Klaus Modick von dem in Reval/Tallin geborenen Robert Gernhardt (1937–2006), den er ironisch einen „klampfenkundigen Neudeutschen"[15] nennt.

---

[13] Zit. nach: Barbara Hallensleben, Erwin Iserloh (1915–1996) – ein Moderner von (über)morgen, in: Trierer Theologische Zeitschrift 120 (2011) 150–163, hier: 163; vgl. unten 168; zit. als Hallensleben, Iserloh.
[14] Klaus Modick, In mylife, in: ders. (Hg.), We'd love to turn you one. Eine Liebeserklärung an die Beatles, Bergisch Gladbach 2012, 24–32, hier: 24.
[15] Ebd.

Im Geburtsjahr von Robert Gernhardt wurde der junge Erwin Iserloh „Markleiter" der Mark Münster. Wie sein Freund Fred Quecke war er bereits als Schüler dem Bund Neudeutschland beigetreten (1926). Im Juli 1935 hatte er schwere Auseinandersetzungen mit der Hitlerjugend bestanden. Noch im Alter zeigte er respektlosen marxistischen Studenten, die seine Vorlesungen an der Universität Münster stören wollten, die Narbe am rechten Unterarm. Sie stammte von einer Verletzung aus jener Zeit, in welcher neben der geistlichen auch die körperliche Wehrhaftigkeit gefordert war. „Juli 1935 wurde ich bei einem Überfall durch braunen Pöbel an dem rechten Unterarm schwer verletzt, wovon eine große Narbe und ein Knochenauswuchs übrig blieben".[16] Die HJ hatte einen Vortrag des Priesters, Zoologen und Anthropologen Hermann Muckermann (1877–1962) gestört, das Heim in der Grünstraße gestürmt und Mobiliar und Scheiben zertrümmert. Der ehemalige Jesuit Muckermann war von 1927 bis 1933 Abteilungsleiter am Kaiser-Wilhelm-Institut für Anthropologie[17] in Berlin. Nach der Machtergreifung galt er als politisch untragbar. Da das Reichsinnenministerium eine Entlassung des katholischen Wissenschaftlers nicht wagte, wurde er „beurlaubt". 1936 erhielt der beliebte Vortragsredner Redeverbot.

Nach dem Überfall dokumentierte Iserloh die Zerstörung mit seinem Photoapparat. Einige Rabauken der HJ kamen zurück, stellten Iserloh und wollten ihm den Apparat entwenden. Der Ausgang war verstellt. So sprang Iserloh durch ein zerstörtes Fenster und zog sich dabei die Armverletzung zu. Doch ging er nicht in die Knie, sondern band sich den Arm ab und marschierte ins Duisburger Vinzenzhospital, wo die Ärzte Dr. Bock und Dr. Aengenvoort die Wunde ohne Betäubung nähten.

Die Familie Iserloh lebte aus katholischen Wurzeln. Der Besuch der Messe und die Mitarbeit in der Gemeinde St. Laurentius in Duisburg-Beeck waren selbstverständlich. Die Mutter Sibylle, geb. Cöllen, stammte aus Willingen/Sauerland. Sie war eine zierliche Frau – nur 155 cm groß. Der Vater Franz Xaver Iserloh leitete seit 1913 eine katholische Hilfsschule (Sonderschule). Er hatte die von Carl Muth herausgegebene katholische Zeitschrift „Hochland" abonniert, deren metaphorischer Titel jene Höhe des Geistes und des Überblicks versprach, nach der sich der bildungshungrige Lehrer sehnte. Er selbst hatte nicht studieren können,

---

[16] Erwin Iserloh, Brief vom 8. Januar 1946 an Johannes Brockmann: Bistumsarchiv Münster, Nachlass Erwin Iserloh A 22a.
[17] Reinhard Rürup, Schicksale und Karrieren. Gedenkbuch für die von den Nationalsozialisten aus der Kaiser-Wilhelm-Gesellschaft vertriebenen Forscherinnen und Forscher, Göttingen 2008, 272–275.

setzte aber unter großen finanziellen Opfern alles daran, dass seine drei Söhne Lothar (Jurist), Werner (Arzt) und Erwin (Theologe) nach dem Abitur ihr Studium mit einer Promotion erfolgreich abschließen konnten. Nur ein Sohn sollte den Zweiten Weltkrieg überleben.

Überdurchschnittliche schulische Leistungen wurden als selbstverständlich erwartet und von den Söhnen auch erbracht. Eine mittelmäßige Klassenarbeit war Anlass zum väterlichen Tadel: „Müssen die Protestanten denn immer die Tüchtigeren sein?"[18] Der Vater ist die überragende Figur in Erwin Iserlohs Leben und sein Vorbild. Zu den frühesten Erinnerungen gehört eine Abschiedsszene: In feldgrauer Uniform steht der Vater auf dem Treppenabsatz der Wohnung und verabschiedet sich von seiner Schwester. Bald darauf kommt eine Feldpostkarte. Das Motiv zeigt rumänische Frauen beim Waschen. Im Schein der Gaslampe liest die Mutter die Zeilen vor. Iserloh hat diese Erinnerungen nicht gedeutet, wie er überhaupt vor zu viel Innerlichkeit und psychologischer Durchdringung zurückschreckte. Die beiden Szenen sprechen für sich: Neben dem Aufbruch ins Ungewisse steht die Erfahrung eines geordneten Alltags auch in der Fremde. Der Vater war aus dem Ersten Weltkrieg zurückgekehrt. Eine Erinnerung an die erste Begegnung mit einem Toten führt ebenfalls in die frühe Kindheit zurück: Als der kleine Erwin aus dem Fenster der Wohnung im ersten Stock blickt, sieht er die offenen Augen eines toten Reichswehrsoldaten, Opfer eines Gefechtes mit Spartakisten.

Erwin Iserloh besaß eine robuste Natur, eine zupackende Art, ein organisatorisches Talent, dazu die Liebe zu den Menschen und die Fürsorge für die ihm Anbefohlenen. In der Kindheit hatte er ein positives Vaterbild erworben. Es begleitete ihn als Leitbild durch sein Leben. Als Gruppenleiter, Religionslehrer, Priester und Universitätslehrer suchte er ein väterliches Verhältnis zu den Menschen. Dieser Wille zur Nähe schloss die Bereitschaft zur Verantwortung ein. Er war zugleich die Ursache von Enttäuschungen. Iserloh hatte das pädagogische Talent seines Vaters geerbt. Dazu gehörte auch die Entschiedenheit der Abwehr von allem, was nicht dem Ziel diente. Iserloh war streitbar und voller Leidenschaft. Vor allen Dingen hatte er ein großes Zutrauen zu den eigenen Kräften.

Als Leiter von Jugendgruppen hatte er ein natürliches Verhältnis zu hierarchischer Ordnung, wenn diese durch Kompetenz in der Sache und Fürsorge in der menschlichen Zuwendung begründet war. Obwohl er als

---

[18] Erwin Iserloh, Lebenserinnerungen, in: Römische Quartalschrift 82 (1987), Heft 1–2, 15–43, hier: 16; zit. als: Iserloh, Lebenserinnerungen; vgl. unten 124.

angehender Priester ein zölibatäres Leben führte, hatte er wie alle Mitglieder des ND ein unverkrampftes Verhältnis zur Körperlichkeit. Dies fand auch Ausdruck in seiner Teilnahme an den Veranstaltungen des Hochschulinstituts für Leibesübungen. Iserloh hatte graue Augen, war 173 cm groß und zeigte noch nicht jene Neigung zu leichter Adipositas, die in dem Fragebogen (5. Juli 1946) des Military Government of Germany mit einem Körpergewicht von 90 kg angegeben ist. So erwarb er das Reichssportabzeichen (26. September 1935) und das SA-Sportabzeichen (22. Juni 1937).

„Die Pfafferei muss aufhören". Im Bund Neudeutschland

1933 hatte der Bund 21'000 Mitglieder. Wer von dieser breiten Masse wirklich der spirituellen Elite angehörte, sollten die kommenden Jahre zeigen. Stimme der gesamten katholischen Jugend in Deutschland wurde die Wochenzeitung *Junge Front*. Bis zum Verbot im Jahr 1936 brachte sie es auf eine Auflage von 330'000 Exemplaren. Eine Doppelmitgliedschaft in der Hitlerjugend und im Bund Neudeutschland war bereits mit der Machtergreifung Hitlers verboten worden. Dieses Verbot wirkte sich durchaus positiv aus, weil die Jungen durch ihre Mitgliedschaft in einem katholischen Bund eine bewusste Abgrenzung von der HJ vollzogen. Die politische Lage änderte sich, als die HJ durch das „Gesetz über die Hitlerjugend" vom 1. Dezember 1936 zur Staatsjugend erklärt wurde.

Bereits 1933 wurde der Bundesführer Hans Hien verhaftet und unter Anklage wegen Hochverrats gestellt. Häuser wie das Sommerheim der Ortsgruppe Münster auf Baltrum wurden im Herbst 1934 durchsucht. Um in der Blockhütte „Haus Münsterland" weiterhin Schulungen und Freizeiten durchführen zu können, wurde es offiziell an Franz Schmäing, den Direktor des Theologenkonviktes in Münster, verkauft. So konnte der kleine Besitz an der Nordsee bis in den Krieg hinein von Iserloh für die Mitarbeiterschulung genutzt werden.

Iserloh stellte sich den Stürmen der Zeit entgegen. Das Bekenntnis zu Christus war zugleich ein Akt des politischen Widerstandes und der Selbstbehauptung, „weil ein totalitäres System nichts dulden kann, was ihm gegenüber Eigenständigkeit behauptet, nicht von ihm restlos manipuliert werden kann".[19] Nach dem Abitur am Duisburger Landfermann-Gymnasium befand er sich seit Ostern 1934 in einem unfreiwilligen

---

[19] Erwin Iserloh, Der Bund Neudeutschland unter dem NS-Regime, in: Rolf Eilers (Hg.), Löscht den Geist nicht aus. Der Bund Neudeutschland im Dritten Reich, Mainz 1985, 260–264, hier: 261.

Sabbatjahr. Das Reifezeugnis ist auf den 10. März 1934 ausgestellt. Iserloh hatte die Fächer Hebräisch, Griechisch und Latein belegt und besaß damit die sprachlichen Voraussetzungen für ein Studium der Theologie. Die Notenskala umfasste in jenen Jahren vier Noten von „sehr gut" (1) bis „nicht genügend" (4). Iserlohs Zeugnis weist in sämtlichen Fächern die Noten „gut" aus; in „Religion" die Note „sehr gut", in „Musik" und „Sport" die Note „befriedigend". Obwohl Jahrgangsbester und von dem Schulleiter sowie Studienrat Dr. Thönessen als erster zum Studium vorgeschlagen, verweigerte man ihm aus politischen Gründen die Anerkennung der Hochschulreife.

Für Priesteramtskandidaten gab es staatlich anerkannte Ausnahmeregelungen. Hier konnte die bischöfliche Behörde über die Zulassung zum Theologiestudium selbständig entscheiden. Unmittelbar nach der Machtergreifung bot das Leben im Priesterseminar einen gewissen Freiraum und vor allen Dingen die Möglichkeit einer materiellen Versorgung. Der Andrang war groß, sodass Iserloh aufgrund seines jugendlichen Alters noch nicht zum Theologiestudium zugelassen wurde. Er nutzte die Zeit, um als Gaugraf in seiner Heimatstadt Duisburg zu wirken. Sein Urteil über die HJ ist eindeutig: „Das kotzt mich an." Der Gegner berausche sich an Schlagworten und stoße ihn durch seine Erbärmlichkeit ab. Die Brüder haben Zeugnis von der Wahrheit des Glaubens abzulegen. Dazu sind sie in die Welt gesandt worden. Abgrenzung vom Ungeist der Zeit allein reiche nicht. Die entscheidende Frage laute, wie das Feuer der Liebe gerade unter jenen Menschen zum Leuchten gebracht werden könne, die vom Christentum nichts wissen wollen: „Wie helfe ich ihm aus der geistigen Not, die er wahrscheinlich selbst nicht empfindet?"[20]

Zu Konflikten mit der HJ kommt es immer wieder vor dem Vereinsheim in Duisburg, auf dem Schulhof und am Wochenende bei den Wanderungen und Zeltlagern. Im Mai 1935 melden sich 17 Sextaner als Neudeutsche. Freund Edi sei „Sextanerpapa" geworden, berichtet Lothar (Leo) Iserloh seinem Bruder. „Wenn er nämlich auf den Schulhof kommt, umringt ihn mit lautem Geschrei das ganze Volk." Zweimal sei er während eines Wochenendes von einer SA-Streife gestellt und zur Polizei gebracht worden. „Die Pfafferei muss aufhören" und „Für einen Christen geziemt es sich nicht, kurze Hosen zu tragen", lauteten die Kommentare der Wachtmeister. Ein Bundesbruder sei nach dem Besuch des Gottesdienstes von Hitlerjungen mit offen getragenem „Blut-und-Ehre-Dolch"

---

[20] Erwin Iserloh, Brief vom 29. November 1934 an einen Freund. Im ungeordneten Nachlass von Iserloh fand sich ein Konvolut von Briefen aus dem Kreis der Bundesbrüder. Aus ihm wird hier und im Folgenden zitiert.

angehalten worden. Er setzte sich zur Wehr und wurde an der Hand verletzt. Lothar, der sich bald freiwillig zum Reichsarbeitsdienst melden wird, kommentiert:

> „Du siehst auf jeden Fall, dass das Leben allmählich interessant wird. Es ist nur schade, dass es so viele ängstliche Eltern gibt, die sicherlich ihre Jungen aus der Gruppe nehmen, wenn es hier etwas lebendiger wird. Aber eine Gruppe von 60 brauchbaren Jungen ist nicht zu verachten".[21]

Symbol der Gemeinschaft waren die beiden ersten Buchstaben des Hoheitstitels „Christus", das „ch" (griechisch X) und das „r" (griechisch P). Kaiser Konstantin soll dieses sogenannte Chi-Rho-Monogramm in einer Christusvision geschaut und dazu die Worte vernommen haben: „Unter diesem Zeichen wirst du siegen!" Ideale wie Ehre, Treue und Glaube finden die Mitglieder des Bundes auch in der mittelalterlichen Gestalt des Ritters verkörpert. Der Bamberger Reiter ist ein beliebtes Motiv der Bildbetrachtung in den Gruppenstunden. Das Ritterliche prägt Sprache und Struktur des Bundes.

Symbolen eignet eine geheime Wirkmacht. Mochten Ritterideal und Gralssuche von den Eltern bislang als romantische Reise in einen höheren Idealismus gern gesehen worden sein, so zeigte das Schwert des Glaubens, der Wahrheit und der Unterscheidung nun seine höchst politische Seite. Blut floss vor der Kirche und auf den Schulhöfen. Bruder Lothar sucht die Auseinandersetzung mit den säkularen Zeitgenossen. Den Einsatz beim Arbeitsdienst sieht er als Herausforderung. „Katholiken sind in meiner Stube mehrere, aber katholisch ist wohl keiner." Im Arbeitsdienst treffen junge Männer aus unterschiedlichen sozialen Schichten zusammen. „Sauigeleien kommen natürlich auch vor, aber ich stehe doch nicht allein, wenn ich das nicht mitmache." Dafür gründet Lothar einen „Kulturstoßtrupp", veranstaltet Volkstänze mit dem weiblichen Arbeitsdienst, ein Märchenspiel für Kinder, leitet zum Gesang an und gründet eine Laienspielschar.

> „Lieber Erwin, wenn Du mich fragtest, ob ich mich noch einmal freiwillig zum Arbeitsdienst melden würde, würde ich das bejahen. Ich bin in eine Umgebung gestellt, in der ich einigen etwas sein kann".[22]

Zu Erwin Iserlohs Aufgaben gehörte die Ausarbeitung von Schulungsprogrammen für die ehrenamtlichen Mitarbeiter und Leiter der Gruppen.

---

[21] Lothar Iserloh, Brief vom 14. Mai 1935 an Erwin Iserloh. Auch der Briefwechsel mit den Brüdern Lothar (Leo) und Werner fand sich im ungeordneten Nachlass im Bistumsarchiv Münster.
[22] Lothar Iserloh, Brief vom Oktober 1935 an Erwin Iserloh.

Sie wurden „Führer" oder „Ritter" genannt. Die ihnen anvertrauten Jungen hießen „Pimpf" (10–12 Jahre), „Jungknappe" (13–14 Jahre) und „Knappe" (ab 15 Jahren). Das Ideal der Bundesbrüder waren nicht die Ritter der Tafelrunde wie jener Luftikus und Frauenheld Sir Lancelot, sondern jene erwählte Schar der Gralsritter, die ihr spirituelles Zentrum in der Karfreitagsliturgie besaß. Rittertugenden konnten eingeübt werden. Auf einen Sitz in der Tafelrunde konnte man sich bewerben. Gralsritter aber wurden im Himmel erwählt. Den Gral mochte der Ritter suchen. Er würde ihn niemals finden, wenn er nicht dazu bestimmt war. Das Ideal des Gralsritters war also untrennbar verknüpft mit dem Gedanken der Gnade. Wie die Gralsritter, so lebten die Bundesbrüder aus dem Geheimnis von Christi Gegenwart in der Eucharistie. Sie war der Kraftquell. Christus war die Mitte des Bundes, er lebte und wirkte in jedem einzelnen Bruder in der Schule und im Beruf. Der Rittergedanke hob die klassische kirchliche Hierarchie nicht auf, aber er gab ihr einen neuen Akzent. Die Stunde des Laienpriestertums war gekommen.

Im August 1935 leitete Erwin Iserloh ein Caritaslager für erholungsbedürftige Kinder auf der Insel Baltrum. Das Lager wurde von der Polizei aufgelöst. Es war kein Zufall, dass die HJ in den Mitgliedern des ND sogleich den Gegner erkannte. Denn dieser Teil der katholischen Jugend übte eine große Faszination aus. Einer Jugend voller Glaubensbereitschaft und Idealismus gab sie geistliche Inhalte und ein Heimatgefühl, das vor allen Dingen in den zahlreichen Freizeitaktivitäten erfahrbar wurde. Die Briefe der Brüder zeigen, wie diese Erfahrungen prägend für den weiteren Lebensweg wurden und während der kommenden Jahre im Reichsarbeitsdienst, in der Wehrmacht und im Krieg der Bewährung ausgesetzt waren. Der Bund folgte der Vision eines erneuerten Christentums durch Erziehung und Bildung der akademischen Elite.

Was alle suchten, waren „Gemeinschaft" und „Erfahrung". Das Fundament dieser Erfahrung war die gemeinsame Feier der Liturgie. Ihr Ziel war die Neugestaltung des Glaubens, ein authentisches, wahrhaftiges Leben, die Erfahrung der Identität, die Bewährung in Studium und Beruf und die Notwendigkeit der Abgrenzung von dem nationalsozialistischen Menschenbild. Vor allen Dingen erprobte man ein neues Bild vom katholischen Priester und seiner Gemeinde:

> „Die wandernde Jugend scharte sich zum Morgengottesdienst um ihren Priester. Vielfach stand keine Kirche zur Verfügung: Im Rittersaal der Burg, in ihrem Hof oder sonstwo im Freien wurde der Altar aufgeschlagen. Die Armut an äußerer Sakralität wurde bald als ungeahnte Chance erfahren. Man scharte sich um einen gewöhnlichen Tisch, auf dem das

Mysterium Ereignis wurde, und erlebte urtümlich die Gemeinschaft der mit Christus feiernden Kirche".[23]

Was den jungen Iserloh und seine Bundesbrüder besonders reizte, war der Freiraum, in dem unter freiem Himmel oder in mittelalterlichen Gemäuern eine Spiritualität der Unmittelbarkeit eingeübt werden konnte. Die Rede von der Kirche als pilgerndem Gottesvolk war noch nicht zur frommen Phrase erstarrt, sondern bildete während der Fahrten eine lebendige und daher auch prägende Erfahrung. Alle religiöse Erziehung bedarf der Freiräume. Hier geht es nicht um die Lust am Experiment und ein spirituelles Laissez-faire, sondern um das Vertrauen in die Jugend und ihre Lehrer. Iserloh wird später von „Pioniertrupps" sprechen: „In ihnen durfte experimentiert werden, durfte man erproben, was einer Gemeinde nicht ohne weiteres zuzumuten war".[24]

Der erste Beitrag in Iserlohs Bibliographie trägt nicht zufällig den Titel „Persönlichkeit und Gemeinschaft im religiösen Leben".[25] Der junge Theologe setzt sich kritisch mit Karl Rahner auseinander, der die Einzelperson der Kirche als rechtlich organisierter Gesellschaft gegenüberstellt und ihr einen Privatraum zusprechen will.[26] Für Iserloh gehen Lebenserfahrung und Theologie von Anfang an Hand in Hand. Individualismus und Kollektivismus sind die beiden Seiten ein und derselben Vereinzelung des Menschen. Der Christ tritt durch seine Verbindung mit Jesus Christus zugleich in Gemeinschaft mit den Gliedern Christi. Einzelner ist er

> „nur als Sünder, in der Situation des Gerichtes steht er allein. Erlöst ist er in die Gemeinschaft der Heiligen hinein. Wir sehen also, je tiefer wir in den Menschen hineingehen, je tiefer die Schicht ist, die wir erfassen, um so gemeinschaftlicher ist der Mensch ... Die den Menschen als Person in Christus entsprechende Form der Gemeinsamkeit ist die Kirche als Gnadengemeinschaft in Christus. Sie lebt in der Liebe und in dem Gebet".[27]

Erwin Iserloh ist ein Theologe der Kirche.

---

[23] Erwin Iserloh, Die Geschichte der Liturgischen Bewegung (Vortrag 1959), in: ders., Kirche – Ereignis und Institution. Aufsätze und Vorträge, Band I, Münster 1985, 436–451, hier: 441f.; zit. als: Aufsätze I.
[24] Ebd. 444.
[25] In: Gemen-Werkheft (Werkwoche der Neudeutschen Studentengemeinschaft Münster, Burg Gemen 19.3. bis 26.3. 1947), 30–37; neu abgedruckt in: Iserloh, Aufsätze I, 452–460; zitiert wird nach dieser Ausgabe.
[26] Vgl. Karl Rahner, Der Einzelne in der Kirche, in: Stimmen der Zeit 139 (1946/47) Heft 4, 260–276.
[27] Erwin Iserloh, Persönlichkeit und Gemeinschaft, a.a.O. 456f.

„Gott suchen in allen Dingen!" Jugend in Deutschland

Der Bund Neudeutschland war Teil jener deutschen Jugendbewegung[28], die es zum Wandern und Schauen aus den Städten drängte. Was ihn vom Wandervogel und den zahlreichen Gruppen der Bündischen Jugend unterschied, war vor allen Dingen die katholische Ausrichtung. Der Bund Neudeutschland war unverkennbar eine Gründung in ignatianischem Geist. Die *Gesellschaft Jesu* gründet in der Berufung des Basken Ignatius von Loyola. „Gott finden in allen Dingen" – „Hallar Dios en todas las cosas!" So lautet das Motto einer Spiritualität, die ganz auf die Ehre Gottes ausgerichtet ist und gerade deshalb eine Spiritualität des Dienstes ist. Der starke Gehorsam der Jesuiten hat einen religiösen, ja mystischen Grund: „Denn das soll ein jeder bedenken, dass er in allen geistlichen Dingen nur insoweit Fortschritte machen wird, als er herausspringt aus seiner Eigenliebe, seinem Eigenwillen und seinem Eigennutz".[29] Für den Christen geht es nach Iserloh nicht „um ein existentielles Springen ins Nichts, sondern immer nur um ein ‚Eingehen und sich Weggeben in ein Größeres als wir selbst'; das ist der dreifaltige Gott, der für mich konkret wird, gleichsam Leib bekommt, in der Kirche".[30]

Iserloh entdeckt hier „einen neuen Typ des Heiligen. Bei diesem ist Gottesdienst und Selbstheiligung untrennbar mit dem Apostolat verbunden".[31] Mit diesem Ideal identifiziert er sich nicht zuletzt als Priester in seinem seelsorglichen Umgang mit Laien: „Wie zur Zeit des Ignatius ein Fürst, der sein Land recht regierte, so ist heute ein Unternehmer, der in seinem Betriebe die soziale Gerechtigkeit und die christliche Solidarität verwirklicht, eminent apostolisch tätig. Sicher aber ein Politiker, der einen Krieg verhütet oder der Sozialreform den Weg bereitet".[32]

Der Bund Neudeutschland suchte nicht die geheimnisvolle Blaue Blume der Wandervögel. Sein Ziel war die neue Lebensgestaltung in Christus. 1923 wurde es im sogenannten „Hirschberger Programm" auf

---

[28] Vgl. Werner Helwig, Die blaue Blume des Wandervogels. Vom Aufstieg, Glanz und Sinn einer Jugendbewegung, Gütersloh 1960; Franz Henrich, Die Bünde katholischer Jugendbewegung. Ihre Bedeutung für die liturgische und eucharistische Erneuerung, München 1968; Uwe Wolff, Der Ewige Deutsche. Eine Geschichte aus jugendbewegten Zeiten. Roman, Zürich 1984.
[29] Ignatius von Loyola, Exerzitienbuch, Nr. 189.
[30] Erwin Iserloh, „Gott finden in in allen Dingen". Die Botschaft des heiligen Ignatius von Loyola an unsere Zeit, in: Iserloh, Aufsätze I, 216–231, hier: 230.
[31] Erwin Iserloh, Der Gestaltwandel der Kirche. Vom Konzil von Trient bis zum Vaticanum II; in: Iserloh, Aufsätze I, 388–404, hier: 395.
[32] Erwin Iserloh, „Gott finden in in allen Dingen", a.a.O. 230.

Schloss Hirschberg im Altmühltal formuliert. Zentrale Figur des Bundes war jener Pater Ludwig Esch SJ (1883–1956), der Iserloh zum Gaugrafen und Markleiter berief. Mit Willi Graf (1918–1943), Mitglied der Weißen Rose, und Pater Alfred Delp SJ (1907–1945) brachte der Bund auch Männer hervor, die ihren Grundsätzen bis ins Martyrium treu blieben. Die überragende Figur der katholischen Jugendbewegung war Romano Guardini (1885–1968), Mitbegründer des Bundes Quickborn und geistiger Mentor aller Jugendbewegten in der katholischen Kirche. Der charismatische Autor gab dem Geist der Bewegung Ausdruck. Er schrieb jene kleinen Werke, die in hoher Auflage verbreitet mit auf die Fahrten genommen wurden und deren Lektüre noch heute inspiriert: „Vom Geist der Liturgie" (1918), „Von heiligen Zeichen" (1922) oder „Vom Sinn der Kirche" (1922). Hier ist im ersten Satz verdichtet, was Iserloh und seine Generation auf ihren Fahrten nicht nur suchten, sondern erlebten:

> „Ein religiöser Vorgang von unabsehbarer Tragweite hat eingesetzt: Die Kirche erwacht in den Seelen".[33]

In den Zeltlagern führte der Bund viele hundert Jugendliche zusammen. Zu ihrer Durchführung bedurfte es einer umfangreichen Logistik. Doch nicht nur Unterkunft und Nahrung waren zu organisieren, sondern auch jene geistige und geistliche Nahrung, die als Wegzehrung durch ein ganzes Leben tragen sollte. Die Fahrten führten auch ins Ausland. Iserloh reiste nach Rom (April 1934), fuhr mit seinem Freund Otto Köhne an die Masurischen Seen, bereiste Rumänien und Jugoslawien (Juli/August 1937 und August/September 1939). Andere wanderten, begleitet von Pater Esch, durch die Niederlande (Ostern 1935). Die Gruppe übernachtete je nach Gelegenheit im Freien, in einer Garage, bei Bauern, bei der Heilsarmee oder für eine Nacht als Gast der Polizei. Die Wanderung war zugleich ein geistliches Exerzitium. In Gebet, Andacht, Messfeier, Gesang und Einzelgespräch suchte der Seelsorger einen Zugang zur inneren Welt der Bundesbrüder zu finden. „Hab' Vertrauen zum Pater", lautete seine Eröffnungsformel. In Holland besuchte die Gruppe auch 's-Heerenberg, jene Gründung der Jesuiten, aus der große Geister wie Hugo Lassalle, Eduard Profittlich, Oswald von Nell-Breuning und Engelbert Kirschbaum hervorgingen.

Der Bund war ein Christusbund. Wie der Lieblingsjünger Johannes, der beim letzten Abendmahl seinen Kopf an die Brust des Herrn schmiegte, so sollten auch die Gruppenführer mit offenen Ohren lauschen, was ihnen aus dem Herzen Jesu entgegenströmte. Was würde Christus an

---

[33] Romano Guardini, Vom Sinn der Kirche. Fünf Vorträge, Mainz 1923, 1.

meiner Stelle tun? So lautete die zentrale Frage. Johannes hatte seinen Herrn bis ans Kreuz begleitet. Der Bund verstand sich von daher als Lebens-, Arbeits-, Leidens- und Liebesgemeinschaft im Dienst der deutschen Jugend. Pater Ludwig Esch formulierte in seiner „Botschaft des Bundesführers" (17. Februar 1935) voller Pathos:

„Wir sind Christus oder wir sind überhaupt nicht Christen. – Christus unser Wollen. Er muss wachsen in unserem heißgeliebten Vaterland, damit Deutschland werde ein Volk in Ehren. Auch Deutschland wird christlich sein oder es wird nicht sein".[34]

Wie Johannes sein Ohr für die Botschaft Jesu öffnete, so soll der Gruppenführer ganz Ohr für die Anliegen der Kinder und Jugendlichen sein und ihnen mit Ehrfurcht begegnen. Das Ziel der Erziehung waren selbstbewusste Persönlichkeiten, die aufgrund ihrer kirchlichen Bindung dem Ungeist der Zeit widerstanden. Spätestens in der 7. Klasse (Quarta) sollte der „Jungknappe" seine Mitgliedschaft im Bund mit Bewusstsein wahrnehmen und „erkannt haben, warum er im ND und nicht in der HJ ist." In Anlehnung an das „Hirschberger Programm" formulierte Iserloh die Aufgabe in seiner „Führerschule" (2.–5. Januar 1935) folgendermaßen:

„Nur der setzt sich durch, der eine eigene Meinung, einen Charakter hat. Die heutige Forderung ist daher: Selbständiges und zielbewusstes katholisches Handeln in jeder Lebenslage. Die Schule steht im Zeitalter der Säkularisierung. Der politische Mensch ist das Schlagwort. Die Simultanschule wird angestrebt. Da heißt es, unsere katholische Haltung überall an den Tag zu legen. Wo immer sich eine Gelegenheit bietet, müssen wir durch Wort und Tat christliche Bausteine zum Neubau des Staates herbeischaffen. Nie dürfen wir abseits stehen. Ein Gebiet, wo wir besonders praktisch arbeiten können, wäre die Abendgestaltung in den nationalpolitischen Schulungslagern".[35]

Der Glaube der Bundesbrüder umfasste die sichtbare und die unsichtbare Welt. Daher war ihm von keiner Macht dieser Welt beizukommen. Nicht der Staat, nicht die Geschichte, sondern Gott wird am Ende der Zeit das letzte Wort sprechen. Das ist der Kern jenes Glaubens, dessen Flamme Iserloh in den Seelen der ihm anvertrauten Brüder in den kommenden Jahren der Anfechtung hüten wollte.

Wie jeder junge Mann wurde Iserloh zum Reichsarbeitsdienst eingezogen. Vom 11. Juli bis zum 15. Oktober 1934 arbeitete er in Kevelaer. Im Sommersemester 1935 immatrikulierte er sich an der Universität

---

[34] Zitiert nach dem Nachlass Iserloh im Bistumsarchiv Münster.
[35] Zit. nach ebd.

Münster (Matrikel-Nummer 363/35) als Student der Katholischen Theologie und der Philosophie. Damit hielt er sich die Möglichkeit offen, als Priester in eine Gemeinde oder als Lehrer an ein Gymnasium zu gehen. Er war 20 Jahre alt, als er Ostern 1935 mit 107 jungen Theologiestudenten in das bischöfliche Konvikt einzog. Wie die meisten Priesteramtskandidaten wohnte er zunächst auf dem Domhügel im Collegium Borromaeum gegenüber dem Paulusdom. Auf dem Domherrenfriedhof im Innenhof des Kreuzganges liegt heute sein Grab in Nachbarschaft zur Ruhestätte jenes Bischofs, der als der „Löwe von Münster" in die Geschichte eingehen sollte. Clemens August Graf von Galen (1878–1946) war von 1929 bis 1933 Pfarrer an der Lambertikirche. 1933 wurde er zum Bischof ernannt. Damit lag Iserlohs Schicksal auch in seiner Hand.

3. KAPITEL:

"Man muss sein babylonisch Herz
nicht immer zu Worte kommen lassen".
Studium in Münster

*"Gibt es ein ‚katholisches Urteil' über Luthers
persönliche Eigenschaften und seine Geschicke?"*[36]

"Ungewissheit und Wagnis". Peter Wust

Der Besuch von Vorlesungen und Seminaren war kostenpflichtig. Iserlohs Studienbuch zeigt, dass er während seines achtsemestrigen Studiums zahlreiche Veranstaltungen von Peter Wust (1884–1940) besuchte und noch im letzten Semester Teilnehmer des Oberseminars war. Es war kein Zufall, dass der jugendbewegte Student der Gotteswissenschaft gleich zu Beginn des ersten Semesters auf jene charismatische Persönlichkeit stieß, die im Auditorium Maximum der Universität Hunderte von Zuhörern aller Fakultäten in ihren Bann zog. Der junge Iserloh suchte einen geistigen Vater und glaubte ihn in Peter Wust gefunden zu haben.

Peter Wust hatte über Jahrzehnte als Lehrer an verschiedenen Schulen gewirkt und wurde im Wintersemester 1930/31, ohne habilitiert zu sein, auf den Lehrstuhl für christliche Philosophie berufen. In Paris hatte er Georges Bernanos, Léon Bloy und Paul Claudel kennengelernt. Wie diese Geister, so suchte auch er nach einem Weg der Erneuerung des Katholizismus aus der existentiellen Tiefe authentischer Erfahrung. Wenn Peter Wust vortrug, schien sich der Hörsaal in eine Kapelle und das Katheder in eine Kanzel zu verwandeln.

Bereits im ersten Semester suchte Iserloh die persönliche Nähe zu diesem Gelehrten und Bekenner, indem er ein Seminar über Kierkegaards Schrift "Die Krankheit zum Tode" belegte. Durch die langjährige Erfahrung als Lehrer wusste Peter Wust, dass Wissen ohne Weisheit niemals die Seelen der Schüler erreicht. Diese aber wollte er gewinnen, indem er nicht nur lehrte, sondern seinen Schülern eine geistige Ordnungswelt zu zeigen suchte. Sein Vortragsstil war daher eine Mischung aus rationaler Analyse und emphatischer Rede. Peter Wust, so erfuhren ihn viele Stu-

---

[36] Hartmann Grisar SJ, Luther, Band I, Freiburg 1911, XIV.

denten, lebte im Wesentlichen und lehrte einen ganzheitlichen Blick auf die Wirklichkeit. Iserloh war begeistert von diesem Erzieher – und wurde schließlich bitter enttäuscht. Denn Peter Wust suchte den Dialog und war doch nicht dialogfähig. Freunde schilderten ihn als grüblerisch, versponnen und weltfremd. Sprach man ihn auf der Straße an, schrak er oft zusammen. Andererseits besuchte er regelmäßig das Café Schucan am Prinzipalmarkt und führte hier Gespräche über aktuelle Tagesfragen, oder er lud Studenten dazu ein, ihn am Samstagnachmittag auf seinen Spaziergängen nach Mecklenbeck zu begleiten.

Im Münsteraner Vorort Mecklenbeck, wo heute Peter Wusts Grab liegt, kehrte man in die Wirtschaft Lohman ein. Iserloh rückte schnell in den Kreis der Auserwählten vor, denen der Philosoph in der „Mecklenbecker Akademie" aus dem entstehenden Manuskript seines Hauptwerkes „Ungewissheit und Wagnis"[37] vorlas. Bereits den Titel verstanden die Zuhörer als Beschreibung der Situation des Christen in der Gegenwart. Peter Wust aber zeigte zugleich den festen Grund der christlichen Existenz: Das Urvertrauen in die Liebe Gottes und seine Führung gerade in dunklen Stunden. Auch Iserloh wird vor seinen Bundesbrüdern in den kommenden Jahren von jener Hingabe an den Willen Gottes sprechen, den Peter Wust im Martyrium seiner Krankheit bezeugte.

Wie Sigmund Freud war Wust ein starker Raucher und erkrankte an Oberkieferkrebs, der ihn schließlich zwang, den Dienst aufzugeben. Unter dem Titel „Ein Abschiedswort" richtete er am 18. Dezember 1939 einen Brief an seine Schüler, in dem er seine Krankheit als Gottes Fügung deutete und annahm. Zugleich stellte er sein Leiden in den Kontext der Zeit. Der Zweite Weltkrieg war ausgebrochen, und jenseits aller politischen Ursachen versuchte Wust auch hier auf den Grund der Dinge zu schauen. Wenn nichts ohne den Willen Gottes geschah, dann war auch dieser Krieg eine Heimsuchung jenes Geistes, der sich mit der Aufklärung von Gott abgewandt hatte. Das Leiden des Einzelnen wie der Völker war nicht ohne Sinn, sollte es doch zur Umkehr führen und Heimkehr in ein christliches Europa. Wust sprach von dem Gebet als „Zauberschlüssel", der das letzte Tor zur Weisheit öffne:

„Die großen Dinge des Daseins
werden nur den betenden Geistern geschenkt.
Beten aber kann man am besten im Leiden".[38]

---

[37] Peter Wust, Ungewissheit und Wagnis, Salzburg – Leipzig 1937.
[38] Peter Wust, Ein Abschiedswort, in: ders., Briefe und Aufsätze. Mit einer biographischen Einleitung hg. von Wilhelm Vernekohl, Münster 1958, 353–358, hier: 357.

Ähnlich hatte Reinhold Schneider vom Dom der gefalteten Hände und der Stunde der Beter gesprochen. Seismographisch wird auch Ernst Jünger diese Stimmung der Zeit aufnehmen:

> „Von allen Domen bleibt nur noch jener,
> der durch die Kuppeln der gefalteten Hände gebildet wird.
> In ihm allein ist Sicherheit".[39]

Dass Peter Wust diese Glaubensgewissheit nur in großen Anfechtungen zuteil wurde, wussten seine Freunde. Bischof von Galen gegenüber sprach er von seiner Todesangst. Heinrich Scholz (1884–1956), Theologe, Philosoph und berühmter Professor für mathematische Logik und Grundlagenforschung in Münster und Entdecker des Nachlasses von Gottlob Frege, erlebte ihn in „tiefster Seelennot":

> „Es hat sich mir tief eingedrückt, wie er in dieser dunkelsten Stunde sich kategorisch losgesagt hat von allem, was die Philosophie dem Menschen oder dem Philosophen auch in einem solchen Fall noch zu sagen hat oder sagen zu können vermeint. Es war ausgelöscht vor ihm. Ausgelöscht bis auf den Grund. Und noch war nichts zu erkennen von dem, was hernach zu erkennen gewesen ist".[40]

Auch Erwin Iserloh wird im Alter die Erfahrung eines langen Leidensweges nicht erspart bleiben. Als der Krieg und die Passion des Lehrers ausbrechen, war es bereits zum Bruch mit Peter Wust gekommen. Noch im 5. Semester hatte alles ganz anders ausgesehen. Peter Wust hatte seinem Schüler Iserloh das Thema einer Doktorarbeit über den Mönch und Bischof Petrus Damiani (um 1006–1072) gegeben. Jener Kirchenreformer und Kirchenlehrer des 11. Jahrhunderts hatte die Allmacht Gottes in unüberbietbare Höhen gesteigert. Gott sei alles möglich, auch die Wiederherstellung einer verlorenen Jungfräulichkeit. Peter Wust dürfte aber weniger das Problem der Omnipotenz Gottes interessiert haben als das Verhältnis von Glauben und Denken, von Weisheit und Wissen, das Petrus Damiani in der berühmten Formel von der Philosophie als Dienerin der Theologie *(philosophia ancilla theologiae)* ausgesprochen hatte.

Noch bevor Iserloh sich in das Thema eingearbeitet hatte, kam es während eines Seminars über Immanuel Kants Gottesbeweise zu einem jener Ausbrüche, für die Peter Wust bekannt und – wie es auch bei seinem

---

[39] Ernst Jünger, Das Zweite Pariser Tagebuch. Eintragung vom 31. Dezember 1943, in: ders., Sämtliche Werke, Band 3, Stuttgart 1979, 206.
[40] Heinrich Scholz, Erinnerungen an Peter Wust, in: Wilhelm Vernekohl (Hg.), „Ich befinde mich in absoluter Sicherheit". Gedenkbuch der Freunde für Peter Wust, Münster 1950, 29–45, hier: 41.

Schüler Erwin Iserloh später der Fall war – gefürchtet war. Beide hatten ein großes, bewegtes Herz, hohe Empathie, konnten jedoch bei einem Widerspruch sehr unwillig werden. So weckten sie Erwartungen, die sie nicht immer erfüllen konnten. Neben Fred Quecke war Helmut Hünnekens wohl der einzige Freund, der es wagte, Iserloh gegenüber die ungeschminkte Wahrheit auszusprechen. Er vermisste an dem priesterlichen Freund die Gabe des Zuhörens:

> „Du kamst mir so geschäftig vor, so voll Unruhe, hattest noch so viel zu tun, dass man es nicht wagte, Dich zu stören. Du müsstest es noch lernen (ich sage Dir das offen), einen zu hören. Du hast es noch nicht in den Fingerspitzen, wenn einer ein Anliegen hat. In Deiner ungeheuren Geschäftigkeit, Wissen, Unruhe, vielen Aufgaben (wann bist Du einmal ganz still), kommt man gar nicht an Dich heran. Man muss hören können, anhören, ohne mal an eigene Dinge zu denken. Du erinnerst Dich vielleicht an einen Donnerstag, wo ich einmal ärgerlich wurde und Dir einiges sagte, dass auch wir unsere Nöte hätten, nicht nur die Pimpfe. Da kam etwas von dem ‚Unwillen' an den Tag".[41]

Iserloh hatte in dem Kantseminar wohl allzu entschieden und selbstbewusst seine abweichende Meinung vorgetragen, sodass es darüber zum Zerwürfnis kam. Peter Wusts Empfindsamkeit war Iserloh bekannt. Dennoch ging sein Temperament mit ihm durch. Wust war schnell beleidigt, und seine eigensinnige Auffassung in vielen Dingen führte oft zu Konflikten. Dann verstummte er, zeigte sich gekränkt und verkroch sich in sein Arbeitszimmer. Auch die philosophischen Spaziergänge nach Mecklenbeck unterlagen einem strengen Reglement. Wenn Wust seine Gedanken voller Pathos entfaltete, dann duldete er keine Widerrede. Er wünschte keinen Dialog. Wer Fragen hatte, musste sie zurückstellen. Am kommenden Samstagnachmittag durften sie gestellt werden und wurden von Peter Wust beantwortet. Dieser Lehrer war stets mit sich selbst beschäftigt, und was er seinen Schülern zu bieten hatte, war die Teilnahme an seinem Selbstgespräch.

„Auf einen Partner zu hören, war ihm im allgemeinen Falle versagt. Er selbst ist das eigentliche Thema seiner philosophischen Spekulationen gewesen"[42], urteilte Heinrich Scholz. Peter Wust sei „ein Mensch mit vielen Fragezeichen" gewesen, und „dennoch ein Mensch, der eine Spur in mir hinterlassen hat, die mich noch heute zurückführt zu ihm. Eine

---

[41] Helmut Hünnekens, Brief vom 15. September 1943 an Erwin Iserloh.
[42] Scholz, Erinnerungen an Peter Wust, a.a.O. 40.

Spur, die mir wesentlich tiefer zu sein scheint, als irgendeine Spur hätte sein können, die ich selbst in ihm hinterlassen konnte".[43]

„Alle warten auf einen, der ihrem Hoffen und Mühen wieder einmal Richtung gab". Der Jugendführer

Iserloh war nicht der Mensch, der sich lange über den Eklat im Seminar grämte. Mochte das Zuhören seine Stärke nicht sein, so besaß er doch die Gabe, inmitten des Sturmes ruhig zu werden. „Aber Fred, das ist so meine Art, gerade dann, wenn es in mir drunter und drüber geht, etwas Objektives vor meine Augen zu stellen. Denn man muss sein babylonisch Herz nicht immer zu Worte kommen lassen", schreibt er seinem Freund Fred Quecke und charakterisiert sich selbst in seinem Auftreten als „glatt, kühl, rational, objektiv, gesichert und gefestigt".[44] In seiner Tatkraft und Entschiedenheit hielt er sich auch jetzt nicht mit einem Rückblick auf das Verlorene auf, sondern suchte ein neues Feld der Betätigung. Iserloh hatte zügig studiert, wie es seine Eltern verlangten und wie es seiner eigenen Natur entsprach. Die finanziellen Verhältnisse in der Familie waren ohnehin knapp und wurden noch begrenzter, als der Vater 1937 aus politischen Gründen vorzeitig in den Ruhestand versetzt wurde.

Ein neues Thema war rasch gefunden. Iserloh hatte den Seminarraum verlassen, da sah er am Schwarzen Brett der Universität eine Preisarbeit ausgeschrieben, deren Thema ihn sogleich ergriff. „Der Kampf um die Messe in den ersten Jahren der Auseinandersetzung mit Luther". Die Worte „Kampf" und „Auseinandersetzung" waren für den jugendbewegten Theologiestudenten und Markleiter des Bundes Neudeutschland mit Leben und eigenen Erfahrungen besetzt. Iserloh begriff sofort, dass die Preisaufgabe keineswegs allein ein geschichtliches und dogmatisches Problem umschrieb, sondern ins Zentrum dessen führte, was ihn als Jugendführer seit seiner Schulzeit beschäftigte. Hinter der Preisaufgabe leuchtete die Frage nach der verlorenen Gemeinschaft aller Christen, ja nach dem Wesen der Kirche auf. Luther hatte versucht, die Kirche zu reformieren. Der Bund versuchte, eine katholische Gemeinschaft junger Männer durch schwierige Zeiten zu führen. Die liturgische Erneuerung und die gemeinsame Messfeier waren das Band. Die Erneuerung des Glaubens aber hatte auch jene Christen im Blick, die seit der Reformation ihren eigenen Weg gegangen waren. Im Rückblick wird Iserloh in der liturgischen Bewegung seiner Jugendjahre und in der innerkirchlichen

---

[43] Ebd. 42.
[44] Erwin Iserloh, Brief vom 1. August 1937 an Fred Quecke.

Erneuerung der Reformationszeit den gleichen Geist erkennen. 1959 schließt er einen Vortrag vor Bundesbrüdern mit

> „zwei Bemerkungen: die eben skizzierte Geschichte der liturgischen Bewegung macht ein Grundgesetz deutlich, das durch die ganze Kirchengeschichte geht und an dem ein tiefes Geheimnis der Kirche sichtbar wird: nämlich, dass Erneuerungsbewegungen in der Kirche nicht anfangen in Rom, nicht beim hierarchischen Amt. Das können wir an der Armutsbewegung um 1200 sehen, die die Gefahren der Verstädterung des Frühkapitalismus zu bannen suchte. Das können wir an der innerkirchlichen Erneuerungsbewegung der Reformationszeit beobachten, und das hätten wir eben, wie an der Liturgischen Bewegung auch an der Bibelbewegung und der apostolischen Bewegung der Laien in unserem Jahrhundert deutlich machen können. Sie sind nicht ausgegangen oder angestoßen von dem hierarchischen Amt, noch weniger von Rom. Aber, darin offenbart sich das Geheimnis der Kirche. Alle diese Bewegungen sind erst fruchtbar geworden, sind erst zum Zuge gekommen, als sie aufgegriffen wurden vom hierarchischen Amt, besonders vom Papste".[45]

Der junge Iserloh widmete sich mit Erfolg der Preisaufgabe. Dass er mit dieser Arbeit sein Lebensthema gefunden hatte, ahnte er vielleicht. Die Preisverleihung im WS 1937/38 intensivierte den Kontakt zu Joseph Lortz (1887–1975), den er seit dem zweiten Semester kannte und der nun bald nicht nur sein Doktorvater werden sollte. Die Bearbeitung der Preisaufgabe führte zur Begegnung mit Luther und aus den Konflikten der Reformationszeit wieder zurück in die Probleme der Gegenwart. So gewann Iserloh durch den Weg in die Wissenschaft entscheidende Impulse für die Beurteilung der aktuellen kirchlichen Fragen.

Während Iserloh bereits vor Studienbeginn den Arbeitsdienst geleistet hatte, folgte für viele der Bundesbrüder jetzt ein Militärdienst an den Grenzen des Reiches, der sie zermürbte und ihre Ideale auf die Probe stellte. Die Gedanken, die Peter Wust aus seinem entstehenden Werk „Ungewissheit und Wagnis" in der Mecklenburger Akademie vorgetragen hatte, bekamen im Schicksal der Bundesbrüder eine konkrete Gestalt. Als Markleiter und Freund wurde Iserloh in die seelsorgerliche Pflicht genommen. Er stand in einem Netzwerk brieflicher Beziehungen. Im Heim und auf den Fahrten war eine neue Spiritualität eingeübt worden, die sich nun zu bewähren hatte.

> „Die Kerls aus der Gruppe schreiben eifrig, nur hat jeder ihrer Briefe etwas Trauriges, oft Schmerzendes, das mich nicht loslässt. Fremd ist uns

---

[45] Iserloh, Aufsätze I, 450f. (Die Geschichte der Liturgischen Bewegung).

allen ja ohnehin die Sorglosigkeit, mit welcher der Soldat seinen genau eingerichteten, selbstverständlichen Tag lebt",

teilt ihm Fred Quecke mit und spricht die Erwartung vieler Brüder offen aus:

„Rolf schreibt von seinen Freuden und Sorgen, ach es sind ja so viel Sorgen! In seinem letzten Brief war seine Hoffnung, dass Du bald kämest und ihm Stütze wärest in seiner Verlassenheit, die er in sich fühlt. Ich bin überzeugt, dass Du ihn nicht enttäuscht hast, und auch die anderen alle warten auf einen, der ihrem Hoffen und Mühen wieder einmal Richtung gab".[46]

Hubert Mattonet ist vom Reichsarbeitsdienst nach Benschbude-Waldeck kommandiert worden. Hier arbeitet er in einem Elektrizitätswerk, das die Wasserkraft des Bober nutzen soll. Ermüdend ist für ihn weniger die Arbeit als der geistige Leerlauf in der Freizeit. Als bekennender Katholik befindet er sich in einer Minderheit. Die gewohnte Feier der katholischen Messe wird in der Welt der Lager zum Problem. Nur unter Mühen gelingt es, dafür eine Genehmigung zu erhalten und einen Ort zu finden. Wenn Iserloh selbst unter der Erwartungshaltung der Brüder leidet, dann ist es Fred Quecke, der ihn durch den Hinweis auf das innere Reich und das innere Leben zu trösten versucht:

„Jetzt, da mir der Einbruch in die andere Welt, die uns nie ganz erfüllen darf und wird, auf deren Parkett wir jedoch sicher schreiten müssen, gelungen ist, drängt sich immer klarer der Wert des in den Jahren des Suchens, der Empfänglichkeit und der Begeisterung gewachsenen Lebensgemeinschaft in den sichtbaren Bereich. Je vertrauter Formeln und Zahlen werden, je freier man lernt, sich im flachen Kreis Bier trinkender Begleiter zu bewegen, umso unabdingbarer erscheint die Geltung der Gedanken, Menschen und Werte, mit denen im Herzen die Gruppe uns ins Leben entließ. Stolz hält das Bewusstsein aufrecht: Wenn den Kameraden der Betrieb schal wird und sie nichts haben, wohin sie als in ihr Eigenes sich zurückziehen können, es sei denn das Nirwana des Rausches oder der Liebe, dann weiß ich, wo das innere Leben wieder gewertet wird, sei es bei einer Ode von Hölderlin, ein Pensée von Pascal oder die taumelnde Klarheit des hl. Thomas, sei es – und nicht zuletzt – die Heimat, die uns erwachsen in den Herzen der Gemeinde. Und so verbindend und unauslöschlich ist das Wort von der Lebensgestaltung in unsere Herzen gesenkt, dass es überall dort, wo – von der Leidenschaft des Augenblicks frei – ein Entscheid aus klarer Haltung gefasst werden soll, als gültige Verpflichtung gilt".[47]

---

[46] Fred Quecke, Brief vom 12. März 1936 an Erwin Iserloh.
[47] Fred Quecke, Brief vom 23. Juni 1936 an Erwin Iserloh.

Fred Quecke, dessen Ausbildung zum Militärarzt an seiner Mitgliedschaft im Bund scheitert, beschreibt die Grenzerfahrung eines jungen Katholiken, der unter Soldaten das Leben eines bekennenden Christen zu führen versucht, das mit dem Wort des Laienapostolates umrissen wird: „Dass Er das Licht der Welt ist, weiß ich, doch die Gnade wird mir jetzt nicht zuteil, dass ich es auch erspüre, erlebe. Doch zutiefst erleb ich in diesem zweiten Halbjahr das Drohende, das in uns schlummert oder aus der Welt uns antritt." Nun ist die Stunde der Bewährung gekommen. „Gelesen, gewusst und besprochen hatten wir schon so viel, aber wirklich erfahren, erlitten so wenig".[48] Doch will die innere Leere nicht weichen. „Es ist auf die Dauer erstaunlich schwer, sich seiner vollen Verantwortung für seine Bildung, sein Wachsen und Reifen bewusst zu bleiben, wenn man so in den täglichen Dienst eingespannt ist, der zwar fast die ganze Zeit des Tages, aber so wenig Wirkliches fordert".[49]

Ende Oktober wird Fred Quecke in München in eine Sanitätsabteilung versetzt. Nun blickt er wieder in die Zukunft. Er „werde aus dem kommenden Jahre herausholen, was herauszuholen ist", und so zu leben versuchen, „dass der Tag vor der Zukunft bestehen kann".[50] Nicht jeder Bundesbruder teilt dieses hohe Ethos. Der gemeinsame Freund Hubert Mattonet spürt nicht mehr die Berufung zum Priester und gibt auf. Für Fred Quecke ist dieser Schritt Anlass für ein offenes Wort an Iserloh, so wie es nur ein Freund vermag:

„War es das Wirklichwerden der traurigen Ahnung, dass die hemmungslos offen liegende Nacktheit des Lebens, wie wir es in Arbeits- und Wehrdienst erfahren, das Verlangen nach dem uns plötzlich so seltsam, ja, verzeih, lächerlich anmutenden Dasein des Priesters und seiner Erziehung auslöscht? Er erscheint uns – von der Persönlichkeit einzelner abgesehen – so am Rande des Daseins. Die Methoden seiner Heranbildung muten uns so danebengefahren an. Denn das glauben wir doch alle nicht, dass Hubert gegangen wäre, wenn das Priestersein, wie es neben die heutige Zeit gestellt ist, der richtige Weg wäre, den Menschen der Jetztzeit zum Heile zu führen, uns selbst dahin zu führen, unsere Kräfte zu befruchten, uns auf das Wichtige zu stoßen, statt mit Erziehungsballast den Weg zu versperren. Du aber, der Du – nicht ruhig – aber fest in Deinem Wesen begründet stehst, der Du Dir wohl Wissen, Tiefe, aber nicht Richtung und Methode präsentieren lässt, dessen Schwergewicht auf dem Gestalten, nicht auf dem Gestaltetwerden liegt, Du kannst bleiben, ohne dass Deine

---

[48] Fred Quecke, Brief vom 5. Juli 1936 an Erwin Iserloh.
[49] Fred Quecke, Brief vom 4. Oktober 1936 an Erwin Iserloh.
[50] Fred Quecke, Brief vom 18. Oktober 1936 an Erwin Iserloh.

menschlichen Kräfte leiden, im Gegenteile. Im Tiefsten lässt Du Dir dort ja nicht viel sagen. Gewiss, das Gespenst Hochmut steht dort! Doch diesen hohen Mut, Erwin, brauchst Du als Mensch, der sich zum Priester bildet".[51]

Im September 1938 hatte Erwin Iserloh sein geliebtes Motorrad für eine Schreibmaschine geopfert. Die Freunde müssten jedoch nicht befürchten, dass er zu einem Stubengelehrten werde und damit dem Bund verloren gehe:

„Ich habe mein Motorrad verkauft und mir eine Schreibmaschine gekauft. Als ich mir das mal recht zu Bewusstsein gebracht hatte, habe ich herzlich gelacht. Erwin, so tief bist Du gesunken! Flucht ins Bürgertum. Abrüstung zu behäbigem Leben? Na, man kann mit einer Schreibmaschine noch mehr machen als Rechnungen schreiben"[52],

teilt er einer Bekannten mit. Dann spricht er von seinen Studien zur Reformationszeit. Diese bestätigten seine Auffassung von der Bedeutung authentischer Persönlichkeiten. Die Kirche brauche lebendige Vorbilder, echte Charaktere. Und so formuliert Iserloh ein mögliches Selbstverständnis als junger Wissenschaftler, angehender Priester und Leiter eines katholischen Bundes, deren Mitglieder seiner Fürsorge durch persönliche Zuwendung und geistliche Führung bedürfen: Forschung sei auch der Gegenwart verpflichtet. Der Wissenschaftler müsse auch Erzieher sein wollen. Forschung und Lehre bilden eine Einheit. Damit hatte der Sohn eines Lehrers seinen Weg zur Wissenschaft legitimiert.

„Aber gerade meine Beschäftigung mit der theologischen Literatur der Reformationszeit macht mir immer klarer, dass nicht Bücher die großen Auseinandersetzungen der Geschichte entscheiden. Das heißt nicht, an der Macht der Ideen zweifeln. Aber alle Ideen haben ihre Wirkung nur durch den lebendigen Menschen, den sie erfüllen. Wenn wir nun schon keine Heiligen sind, wie können wir anders dem Ruf der Zeit genügen als in demütiger Hingabe an unsere Aufgabe und im dienenden Weitergeben all dessen an unsere Zeit, aus dem wir unser Leben haben. Sicher kann das auch der Wissenschaftler und gerade er".[53]

Damit formulierte Iserloh das Ethos all jener Lehrer in Schule und Universität, die sich in personaler Verantwortung vor der Tradition und den Menschen der Gegenwart gestellt wissen und an kommende Generationen weitergeben, was ihnen zur Überlieferung anvertraut worden ist. Die

---

[51] Fred Quecke, Brief vom 16. November 1936 an Erwin Iserloh.
[52] Erwin Iserloh, Brief vom 10. September 1938 an eine Bekannte.
[53] Ebd.

Beschäftigung mit der Reformation zeigt in der Gestalt Luthers nicht nur die herausragende Bedeutung des Pädagogen, sondern führte mit der Gestalt des Mittlers zugleich zu den Inhalten, die zu vermitteln waren. Das Wesen der Kirche ist Erinnerung. Das kulturelle Gedächtnis aber ist zugleich ein lebendiger Erfahrungsraum. Vor diesem hohen Anspruch überfällt Iserloh ein leichtes Schaudern, als er im Rahmen seiner Ausbildung erste Stunden Religionsunterricht geben muss. Er vertraut sich seinem Vater an. Doch der alte Lehrer beruhigt ihn keineswegs: „Jede Religionsstunde muss ein Festakt sein, den die Kinder mit Ehrfurcht und sinniger Freude erleben".[54] Das Ziel sei ein „wirklich lebendiger fröhlicher Christenglaube".[55]

Iserloh hatte das pädagogische Talent seines Vaters geerbt. Das Lampenfieber verflüchtigt sich rasch, und der Unterricht wird ein Erfolg, denn die Schüler spüren, dass ein „lebendiger Mensch" vor ihnen steht. Die Bekannte besuchte die Oberprima und erwiderte Iserlohs pädagogische Ausführungen auf dem Hintergrund ihrer eigenen Erfahrungen: „Wir können unseren Religionslehrer nicht riechen", weil er mit „seiner salbaderigen Stimme" oder bei einem Widerspruch der Schülerinnen mit wütendem Aufstampfen der Füße letztlich doch nicht verbergen könne, dass er fachlich inkompetent sei. „Und ich meine, dass es heute Eure Aufgabe an dieser Zeit ist, hier einzuspringen. Was Du da vom lebendigen Menschen schreibst, möchte ich 10 Mal unterschreiben. In meinem kleinen Leben ist das so. Zwar wird man oft, wenn man gerade etwas seiner augenblicklichen Verfassung nach Passendes liest, mächtig bewegt, aber gebildet und beglückt wird man doch nur durch lebendige, richtige Menschen. Aber wie schrecklich wenige gibt es doch. Ich bin eigentlich immer auf der Suche nach ihnen".[56]

„Polen bum, bum ... !!!". Kriegsausbruch

Bereits am 30. Juli 1936 hatte die Geheime Staatspolizei im Regierungsbezirk Düsseldorf den Bischöflichen Kaplan Hermann Eising, später Professor für Altes Testament in Münster, observieren lassen. Mit dem Runderlass (27. Juni 1939) des Reichsführers der SS und Chefs der Deutschen Polizei im Reichsministerium des Inneren wurde der Bund aufgelöst. Nach dem Verbot nahmen zwei Beamte der Gestapo bei Hermann Eising eine Hausdurchsuchung vor und beschlagnahmten Akten des ND.

---

[54] Franz Xaver Iserloh, Brief vom 30. Juni 1939 an Erwin Iserloh.
[55] Franz Xaver Iserloh, Brief vom 11. Juli 1939 an Erwin Iserloh.
[56] Brief einer Bekannten vom 29. September 1938 an Erwin Iserloh.

„Das Verbot von 1939 kam nicht überraschend. Der Bund war darauf gefasst. Dazu hatte es seine Vorläufer. Am 4.10.1937 war schon die Pfalz Breslau mit den schlesischen Gauen von der Geheimen Staatspolizei aufgelöst worden, weil bei einem Treffen in der Ruine Frankenstein sportliche Veranstaltungen abgehalten worden waren. Mehrfacher Protest Kardinal Bertrams half nichts".[57]

Sport sei nicht Sache der Kirche, wurde bereits in anderen Fällen argumentiert. Es gebe keine „katholische Bauchwelle". Für Fahrt und Lager war auch das Tragen des „Affen" verboten, jenes Feldtornisters aus dem Ersten Weltkrieg, der noch in den Schränken der Väter und Großväter lagerte. Damals reagierte die Jugend vom ND noch mit Humor, fertigte sich Tornister aus Persilkartons und trug sie unter der Devise „Persil bleibt Persil – ND bleibt ND". Auch Lieder wurden umgedichtet: „Wir traben in die Weite, das Fähnlein steht im Spind; vieltausend mir zur Seite, die auch verboten sind!"[58]

Schon vor dem Verbot vollzog sich die pädagogische Arbeit weitgehend im Untergrund. Das galt besonders für die Einsätze in Osteuropa. Diese waren ein Geben und Nehmen. Denn in der Bukowina begegnete Iserloh auch ostkirchlichen Traditionen.

„Draußen bei den Deutschen in der Bukowina, im Banat und in der Dobrudscha, die in Gefahr waren, beides, Volkstum und Glaube zu verlieren, ist uns die Bedeutung der ‚Volksliturgie' aufgegangen. Damit verbunden war das Erlebnis der Ostkirche. Diese enge Verbindung unserer liturgischen Bemühungen mit einem neuen Verständnis, ja einer Begeisterung für die Ostkirche ist bezeichnend. Nicht zufällig gehört Pater L. Beauduin, den wir als Bahnbrecher der Liturgischen Bewegung genannt haben, auch zu den Gründern des Unionsklosters Amay-Chevetogne. Zu nennen sind hier auch die Ostkirchentreffen des Bundes in Niederaltaich (1936) und die in Gerleve (1938 und 1939)".[59]

In verschiedenen Regionen Rumäniens wohnten Deutschstämmige, die sich durch eine Romanisierungspolitik in ihrer Identität bedroht sahen. Als der deutschsprachige Religionsunterricht verboten wurde, entwickelte Iserloh im Bund Neudeutschland ein katechetisches Notprogramm. In zehn Unterrichtsstunden sollten die Kinder Grundlagen des Glaubens vermittelt bekommen. Diese reformatorische Arbeit konnte nur kon-

---

[57] Erwin Iserloh, Der Bund unter dem NS-Regime, in: Rolf Eilers (Hg.), Löscht den Geist nicht aus. Der Bund Neudeutschland im Dritten Reich, Mainz 1985, 260–264, hier: 263.
[58] Ebd. 262.
[59] Iserloh, Aufsätze I, 443 (Die Geschichte der Liturgischen Bewegung).

spirativ durchgeführt werden. Aus Sicherheitsgründen wählte er weit abgelegene Dörfer. 1937 und 1939 fuhr Iserloh über Budapest, Vatra Dornei und Gura-Humora in den Nordosten Rumäniens. Hier in den Ostkarpaten betreute er das Dorf Parau-Vatav mit seinen 111 deutschen Einwohnern. Über die zweite Missionsreise vom 9. bis 21. August 1939 verfasste er einen Bericht. Die politische Lage in den Dörfern der Bukowina war angespannt. Daher sahen die Wirtsleute von 1937 Iserlohs plötzliches Auftauchen mit sehr gemischten Gefühlen. Georg Rauch, der alte Gastgeber, hatte nämlich 500 Lei Strafe zu zahlen, weil er seinen Gast angeblich nicht rechtzeitig genug bei den Behörden angemeldet hatte. Man hatte also wie im nationalsozialistischen Deutschland Angst, die Kinder in Iserlohs Obhut zu geben.

> „Aber die Jugend war so ehrlich begeistert, dass wieder jemand da war, dass es mir nicht schwerfiel, die Bedenken der Leute in den Wind zu schlagen. Ich habe aber auch alles getan, um den Vorschriften über Anmeldung usw. genüge zu tun. Das gab viele Laufereien".[60]

Die Arbeit gliederte sich in drei Einheiten. Morgens und nachmittags unterrichtete Iserloh etwa zehn Kinder, abends wurden 30 Jugendliche betreut. In einer Kombination von Katechismus und biblischer Geschichte versuchte er den Kindern elementare Aspekte der Glaubenslehre zu vermitteln. Zu den Unterrichtsinhalten gehörte auch das deutsche Volkslied, so das Abendlied des evangelischen Pastors Wilhelm Hey „Weißt du, wie viel Sternlein stehen" oder ausgewählte deutsche Märchen. Der Unterricht fand im Wohnzimmer von Johann Seemann statt. Abends wurden Volkstänze im Freien eingeübt, denen sich Iserloh, der sich später vehement gegen die Teilnahme seiner Nichten und Neffen an Tanzkursen wehren wird, offensichtlich ohne Vorbehalt hingab.

> „Besonders gern und ausgiebig wurde getanzt. Als neuen Tanz lernten wir: ‚Es gibt kalte Wasser, es gibt kalte Brünn'. Wir behandelten unter anderem folgende Themen: Die Entwicklung des Großdeutschen Reiches. Das deutsche Volkstum (hier wurde mitbehandelt sein Schutz durch Rassegesetzgebung und die Gefahr der Inzucht). Papst Pius XI. und Pius XII. Die Aufgabe des Auslanddeutschtums. Als Einführung in den Sonntag sprach ich an den Samstagabenden einmal über: Die heilige Messe und ihre Bedeutung für mein religiöses Leben. Und einmal über: Die heilige Kommunion als Opfermahl. Abends wurde es immer spät".[61]

---

[60] Erwin Iserloh, Bericht über meine Arbeit in Parau-Vatav vom 9.–21. August 1939: Nachlass Iserloh A 54.
[61] Ebd.

Zu Iserlohs Programm einer Reformierung der katholischen Tradition gehörte die Vorbereitung des Erntedankfestes und eine Wallfahrt mit Ablass nach Cacia. Wie sehr Iserloh dabei die jungen Menschen ansprach, zeigt der Gottesdienstbesuch. „Die Jugend ging zu 100%, die Männer zu 40% und die Frauen und Kinder fast überhaupt nicht. Also gerade umgekehrt wie bei uns".[62] Iserlohs Arbeit wollte die deutschstämmige Identität festigen und zugleich für ein Leben auch weiterhin in diesen Siedlungsräumen werben. Damit stand sie in Konkurrenz zu völkisch gesinnten reichsdeutschen Gruppen, die in der Bukowina eine „Heimkehr ins deutsche Reich" vorbereiteten. Dann erklangen in den Dörfern der Karpaten nicht nur Kirchenlieder wie „Heut' ist ein freudenreicher Tag", sondern auch Hans Baumanns „Es zittern die morschen Knochen der Welt vor dem großen Krieg".

Nach Beendigung seines Auftrages im Sommer 1939 traf sich Iserloh mit seinem Freund Helmut Hünnekens und zwei weiteren Brüdern in Belgrad. Gemeinsam reisten sie nach Südserbien.

„Das war mal wieder so eine richtige Klotzfahrt im alten Stil, was das Herz des alten Mannes erfrischte. Da man zu mehreren war, ging einem auch die Kriegsstimmung nicht so sehr auf die Nerven. Die Gegend da unten ist streckenweise sehr schön, das ganze Land, die Städte und die Bewohner äußerst interessant. Bunte Trachten, Karawanen, Moscheen mit ihren schlanken Minaretts, verschleierte Frauen und alles mögliche andere",

berichtet der Vierundzwanzigjährige einem Bundesbruder. Nach einer längeren Hochgebirgstour erreichten sie einen größeren Ort bei Montenegro. „Da kamen Einwohner, die uns als Deutsche erkannten, gestikulierend auf uns zu: ‚Polen bum, bum ... !!!' So erfuhren wir vom ausgebrochenen Krieg." Nach 200 Kilometern Reise erreichen sie die Küste und warten hier auf ein Schiff. Zwei Monate später verfasste Iserloh den Bericht. Darin blickt er nicht nur zurück, sondern wagt eine Deutung der Ereignisse, die ihn als Schüler von Peter Wust ausweist. Zugleich lässt sie jenen eigenen, unverkennbaren Ton anklingen, der die Briefe in den kommenden Jahren des Krieges durchziehen wird. Iserloh steht unmittelbar vor der Weihe zum Subdiakon. Am 14. Juni 1940 wird er von Bischof von Galen zum Priester geweiht werden. Sein Primizspruch ist 2 Kor 1,24: *Wir wollen nicht auftreten als Herren über euren Glauben, sondern als Mitarbeiter an eurer Freude*. Vor diesem Hintergrund sind die folgenden Ausführungen zu sehen und zu bewerten, aber auch seine künftige Tätigkeit als Kirchenhistoriker:

---

[62] Ebd.

„Ich weiß nicht, ob Du dem Geschehen als Ganzem einen Sinn zu geben vermagst. Aber wir gehen ja in diesem Geschehen nicht auf, wenn wir auch verantwortlich in es hineingestellt sind. Wir sind ja ganz persönlich unmittelbar zu Gott. Und da sind wir in der Hand des Vaters. So ist hier alles, was uns auch zustößt, sinnvoll. Das Gleichnis von dem Sperling auf dem Dache lernen wir heute wieder neu verstehen. Es bedeutet ja nicht, dass nicht immer wieder Sperlinge vom Dache fallen. Vielleicht war ein solcher, den der Heiland im Straßenstaub Palästinas fand, überhaupt der Anlass zu diesem Gleichnis. Aber es fällt keiner, von dem der Vater es nicht weiß.

Wohl kann uns also Unglück treffen. Aber wir haben die Sicherheit, es waltet da kein blindes Schicksal über uns, sondern die Hand des Vaters, der es gut mit uns meint. Der Vater, der seinen eingebornen Sohn durch die Nacht des Todes schickte, ihn aber wieder von den Toten auferweckte. Das ist christlicher Optimismus, der es nicht nötig hat, die raue Wirklichkeit zu übertünchen. So wünsche ich Dir weiter alles Gute, Kraft von oben und Hochgemutheit".[63]

„Luther, der Mann des absolut bindenden Gotteswortes".
Joseph Lortz

Iserlohs Berufung war die praktische Pädagogik. Das wusste jeder, der ihn kannte. Wie selbstverständlich gingen Bundesbrüder und Bekannte davon aus, dass sie ihre Erfüllung in der Volksmission finden werde und nicht in einer akademischen Laufbahn. Iserloh kannte keine Berührungsängste. Er hatte Interesse an Menschen. Er war physisch und psychisch belastbar und in allen Dingen des Alltags, bis zur Zubereitung der Mahlzeiten, sehr selbständig. Die Organisation und Durchführung der Fahrten hatten in ihm jene Tugenden wachsen und reifen lassen, die ihn zu einem guten Erzieher machten. Iserloh war nichts Menschliches fremd. Der Appell an das Vertrauen seiner Schutzbefohlenen war unnötig. Im Kontakt zu den Menschen sucht er die Mitte und in ihr das Gemeinsame. Um es zu finden, war er bereit zu Hingabe und Wagnis.

Religiöse Erziehung braucht glaubwürdige Vorbilder gelebten Lebens und keine stilisierten Heiligen auf dem Goldgrund realitätsferner Überhöhung. Die Preisaufgabe hatte Iserloh zu Luther geführt. In ihm erkannte er Züge seines eigenen Wesens und seiner Berufung. Deshalb wurden der Reformator und sein Werk zu Iserlohs Lebensthema. Er sah in Luther vor allem einen religiösen Menschen und Erzieher, innerlich bewegt durch

---

[63] Erwin Iserloh, Brief vom 4. November 1939 an Helmut Hünnekens.

seinen charismatisch-prophetischen Geist, einen existentiellen Denker, der sich der Frage der Wahrheit nicht aus wissenschaftlicher Distanz nähert, sondern im lebendigen Vollzug geistlichen Ringens. Theologie war für Luther eine Erfahrungswissenschaft. Das Evangelium Christi enthielt immer auch einen persönlichen Appell. Es wollte Gestalt in den Menschen der Gegenwart werden. Iserloh erkannte in Luther den großen Erzieher, der die Einheit von Leben und Werk suchte, der auf die Menschen seiner Zeit zuging und in ihrer Sprache redete und dessen störrische Charakterzüge auch ihm nicht fremd waren.

Dass Luther in katholischen Kreisen überhaupt positiv wahrgenommen werden konnte, war auch das Verdienst von Joseph Lortz, der aus Luxemburg stammte. Sein Großvater mütterlicherseits übte wie Luthers Vater den Beruf eines Bergmannes aus. Der junge Lortz hatte in Rom und seit 1911 in Fribourg bei dem Dominikaner Pierre Mandonnet studiert. Als Wissenschaftler wollte er sich später keiner Schule zuordnen lassen. Zwei Gelehrte betrachtete er jedoch als Vorbilder und geistige Väter. Ihnen widmete er sein Standardwerk „Die Reformation in Deutschland" (1939/1940): Fritz Tillmann und Sebastian Merkle. Beide waren Priestergestalten, von denen der deutsche Katholizismus jener Jahre nicht allzu viele zu bieten hatte, Männer etwa vom Schlage des Lutheraners Adolf von Harnack (1851–1930), der in Berlin neben seinem Lehrstuhl für Kirchengeschichte das Amt des Generaldirektors der Preußischen Staatsbibliothek und des Präsidenten der Kaiser-Wilhelm-Gesellschaft (der heutigen Max-Planck-Gesellschaft) inne hatte. Der Bonner Neutestamentler und Moraltheologe Fritz Tillmann (1874–1953) leitete zugleich die preußische Universität Bonn und den deutschen Hochschulverband, deren Mitbegründer er war. Tillmann hatte auch das erste deutsche Studentenhaus gegründet und war Vorstand des Studentenwerks. Er vermittelte Lortz 1917 die Stelle eines Sekretärs beim Herausgeber des „Corpus Catholicorum". Dieses hatte die Aufgabe, die Werke von Luthers katholischen Gegnern zu edieren. Erwin Iserloh sollte Jahrzehnte später Mitarbeiter im Vorstand der Gesellschaft zur Herausgabe des „Corpus Catholicorum" und 1972 zu ihrem ersten Vorsitzenden gewählt werden.

Bei Sebastian Merkle (1862–1945) in Würzburg habilitierte sich Lortz im Jahr 1923. Wie Don Bosco war Merkle ein großer Hundefreund und besaß einen deutschen Schäferhund, der auf den Wehrhaftigkeit signalisierenden Namen „Mars" hörte. Zum Unwillen seiner geistlichen Kollegen brachte er ihn zu den Fakultätssitzungen mit. „Mars" hatte einen gleichnamigen Vorgänger gehabt, weshalb er auch „Mars II" genannt wurde. Merkle imponierte dem jungen Lortz nicht wegen dieser Eigenwilligkeit und einer gewissen Neigung zur Skurrilität, sondern weil auf ihn auch dann Verlass war, wenn ein persönlicher Einsatz gefordert war. Priester wie Tillmann und Merkle standen mit ihrer ganzen Person für die ihnen anvertrauten Studenten ein. Dies erlebte Lortz im Habilitationsakt, als er sich mit seinem wissenschaftlichen Vortrag einer feindselig eingestellten Schar von Soutanenträgern zu stellen hatte. Mit seinem kräftigen Bass brach Sebastian Merkle die eisige Stimmung.

Seit 1933 unterrichtete Joseph Lortz in Münster, zunächst als Professor für Missionswissenschaft, dann ab 1936 als Professor für Kirchengeschichte des Mittelalters und der Neuzeit. Er hatte die Preisaufgabe ausgeschrieben, und bei ihm promovierte Iserloh über ein Thema der Reformation. Die beiden Bände der Erstausgabe von „Die Reformation in Deutschland" erhielt Iserloh mit persönlicher Widmung des Verfassers zu seiner Priesterweihe geschenkt. Lortz notiert darin ein berühmtes Wort aus dem Johannesevangelium *Ut omnes unum sint* – „Dass alle eins seien" (Joh 17,21), das Leitwort der Ökumenischen Bewegung.

Iserloh wusste, dass Joseph Lortz zu den frühen Mitgliedern der NSDAP gehört und in grober Fehleinschätzung der Person Hitlers die Machtergreifung von 1933 begrüßt hatte. 1938 verließ Joseph Lortz nicht nur die Partei, sondern er strich im Jahr zuvor den Abschnitt „Kirche und Nationalsozialismus" in seinem Werk „Geschichte der Kirche in ideengeschichtlicher Betrachtung". Dieser Mut imponierte Iserloh, wie er rückblickend betont:

> „Den von der Möglichkeit einer fruchtbaren Begegnung getragenen Abschnitt ‚Kirche und Nationalsozialismus' seiner ‚Geschichte der Kirche' strich der Verfasser in der Ausgabe von 1937. Dazu gehörte sicherlich mehr Mut, als ihn nie geschrieben zu haben. Die Tatsache, dass im Kampf der Geister mancher irrt, sich Blößen gibt oder gar scheitert, gibt denen nicht recht, die von vornherein zu Hause bleiben und kapitulieren".[64]

Iserloh hatte seit seiner Schulzeit den braunen Ungeist in Gestalt der HJ erlebt und war daher nicht einen Augenblick gefährdet, jener Programmatik auf den Leim zu gehen, die Lortz in seiner Schrift „Katholischer Zugang zum Nationalsozialismus kirchengeschichtlich gesehen" (1933) im Münsteraner Aschendorff Verlag veröffentlicht hatte. Im Nationalsozialismus glaubte Lortz einen Verbündeten im Kampf gegen Bolschewismus, Materialismus und Glaubensverlust und die Möglichkeit der Rückkehr zu einem christlichen Europa zu sehen. War es Verblendung, Wunschdenken, kirchenpolitisches Kalkül, wenn Lortz die Hoffnung aussprach, der unter dem „Katholiken Hitler" vollzogenen politischen

---

[64] Erwin Iserloh, Joseph Lortz (1887–1975), in: Aufsätze I, 35–37; hier: 35–36.

Einheit werde die kirchliche Einheit und damit die Überwindung der konfessionellen Spaltung Deutschlands folgen? In seinem Werk „Die Reformation in Deutschland" ist von diesen Ideen nicht mehr die Rede. Die Überbrückung der konfessionellen Gegensätze soll hier durch ein neues katholisches Lutherbild eingeleitet werden. Luther habe die katholische Kirche aus den Wurzeln des Evangeliums reformieren wollen. Nichts habe ihm ferner gelegen als eine konfessionelle Spaltung.

Nach der Befreiung von der Diktatur der Nationalsozialisten war Joseph Lortz eine *persona non grata* und musste seinen Lehrstuhl räumen. Gegenüber dem Generalreferenten für Kultus der Provinzialregierung Westfalen, Schulrat Johannes Brockmann, wird Erwin Iserloh seinen Lehrer in Schutz nehmen:

> „Ich bin nun seit der Antrittsvorlesung im Mai 1935 der Schüler von Professor Lortz und bald sein jugendlicher Freund geworden. Ich habe bis zu meiner Promotion und darüber hinaus jede Förderung durch ihn erfahren. Ich habe jede Vorlesung und jeden wichtigen Vortrag von Lortz gehört, er dagegen kannte meine Einstellung und meine gefährliche Wirksamkeit, durch die auch er leicht hätte kompromittiert werden können. Zum mindesten hätte es nahe gelegen, dass er wie andere, die mir viel weniger nahe standen und die sich heute als große Antinazis gebärden, mich gewarnt und mich gebeten hätte, diese Arbeit an der Jugend aufzugeben. Im Gegenteil: er zeigte liebevolles Interesse für die Arbeit. Ja, Herr Professor hat sich selbst daran beteiligt, wenigstens was die Studentenarbeit angeht. In den Jahren 1938/39, als die Studentenseelsorge in Münster schlief, erst recht schwer ein Raum und ein Mann zu finden war, der in einem Studentenbund wie ‚Groß-Neudeutschland' mitzuarbeiten bereit war, hielt Herr Professor Lortz die Missa mit Ansprache für die Groß-Neudeutschen in der Clemenskirche und Arbeitskreise, für die er seine Wohnung zur Verfügung stellte".[65]

Erwin Iserloh hat Lortz' Bild vom katholischen Luther weitgehend übernommen. Der katholische Luther war der junge Mann Luther, der sich noch nicht in verbalen Exzessen gegen das Papsttum erging, der Verfasser des Psalmen- und Römerbriefkommentars, der Übersetzer der Bibel, der Musiker und Erzieher, nicht der verwegene Grobian, der maßlose Polemiker, der Rechthaber und von dämonischen Anfechtungen geplagte alte Mann. Die Reformation, so lehrte Lortz, habe die Kirche zur Besinnung gerufen und insofern gerettet. Sein Blick richtete sich auf die Person des Reformators. Luther lebte und betete aus echtem Glauben. Deshalb rea-

---

[65] Erwin Iserloh, Brief vom 8. Januar 1946 an Johannes Brockmann: Bistumsarchiv Münster, Nachlass Erwin Iserloh A 22a.

gierte er feinfühlig auf ein Zerrbild des Katholischen, dem er ausgesetzt war. Seine Rechtfertigungslehre und damit die Betonung der zentralen Bedeutung von Glaube und Gnade war eine urkatholische Entdeckung. Dass dies von der offiziellen Kirche und den katholischen Theologen nicht gesehen wurde, bedeute die Mitschuld an der Kirchenspaltung. Die Reformatoren wollten ein erneuertes Christentum in der einen erneuerten katholischen Kirche. Dieses Ziel wurde nicht erreicht und blieb daher eine ökumenische Aufgabe der Gegenwart. Joseph Lortz gehörte mit Pater Max Josef Metzger (1887–1944) zu den Gründern der Una-Sancta-Bewegung (1938). Metzger wurde für dieses Engagement durch den Volksgerichtshof zum Tode verurteilt.

Wie Iserloh, so zitierte auch Joseph Lortz gern das Wort vom Spatz (Mt 10,29), dem nichts auf der Welt ohne den Willen des Vaters geschieht. Ein weltgeschichtliches Ereignis wie die Reformation, ein Herzstück moderner Geschichte, ein Weltereignis mit unabsehbaren Folgen bis in die Gegenwart könne nicht als reines Menschenwerk oder gar Zufall verstanden werden. Vielmehr spiele die Reformation eine positive Rolle in Gottes Heilsplan. Luther wollte die Reformation, doch wider Willen trug er bei zur Zerstörung der Einheit und zur Entfesselung des Subjekts:

„Tatsächlich hat Luther, der Mann des absolut bindenden Gotteswortes, der Mann der christlichen Gemeinde, doch den Menschen auf sich selbst gestellt oder den Menschen allein vor Gottes Wort. Alle Elemente einer Kirchenidee bei Luther vermögen wenig gegen diese fundamentale Tatsache; sie war das Neue, sie wurde als das Entscheidende ins Bewusstsein aufgenommen, durch die Generationen weitergereicht und ausgebildet. Was Luther als Kirche, der Willkür des einzelnen entzogen, festhalten wollte, steht von vornherein in grundsätzlicher Spannung zu seinem Subjektivismus und Spiritualismus. ... Luther wollte die Offenbarung sichern, für einen Großteil der Protestanten kam der Rationalismus. Er wollte den Glauben schützen, das ‚Wort' rein erhalten, es kam ein sich selbst auflösender Kritizismus. Luther wollte durchaus Vertreter des Alten sein, des ursprünglichen Christentums, sein Werk wurde zweifellos kirchliche Revolution auch in jenem weiten Sinne, dass etwas Neues entstand".[66]

---

[66] Joseph Lortz, Die Reformation in Deutschland, Band 2: Ausbau der Fronten, Unionsversuche, Ergebnis, Freiburg 1940, 304f.

„Sie waren zumeist überhebliche Intellektualisten". Wilhelm Stählin und die Evangelische Messe

Iserloh besuchte auch die Vorlesungen von Wilhelm Stählin (1883–1975), der an der Evangelisch-Theologischen Fakultät Homiletik, Katechetik, Liturgik und Pastoraltheologie lehrte. Seine frei gesprochenen Vorträge fesselten Hörer aller Fakultäten. Stählin brachte eine lange Erfahrung als Pfarrer mit. Er organisierte Fakultätsfreizeiten, Exkursionen zu Werkstätten der Diakonie und Inneren Mission, er hielt allgemeinverständliche Katechesen („Religionsunterricht für Erwachsene"), predigte, arbeitete an der Revision des lutherischen Gesangbuches und engagierte sich für die liturgische Erneuerung des Protestantismus. Stählin kam aus der Bündischen Jugend, war als Mitbegründer des Berneuchener Kreises und der Michaelsbruderschaft offen für den ökumenischen Dialog. Im Januar 1932 hatte er eine Spielschar aus evangelischen und katholischen Studenten gegründet.

Wilhelm Stählin gehört neben Heinrich Scholz zu den herausragenden Gestalten der 1917 gegründeten Evangelisch-Theologischen Fakultät. Karl Barth suchte seine Nähe. Er ließ sich von ihm in liturgischen Fragen beraten, als er zum ersten Mal in Münster einen Gottesdienst für die Hochschulgemeinde halten musste. Als Barth nach dem Gottesdienst um eine Rückmeldung bat, antwortete Stählin, die Liturgie sei das Beste vom ganzen Gottesdienst gewesen. Barth erwiderte, ob dies eine Kritik an seiner Predigt sei. „Nein, Sie haben ausgezeichnet gepredigt, aber ich habe nur in der Liturgie Gottes Wort gehört, in der Predigt habe ich Professor Barth gehört!", antwortete Stählin. Barth gestand wiederum, dass er Stählins Predigten schauderhaft finde. „Sie nehmen immer Rücksicht auf die Gemeinde und wollen die Gemeinde anreden; das geht Sie gar nichts an, wer da ist. Sie sollen objektiv das Wort Gottes verkündigen!" Wilhelm Stählin mochte Barths satirische Schärfe so wenig wie die Überheblichkeit und „seine mangelnde Bereitschaft, andere als seine eigenen Gedanken gelten zu lassen". Manchmal fühle er sich sogar „durch den Nimbus seiner Unfehlbarkeit in dem Eigenen, das ich zu bieten hatte, gehemmt und gelähmt".[67] Schwierig war vor allen Dingen der Umgang mit jenen jungen Barthianern, die seine homiletischen Seminare besuchen mussten, jedes didaktische Denken strikt ablehnten und alles, was sie nicht verstanden oder verstehen wollten, als „katholisch" diffamierten:

---

[67] Wilhelm Stählin, Via Vitae – Lebenserinnerungen, Kassel 1968, 221.

„Sie waren zumeist überhebliche Intellektualisten, unfähig oder doch nicht willens, irgendwelche Gedanken aufzunehmen, die nicht mit ihrer schon fertigen Theologie übereinstimmten, und ihre Predigtvorbereitung bestand vielfach in dem Bemühen, den Text unschädlich zu machen, d.h. ihn so lange zu ‚interpretieren', bis er zu ihren Gedanken oder vielmehr Theorien passte. Der Einfluss Karl Barths wirkte sich unmittelbar so aus, dass mir verschiedene seiner Schüler jedenfalls zunächst für alle Fragen und Aufgaben der kirchlichen Praxis immun zu sein schienen".[68]

Erwin Iserloh aber spürte in Wilhelm Stählin, dem späteren lutherischen Bischof von Oldenburg, eine verwandte Seele. Dieser gehörte zu einem kleinen Kreis um den katholischen Dogmatiker Michael Schmaus (1897–1993), der sich in der Wohnung des Gelehrten traf. Zum Bedauern von Stählin waren nur wenige evangelische Theologen zum ökumenischen Dialog bereit. Man hatte Berührungsängste, fühlte sich den Katholiken nicht gewachsen und verharrte in der Abgrenzung.

---

[68] Ebd. 220.

4. KAPITEL

„... und ich blieb am Leben?"
Im Zweiten Weltkrieg

> „Ohne Leid und Schicksal wäre das Sicherfüllen
> nicht bis zur Genüge ausgeschöpft".[69]

„Zersetzung der Wehrkraft".
Von der Priesterweihe bis zum Einsatz an der Ostfront

Der junge Iserloh hatte keine großen Ambitionen auf eine akademische Karriere. Zu sehr war er von den Fragen der Gegenwart ergriffen und berührt von den Sorgen und Nöten der jungen Menschen, die er nach dem Verbot des Bundes Neudeutschland im Geheimen weiter betreute. Zudem hatte ihm ein Freund aus München nach der Lektüre der Preisarbeit eine offenherzige Rückmeldung gegeben. Die Arbeit befinde sich auf dem Niveau einer soliden Materialsammlung, doch fehle noch „die eigene schöpferische Idee, von der aus man das Ganze nun über die Behandlung hinaus in eine höhere Ebene des wissenschaftlich Neuen und Fruchtbaren hinaufhebt". Es müsse noch „so etwas wie eine wissenschaftliche Erleuchtung kommen – in einer schlaflosen Nacht, beim Zähneputzen oder gleichwo –, die den Schlüssel für die ganze Darstellung biete und die den eigentlichen Motor liefert für die nun folgende Verarbeitung." In der vorliegenden Arbeit biete Iserloh glänzend behauene Bausteine,

> „ohne die rechte sinngebende Verteilung im Aufbau. Ich hoffe Du verstehst mich in etwa: es käme jetzt eigentlich der wissenschaftlich entscheidende Punkt: kommt er, ist's gut, kommt er nicht, dann war es eine wertvolle Materialbereitung, die Dich aber noch nicht zu einer Darstellung berechtigt".[70]

Joseph Lortz war in seinem Urteil gnädiger gewesen. Iserloh wusste, dass er in der schriftlichen Darstellung keine kompositorische Begabung hatte, und auch in einem anderen Punkt hatte der Freund durchaus Recht. Eine

---

[69] Friedrich Ohly, Glück eines Gefangenen mit Puschkin und mit Steinen, in: ders., Ausgewählte und neue Schriften zur Literaturgeschichte und zur Bedeutungsforschung, Stuttgart 1995, 931–938, hier: 933.
[70] Brief eines unbekannten Freundes vom 25. Februar 1940 an Erwin Iserloh.

Promotion war in dieser Zeit kein Selbstzweck, besonders nicht für einen Priester. Gerechtfertigt sei sie nur, wenn er sich anschließend habilitieren wolle. So wie sich jedoch gegenwärtig das Verhältnis von Kirche und Staat gestalte, werde es bald keine theologischen Fakultäten mehr geben. Der Priesternachwuchs werde in Zukunft an kirchlichen Hochschulen ausgebildet werden, und um dort zu unterrichten, komme es nicht auf die Habilitation an.

Iserloh dachte eine Weile nach. Seine beiden Brüder und er waren soziale Aufsteiger. Leo hatte in Jura[71] promoviert, Werner in Medizin. Als jüngster Bruder musste er zu ihren Leistungen nicht in Konkurrenz treten. So sah es auch der Vater. Nach seiner Priesterweihe drängte es den jungen Iserloh wieder an die Basis. Leo und Werner waren zum Militärdienst eingezogen worden. Priester dienten in der Regel in Sanitätsabteilungen als Krankenträger. Das schloss den riskanten Einsatz an der Front nicht aus. Die Familie hatte folglich ein Interesse, dass der dritte Sohn eine Stelle in der Heimat fände. Dazu gab es zwei Wege. Joseph Lortz wandte sich an seinen Freund, den Bischof von Münster, und bat darum, den jungen Iserloh zum Weiterstudium zu beurlauben. Auch Bischof von Galen wollte Iserloh in seiner Diözese behalten. Doch wählte er den anderen Weg und übertrug Iserloh für mindestens zwei Jahre die Stelle eines Kaplans in Laer bei Burgsteinfurt. Iserloh war mit dieser Entscheidung für die Seelsorgearbeit sehr zufrieden und freute sich besonders auf seine Tätigkeit als katholischer Religionslehrer an einem Progymnasium.

Am 28. Juni 1940 fuhr er von Duisburg nach Münster und von dort mit dem Bus weiter nach Laer. Seinen gesamten Besitz hatte er in zwei Koffern unterbringen können. Mit diesen und der Schreibmaschine beladen stand er vor der Tür des Pfarrhauses. Hier lebte der Geistliche mit seiner Schwester. Die resolute Westfälin diente ihm als Haushälterin und hütete wie ein Drache die Schwelle zur Pfarrei. Sie erklärte Iserloh, er könne wieder umkehren, man brauche seine Mitarbeit nicht.

Priester sind ihrem Bischof gegenüber zu Gehorsam verpflichtet. Doch Hochwürden von Laer war störrisch und wetterte in seinem Arbeitszimmer gegen die Entscheidung der Bischöflichen Behörde. Er verbot Iserloh auch, die Zeit bis zur Rückfahrt nach Münster für einen Spaziergang durch den Ort und einen Besuch der Kirche zu nutzen. Vier Stunden lang hielt er ihn gefangen. Dann drückte er ihm einen Zweimark-

---

[71] Leo Iserloh, Rücktritt und Wandelung im Vergleichverfahren. Inaugural-Dissertation zur Erlangung der juristischen Doktorwürde, Bonn 1933.

schein in die Hand, damit er nach Münster ins Priesterseminar zu Regens Franken zurückkehren konnte. Iserloh erfuhr auch später nicht, warum ihm die Stelle in Laer verweigert worden war. Er tat gut daran, keine Fragen zu stellen. Denn nicht nur die Wege des Herrn, sondern auch die geheimen Entscheidungen seiner Diener sind zuweilen unerforschlich. Vielleicht hatte der Pfarrer gar nicht eigenmächtig gehandelt, sondern im Gehorsam gegenüber dem „Löwen von Münster" und dessen Freund Lortz die Korrektur einer Entscheidung auf diskrete Weise mitteilen müssen. Vielleicht war die Verstimmung des Geschwisterpaares im Pfarrhaus zu Laer nicht auf eine Abneigung gegen den neuen Kaplan zurückzuführen, sondern im Gegenteil auf die Enttäuschung, diesen jungen Mann nun entbehren zu müssen.

Die Stelle in Laer hätte keinen Freiraum für die Arbeit an einer Dissertation geboten. Iserloh wäre darüber nicht unglücklich gewesen. Doch Lortz wollte ihm dieses Werk abringen. So wurde Iserloh zum Kaplan am St.-Rochus-Hospital bei Telgte ernannt. In Telgte und Warendorf setzte er mit über 100 Schülern die Arbeit des Bundes im Untergrund fort. Letzte Exerzitien führte er Weihnachten 1941/42 für Abiturienten des Münsteraner Elitegymnasiums Paulinum im Sophienstift Warendorf durch.

Von Telgte aus betreute er auch Familien, die aus den Dörfern Parau und Vatav des Sudetenlandes nach Westfalen übergesiedelt waren. Das St.-Rochus-Hospital kannte jeder im Münsterland unter dem Namen „Hülle". Das war keine Metapher für den Schutzraum der Anstalt, sondern leitete sich vom Namen des ehemaligen Besitzers des Geländes, Bauer Cracht tor Hullen, ab. Die psychiatrische Fachklinik wurde 1848 von Franziskanerinnen gegründet und zählt bis heute zu den herausragenden Einrichtungen des Landes. 1940 wurden hier etwa 300 psychisch kranke Frauen versorgt. Zu Iserlohs Dienstverpflichtungen gehörte die Frühmesse um 5.25 Uhr für die Schwestern sowie der Predigtdienst an Sonn- und Feiertagen. So blieb genügend Zeit für die Dissertation, die unter dem Titel „Die Eucharistie in der Darstellung des Johannes Eck. Ein Beitrag zur vortridentinischen Kontroverstheologie über das Messopfer"[72] im Sommersemester 1942 eingereicht wurde.

Dissertationen und Habilitationen sind letztlich nur Gesellenstücke. Sie erbringen den Nachweis grundlegender wissenschaftlicher Kompetenzen, haben aber nur in seltenen Fällen darüber hinaus eine Bedeutung für

---

[72] Erwin Iserloh, Die Eucharistie in der Darstellung des Johannes Eck. Ein Beitrag zur vortridentinischen Kontroverstheologie über das Messopfer, Münster 1950; online: www.unifr.ch/iso/de/projekte/erwin-iserloh/werke/diss_habil

die Forschung. Deshalb fehlen ihnen auch zukünftige Leser. Für die Biographie eines Menschen können sie hingegen eine aufschlussreiche Quelle sein. Zeigt sich hier doch der Geist in Jugendfrische, Lebensthemen kündigen sich an, ein charakteristischer Zugriff auf die Geschichte wird sichtbar. Iserlohs Arbeit teilt das Schicksal mit vielen wissenschaftlichen Projekten jener Zeit: Vollendet während des Krieges, konnten sie oftmals erst Jahre später veröffentlicht werden. Die Geschichte der während des Zweiten Weltkrieges in Deutschland oder im Exil entstandenen wissenschaftlichen Werke ist noch nicht geschrieben worden. Erwin Iserlohs Arbeit erschien erst 1950, acht Jahre nach ihrem Abschluss. Sie ist den Brüdern Leo, gefallen am 3. Mai 1945 in Berlin-Spandau, und Werner, vermisst seit Juli 1944 in Russland, gewidmet. Im ersten Satz der Druckfassung begründet Iserloh den katholischen Blick auf die Reformationsgeschichte in einer Weise, die im Jahr der Veröffentlichung den Rückblick auf die unmittelbare Vergangenheit einschloss:

> „Wir machen immer wieder die manchmal schmerzliche, oft aber auch ermutigende Erfahrung, dass die Ereignisse, die, wie wir uns ausdrücken, in die Geschichte eingegangen sind, am Geschehen unserer Tage noch teilhaben. Sie sind also viel weniger abgeschlossen, als wir gemeinhin meinen, und ruhen nicht vollkommen in sich selbst. Deshalb haben sie auch ihre endgültige Sinnerfüllung oder Verfehlung noch nicht gefunden".[73]

Die Geschichte der Kirche sei voller Irrtümer und Irrlehren. Im Bekenntnis der Schuld liege jedoch auch die Möglichkeit einer Rückbesinnung auf die Mitte des Glaubens. Dass der Mensch allein aus der Gnade lebt, hatte Iserloh nicht nur immer wieder bei Luther gelesen, sondern in der Begleitung seiner Freunde, im Gedenken an die zahllosen gefallenen Weggefährten erfahren. Verwunderung und Dank für das Überleben erfüllen ihn im Juli 1950, als er im Priesterkolleg Campo Santo in Rom das Vorwort zu seiner Arbeit verfasst. Die Entdeckung Luthers war für Iserloh die Wiederentdeckung der Gnade. Sie sei „die glühende Mitte"[74], die Luthers Seele mit Leben erfüllte.

Dieses Feuer brannte auch in Iserloh. Nicht nur die gebildeten Kinder und Jugendlichen des Bundes spürten seine menschliche Wärme, sondern auch jene mehrfach vorbestraften jungen Männer, die in der geschlossenen Abteilung der Wettringer „Knabenerziehungsanstalt St. Josefshaus" in Einzelzellen verwahrt wurden. Diesen schwer erziehbaren und teilweise stark lernbehinderten Burschen hatte Iserloh katholischen Religionsunter-

---

[73] Ebd. 5.
[74] Ebd. 17.

richt zu erteilen und sie im Freizeitbereich und bei den Mahlzeiten zu betreuen. Nach dem Rigorosum am 26. Mai 1942 wurde er zum Präses der Wettringer Anstalt in der Nähe von Rheine berufen. Die Stelle war frei geworden, weil Präses Bründermann zum Heer eingezogen worden war.

Als Bischof von Galen anlässlich der Firmung den Religionsunterricht in der Knabenerziehungsanstalt besuchte, sah er, dass er mit Iserloh eine gute Wahl getroffen hatte. Den Kontakt zu den Franziskanerinnen von St. Rochus bei Telgte hatte Iserloh gehalten, weil dieser Ort in besonderer Weise dazu geeignet war, die illegale Jugendarbeit im Münsterland fortzusetzen. Hier auf dem Land traf man sich bei großzügiger Bewirtung durch die Schwestern, bis die Gestapo einschritt. Die Anklage lautete auf Fortführung illegaler Verbände und Wehrkraftzersetzung. Mit dem Freund Fritz Rothe, Sonderführer im Luftgaukommando am Hohenzollernring in Münster und Messdiener in St. Rochus, besprach Iserloh die Lage. Die freiwillige Meldung zur Wehrmacht war ein Weg, der Einweisung in ein Konzentrationslager zu entgehen. Iserloh wählte ihn nicht, obwohl ihm Bischof Galen in einem dramatischen Gespräch vom 8. Dezember 1942 dazu mit Entschiedenheit riet. Zudem, meinte der Bischof, führe das NS-Regime einen legitimen Krieg gegen den gottlosen Bolschewismus.

Iserloh behielt die Nerven. Er versicherte seinem Bischof, er werde eher in ein Konzentrationslager gehen, als für das Großdeutsche Reich in Russland zu fallen. Dann tauchte er unter, mied das Josefshaus in Wettringen und wohnte im Martinistift in Appelhülsen. Am 12. Dezember 1942 übergab ihm Prälat Leufkens den Stellungsbefehl für die 5. Sanitätsabteilung 6 in Soest, wo er als Krankenträger arbeiten sollte. Gemustert worden war er bereits am 26. September 1940 im Civilklub des Wehrmeldeamtes an der Neubrückenstraße 50 in Münster. In Klerikerkleidung zog Iserloh in die Soester Kaserne ein. Hier machte er im Lazarett St. Arnold eine Ausbildung und erwarb den Führerschein 1. und 3. Klasse. 1943 diente er als Sanitäter bei der Genesenden-Kompanie in Hamm. Am 1. September 1943 wurde er als Sanitätskraftwagenfahrer („Sankrafahrer") an die Ostfront beordert. Rückblickend fasst er jene Zeit der illegalen Tätigkeit und des offenen politischen Protestes etwa gegen den für die Euthanasie werbenden Film „Ich klage an" (1941) von Wolfgang Liebeneiner so zusammen:

> „Als die Regierung Ende 1942 zu einem großen Schlag gegen die katholische Jugendarbeit ausholte und einen Schauprozess gegen prominente Jugendführer in Rheinland und Westfalen führen wollte, um auf diesem Wege die gesamte katholische Jugendarbeit lahmzulegen, war ich an-

scheinend für Münster als Hauptangeklagter vorgesehen. Alle Vernehmungen der in Münster verhafteten Jungen liefen immer auf meine Person aus. Damals empfahl mir mein Bischof dringend, mich der Wehrmacht zur Verfügung zu stellen, um wenigstens den anonymen Machenschaften der Gestapo zu entgehen. Als Soldat wurde ich dann Juni 1943 vom Sondergericht Dortmund vernommen und mir illegale Fortsetzung von Verbänden, Zersetzung der Wehrkraft, weil ich Jugendliche von der freiwilligen Meldung zurückgehalten hätte, und Mitschuld an dem Tumult anlässlich der Aufführung des Filmes ‚Ich klage an' in Münster vorgeworfen. Der Prozess wurde anscheinend nicht durchgeführt, weil er Ende 1943 wegen der militärischen Lage nicht mehr opportun war".[75]

„Nein, die Bruchstellen passen dann nicht mehr aufeinander".
Als Sankrafahrer vor Leningrad

Über das Schicksal seiner beiden Brüder und seiner Freunde aus dem Bund war Iserloh während der Arbeit in Telgte und Wettringen gut informiert gewesen. Die Stunde der Bewährung und der Wahrheit war nun gekommen. Im Bund hatten sie über den Glauben und katholische Lebensführung gesprochen. Doch nun beobachteten sie an sich selbst, wie schnell dieser Glaube unter den Anfechtungen der Zeit zu schwinden drohte. Iserloh ermutigte die Bundesbrüder immer wieder, von ihrem inneren Leben zu sprechen. Aber da war oft nichts zu erzählen, wenn die feindlichen Flugzeuge über ihnen kreisten und sie im Halbdunkel eines niederbrennenden Kerzenstummels Worte auf raues Briefpapier kritzelten, die auch bei wiederholter Lektüre für den Schreibenden selbst keinen Sinn ergaben. Die Brüder waren ausgebrannt. Ihre Kameraden betäubten sich mit Alkohol. Warum sollten sie nüchtern bleiben?

Das Ethos des lebendigen Menschen und die Gemeinschaft im Gebet glichen romantischen Erinnerungen an eine ferne Jugendzeit. Iserloh aber hatte durch seine Begegnung mit Luther eine Antwort auf die Erfahrungen des Zusammenbruchs gefunden. Alles ist Gnade. Aus eigener Kraft vermag der Mensch nichts. Und so führte für ihn auf paradoxe Weise die Erfahrung der Ohnmacht ins Zentrum jener Botschaft vom Kreuz, die erst im Scheitern sichtbar wird. Schon im Frühjahr 1940 betont Iserloh in einem seiner Rundbriefe, dass es nach dem Krieg keine Rückkehr in das alte Leben geben werde. Dieser Krieg sei keine Episode, sondern werde Folgen für kommende Generationen haben und das Antlitz Europas verändern.

---

[75] Erwin Iserloh, Brief vom 8. Januar 1946 an Johannes Brockmann: Bistumsarchiv Münster, Nachlass Erwin Iserloh A 22a.

„Wir haben damit zu rechnen, dass wir vielleicht für Jahre nicht in unseren alten Wirkungskreis zurückkehren und unsere gewohnte Tätigkeit aufnehmen können. Ja, vielleicht darf oder muss ich das Opfer des Lebens bringen, und dann ist die jetzige Zeit mit entscheidend dafür, wie gefüllt und erfüllt dieses Streben ist. ... Auf jeden Fall scheidet es für uns aus, den Krieg als bloße Episode zu betrachten, über die ich mich mit Alkohol oder durch die jedes Vierteljahr aufgefrischte Vertröstung: in drei Monaten ist Schluss, hinweghelfe. Wir dürfen doch nicht meinen, wir könnten nächstens am 1. September 1939 wieder anknüpfen, wie ich einen zerbrochenen Reifen wieder aneinanderschweiße. Nein die Bruchstellen passen dann nicht mehr aufeinander. ... Ich glaube, dass wir hier die Gelegenheit haben, das Menschenleben in seinen Tiefen und Höhen kennenzulernen wie selten sonst".[76]

Auch die Verlobten seiner Bundesbrüder suchen bei Iserloh seelischen Beistand, und so wird er nicht müde, immer wieder von der Gnade zu schreiben:

„Wir brauchen Gott, damit unser Leben sein Ziel, seinen Inhalt und seine Größe bekommt. Der Mensch wird erst Mensch, wenn er sich vor Ihn gestellt sieht, sich von Ihm angesprochen fühlt und Ihm Antwort gibt. Aller Glaube an den Menschen, der aus sich heraus groß, gut und edel sein soll, müsste an dem furchtbaren Geschehen im Osten eigentlich zerbrechen. ... So vermag der christliche Glaube auch da noch standzuhalten, wo menschlicher Idealismus an der Erfahrung der Brüchigkeit alles irdischen Seins zerschellt. Gerade die Erfahrung der Begrenztheit, Hinfälligkeit und Sündhaftigkeit macht uns offen, macht uns bereit für den, ‚der gekommen ist, um zu suchen und zu retten, was verloren war.' ... Wenn Sie das nicht ohne weiteres mitvollziehen können, so wundert mich das nicht, weil der christliche Glaube nach seiner eigenen Aussage eine Gnade ist, die nicht durch Erkennen und guten Willen erworben werden kann, sondern geschenkt werden muss. Darum kann man nur beten".[77]

Diese seelsorgerlichen Briefe sind über den Anlass hinaus auch eine Lebens- und Glaubensschule für den jungen Priester. In ihnen erprobt er die theologische Durchdringung und Deutung der Zeit und eignet sich so eine Haltung an, die ihn selbst tragen wird. Dass die deutsche Apokalypse ein Weg zu vertiefter Einsicht in das Wesen des Glaubens und damit zu einer Reform der Kirche sein könnte, glauben nur wenige Brüder. Zu dieser kleinen Schar gehört der Benediktiner Erich. Als Sanitäter dient er in der Etappe bei Erfurt. In Naumburg hatte er den Dom besucht mit

---

[76] Erwin Iserloh, Rundbrief an die Bundesbrüder vom Frühling 1940.
[77] Erwin Iserloh, Brief vom 19. Oktober 1941 an Fräulein Reik.

jener berühmten mittelalterlichen Skulptur der Uta, die damals als Inbegriff der deutschen Frau galt. Aus der Stätte, wo einst die Mysterien des Glaubens gefeiert wurden, war ein Museum geworden. Nietzsche, der aus dieser Gegend stammte, hatte es in seiner Vision vom Tod Gottes ausgesprochen. Die Kirchen waren zu Grabmälern Gottes geworden. So empfand es auch der Pater. „Ich würde gar nicht allzu tief trauern, wenn uns eines Tages all die Kostbarkeiten zerstört würden. Ich glaube, dann erst würden viele recht wach".[78]

Noch seltener waren Menschen wie Iserlohs priesterlicher Freund Johannes Düsing (1915–2000), genannt Alla. Auch er war ein Kind des Ruhrgebietes. Düsing diente in Russland als Sanitäter. Während einer Nachtwache auf dem Hauptverbandsplatz widerfuhr ihm eine bewegende Begegnung mit dem „Heiligen Russland", die ihm den Blick auf eine andere Wirklichkeit eröffnete. Düsings Liebe zur Orthodoxie fand später auch Ausdruck in seiner Arbeit. 1955 studierte er am *Collegium Russicum* und am *Päpstlichen Orientalischen Institut* in Rom. Ab 1957 wirkte der polyglotte Priester 42 Jahre lang in Jerusalem, wo ihn Iserloh 1961 und 1978 besuchte.

> „Viel müsste ich Dir erzählen, wie ich auch im Waffenlärm oftmals etwas gefunden habe von jenem Heiligen Russland, dem unsere gemeinsame Liebe, unser Gebet galt und jetzt erst recht gilt. ‚Doch aus Blut und Not und Stöhnen, wächst ein namenloses Seufzen nach Deinem heiligen Kleid, o Christ' (Solovjev). Im Kleinen ist es mir begegnet unterwegs, in den zerstörten und geschändeten Kirchen am Wege, unter den Ikonen in den strohgedeckten Hütten (zweimal habe ich einen Hl. Michael gekauft), bei verwundeten Gefangenen – und im Großen an jenem Tage Anfang Oktober, als ich in der Pracht und Herrlichkeit der vielkuppeligen Lawrakirche des Kiewer Höhlenklosters stand, jener ‚russischen Leiter zum Himmel'. Das war eine Krönung! Unser Bereitsein für jede Aufgabe daheim und hier und überall wollen wir hineingeben in die umgepflügte Erde".[79]

Iserloh wurde Mitglied der 126. Rheinisch-Westfälischen Infanterie-Division, die nach der Kesselschlacht von Demjansk und der dritten Ladoga-Schlacht vor Leningrad lag. Als Fahrer eines Sanitätswagens erlebte er die Leningrader Blockade an vorderster Front, und als Priester stand er vielen Sterbenden bei, gab ihnen die letzte Ölung und kümmerte sich um die Benachrichtigung der Angehörigen. Kaum war er an der Ostfront angekommen, da erreichten ihn Nachrichten von der erneuten

---

[78] Pater Erich OSB, Brief vom 28. Januar 1940 an Erwin Iserloh.
[79] Johannes Düsing, Brief vom 22. Oktober 1941 an Erwin Iserloh.

Bombardierung Münsters. Nach schweren Angriffen in der Nacht zum 12. Juni 1943 wurde am 11. Oktober 1943 das Stadtzentrum in Schutt und Asche gelegt. Zerstört wurden auch die Domkurien, das Generalvikariat, der Dom und die Seitenflügel des Bischöflichen Palais. Bischof von Galen überlebte und wurde mit Hilfe einer Leiter aus dem verschont gebliebenen Mittelflügel befreit. Als ihm Pastor Nopenkamp zur glücklichen Rettung aus Lebensgefahr gratulierte, soll der Bischof geantwortet haben: „Was, Du gratulierst mir? Ich meine, im Himmel wäre es auch ganz schön!"

So berichtet Helmut Hünnekens. In den letzten Monaten des Jahres häufen sich Mitteilungen vom Tod einzelner Brüder an der Front. Helmut Hünnekens gewährt seinem Freund Iserloh Einblick in „ganz geheime Gedanken". Zuweilen wünsche er sich, wie jener Bruder Rolf, für den man in Münster soeben eine würdige Totenfeier mit dem Schlusschor aus der Matthäuspassion gehalten hatte, einfach tot zu sein, damit die Todesangst ein Ende habe. So aber bete er um einen guten Tod. „Mein Gott, wie fern lagen einem solche Gedanken vor ein paar Jahren. Wenn man da in einem Gebetbuch solch ein Gebet fand, hat man weitergeblättert, nicht zuständig für uns, was für alte Weiber".[80]

Die geheimen Gedanken führten in jene unergründlichen Tiefen der Seele, wo neben der Angst zugleich die Zuversicht wohnt. Inmitten des Krieges heiratet der junge Arzt seine Verlobte und singt mit der kleinen Festgemeinde zur Trauung das alte Adventslied „Macht hoch die Tür, die Tor macht weit". In diesem ist von einer anderen Zukunft die Rede, von dem kommenden Gott, der durch die geöffneten Türen des Herzens in den innersten Bezirk des Menschen eintritt. Auch Iserloh liebte ein Weihnachtslied und summte es zu jeder Jahreszeit gerne vor sich hin: Martin Luthers „Vom Himmel hoch da komm' ich her". Selbst der nüchterne Bruder Lothar schreibt aus Insterburg zu dem Lied „O komm, o komm, Du Licht der Welt, das alle Finsternis erhellt" seine Gedanken auf: „Musste es so weit kommen, mussten wir in ein solches Dunkel tauchen und so viel Elend erleben, um diesen Sinn richtig zu verstehen?"[81]

Zweimal wurde Iserloh durch eine glückliche Fügung vor dem Schicksal bewahrt, das seine Brüder Lothar und Werner erleiden sollten. Nach dem Ende der Blockade von Leningrad (27. Januar 1944) zog die 126. Infanterie-Division nach Lettland und wurde hier im sogenannten Kurland-Kessel eingekreist und besiegt. Die überlebenden 70 Offiziere

---

[80] Helmut Hünnekens, Brief vom November 1943 an Erwin Iserloh.
[81] Lothar Iserloh, Brief vom Dezember 1943 an Erwin Iserloh.

und 3'000 Soldaten gingen mit Generalmajor Kurt Hähling in russische Gefangenschaft. Wenige von ihnen kehrten 1955 nach Deutschland zurück. Iserloh entkam diesem Schicksal, weil er im Juni 1944 in einen Fronturlaub ziehen konnte. Er verbrachte die Wochen mit seinen Eltern im St. Josefshaus Wettringen und anschließend nach einer Operation am Zeh in der Genesenden-Kompanie Hamm. Die Eltern waren evakuiert worden und lebten nun in Willingen/Sauerland, dem Geburtsort der Mutter. Über sie erreichte ihn die Mitteilung, dass sein Bruder Werner als vermisst galt. In Russland hatte Iserloh eine Ikone aus den Flammen gerettet und in die Heimat mitgenommen. Dargestellt ist eine Hodigitria in der Variante der sogenannten Tichwinskaja aus dem 17. Jahrhundert, die Iserloh anlässlich seines 25. Priesterjubiläums am 14. Juni 1965 dem Karmel in Witten[82] schenken wird. Im Text der Einladung heißt es:

> „Diese Ikone habe ich auf dem Rückzug von Leningrad nach Pleskau aus einem brennenden Dorf mitgeführt. Sie befindet sich jetzt im Karmel in Witten, wo besonders um die Union mit dem christlichen Osten gebetet wird."

Die Verlängerung des Aufenthaltes im Heimatlazarett Neuenkirchen nutzt er für slawische Studien. „Ich kann die Tage gut fruchtbar machen und beschäftige mich mit russischer Literatur und Geschichte. Ich muss sagen, diese geistige Annäherung an Russland bekommt mir doch besser als eine körperliche"[83], schreibt er an Heinrich Gleumes (1897–1951), den späteren Weihbischof von Münster. Diesem Priester berichtet er auch von neuen liturgischen Erfahrungen an der Front. In der sogenannten Gemeinschaftsmesse wird die besondere Rolle der Laien in der Feier der Eucharistie betont. Die Gemeinschaftsmesse habe

> „unter primitiven Verhältnissen ihre Gemeindefähigkeit bewiesen und gezeigt, dass sie geeignet ist, gerade unsere religiös unterernährte Männerwelt an das Opfer heranzuführen, sie wieder zum Beten zu bringen, und ihr, die so ausdrucksarm und -scheu ist, die dringend notwendige Ausdrucksmöglichkeit des religiösen Lebens zu geben. Dabei sehe ich gar nicht zu ideal, ich weiß gut, dass da noch manches fehlt und noch wachsen muss, aber dessen bin ich mir sicher, dass hier ein Weg ist und dass hier jetzt schon mehr geschieht in Bezug auf die Ehre Gottes und auf das Heil der Menschen, als in dem, ja man muss sagen, verwilderten Sonntags-Gottesdienst so mancher großen Landpfarrei, wie ich ihn in diesem Urlaub

---

[82] http://karmel-witten.de/de/klosterkirche/russische-ikone-hodigitria.html
[83] Erwin Iserloh, Brief vom 15. Juli 1944 an Heinrich Gleumes: Bistumsarchiv Münster, Nachlass Heinrich Gleumes A 125.

wieder mitmachen musste. ... Mag man uns verdächtigen und mit Misstrauen beobachten, zum mindesten spüren wir etwas mehr von der Not unserer Zeit und suchen nach Hilfe und lassen uns nicht so billig und naiv trösten und beruhigen wie manche ältere Herren, die sich vom Pferd erzählen lassen, wie die gesamte moderne Philosophie auf dem Wege zu Gott und zur Neuscholastik ist".[84]

Als Iserloh im Oktober 1944 wieder zu einem Krankenkraftwagenzug an der Grenze Ostpreußens abbestellt wird, ist seine alte Division bereits in Kurland eingeschlossen. So kam er in jene Gegend von Kolno und Johannisburg im südlichen Masuren, die er vor Jahren mit seinem Freund Otto Köhne bereist hatte. In der gesamten Division gibt es nur noch vier Priester. „Wir haben einen gewissen Seltenheitswert und werden wohlwollend behandelt. Schade, dass mein Messkoffer bei meinem alten Haufen geblieben ist"[85], schreibt er Heinrich Gleumes. In der Volksgrenadierdivision ist er wieder einem Krankenkraftwagenzug zugeordnet. „Das ist mir am liebsten. Hier vorne bin ich ein freier Mann und kann, wenn es nottut, in leiblicher und geistlicher Beziehung helfen".[86] Was diese Hilfe im Einzelfall konkret bedeutet, schildert Iserloh in einem weiteren Brief. Sieben schwerverletzte Soldaten hatte er zum Hauptverbandsplatz zu transportieren: „20 km über hart gefrorenen polnischen Feldweg will schon was heißen. Unterwegs konnte ich einem durch Anlegen einer Abschnürbinde helfen, ein zweiter war dadurch nicht mehr zu retten, ihm konnte nur noch der Priester helfen".[87]

Iserloh war durchaus ein Liebhaber von Literatur, Kunst und Musik. Er schätzte sie in ihrer erschließenden Kraft für die Tiefendimension des menschlichen Lebens. Doch selbstgefällige Bezüge zu der geistigen Welt des Bildungsbürgertums lagen ihm nicht. Selten finden sich in seinen Briefen, Reden und Aufsätzen Anspielungen oder gar Zitate aus dem literarischen Bereich. Rainer Maria Rilkes Gedichte bilden da eine Ausnahme.

„Wer jetzt kein Haus hat, baut sich keines mehr.
Wer jetzt allein ist, wird es lange bleiben,
wird wachen, lesen, lange Briefe schreiben ..."

---

[84] Ebd.
[85] Erwin Iserloh, Brief vom 14. November 1944 an Heinrich Gleumes: Nachlass Gleumes A 125.
[86] Ebd.
[87] Erwin Iserloh, Brief vom 27. Dezember 1944 an Heinrich Gleumes: Nachlass Gleumes A 125.

In einem Brief zitiert er Rilkes „Herbsttag" und fügt hinzu:

„Und doch bin ich Landser genug, um an den primitiven Dingen genug zu finden. Die Bratkartoffeln z.B. heute Abend waren herrlich. Man lebt halt doch in mehreren Etagen. Ich glaube, das alles würden wir oder ich gar nicht so schmerzlich finden, wenn im Raum des Überpersönlichen, des Politischen im weiten Sinne, die Dinge klarer lägen. Hier fehlt das klare und deshalb hinreißende Ziel bzw. wird nicht gesehen. Du magst vielleicht sagen: auf jeden Fall bleibt für Dich die Missio als Priester. Aber damit kommt man sich so recht verloren vor und es ist eine schmerzliche Erfahrung, dass man zu wenig ist, um reden zu können, ohne zu sprechen".[88]

Inzwischen bekommen die Eltern und die Schwägerin genauere Informationen über den vermissten Bruder und Ehemann. Werner Iserloh war im Einsatz als Militärarzt bei den schweren Gefechten vor Bobruisk/Minsk durch den Splitter einer Sprenggranate im Rücken verletzt worden. Stabsarzt Jastram sah ihn zum letzten Mal auf der gemeinsamen Flucht vor den Russen am 1. Juli 1944. Das provisorische Auffanglager in Marina-Gorka erreichte er nicht mehr. Aus der Heimat erhält Erwin Iserloh auch die Nachricht von der Bombardierung seiner Heimatstadt Duisburg-Beeck. Das Vereinsheim des Bundes brannte völlig aus. Das Pfarrhaus wurde nicht getroffen. In der Stunde der Not gab der Pastor seiner Gemeinde die Generalabsolution.

Kurz nachdem am 13. Januar 1945 die Winteroffensive begonnen hatte, musste die Volksgrenadierdivision den Rückzug antreten. Von verschiedenen Frontabschnitten und aus Lazaretten erreichen Iserloh neue Mitteilungen der Freunde. Aus dem Lazarett in Sonneberg/Thüringen schreibt ihm ein Bundesbruder, der im Jahr zuvor drei Mal schwer verwundet worden war: „Und dankbar dürfen wir wohl alle sein für alles Durchgemachte, wenn wir aus allem ganz und immer tiefer und weiter die Notwendigkeit des Glaubens begriffen haben. Alles ‚Bekenntnis' vorher ist doch sehr blaß. Ich möchte gerne vieles schreiben, aber ich habe Scheu vor der Formulierung".[89] Diese Scheu empfinden auch andere. Sie ist nicht nur durch die mögliche Briefzensur begründet, sondern durch die Sache selbst. Wer kann in Worte fassen, was sich dem Wort entzieht? Wer ist sich seines Glaubens sicher? So wird auch in den letzten Briefen immer wieder auf jenes berühmte Sonett Reinhold Schneiders Bezug genommen, dessen Wirkungsgeschichte seit seinem Entstehen 1941 noch nicht geschrieben worden ist:

---

[88] Erwin Iserloh, Brief vom 21. November 1944 an Ferdinand Schulte-Berge.
[89] Brief eines unbekannten Bundesbruders vom 23. Januar 1945 an Erwin Iserloh.

„Allein den Betern kann es noch gelingen
Das Schwert ob unsern Häuptern aufzuhalten
Und diese Welt den richtenden Gewalten
Durch ein geheiligt Leben abzuringen.

Denn Täter werden nie den Himmel zwingen:
Was sie vereinen, wird sich wieder spalten,
Was sie erneuern, über Nacht veralten,
Und was sie stiften, Not und Unheil bringen.

Jetzt ist die Zeit, da sich das Heil verbirgt,
Und Menschenhochmut auf dem Markte feiert,
Indes im Dom die Beter sich verhüllen,

Bis Gott aus unsern Opfern Segen wirkt
Und in den Tiefen, die kein Aug' entschleiert,
Die trocknen Brunnen sich mit Leben füllen".[90]

Auf der Flucht in Ludwigsort/Ostpreußen angekommen, erhält Iserloh Nachricht von einem weiteren Angriff auf Münster. Nun liegt die gesamte Stadt darnieder. Einerseits erfüllt ihn Trauer im Angesicht der Zerstörung, andererseits denkt er: „Aber vielleicht ist auch das Gericht: Totes und zum Teil entweihtes Erbgut sinkt eben unerbittlich dahin".[91] Die Lage vor Ort spitze sich immer dramatischer zu. Daher erwarte er von den kommenden Tagen eine Entscheidung. Er sollte sich nicht täuschen. Iserloh betreut weiterhin die Verletzten und transportiert sie nach Heiligenbeil. Von hier aus sollen sie mit dem Schiff nach Pillau gebracht werden. Da wird Iserloh bei einem Bombenangriff am 22. März 1945 selbst verwundet. Ein Bombensplitter trifft ihn in die linke Leiste. Kriechend versucht er den Fähranleger zu erreichen. Inmitten der Not stößt er dort auf seinen Bruder Lothar. Die Geschichte beider Weltkriege ist von Begegnungen dieser Art voll. So berichtet Ernst Jünger[92], wie er inmitten der Flandernschlacht auf seinen schwer verletzten Bruder Friedrich Georg trifft und ihm das Leben rettet.

Der Offizier Lothar Iserloh veranlasst die Verlegung seines Bruders in ein Feldlazarett. „So erschien er mir jetzt, da ich seiner Hilfe dringend bedurfte, als ein Engel vom Himmel".[93] Auf vielen Umwegen erreicht

---

[90] Reinhold Schneider, Allein den Betern, aus: Dreißig Sonette 1941, zit. nach: ders., Gedichte, Frankfurt a.M. 1981, 54.
[91] Erwin Iserloh, Brief vom 16. März 1945 an die Eltern.
[92] Vgl. Heimo Schwilk, Ernst Jünger. Leben und Werk in Bildern und Texten, Stuttgart 1988, 66.
[93] Iserloh, Lebenserinnerungen, 25; vgl. unten 134.

Erwin Iserloh über Swinemünde und Heringsdorf am 7. April 1945 das „Reservelazarett II. Abteilung Oberschule" in Helmstedt. Fünf Tage später wird die Stadt von den Amerikanern befreit. Bruder Lothar aber fällt am 3. Mai 1945 in Berlin-Spandau und wird auf dem Ehrenhain des Waldfriedhofs beigesetzt. Zehn Jahre später gibt Erwin Iserloh bei dem Berliner Bildhauer Lorenz Völker ein Grabkreuz für den Bruder in Auftrag.

Die Frage, weshalb er den Krieg überlebt hatte, während seine Brüder fielen, bewegte Iserloh weiterhin in seinem Denken und Beten, insbesondere angesichts der schicksalhaften Begegnung mit seinem Bruder Leo:

> „,Wie unbegreiflich sind Deine Wege, o Herr!' Sollte er erst mich retten, bevor er selbst abberufen wurde? Weshalb mussten meine Brüder, die Frau und Kinder zurückließen, fallen, und ich blieb am Leben?"[94]

---

[94] Iserloh, Lebenserinnerungen, 25; vgl. unten 135.

5. Kapitel

„Restlos entschlossen zur Wahrheit".
Geistliche Aufbauarbeit 1946/47

> *„Ich leg' mich ja gern krumm,*
> *wenn's Ihnen nur gut geht."*
> *Erwin Iserloh*[95]

„Darauf achten, was unsere Zeit erfordert".
Jugendseelsorge

Wie alle Deutschen, so hatte sich auch Erwin Iserloh dem Entnazifizierungsverfahren unterwerfen müssen. Der Grad der Verstrickung in die Gräuel der Vergangenheit wurde durch die Militärbehörden in fünf Kategorien festgehalten: Kriegsverbrecher, Belastete, Minderbelastete, Mitläufer und Entlastete. Iserloh gehörte zu den Entlasteten. So halten es die Akten fest. Er selbst machte davon kein Aufhebens. Anders als sein Lehrer an der Universität Münster hatte er den Gegner keinen Moment verkannt. Iserloh besaß einen sicheren Instinkt. Obwohl noch jung an Jahren, war er eine Vaterfigur und ein Mann zum Anlehnen für seine Bundesbrüder. Unter ihnen hatte der Krieg viele Opfer gefordert.

Der noch immer unter seiner Kriegsverletzung leidende Iserloh war am 28. Juni 1945 in das Heimatlazarett Wettringen bei Rheine verlegt worden. Er bezog sein altes Schlaf- und Arbeitszimmer. Der Stabsarzt des Lazaretts entfernte den Splitter aus der linken Leiste, sodass die Wunde endlich heilen konnte. Nach seiner Genesung nahm Iserloh die Arbeit mit den verhaltensauffälligen Jungen wieder auf. Dann wurde er Krankenhausseelsorger. Dass ein Mann mit seiner Tatkraft damit nicht ausgelastet war, wussten der Bischof von Münster und dessen Generalvikar. Die Anknüpfung an seine wissenschaftlichen Studien zur Reformationszeit erwies sich jedoch als unmöglich. Vergeblich setzte sich Iserloh für seinen Lehrer Joseph Lortz ein.

Schulrat Johannes Brockmann war als Generalreferent der Provinzialregierung Westfalen auch für die Neubesetzung des Lehrstuhls Lortz zuständig. Iserloh hatte ihm gegenüber ausführlich von Lortz' Wende

---

[95] Zit. nach: Hallensleben, Iserloh, 161; vgl. unten 166.

gesprochen. Dem Schatten der Schrift „Katholischer Zugang zum Nationalsozialismus – kirchengeschichtlich gesehen" konnte Lortz dennoch nicht entfliehen. Ein „derart starkes Bekenntnis zum Nationalsozialismus", so Brockmann, mache es „einfach unmöglich", Lortz zu rehabilitieren: „Konnten sich die Nazis gerade in den Jahren 1933/34 einen besseren Anwalt als einen katholischen Kirchengeschichtler wünschen?"[96]

Für Joseph Lortz und Michael Schmaus, der das Korreferat für seine Dissertation übernommen hatte, schrieb Iserloh Gutachten über ihre Stellung zum Nationalsozialismus. Argumentierend holte er weit aus und betonte, dass sich beide Lehrer Anfang der Dreißiger Jahre auf der Linie des Reichskonkordates befunden hatten. Eine Überwindung des Nationalsozialismus könne gegenwärtig jedoch nicht allein durch eine negative Entnazifizierung geschehen. Gerade in der Erkenntnis seiner Irrtümer sei Lortz heute ein Vorbild:

> „Ich meine, es müsste Ihre größte Sorge sein, als Generalreferent für Kultur und Erziehung, einer enttäuschten und hoffnungslosen Jugend zu helfen, die vergangenen Jahre innerlich zu überwinden und zu einem positiven Verhältnis zur deutschen Gegenwart und Zukunft zu kommen. Dazu bedarf es Weitblick und Takt. Mit bloß organisatorischen Mitteln einer rein negativen ‚Entnazifizierung' ist da gar nichts getan. Ich meine, da könnte gerade ein Mann wie Professor Lortz, der versucht hat, in ein positives Verhältnis zum Nationalsozialismus zu kommen, selbst zu den ‚Enttäuschten' gehört, aber nicht erst jetzt, sondern schon in den Jahren, als die meisten den Götzen der Macht und des Erfolges erlagen, gegen den Nationalsozialismus und gegen die Partei aufgetreten ist, wie Sie selber sagen, eine große Aufgabe haben. Eine Jugend, die der landläufigen Kritik am Nationalsozialismus schon überdrüssig ist, wird der seinigen eher das Ohr leihen. Ich bitte die maßgebenden Kreise, Herrn Professor Lortz diese Möglichkeit nicht zu nehmen".[97]

Die Verteidigung seines Doktorvaters war durchaus auch in Iserlohs eigenem Interesse. Denn mit der Entfernung von Joseph Lortz aus dem akademischen Amt fehlte Iserloh ein theologischer Ansprechpartner und Förderer in Münster. Prälat Georg Schreiber (1882–1963) als Nachfolger von Joseph Lortz signalisierte ihm gegenüber deutliche Abneigung. Da Iserloh als Mann der Jugend galt, wurde ihm von Seiten des Bistums vorgeschlagen, den Weg eines geistlichen Studienrates zu gehen.

---

[96] Johannes Brockmann, Brief vom 5. März 1946 an Erwin Iserloh: Nachlass Iserloh A 22a.
[97] Erwin Iserloh, Brief vom 19. März 1946 an Johannes Brockmann: Nachlass Iserloh A 22a.

Dieser Beruf ist inzwischen nahezu ausgestorben. Geistliche Studienräte waren Priester, die als katholische Religionslehrer und Schulseelsorger an Gymnasien arbeiteten. Zu ihnen gehörten überragende Lehrergestalten wie Ludwig Klockenbusch, der noch nach seiner Pensionierung in den turbulenten Siebziger Jahren als geachteter Pädagoge am Münsteraner Schlaungymnasium unterrichtete. Klockenbusch hatte 1937 mit einer kunstgeschichtlichen Arbeit über den Erzengel Michael promoviert. Iserloh lehnte das Angebot einer Tätigkeit als Gymnasiallehrer ab. Im Moment schien die Arbeit mit Gymnasiasten verlockend. Doch würde er den besonderen Herausforderungen noch gewachsen sein, wenn er das fünfzigste Lebensjahr überschritten hatte? Bis dahin war es eine lange Zeit. Aber der Dreißigjährige wusste schon jetzt, dass dies kein Beruf war, in dem er alt werden konnte. Iserloh hatte eine realistische Selbsteinschätzung auch später, als ihm der Berliner Lehrstuhl von Romano Guardini angetragen wurde.

Am liebsten hätte er die Arbeit der Vorkriegszeit wieder aufgenommen. Doch hatte sich der Bund Neudeutschland nicht wie der Wandervogel und die gesamte Bündische Jugend überlebt? Die Neuorganisierung der katholischen Jugendverbände fand in der Gründung des Bundes der Deutschen Katholischen Jugend (1947) ihren Abschluss. Iserloh ging einen anderen Weg. Er organisierte Zeltlager für die Gymnasiasten des Bistums Münster und fand damit erhebliche Resonanz in Politik und Kirche. Der Bischof suchte die Schüler in ihrem Lager an der Ems auf; Rudolf Amelunxen, der erste Ministerpräsident von Nordrhein-Westfalen, sandte wie Kardinal Frings aus Köln eine Grußadresse. Iserloh sah deutlich, dass die Anknüpfung an die alte Tradition des Bundes ein offener Prozess war.

„Wir müssen zusehen und darauf achten, was unsere Zeit erfordert und was uns nottut. Sonst könnte es geschehen, dass wir eines Tages die Erfahrung machen, das alte Kleid, das wir allzu unbesehen anzogen, passt nicht mehr und ist uns bei dem Werk dieser Stunde hinderlich".[98]

„Erbe und Aufgabe" lautete das Motto des ersten Zeltlagers in Vohren bei Warendorf. Versorgt von den katholischen Bauern in der „Bischofswiege" Westfalen, wurde hier noch einmal das alte ritterliche Vorbild des Heiligen Martin beschworen und im Christophorusspiel das Ideal des „Christusträgers" inszeniert. Iserloh und seine Mitarbeiter redeten wie immer Klartext: Nicht nur Deutschland lag in Trümmern, sondern auch das Bild des Menschen, den Gott zu seinem Ebenbild geschaffen hatte.

---

[98] Erwin Iserloh, Hektographierter Rundbrief an die Bundesbrüder vom 17. November 1946.

Die Ursache für die deutsche Katastrophe sahen sie in der Abkehr von Gott. „Der Mensch ist zerstört. Der Krieg hat ihn leiblich und seelisch zertrümmert".[99] Das selbstherrliche Bild des autonomen Menschen ohne Gott sahen sie in Goethes Prometheus-Ode verkörpert. Der Mensch hatte den Menschen nach seinem Bild geformt.

Jetzt war die Stunde der Umkehr: „Du musst dein Leben ändern!" Rainer Maria Rilke wurde wieder zitiert. Jene berühmten Verse aus dem Gedicht „Archaischer Torso Apolls" und „Der Schauende". Hier hatte Rilke den Kampf am Jabbok ins Bild gesetzt. Die Geschichte erzählt von der nächtlichen Begegnung zwischen einem Mann und einem Engel. Es kam zu einem Ringkampf, aus dem der Mensch gezeichnet und zugleich gesegnet hervorging. Jakobs Kampf mit dem Engel wurde seit jeher als Symbol jener Grenzerfahrungen gelesen, in denen der prometheische Mensch wieder seine Grenze und damit seinen Grund erfährt. Im Zusammenbruch Deutschlands hatte Ernst Jünger den Engelkampf so gedeutet:

> „Wir müssen uns in unserer Eigenschaft als Rationalisten
> überwinden lassen, und dieser Ringkampf findet heute statt.
> Gott tritt den Gegenbeweis gegen uns an".[100]

Jüngers Tagebücher waren noch nicht veröffentlicht worden, als im Vohrener Zeltlager Rilkes Verse erklangen:

> Wie ist das klein, womit wir ringen,
> was mit uns ringt, wie ist das groß;
> ließen wir, ähnlicher den Dingen,
> uns *so* vom großen Sturm bezwingen, –
> wir würden weit und namenlos.
>
> Was wir besiegten, ist das Kleine,
> und der Erfolg selbst macht uns klein.
> Das Ewige und Ungemeine
> will nicht von uns gebogen sein.
> Das ist der Engel, der den Ringern
> des Alten Testaments erschien:
> wenn seiner Widersacher Sehnen
> im Kampfe sich metallen dehnen,
> fühlt er sie unter seinen Fingern
> wie Saiten tiefer Melodien.
> Wen dieser Engel überwand,

---

[99] Erbe und Aufgabe. Neudeutsches Zeltlager Vohren 1946, 9.
[100] Ernst Jünger, Kirchhorster Blätter, 23. Dezember 1944, in: ders., Strahlungen II. Sämtliche Werke, Band III, Stuttgart 1979, 349.

welcher so oft auf Kampf verzichtet,
der geht gerecht und aufgerichtet
und groß aus jener harten Hand,
die sich, wie formend, an ihn schmiegte.
Die Siege laden ihn nicht ein.
Sein Wachstum ist: der Tiefbesiegte
von immer Größerem zu sein.

„Wir sind die Kirche!"
Zeltlager an der Ems und Messen unter freiem Himmel

Iserloh sprach zu einer katholisch geprägten Jugend, die in der Lage war, ihr Leben im Spiegel von Rilkes Dichtung zu betrachten. In einer Zeit der Neuorientierung und des Wiederaufbaus wollte er wieder junge Männer mit geistigem und geistlichem Profil bilden. In ihnen sah Iserloh eine Elite des Dienens und der Verantwortung. „Wir sind die Kirche!", rief er ihnen zu. „Wir haben gesehen, welch große Aufgaben sich daraus ergeben, welch heilige Verantwortung damit auf unsere Schultern gelegt ist." Er sprach vom „Hirtenamt des Laien", das sich nicht allein auf eine pädagogische Führung oder das moralisch aufbauende Wort beschränkt, sondern auf die soziale Neuordnung, ja die Heiligung der Welt. „Etwas heiligen heißt aber, es Gott schenken und es dadurch mit ihm verbinden".[101]

Iserloh war von diesem heiligen Ernst erfüllt. Er beschwor die Opfer der Vergangenheit, gedachte der Bundesbrüder, die von der Gestapo verfolgt, beschimpft und verprügelt worden waren, und jener, die ihr Leben lassen mussten. „Es waren schon Sternstunden unseres jungen Lebens und unserer Gemeinschaft, weil wir unmittelbar die Gefährlichkeit unseres Tuns und die Höhe unseres Einsatzes spürten und gleichzeitig innewurden, dass er sich lohnte, unbeirrbar durch die Bedenken der ewig Klugen, aber auch immer Unfruchtbaren." Er sprach von edler Begeisterung und echter Radikalität und dem Willen zu letzter Wahrhaftigkeit. „Kann einer Jugend, die soviel Fassade, soviel auf Lüge und Schwindel gegründetes Machwerk fallen sah, der Neuaufbau gelingen, wenn sie nicht restlos entschlossen ist zur Wahrheit? Kann es nicht traurig stimmen, wenn man sieht, wie eine Jugend, die während der nazistischen Verfolgung weitgehend bereit war, auch unter Opfern für den

---

[101] Erwin Iserloh, Ihr seid Christi Leib (1 Kor 12,27), in: Der junge Christ in Kirche und Volk. Neudeutschland/Mark Münster. Zeltlager Vohren vom 24. bis 28. Juli 1947, 12.

Glauben einzustehen, heute sich dem Vergnügungsrummel hingibt, der sie alle höheren Forderungen der Stunde vergessen lässt?"[102]

In diesen Tagen unter freiem Himmel wurde Iserloh vom Geist ergriffen. Er, der Mann mit dem nüchternen Wirklichkeitssinn, schaute in den Gesichtern der Jugend den Glanz einer erneuerten Kirche. Nie wieder wurde in Deutschland das hohe Lied vom edlen Menschen als Gottesträger in dieser Weise angestimmt. In den Zeltlagern wehte der Geist jener Wüste, in der Moses sein Volk geformt, in der Johannes gepredigt und die Heiligen Väter der ersten Jahrhunderte das Wesen der Dinge geschaut hatten. Iserloh hatte den jungen Männern zugerufen: „Ihr seid die Kirche!" Der Lehrer Ludwig Klockenbusch sprach von der höheren Schule als einer apostolischen Aufgabe, die in die Verantwortung des einzelnen Schülers gelegt sei. Dieser Geist der Wüste war die Stimme des Evangeliums, ja die Botschaft Martin Luthers. Mehr als sämtliche Studien über die Geschichte der Reformation bewegte Iserloh die Aufgabe, dem Geist der Erneuerung in seiner Zeit zu dienen.

Ob der Bund Neudeutschland noch einmal zum Träger einer Reform werden könne, war auch für Ludwig Klockenbusch eine offene Frage. „In der Vergangenheit war Neudeutschland die eigentlich tragende und umgreifende katholische Bewegung unter den höheren Schülern. Heute ist das nicht so".[103] Wie Iserloh, so war auch er ein Mann, der nicht aus den Abstraktionen einer wirklichkeitsfernen akademischen Pädagogik heraus redete. Diese Männer standen an der Basis. Beide hatten ihre Finger am Puls der Zeit. Sie waren Seelsorger alten Stils, die sich mit den ihnen anvertrauten Seelen identifizierten. Sie wollten nicht belehren, nicht dozieren, nicht ihr Wissen ausbreiten, sondern dem in jedem Kind verborgenen Glanz Gottes zum Ausdruck verhelfen. Klockenbusch hatte sich auf sein Referat gründlich vorbereitet. Im Vorfeld hatte er viele Gespräche mit den Schülern geführt und diesem jungen Volk „aufs Maul geschaut". Er sprach ihre Sprache, und er entwickelte eine Perspektive für ihr Leben im schulischen Alltag. Denn sie sollten, erweckt durch die Arbeit im Bund, auch ihre Mitschüler für das Geheimnis Christi empfänglich machen.

Sehen, urteilen und handeln – lautete der Imperativ dieser geistigen Ökologie. Weil sie als junge Christen in die Verantwortung genommen waren, durfte es ihnen nicht gleichgültig sein, welcher Geist oder Ungeist in der Klasse herrschte. Sie sollten nicht wegschauen, sondern Zivilcourage

---

[102] Erwin Iserloh, Brief an einen Gefallenen, in: Der junge Christ, a.a.O. 17.
[103] Ludwig Klockenbusch, Höhere Schule als apostolische Aufgabe, in: Der junge Christ, a.a.O. 14.

zeigen, Salz der Erde sein und Sauerteig. „Dieses euer Milieu, diese eure Umwelt soll vom Geiste Christi erfasst und durchformt werden. Keiner von euch wird sagen wollen: ‚Bin ich der Hüter meines Bruder?' Denn wir wissen zu genau, dass wir es sind." Es ging nicht um eine Werbung neuer Mitglieder für den Bund, sondern um „Mitgestaltung der Umwelt durch unmittelbare Einwirkung".[104] Klockenbusch zitierte mit der „action directe" ein Schlüsselwort der französischen Jugendbewegung der Jecisten (Jeunesse étudiante catholique).

Die unmittelbare Einwirkung auf das Schulleben sollte sich gleichsam von selbst durch ein authentisch gelebtes Leben vollziehen. Denn es sei das Wesen der Wahrheit und des Guten, dass es sich ausbreite. Das wahrhafte christliche Leben beschrieb er als eine Bemühung um Selbstheiligung im Dienste der Brüder. „Eines aber ist gewiss: Alles das muss geschehen ohne irgendwelche pharisäische Überheblichkeit und Selbstgerechtigkeit, ohne gouvernantenhafte Aufdringlichkeit und unter sorgfältiger Achtung der Freiheit des anderen, denn Gott will uns als Freie. Einer von euch schreibt mit Recht, man könne nicht von jedem Mitschüler verlangen, dass er unsere Form der Lebensgestaltung annimmt. Man hat darum aber auch kein Recht, über diese anderen in liebloser und überheblicher Art zu urteilen. Ihr werdet nicht behaupten wollen, dass in jeder Klasse alle Wertvollen sich zum Bund bekennen. Durch falsches Verhalten aber kann man sich den Zugang zu diesen andern sehr versperren".[105] Was Klockenbusch vortrug, hatte Substanz. Und so nahmen die jungen Burschen seine Worte der Sendung bereitwillig entgegen: „Geht, ihr seid gesandt!"[106]

„Ich segne Sie, ich segne Deutschland".
Romreisen

Papst Pius XII. hatte Weihnachten 1945 drei deutsche Bischöfe in den Rang von Kardinälen erhoben. Die Bedeutung dieser Ernennungen in einer Zeit, da Deutschland auf allen Ebenen in Trümmern lag, können die Nachgeborenen nicht mehr ermessen. Man sprach von einem Wunder der Auferstehung. Der Papst habe ein Zeichen gesetzt gegen die These der Kollektivschuld. Nicht alle Deutschen waren Verbrecher, und in Münster gab es jenen Gerechten, der sich am 8. Februar 1946 auf den Weg nach Rom begab. Dass die Fahrt abenteuerlich war, haben die

---

[104] Ebd. 15.
[105] Ebd. 16.
[106] Ebd.

Zeitgenossen nicht empfunden. Ihre Schilderung durch einen Reisebegleiter des Bischofs von Münster gibt eine Ahnung von den Verhältnissen, denen Erwin Iserloh für drei Jahre entfliehen konnte, als auch er nach Rom fuhr, ausgestattet mit einem Forschungsstipendium.

Die englische Militärregierung hatte Bischof von Galen einen Wagen zur Verfügung gestellt, weil das Streckennetz der Reichsbahn im Münsterland zerstört war. Da auch die meisten Straßen unpassierbar waren, mussten erhebliche Umwege in Kauf genommen werden. Ein labyrinthischer Weg begann. Zuerst fuhr man in Richtung Osten. Südlich von Paderborn blieb der Wagen des Bischofs im Schlamm stecken. Kaum war er von hilfreichen Armen befreit worden, versagte der Motor. So verbrachte der Bischof die Nacht im Fahrzeug. Am Samstag erreichte man Frankfurt, fuhr am Sonntag weiter nach Karlsruhe, um den Zug nach Villach/Österreich zu nehmen. Das Streckennetz war jedoch beschädigt, und so kehrte man nach Frankfurt zurück. Zwei Tage später ergab sich die Möglichkeit, mit einem Militärzug nach Paris zu fahren. Von dort ging es mit der Bahn weiter nach Rom, jedoch ohne Devisen, sodass der Bischof und seine Begleiter auf Spenden für die notwendigen Mahlzeiten angewiesen waren.

Bischof von Galen wohnte in der deutschen Nationalstiftung Santa Maria dell' Anima. Der Bischof war von großer Gestalt. Als er vor dem Papst kniete und das Haupt beugte, blieb er immer noch auf Augenhöhe mit dem Heiligen Vater. Die Worte, die Pius XII. während der Ernennung zum Kardinal sprach, verbreiteten sich wie ein Lauffeuer durch das zerbombte Deutschland: „Ich segne Sie, ich segne Deutschland".[107]

Der neu ernannte Kardinal besaß eine robuste Natur, deshalb war sein Tod unmittelbar nach der Rückkehr aus Rom für alle Münsteraner ein großer Schock. Wie viele Männer seiner Generation hielt er Rücksicht auf die Gesundheit für eine Charakterschwäche, und so suchte er die Hilfe eines Arztes erst, als es zu spät war. Die Raphaelsklinik in Münster war zerbombt worden und lag noch immer in Trümmern. Zur notdürftigen Versorgung der Bevölkerung waren die Frauen- und Kinderstation sowie die Chirurgie im Kloster zum Heiligen Kreuz in Freckenhorst untergebracht worden. Das Kloster wurde von Franziskanerinnen geleitet. Erwin Iserloh war hier mit Datum vom 15. November 1945 zum Hausgeistlichen ernannt worden. Zu seinen Aufgaben gehörte die Erteilung von Religionsunterricht an der dem Kloster angegliederten Landfrauenschule, die Taufe der zahlreichen Neugeborenen und die Krankenhaus-

---

[107] Max Bierbaum, Die letzte Romfahrt des Kardinals von Galen, Münster 1946, 48.

seelsorge. Der schwer erkrankte Kardinal wurde in Freckenhorst untersucht. Die Ärzte stellten eine Bauchfellentzündung, eine Darmlähmung und einen durchgebrochenen Abzess des Wurmfortsatzes fest. Das war sein Todesurteil. Iserloh wird immer wieder seinen Respekt vor Galens mutigem Auftreten gegenüber dem Nationalsozialismus bezeugen. Zugleich sah er aber auch nüchtern die Grenzen des Geistlichen:

> „An sich war an Clemens August von Galen nichts Außergewöhnliches, es sei denn seine Körpergröße von 1,99 m. Besondere Gaben des Geistes, wissenschaftliche oder künstlerische Interessen zeichneten ihn nicht aus. Aus religiös motiviertem Pflichtgefühl und aus Liebe zu seinen Eltern gab er sich Mühe in der Schule".[108]

Ein enger Mitarbeiter des Bischofs hatte Iserloh auf seinen römischen Studienaufenthalt vorbereitet. Joseph Leufkens (1879–1962), Generalvikariatsrat in Münster und Rektor von St. Servatii, trug den Titel eines Päpstlichen Ehrenkämmerers. Als Seelsorger der deutschen Gemeinde in Rom hatte er die Schriftstellerin Gertrud von Le Fort in der Zeit ihrer Konversion betreut. Ihr neuester Roman „Der Kranz der Engel" (1946) thematisierte die Liebe zwischen der Katholikin Veronika und dem Atheisten Enzio. Eine kirchliche Hochzeit war ausgeschlossen. So war die Liebende bereit, den Geliebten ohne den Segen der Kirche ehelichen. Das Buch wurde lebhaft diskutiert. In einem Brief an Joseph Leufkens korrigierte die Schriftstellerin Gerüchte, sie sei wieder in die protestantische Kirche zurückgekehrt. Leufkens überreichte nun Iserloh diesen Brief, mit der Bitte, ihn dem zuständigen Konsultor des Heiligen Offiziums, Alois Hudal (1885–1963), zu überreichen.

Dieser konnte Iserloh beruhigen: Niemand plane eine Indizierung des Romans. Iserloh hat später über seinen Vermittlungsauftrag berichtet. Er verlief ganz unspektakulär, weil es nichts zu vermitteln gab. Der kleine Bericht erschien in der Festschrift des Deutschen Priesterkollegs beim Campo Santo Teutonico. Als sich Iserloh auf den Weg nach Rom begab, wusste er nicht, dass auch er in ein Liebesdrama verstrickt werden sollte. Er kannte auch noch nicht die Besprechung des Romans durch Hubert Jedin, der über die Liebenden des Romans schrieb: „In der Geschichte der beiden Liebenden Veronika und Enzio steckt keimhaft das Schicksal Deutschlands."[109]

---

[108] Erwin Iserloh, Clemens August Graf von Galen, in: Robert Stupperich (Hg.), Westfälische Lebensbilder, Band XIV, Münster 1987, 191–208, hier: 191f.
[109] Hubert Jedin, Ein Werk höchster katholischer Geistigkeit, in: Humanitas 1947, zit. nach: Gertrud von Le Fort. Werk und Bedeutung. „Der Kranz der Engel" im

Erwin Iserloh fuhr mit einem Forschungsstipendium nach Rom, um eine Habilitationsschrift zu verfassen. Lortz hatte Iserloh nach Rom geschickt, um über die Gnaden- und Eucharistielehre des englischen Franziskaners Wilhelm von Ockham zu arbeiten. Ockham ist das Vorbild für den Lehrer William von Baskerville in Umberto Ecos Rosenroman. Iserloh war nicht der Mann, der Forschung als Selbstzweck ansehen konnte. Ihm kam die Beschäftigung mit den Gedankengängen dieses mittelalterlichen Gelehrten teilweise recht abstrus vor. Die Arbeit aber war der Preis, den er zahlen musste, um unter der Sonne Italiens zu weilen. Die Karriere eines Wissenschaftlers strebte er nicht an. Rom aber lockte.

Widerstreit der Meinungen, München o.J., 44; Erwin Iserloh, Gertrud von Le Fort in Sorge um den „Kranz der Engel", in: Erwin Gatz (Hg.), Hundert Jahre Deutsches Priesterkolleg beim Campo Santo Teutonico 1876–1976. Beiträge zu seiner Geschichte, in: Römische Quartalsschrift, 35. Supplementheft, 204–208; neu abgedruckt in: Iserloh, Aufsätze I, 461–467.

6. Kapitel
„Vor dem Herrgott ist alles erledigt". Römischer Aufenthalt 1947–1950

> *„Unsere Tugenden sind die guten Seiten unserer schlechten Eigenschaften."*
> *Erwin Iserloh*[110]

Campo Santo Teutonico. Kirchengeschichtliche Studien der Gegenwart

Iserloh ahnte nicht, dass er einer schicksalhaften Begegnung entgegenfuhr. Es war Mitte November. Dichter Nebel verhüllte die Ruinen. Deutschland lag noch immer in Trümmern. Auch die Krankenhäuser und Kathedralen, die Schulen und Universitäten. Iserloh hatte den Krieg als Fahrer eines Krankenwagens an der Ostfront erlebt und war mit einer lästigen Verwundung in der linken Lendengegend heimgekehrt. Anders als seine beiden Brüder hatte er die Tragödie der letzten Jahre überlebt. Nun fuhr er im Herbst 1947 ohne einen Pfennig Geld einer anderen Trümmerlandschaft entgegen. Auf dem Weg musste er mehrfach die Fahrt unterbrechen, um in katholischen Pfarrhäusern oder beim Caritasverband um Nahrung und Geld für den Kauf der weiteren Fahrkarte zu bitten.

Nebel lag über Deutschland. Doch in Basel lichteten sich die Schleier. Iserloh aß zum ersten Mal seit Jahren wieder ein dickes Stück Weißbrot mit guter Butter und trank echten Bohnenkaffee. Er hob den Becher und schaute auf die Narbe am Unterarm. Iserloh hatte eine robuste Natur und gute Nerven. Wenn sich Gefahr um ihn herum ausbreitete und Menschen in Panik gerieten, wurde er ruhig. In seinem Innersten fühlte er sich getragen von einer Macht, die nicht von dieser Welt war. Vielleicht war er deshalb katholischer Priester geworden. Über psychologische Fragen pflegte er, wie viele Vertreter seiner Generation, im Allgemeinen nicht gründlicher nachzudenken. Ihm genügte es, seinen Ort in der Welt zu kennen. Hier war er standhaft bis zur Dickfelligkeit.

---

[110] Zit. nach: Hallensleben, Iserloh, 160; vgl. unten 165.

Über Luzern ging die Fahrt nach Italien. Auch hier waren die Spuren des Kriegs überall zu sehen. Tausende von deutschen Soldaten hockten in Lagern oder waren zum Arbeitseinsatz abkommandiert worden. In der Schlacht von Monte Cassino war jenes weltberühmte Kloster zerstört worden, das der heilige Benedikt gegründet hatte und das als Keimzelle des abendländischen Mönchtums und der christlichen Kultur gilt. Nun sortierten deutsche Gefangene die Schuttberge und bereiteten den Wiederaufbau des Klosters vor.

Im Vatikan angekommen, wurde Iserloh ein Zimmer im Campo Santo Teutonico zugewiesen. Hier wohnte er mit anderen Postdoktoranden. Wenn er sein Zimmer verließ, lag vor ihm das lebendige Geschichtsbuch der Kirchen und Katakomben, der Paläste und antiken Denkmäler. Hier fand jene unmittelbare Begegnung statt, die er stets mehr als das Bücherstudium liebte. Durch die Freundschaft mit Pater Kirschbaum SJ (1902–1970) hatte er Zugang zu archäologischen Stätten, die normalen Besuchern verschlossen waren. Eine undatierte handschriftliche Notiz bezeugt, dass er an archäologischen Kursen teilnahm, die für im Campo Santo wohnende Forscher und im Vatikan internierte Diplomaten angeboten wurden. Dozentin war Frau Dr. Hermine Speier (1898–1989), eine promovierte Archäologin, die als eine der ersten Frauen überhaupt eine Stelle im Vatikan erhielt: 1934 wegen der Ariergesetze vom Deutschen Archäologischen Institut in Rom entlassen, wurde sie wenig später mit dem Einverständnis Papst Pius' XI. in den Vatikanischen Museen beschäftigt.[111]

Wollte Iserloh Vorlesungen hören, setzte er sich in das Kolleg von Erik Peterson (1890–1960), dem großen Engelspezialisten, Kenner der alten Kirchengeschichte und christlichen Archäologen, der mit seiner Habilitationsschrift „Heis Theos" (1926) ein bahnbrechendes Werk geschrieben hatte. Erik Peterson gehörte zu den großen Anregern für Walter Nigg[112] und den Kaplan Joseph Ratzinger, der im Rückblick auf seine Peterson-Lektüre von 1951 bekennt: „Hier war die Theologie, nach der ich suchte".[113] In der Begegnung mit Peterson und anderen Wissenschaftlern wurde Iserloh die verlorene Lese- und Lebenszeit bewusst. „Jetzt wo

---

[111] Den Hinweis verdanke ich Frau Gudrun Sailer, Radio Vaticana, die derzeit mit Forschungsgeldern der Universität Fribourg Schweiz eine Biographie über Frau Dr. Hermine Speier verfasst.

[112] Vgl. Uwe Wolff, „Das Geheimnis ist mein". Walter Nigg. Eine Biographie, Zürich 2009, 116–123.

[113] www.vatican.va/holy_father/benedict_xvi/speeches/2010/october/documents/hf_ben-xvi_spe_20101025_peterson_ge.html

ich zur Ruhe komme," schreibt er Heinrich Gleumes, „spüre ich so richtig, wie weit ich durch den Krieg und die Unruhe vorher und nachher in wissenschaftlicher Hinsicht zurück bin. Solche Lücken lassen sich schwer nachholen. Aber dafür ist mir in den letzten Jahren viel geschenkt worden, was ich nicht missen möchte. ... Den Italienern geht es gut. Aus den Zeitungen dort hat man ein anderes Bild. Sie verstehen es eben zu klagen, ohne zu leiden; und sie liebäugeln etwas mit der ‚Roten Gefahr', damit die Amerikaner umso mehr Dollar springen lassen. Als Deutschem wird einem erst hier richtig klar, dass wir ein Volk von Bettlern geworden sind".[114]

Abends trafen sich die jungen Wissenschaftler im Zimmer eines Gelehrten zu Gesprächen bei gutem Wein. Der Mann hieß Hubert Jedin (1900–1980), war wie sie katholischer Priester und hatte als Sohn einer jüdischen Mutter vor dem Diktator fliehen müssen. Im Campo Santo hieß er „Allvater". Er hatte die Betreuung von Iserlohs Habilitationsprojekt übernommen. Iserloh genügte ein Blick in die Augen des Mannes, um sich ein eigenes Urteil zu bilden. Als Fahrer eines Krankenwagens hatte er viele Schwerverletzte von der Front zu einer ersten Versorgung in die Lazarette transportiert. Im unwegsamen Gelände wurden die Verwundeten durchgeschüttelt. Sie schrien vor Schmerzen, und wenige überlebten den Transport. Nicht gezählt hat er jene Soldaten, denen er als Sterbenden die letzte Ölung spendete. Stets hatte er Ruhe auszustrahlen, wenn sich um ihn herum Panik ausbreitete. Er selbst war für viele Menschen in Grenzsituationen eine Art „Allvater" gewesen.

Hubert Jedin war aus anderem Holz geschnitzt. Ein Bücherwurm und Archivar. Jedin stammte aus Oberschlesien. Er war das zehnte Kind eines Volksschullehrers, der wie Franz Xaver Iserloh allen Ehrgeiz daran setzte, den sozialen Aufstieg seiner Söhne zu fördern. Während der Gymnasialzeit in Neiße (1911–1918) schloß sich Jedin dem Jugendbund „Quickborn" an. 1924 wurde er von dem ehemaligen Hildesheimer Bischof Adolf Bertram und damaligen Erzbischof von Breslau und Kardinal zum Priester geweiht und nach Rom zum Studium geschickt. 1930 habilitierte sich Jedin in Breslau mit einer umfangreichen Biographie des Kardinals Girolamo Seripando. Als General des Augustinerordens, dem auch Martin Luther angehört hatte, wirkte Seripando als Teilnehmer und später als Präsident des Trienter Reformkonzils. Mit dieser Biographie „waren die Weichen für das Lebenswerk Jedins gestellt: die Erforschung und Darstellung der Geschichte des Konzils von Trient".[115]

---

[114] Erwin Iserloh, Brief vom 6. Februar 1948 an Heinrich Gleumes: Nachlass Gleumes A 125.
[115] Erwin Iserloh, Gedenken an Hubert Jedin (1900–1980), in: ders., Aufsätze I,

Bereits 1933 wurde dem Breslauer Privatdozenten die *Venia legendi* entzogen. Bis 1936 arbeitete er am Collegio Campo Santo Teutonico, kehrte dann für drei Jahre nach Breslau zurück und fand im Mai 1939 erneut Zuflucht im Vatikan. Sein Förderer wurde Kardinal Giovanni Mercati, Präfekt der Vatikanischen Bibliothek. Vor ihm entwickelte Jedin den Plan, anlässlich der kommenden 400-Jahr-Feier (1945) der Eröffnung des Trienter Konzils die Geschichte dieser Kirchenversammlung zu schreiben. Daraus wurde ein mehrbändiges Lebenswerk, dessen abschließender Doppelband 1975 erschien. Zu diesem Zeitpunkt war der Autor bereits mit zahlreichen Ehrendoktoraten und anderen Auszeichnungen gewürdigt worden. Den ersten Band gab Jedin 1947 in Druck. Er erschien 1950 in Deutschland und enthält eine Danksagung[116] an Erwin Iserloh, der nicht nur beim Lesen der Korrekturen geholfen hatte. Der ursprünglich als Einleitung gedachte Forschungsbericht wurde 1948 separat unter dem Titel „Das Konzil von Trient. Ein Überblick über die Erforschung seiner Geschichte" publiziert.

Dass nicht Iserloh, sondern dieser Lehrer Schutz und Hilfe dringend benötigte, sollte sich bald herausstellen. Jedin durchlebte seit dem Frühsommer 1947 eine verhängnisvolle Affäre mit der Ehefrau des deutschen Diplomaten Sigismund von Braun (1911–1998). Der Bruder des Raketeningenieurs Wernher von Braun war 1939 der NSDAP beigetreten und arbeitete seit 1943 als Legationssekretär an der deutschen Botschaft im Vatikan. Das Ehepaar heiratete im Mai 1940 und hatte drei gemeinsame Kinder. Nach dem Einmarsch der Alliierten in Rom (4. Juni 1944) wurden sämtliche Deutsche in Lagern interniert. Familie von Braun rettete sich in den Vatikan und bezog hier eine Wohnung im Palazzo Tribunale. Jedins Beziehung zu Hildegard von Braun (1915–2001) entwickelte sich aus dem vertrauten familiären Umgang. Man feierte gemeinsam die großen Kirchenfeste und verbrachte die Abende zusammen, besuchte kulturelle Veranstaltungen und unternahm kleine Reisen. Sigismund von Braun musste im Frühling 1947 nach Deutschland zurückkehren. Da er einem ungewissen politischen Schicksal entgegen sah, ernannte er Jedin im Falle seines Todes zum Vormund seiner Kinder.

Das Verhältnis dauerte bereits einige Monate, als Iserloh in Rom eintraf. Was dann geschah, ist genau dokumentiert durch einen Briefwechsel aller Beteiligten, der sich in Iserlohs Münsteraner Nachlass fand. Warum

---

38–51, hier: 40.
[116] Hubert Jedin, Geschichte des Konzils von Trient, Band I: Der Kampf um das Konzil, Freiburg 1950, VIII. Auf die Forschungen Jedins bezieht sich: John W. O'Malley, „Trent". What happend at the Council, Cambridge 2013.

er diese Dokumente aufhob, ist nicht mehr zu klären. Gewiss dachte er nicht an eine gezielte Indiskretion. Jede Form der Enthüllung war ihm zuwider. Iserloh hat die andere Geschichte seines römischen Aufenthaltes wie ein geheimes Gegenbild zu Jedins eigenem posthum veröffentlichtem „Lebensbericht"[117] aufbewahrt. Dieser hatte seine Biographie geglättet, so dass die NZZ „bei den Kapiteln, die den Jahren 1943-1949 in Rom gewidmet sind", von einem „Glanzstück objektiver Zeithistorie"[118] sprechen konnte. Gerettet aus dem römischen Fegefeuer auf den Bonner Lehrstuhl für Kirchengeschichte, sollte sich Hubert Jedin als ultrakonservativer Hardliner entwickeln, der in Eingaben an die Deutsche Bischofskonferenz gegen jede Diskussion über eine Lockerung des Zölibates wetterte und für eine entschiedene Abgrenzung von „der von Luther entfachten Bewegung" sprach: „Je länger der schmerzhafte Schnitt hinausgeschoben wird, desto größer wird die Gefahr, dass wertvolle Kräfte, weil mit dem Irrtum amalgamiert, verloren gehen und dann nicht nur Abspaltung von der Kirche, sondern Abfall vom Christentum sich bei uns ereignet".[119]

Das war nicht Iserlohs Ton. Grenzsituationen gehören zum Leben. Wer sie mit Hilfe von Freunden überlebt hat, der sollte sich nicht so weit aus dem Fenster lehnen. Iserloh hat die Dokumente als Teil seiner eigenen Lebensgeschichte begriffen und deshalb in einem gelben Umschlag verwahrt. Denn nur wenige Briefe wurden durch die Post vermittelt. In den meisten Fällen war Iserloh nicht nur der Bote, der die Schreiben persönlich überbrachte und ihren Inhalt kannte. Oftmals hatte er Hubert Jedin sogar Vorlagen für seine Briefe geliefert. Deshalb haben sie ihren Ort in der Geschichte seines Lebens.

Die Briefe sind auch nicht eingegangen in jenes düstere Porträt, das Christina von Braun (*1944 in Rom) von ihrer Mutter entworfen hat. Als Sechzehnjährige hatte diese eine Liebesbeziehung mit dem Freund ihrer Mutter begonnen. Es war der 22 Jahre ältere Kurt Saalfeld, verheiratet mit Elisabeth Ullstein und Mitglied im Vorstand des berühmten Verlages. Seine Ehe wird geschieden, Hildegard von Braun ins Internat abgeschoben. 1935 will sie Karriere beim Theater oder im Film machen und sucht die Nähe zu Alfred Eduard Frauenfeld (1898-1977), der eine leitende Funktion bei der Reichskulturkammer innehat. Wieder beginnt eine

---

[117] Hubert Jedin, Lebensbericht. Mit einem Dokumentenn hg. von Konrad Repgen, Mainz 1984.
[118] Oskar Köhler, Der Zorn des Kirchenhistorikers. Zum „Lebensbericht" Hubert Jedins, in: NZZ vom 6. November 1984, 37.
[119] Hubert Jedin, Eingabe an die Deutsche Bischofskonferenz vom 16. September 1968, zit. nach: Lebensbericht, a.a.O. 272.

Affäre. Doch als sie entdeckt, dass Frauenfeld verheiratet ist und Kinder hat, zückt sie den Revolver und gibt mehrere Schüsse auf ihn ab. 1944 befand sie sich „in der Hochburg des männlichen Zölibats der Westkirche", urteilt ihre Tochter. „Sie hatte sich vorgenommen, dem Vatikan zu zeigen, was eine Frau ist, und ihre Verführungskunst an diesem Ort, und gerade hier, zu beweisen: ‚Da wäre zunächst Jedin, Historiker, Weltgeistlicher, Mitte 40 und von so reiner, gütiger Menschlichkeit, Großzügigkeit und unabhängigem Denken, dass er mir nicht wie der Prototyp eines Priesters erscheint – oder vielleicht eines ganz vollkommenen. Jedenfalls finde ich meine schon seit Monaten währenden Bemühungen um ihn sehr lohnend".[120] Über den zölibatären Eros des Archäologen Pater Engelbert Kirschbaum schreibt sie: „Ende 30, sieht sehr männlich und sportlich aus und hat eine so natürliche Art sich zu geben, wie ich es so von Priestern im allgemeinen nicht gewohnt bin. Ich kann nur schlichtweg feststellen, dass er mir gefällt."[121]

Die Dokumente aus Iserlohs Nachlass werden mit Jedins Schuldbekenntnis gegenüber dem Ehemann eröffnet:

„Hochverehrter Herr v. Braun!
Ich bereue vor Gott und vor Ihnen tief, was geschehen ist. Ich will alles tun, was ich kann, um zu sühnen und gutzumachen.
Urteilen Sie nicht über Hilde.
Meine mit ihr für morgen geplante Abreise habe ich um einen Tag vorverlegt; sie geschah nicht, um Ihnen auszuweichen, sondern weil ich am Ende meiner Kräfte bin.
Um Eines flehe ich Sie an: Suchen Sie einen Weg, um Deutschland furchtbare Schande zu ersparen. Meine Person verdient keine Schonung; mein Leben ist ohnehin zerbrochen.
Hubert Jedin"[122]

Iserloh war nicht der Mann, der lange tatenlos zuschaute. Jedin hatte bereut. Vor Gott war die Sache geklärt. Alles andere galt als ein weltliches Ding, das mit kühlem Verstand geregelt werden musste. Iserloh nahm den „Fall Jedin" in die Hand. Ganz gegen seine Art setzte er auf Diplomatie und übte sich auch dann noch in Geduld, als er von Hildegard von Braun „von oben herab behandelt wurde".[123]

Weil Jedin keinen klaren Gedanken mehr fassen konnte, schrieb Iserloh die Vorlage für das Schuldbekenntnis. Dann schickte er Jedin auf

---

[120] Christina von Braun, Stille Post. Eine andere Familiengeschichte, Berlin 2007, 213.
[121] Ebd.
[122] Hubert Jedin, Brief vom 26. Januar 1949 an Sigismund von Braun.
[123] Erwin Iserloh, Brief vom 4. Februar 1949 an Hubert Jedin.

eine angebliche Forschungsreise nach Florenz und organisierte die Übersiedlung nach Bonn. Es war auch seine Idee, alle Beteiligten auf eine Linie des Schweigens einzuschwören, „um Deutschland furchtbare Schande zu ersparen." Hier ging es um mehr als eine römische Liebesgeschichte. Jedin und die Baronin waren ein deutscher Fall. In vielen Gesprächen mit Hildegard von Braun brachte Iserloh immer wieder dieses politische Argument vor. Die Baronin fand es in höchstem Maße lächerlich. Sie war empört über Jedins Flucht aus Rom und erbost, dass sie nur über Iserloh mit ihm Kontakt aufnehmen konnte. Als sie endlich Jedins Adresse in Florenz ausfindig gemacht hat, setzt eine Flut von Telegrammen ein:

„Ich lehne weitere Diskussionen mit dem infantilen Iserloh entschieden ab. Kehre sofort zurück. Für Konsequenzen vollständig verantwortlich. Mut. Deine Hilde".[124]

„Wenn Du nicht sofort nach Rom zurückkehrst Konsequenzen. Gänzlich Deine Verantwortung. Hilde."[125]

„Wenn ich nervösen Eindruck mache, verhalte Dich nicht hysterisch. Veränderte Situation. Dein die ganze Zukunft. Meine Familie hängt von deiner Entscheidung ab. Kehr zurück in diesen Tagen. Gottvertrauen. Hilde".[126]

Von Gottvertrauen sprach auch Iserloh und bestärkte Jedin, ihm weiterhin sein Schicksal anzuvertrauen. Er erinnerte an Christus, der den großen Seesturm stillte und die ängstlichen Herzen der Jünger beruhigte: „Nun ist Christus wieder in Ihrem Schiff, da kann ein Sturm uns wohl bescheiden machen, uns aber nicht umwerfen".[127] Hubert Jedin befand sich in der Klemme. Er hatte den ersten Band seiner Konzilsgeschichte abgeschlossen. Eine große Arbeitsleistung lag noch vor ihm. Das vierbändige Werk sollte erst im Jahr 1975 vollendet sein. Auf der ganzen Welt gab es keinen besseren Ort für die Quellenforschung als die Bibliotheken des Vatikans. Hier hatte man jedoch schon längst entschieden, dass Jedin Rom verlassen musste. Wohin sollte er gehen? Die Anonymität eines Klosters oder eines Pfarrhauses in der Westfälischen Provinz kam nicht infrage. Wer hätte Jedins Forschungen fortsetzen sollen? So griff man auf eine bewährte Strategie für diese und ähnlich gelagerte Fälle zurück. Jedin wurde befördert und nach Deutschland versetzt. Im Dezember

---

[124] Hildegard von Braun, Telegramm vom 7. Februar 1949 an Hubert Jedin.
[125] Hildegard von Braun, Telegramm vom 8. Februar 1949 an Hubert Jedin.
[126] Ebd.
[127] Erwin Iserloh, Brief vom 30. Januar 1949 an Hubert Jedin.

1948 erhielt er die Mitteilung, dass er ab dem 1. April 1949 auf dem Bonner Lehrstuhl für Kirchengeschichte seine Arbeit fortsetzen könne.

In der zerbombten Stadt fand Jedin denkbar schlechte Bedingungen für die weitere Erforschung der Konzilsgeschichte vor. Zudem hatte er kein pädagogisches Talent. Jedin konnte sich in Archiven und Bibliotheken verkriechen, doch er hatte regelrecht Angst vor Studenten, wie sich bald herausstellen sollte. Er konnte seine Vorlesungen nicht frei vortragen, er hatte Lampenfieber und zitterte stärker als seine Studenten vor den mündlichen Prüfungen, in denen er sich selbst als geprüft erfuhr. Diese Anspannung übertrug sich auf die Examenskandidaten und schuf eine verkrampfte Atmosphäre, die Jedin zu überspielen suchte, indem er während der Prüfungen durch das Rauchen einer Brasilzigarre jene Souveränität vorzutäuschen dachte, die ihm nicht eigen war. Vergeblich versuchte er die eigene innere Anspannung hinter einer blauen Wolke der Jovialität zu verbergen. Sein wahres Gesicht zeigte er durch die strenge Beurteilung von Prüfungsleistungen der Priester und angehenden Religionslehrer. Er fragte eng und kleinschrittig, sodass viele Noten miserabel ausfielen. Die Ursache sah er jedoch nicht in seiner Fragetechnik, sondern in den angeblich ungeeigneten Kandidaten, „die nie zur Universität hätten zugelassen werden dürfen." Auch bei einem Lehramtskandidaten, der bereits verheiratet war und eine Familie zu versorgen hatte, kannte er keine Gnade. „Aber durfte man ihn bestehen lassen, wenn sein Wissen und Können unzureichend war?"[128]

Es war Iserlohs gutes Recht, in seiner Bonner Gedenkrede (1980) auf Hubert Jedin die Verhältnisse zu beschönigen. Jedin, so sagte er vor den Mitgliedern der Katholisch-Theologischen Fakultät, konnte „im Jahre 1949 in allen Ehren nach Deutschland zurückkehren".[129] In Bonn habe er „begeistert"[130] Vorlesungen und Seminare gehalten.

„Dr. Iserloh ist ein braver und treuer Mensch". Verhandlungen

Hildegard von Braun wollte sich scheiden lassen, um Jedin zu heiraten. Im Februar 1949 gestand sie ihrem Mann die Affäre. Am 27. April 1949 brachte Sigismund von Braun den Ehebruch zur Anzeige bei der Sacra Congregazione del Concilio. Wenige Tage später holte er seine drei Kinder zu sich nach Deutschland. Adressat der Strafanzeige ist Francesco

---

[128] Hubert Jedin, Lebensbericht, a.a.O. 174.
[129] Erwin Iserloh, Gedenken an Hubert Jedin, a.a.O. 43.
[130] Ebd.

Kap. 6: Römischer Aufenthalt 1947–1950

Roberti (1889–1977), der damalige Sekretär der Kongregation und spätere Kurienkardinal.

Durch heftige und wiederholte Aufdringlichkeiten, so klagt der Ehemann, habe Jedin den Widerstand seiner Frau gebrochen und die illegitime Beziehung unter den Augen des Heiligen Vaters in der Vatikanstadt gelebt. Der Ehemann benennt Iserloh und Theodor Klauser, den Rektor der Bonner Universität, als Zeugen. Dann stellt er in italienischer Sprache einen Scheidungsantrag:

> „Ich kann sagen, dass ich an die Unauflösbarkeit der Ehe geglaubt habe. Aber in Anbetracht dessen, dass das, was Gott vereint hat, so verbrecherisch zerstört wurde von einem, der Priester hätte sein sollen, bin ich entschlossen, die Scheidung zu beantragen.
>
> Ich habe volles Vertrauen in die kirchliche Autorität und auch darauf, dass die Strafe, die diese Sache verlangt, ausgesprochen wird, damit einem, der nur dem Namen nach Priester ist, dieses Priestergewand entzogen wird, dessen er sich unwürdig gezeigt hat".[131]

Sigismund von Braun hatte von einer Verdunkelungsgefahr gesprochen, falls Jedin nach Bonn gehen würde. An einem raschen Verschwinden schienen nicht nur Iserloh und die Freunde, sondern auch die Kongregation Interesse zu haben. Bereits im Vorfeld einer möglichen juristischen Entscheidung hatte Jedin seine Schuld eingestanden und war damit Iserlohs Deeskalationsstrategie gefolgt:

> „Ich bestreite nicht, dass ich in der Zeit von Juni 1947 bis Januar 1949 mit Baronin Hildegard von Braun unerlaubte Beziehungen unterhalten habe. Ich bereue tief diesen schweren Fehltritt und unterwerfe mich dem Urteil der Hl. Kirche darüber".[132]

Seine Flucht aus dem Vatikan begründet er so:

> „Meine erste Abreise von Rom am 26. Januar 1949 war dadurch veranlasst, dass Baronin v. B., nachdem ich ihr am 18. Januar meine Absicht mitgeteilt hatte, die unerlaubten Beziehungen zu ihr abzubrechen, am 22. Januar von mir die Aufgabe des Priesterberufes forderte und damit drohte, einen öffentlichen Skandal zu erregen bzw. mich zu erschießen. Als ich Ende März vorübergehend wieder in Rom war, forderte sie am 25. März in einer Unterredung, ich sollte mit ihr eine Zivilehe eingehen. Um mich

---

[131] Sigismund von Braun, Anzeige bei der Sacra Congregazione del Concilio vom 27. April 1949. Übersetzung aus dem Italienischen durch Petra Lieb-Mohn.
[132] Hubert Jedin, Brief vom 21. Mai 1949 an den Rektor der Kongregation.

diesen fortgesetzten Drohungen und Nachstellungen zu entziehen, bin ich am 27. April von Rom abgereist".[133]

Iserloh suchte nun Hildegard von Braun auf. Sie hatte sich in ihr Zimmer zurückgezogen und verbrachte die Tage im Bett. Ihm war jede voyeuristische Neugierde an dieser Tragödie fremd. Iserloh hatte eine eindeutige Position und hielt mit seiner Einschätzung nicht zurück: Jedin hatte eine riesige Eselei begangen. Niemandem sei geholfen, wenn der Ehebruch im Vatikan weiter publik würde. Iserloh hatte sich eine Konstruktion ausgedacht, die Hildegard von Braun als weltfremd bezeichnete: Im gegenseitigen Einvernehmen sollten die Ehebrecher hinfort auf weitere Begegnungen verzichten und sich nur noch im gemeinsamen Gebet vereint wissen. Diese Sublimierung ihrer Leidenschaft erschien der Protestantin als Provokation, und so legte sie Iserloh ein unschlagbares Argument gegen das geforderte Schweigen vor: „Meinem Mann kann nicht zugemutet werden, dass er sich ein Kind unterschieben lässt".[134] Die Schwangerschaft war eine Lüge. Doch das wusste Iserloh in diesem Moment nicht.

Am Abend des 26. Januar um 21.00 Uhr hatte Iserloh die Wohnung betreten und das Gespräch in einem eigens angelegten Tagebuch festgehalten. In seinen nun täglichen Besuchen erlebt Iserloh eine Frau, die sich massiv gegen seine Mittlerdienste wehrt. Sie beharrt auf dem Faktum der Schwangerschaft. Sie droht Iserloh mit Konsequenzen für seine priesterliche Laufbahn. Bleich und abgespannt empfängt sie ihn abends im Bett oder morgens verwirrt im Morgenmantel. Jedin solle persönlich kommen. Iserloh wehrt ab. Wenn er sich nicht endlich aus ihrer Beziehung heraushalte, dann werde sie an die Öffentlichkeit gehen und behaupten, Iserloh habe sie zur Abtreibung angestiftet.

Durch Helly Hohenemser, eine gemeinsame Freundin, erfährt Iserloh, dass die angebliche Schwangerschaft nur ein Mittel der Erpressung ist. Helly Hohenemser hatte soeben den Roman „Christus kam nur bis Eboli" (1945) von Carlo Levi übersetzt. Sie ist zur Vermittlung bereit. Inzwischen erkennt Iserloh, dass er Jedin nicht weiter schützen kann. Als Priester darf sich Jedin nicht ohne Grund aus dem Vatikan entfernen. Nun muss er selbst die Initiative ergreifen und in einer persönlichen Begegnung mit Entschiedenheit die Endgültigkeit der Trennung mitteilen. Iserloh besucht Jedin in Florenz und notiert in sein Tagebuch: „Es

---

[133] Ebd.
[134] Erwin Iserloh, Römisches Tagebuch, 26. Januar 1949.

ist erstaunlich, welche Angst er vor einer Begegnung hat. Er ist seiner selbst nicht sicher".[135]

Unterstützung erhielt Iserloh durch seinen alten Münsteraner Freund, Pater Engelbert Kirschbaum SJ. Der Kunstgeschichtler und Archäologe war an den Ausgrabungen des 1940 entdeckten Petrusgrabes im Vatikan beteiligt. Dieser Welt der Trümmer und des Krieges entstammt auch seine Sprache. In seiner klaren, mädchenhaften Handschrift versichert er Jedin der ungebrochenen Treue. Nun komme es darauf an, „Trümmer fortzuräumen und wieder mutig aufzubauen". Das ist die Sprache der Zeit. Gerade im Zusammenbruch werde die „Gnadenbedürftigkeit" erfahrbar. So sei die Tragödie der letzten Jahre letztlich ein Weg zur Wahrheit des Glaubens gewesen, dass der Mensch allein aus Gnade lebe. „Vor dem Herrgott ist alles erledigt. Und das ist allein maßgebend. Mit den Menschen werden wir schon fertig werden. Den Rest besorgt die Zeit." Jedin solle sich seinen Forschungen widmen und auf Iserlohs Hilfe vertrauen: „Dr. Iserloh ist ein braver und treuer Mensch".[136]

Jedin solle Helly Hohenemser bitten, mäßigend auf die einstige Geliebte einzuwirken. Da er keinen klaren Gedanken fassen kann, legt ihm Pater Kirschbaum einen dreiseitigen handschriftlichen Entwurf eines Drohbriefes vor. Die Freundin solle Hildegard von Braun verdeutlichen, dass sie die Einweisung in ein Lager riskiere, wenn sie den Fall publik mache. Jedin begibt sich nicht auf dieses Niveau, sondern gesteht Helly Hohenemser seine Schuld offen ein. Vor ihr bekennt er auch den letzten Grund dafür, dass die Beziehung keine Zukunft haben wird: Er war niemals der Mann, für den er gehalten wurde. Sie wollte ihn zu seiner wahren Berufung erlösen und war doch selbst zutiefst unerlöst. Deshalb war es auch ein großer Irrtum zu glauben, man hätte diese Affäre in eine Freundschaft transformieren können.

„Sie wollte mich der – wie sie glaubte – für sie angemessenen Lebensform zuführen und aus mir einen großen Historiker machen, mir Schwung verleihen, meine Arbeit befruchten. Das war ein hochgestecktes Ziel, zu hoch, denn ich kann mit 48 Jahren nicht abstreifen, was ich durch Erziehung und Studium in mich aufgenommen habe. Es ist mir ohne weiteres klar, dass die Erkenntnis dieses – sagen wir – Misserfolges sie auf das tiefste erschüttert".[137]

---

[135] Erwin Iserloh, Römisches Tagebuch, 13./14. Februar 1949.
[136] Pater Engelbert Kirschbaum, Brief vom 27. Januar 1949 an Hubert Jedin.
[137] Hubert Jedin, Brief vom 18. Februar 1949 an Helly Hohenemser.

Hildegard von Brauns Morddrohung war keine leere Phrase. Mit Liebe hatte der ganze Fall wenig zu tun, sondern viel mehr mit der Projektion unerfüllter eigener Lebensträume, einem mangelnden Selbstwertgefühl einer dreifachen Mutter und dem Traum von Bedeutsamkeit eines Forschers, der insgeheim wusste, dass ihm jene Kraft zur schriftstellerischen Form fehlte, die seine Arbeiten auch außerhalb der theologischen Wissenschaft lesbar gemacht hätten. Iserloh durchschaute mit unsentimentalem Blick diese psychologischen Voraussetzungen. Jedin hatte Hildegard von Braun vom Stand seiner Forschungen erzählt und bei Gelegenheit Auszüge aus dem entstehenden Werk vorgetragen. Das war keine spannende Lektüre, besaß nicht im Entferntesten jene Weite des Überblicks und der souveränen Darstellung wie jenes Werk, das Jedin gerne als sein Vorbild zitierte: Jakob Burckhardts „Die Kultur der Renaissance in Italien".

Hildegard von Braun hatte ihre künstlerischen Ambitionen nie verwirklicht. Nun saß sie einem fleißigen Mann gegenüber, der an einem weltgeschichtlich bedeutsamen Thema arbeitete, aber nicht über Burckhardts erzählerische Kraft verfügte. Sie fühlte sich dazu berufen, Jedin zu Burckhardts Größe zu inspirieren und ihrem Leben als Muse neuen Sinn zu geben. Am Ende blieb nur die große Enttäuschung. Jedin war nicht der bedeutsame Geist, den sie in ihm hatte sehen wollen. Ihre Wut richtete sich vor allen Dingen gegen sich selbst. In einem jener Briefe auf blassblauem Papier mit Familienwappen, die Iserloh überbrachte und auf ausdrücklichen Wunsch Jedins las, zensierte und gegebenenfalls nicht zustellte, spricht sie ein deutliches Urteil:

> „Ich bin überzeugt, dass Du innerhalb der bisherigen Laufbahn nie einen Schwung für die Gestaltung der an sich trockenen Trienter Quellengeschichte, geschweige denn darüber hinaus, aufbringen wirst. Du besinnst Dich, dass ich Dir einmal sagte: Wenn Du nichts mehr leistest, würde ich aufhören, Dich wie einen Lebenden zu lieben. Für mich bist Du – kein Katholik. Aber wenn es Gott gefällt, Deine Augen nicht zu öffnen, oder noch nicht, dann habe ich mich zu fügen. Ich hege keinen Groll gegen Dich. Du bist für mich das Produkt der Glashaus-Luft, in der Du aufgewachsen bist. Ich möchte Dich bitten, mir diesen Brief mit einer kurzen Note zu bestätigen. Ich bin nicht sicher, ob Iserloh in seinem zwar gut gemeinten, aber wie Du es selbst unlängst bezeichnetest, noch unausgekochten Eifer glaubt, Dir diesen Brief vorenthalten zu müssen".[138]

---

[138] Hildegard von Braun, Brief vom 1. Februar 1949 an Hubert Jedin.

„Im übrigen verlassen Sie sich etwas kindlicher auf Gott".
Priesterjubiläum und Nervenzusammenbruch

War es ein Zufall, dass ausgerechnet in diese bewegte Zeit ein bedeutsames Jubiläum fiel? Wie die Silberne Hochzeit, so ist die 25. Wiederkehr des Tages der Priesterweihe ein hohes Fest, ein Tag, an dem man gern in Dankbarkeit Rückschau hält. Jedin war am 2. März 1924 zum Priester geweiht worden. Die Bilanz seines priesterlichen Lebens schien derzeit katastrophal. Alle beteiligten Freunde wussten es, und gerade deshalb musste jetzt gerettet werden, was zu retten war. Jedin hatte eine Ehe zerstört. Er hatte das Gelübde der Keuschheit über lange Zeit immer wieder gebrochen. Da gab es nichts zu beschönigen. Als hätte der Himmel ein Zeichen gesetzt, fiel das Jubiläum auf einen Aschermittwoch. Jedin hatte bereits genügend Bußstimmung gezeigt. Er habe die Hölle erfahren, sagte er, sei am Boden zerstört, sei Asche vor dem Herrn.

Die priesterlichen Freunde hatten dagegen auf die Gnade verwiesen, die dem reumütigen Sünder wieder auf die Beine helfe. Nun aber sei der Zeitpunkt gekommen, erhobenen Hauptes ins Leben zu treten. Denn wer an der Gnade zweifle oder noch schlimmer: verzweifle, der begehe die schlimmste aller Sünden. Jedin vergrub sich immer tiefer in eine Weltschmerzstimmung. „Sie *müssen* mit mehr Energie dagegen kämpfen, auch wenn es schwer fällt. So etwas kommt nie von der Gnade"[139], ermahnte Pater Kirschbaum und empfahl eine Wallfahrt zum Marienheiligtum von Loreto. Jedin solle sich der mütterlichen Liebe Marias anvertrauen.

„Im übrigen verlassen Sie sich etwas kindlicher auf Gott. Verzeihen Sie mir, wenn ich Sie daran erinnere, dass eine mütterliche Frau im Himmel ist, vor der wir ganz hemmungslos Kind sein dürfen. Vertrauen Sie doch – contra spem – wenn Sie wollen, aber legen Sie alles gläubig in diese Hände"[140].

Kaum war Jedin aus Loreto nach Florenz zurückgekehrt, suchte ihn Hildegard von Braun in der Viale Michelangelo 46 auf. „Ihr Haß ist ungebrochen", berichtet Jedin. „Ich kann die Spannung nicht mehr ertragen, schlief nicht und bin völlig durcheinander. Bedenke, dass ich jetzt sechs Wochen dieses Leben führe! Aber mit wem reden?"[141] Mit wem reden? Wussten nicht schon zu viele Menschen in und außerhalb Roms von der Geschichte? Iserloh platzte der Kragen, als er von den stunden-

---

[139] Engelbert Kirschbaum, Brief vom 23. Februar 1949 an Hubert Jedin.
[140] Engelbert Kirschbaum, Brief vom 7. März 1949 an Hubert Jedin.
[141] Hubert Jedin, Brief vom 6. März 1949 an Erwin Iserloh.

langen Verhandlungen hörte. Zwischen den beiden schien es wieder Annäherungen zu geben. Jedin verzögerte seine Ausreise nach Deutschland und erging sich in seltsamen Erlösungsphantasien. Warum offenbarte er sich nicht dem Sekretär des Papstes? Als freier Schriftsteller könne er mit einer populär geschriebenen Geschichte des katholischen Reformkonzils Millionen verdienen, hatte ihm die Baronin gesagt.

Wissenschaftler denken nicht in den Gesetzen des Buchmarktes, sondern in den Netzwerken der Sponsoren, Fördervereine und Forschungsgemeinschaften. Zu Recht hielt Iserloh das Bestseller-Projekt für illusorisch und drängte auf eine rasche Ausreise:

> „Bist Du erst einmal aus Italien verschwunden, wen interessiert der Fall dann noch? Ein paar Deutsche, die nun auch bald aufhören, davon zu sprechen. In Bonn erregt die Sache so oder so Aufsehen. Denn Du bist nun mal ernannt und dort lässt sich die Sache nicht verheimlichen. Dazu gibt es in Deutschland Sanatorien, wo man einen Nervenzusammenbruch ausheilen kann".[142]

Damit spielte er auf die Krankheit an, in die sich Jedins Seele geflüchtet hatte. Auf gelegentliche Fragen nach dem Verbleib des Gelehrten hieß es, Jedin habe wegen Arbeitsüberlastung bei seinen Trienter Forschungen einen Nervenzusammenbruch erlitten und erhole sich auf dem Land. Iserloh hielt mit seinem Urteil über Hildegard von Braun nicht mehr zurück. „Verhandlungen sind schon deshalb sinnlos, weil sie evident lügt". „Mit solchen Leuten verhandelt man nicht." „Sie aber schmeiße zur Tür hinaus." „Bitte keine Sentimentalitäten! Du bist im Augenblick der ungeeignetste, um ihre Seele zu retten!"

Von der Ruhe inmitten des Sturmes und dem Vertrauen auf die Gegenwart des Herrn ist auch nicht mehr die Rede. Iserloh hatte Pater Kirschbaum gebeten, sofort nach Florenz zu fahren, um jedes aufflackernde Feuer der Leidenschaft im Keim zu ersticken. Doch der Pater wehrte ab. Er fürchte, „tätlich zu werden, wenn er sie zu Gesicht bekäme." Auch mit Jedin redet Iserloh nun Klartext:

> „Der tiefere Grund für Deine, wie mir scheint, schlappe Haltung ist, dass Du Dir nicht zugeben willst, dass Du nicht nur gefehlt hast, sondern auch noch ein Riesenschaf warst, auf eine Frau hereinzufallen, die es, gelinde ausgedrückt, nicht verdient. Entschuldige meine grobe Sprache, sicher habe ich gut reden und ich weiß, dass man hier in Rom klares, entschlossenes Handeln als jugendliche Unreife auslegt. Dieser Frau gegenüber ist

---

[142] Erwin Iserloh, Brief vom 7. März 1949 an Hubert Jedin.

jedenfalls nur mit Entschiedenheit etwas zu machen, das hat sich ja in den letzten Wochen gezeigt".[143]

Diese vermeintliche „jugendliche Unreife" wird sich Iserloh bis ins Alter bewahren. Kindisch hatte die Baronin sein Verhalten genannt. Nun war der Zeitpunkt gekommen, wo er zu sich selbst zurückfand. Während seines langen Aufenthaltes in Italien hatte er die Lager mit deutschen Kriegsgefangenen besucht und Freizeiten für deutsche Kinder und Jugendliche geleitet. Hier war er in seinem Element. Hier wehte noch einmal der Geist der Zeltlager unter freiem Himmel. Mehr als die mittelalterlichen Studien im Vatikan und jene unsägliche Geschichte bewegte ihn die praktische Arbeit. Iserloh besuchte die deutschen Gefangenenlager auf der Insel Lipari. Diese gehörte zu den Äolischen Inseln an der Nordseite Siziliens. Iserloh hielt hier nicht nur Gottesdienste, sondern lebte mit den Gefangenen, teilte ihren Alltag und ihr dürftiges Leben. Besucher hatten das Lager am Abend zu verlassen. Um die Abendstunden zu seelsorgerlichen Gesprächen zu nutzen, ließ sich Iserloh einschließen.

Unterstützt wurde Iserloh durch das päpstliche Hilfswerk „Madre Pascalina", das von der deutschen Haushälterin und Assistentin des Papstes, Schwester Pascalina (1894–1983), geleitet wurde. Diese Stelle finanzierte auch die Ferienfreizeiten für deutsche, schweizerische und österreichische Kinder, die Iserloh in Cattolica an der Adria leitete. Was ihn bewegte und was er in Italien noch einmal erlebte, hatte er bereits 1947 vor Studenten des Bundes Neudeutschland formuliert. Das Schlüsselwort lautete noch immer „Gemeinschaft". Diese Gemeinschaft der Menschen hatte ihre Erfüllung in der Gemeinschaft mit Christus. Der Leib Christi waren die Christen: „Den Subjektivismus werden wir erst überwunden haben, wenn das Subjekt wieder gebunden ist in der Liturgie. Dazu ist aber notwendig, dass es das Tun und Beten der Kirche persönlich mitvollziehen kann".[144]

Iserloh wollte weder Postillon d'amour noch Schlichter im Beziehungsgeflecht von Betrüger und Betrogener sein. „Aber eigentlich sollte man viel dickfelliger sein. Bisher wurde deshalb manches falsch gemacht, weil wir zu prompt reagierten. Schade, dass ich nicht meinem berüchtigten

---

[143] Ebd.
[144] Erwin Iserloh, Persönlichkeit und Gemeinschaft im religiösen Leben, in: Gemen-Werkheft. Das Leben in Gott in seiner Bedeutung und Verwirklichung als religiöses Leben. Werkwoche vom 14. bis 21. März 1947, 37; neu abgedruckt in: Iserloh, Aufsätze I, 452–460.

dicken Kopf und meiner Parole: ‚Nicht bange machen lassen' gefolgt bin".[145] Auch Pater Kirschbaum zeigte kein Wanken mehr.

„Diese Art Hysterie prallt nur an sicherer Kälte ab. Zeigen Sie keinerlei Furcht. Das reizt diese Naturen nur, noch mehr zu quälen. Es hilft nichts, gütig sein zu wollen. Machen Sie sich nicht zu viel Sorge um die Seele von Hildegard. Sie haben das einzige getan, was dafür getan werden konnte – Trennung. Im übrigen muss sie ihren Weg selber entscheiden. Bitte suchen Sie den Kontakt mit Ihrer Arbeit, soweit als möglich. Alles andere ruhig abwarten. Es ist nicht so schlimm, wie es Ihnen jetzt erscheint".[146]

Die nackte Wahrheit war eingestanden worden. Darüber hinaus gab es nichts mehr zu erklären. Dennoch wünschte Jedin ein offenes Gespräch mit Baron von Braun. Warum? Er wolle, so hieß es, mit ihm gemeinsam überlegen, wie eine schwere Schädigung des deutschen Ansehens in Rom zu vermeiden wäre. Iserloh hatte diese Formulierung zu der Zeit entworfen, als er noch meinte, diplomatisch sein zu müssen. Pater Kirschbaum hatte recht: Wen interessierte die Sache in Rom, wenn Jedin erst einmal das Land verlassen hatte? Dergleichen kam öfter vor und wurde in der Regel diskret behandelt und ausgesessen. Jedin nahm sich auch in seinem Schmerz und schlechtem Gewissen zu wichtig. Ihm fehlte der männliche Sinn des Jesuiten. Was er in der Begegnung mit dem Baron suchte, war eine Versöhnung auf höherer Ebene. Diese konnte es nicht geben. Jedin litt darunter, dass er nicht der große Geist war, den Hildegard von Braun in ihm suchte. Sie hatte ihn einen Versager genannt, einen Versager als Mann, als Schriftsteller und katholischer Priester:

„Ich lege wert darauf, dass der Mann, den ich liebe und um dessentwillen ich viel aufgegeben habe, vor den Augen der Welt nicht als ein schwachsinniger Trottel erscheint, der sich gegen seinen Willen und haltlos hätte verführen lassen. Das Lächerliche ist dann schließlich das, was von allem übrigbleibt.

Es ist lange her, dass Du mir den Ausspruch eines Deiner theologischen Lehrer in Breslau erzähltest: Wenn ein Mann und eine Frau gegenseitig sich ihre Seelen öffnen, ist es unvermeidlich, dass sie sich früher oder später auch körperlich besitzen.

Es muss doch auch selbst in Deiner Welt eine würdige menschliche Anschauung zu diesen Dingen geben und nicht nur die der Lüsternheit und Hemmungslosigkeit".[147]

---

[145] Erwin Iserloh, Brief vom 5. April 1949 an Hubert Jedin.
[146] Engelbert Kirschbaum, Brief vom 8. März 1949 an Hubert Jedin.
[147] Hildegard von Braun, Brief vom 10. April 1949 an Hubert Jedin.

Kap. 6: Römischer Aufenthalt 1947–1950

Den Empfehlungen der Freunde folgend, hatte Jedin wieder die Arbeit in den Archiven aufgenommen. Doch die Wehleidigkeit hält ihn weiter im Griff. „Aber am Nachmittag packt mich immer der ganze Jammer. Du hältst das für Schwäche, und es ist es auch. Aber bedenke, dass ich durch drei Monate zermürbt bin. Ich bin kein vollwertiger Mensch mehr"[148], gesteht er Iserloh. Hildegard von Braun war entschieden der Meinung, dass es für Jedin keine Rückkehr mehr ins alte Leben als Priester geben könne. Die Liebesaffäre habe gezeigt, dass Jedins Berufung nicht echt sei:

„Auch Du wirst nie wieder ein Priester. Ich weiß, dass Du zwei Jahre nicht gebeichtet hast. Du konntest es nicht, weil Du nicht bereutest – Du kannst es jetzt, weil es Dir an den Kragen geht. Das ist billig. Du willst auch heute noch nicht diese Jahre aus Deinem Leben missen, die Du so oft die schönste Zeit Deines Lebens nanntest. Also bereuen oder beichten. Irgendwo steht doch die Unwahrhaftigkeit. Ohne bereuen, beichten kannst Du aber keine Messe lesen. Ohne Messen bist Du kein katholischer Priester. Du hast zwei Jahre lang die Messe gelesen genau im protestantischen Sinn. Ich werde aber bis zu meinem letzten Blutstropfen kämpfen, dass meine innere und äußere Existenz vernichtet wurde wegen der inneren Unwahrhaftigkeit Deines vermeintlichen Priestertums. Die fünf Jahre, die ich jetzt innerhalb des ‚Zentrums der Christenheit' lebe, haben mir gezeigt, dass ich außerhalb der katholischen Kirche sehr viel mehr anständige Menschen kenne."

Sie sei den „pharisäischen Rummel" leid und verbitte sich auch die Weinerlichkeit ihres ehemaligen Liebhabers: „Mache bitte nicht so pathetische Unterschriften wie ‚ein Unglücklicher mit Namen Hubert'. Das ist Deiner nicht würdig".[149]

Inzwischen war Hubert Jedin in Bonn angekommen. Noch klagte er, weil sein Verfahren in Rom anhängig war. „An mir hast Du ein Beispiel, wie man noch leben und doch schon tot sein kann. Das bin ich nämlich".[150] Er hatte Schwierigkeiten mit der Konzeption einer Vorlesung und erkannte rasch, dass seine Berufung nicht die Lehre war. „Mein ganzes Leben werde ich Ihnen nie danken können, was Sie jetzt für mich tun"[151], hatte er Iserloh gestanden. Nun versuchte er Iserlohs Habilitation in Bonn durchzusetzen. Das Verfahren erwies sich als äußerst zäh und langwierig. Aus Italien zurückgekehrt, begann für Iserloh eine dunkle Zeit

---

[148] Hubert Jedin, Brief vom 2. April 1949 an Erwin Iserloh.
[149] Hildegard von Braun, Brief vom 15. April 1949 an Hubert Jedin.
[150] Hubert Jedin, Brief vom 20. Mai 1949 an Erwin Iserloh.
[151] Hubert Jedin, Brief vom 21. Februar 1949 an Erwin Iserloh.

von vier Jahren. Zuerst einmal übernahm er am 18. Dezember 1950 die Vertretung für den versetzten Kaplan von Cappenberg.

In gewissem Sinne war Iserloh entwurzelt. Vorbei waren die Jahre der Zeltlager, der Religionsunterricht mit verhaltensauffälligen Kindern, die Krankenhausseelsorge und die Nächte in den Gefangenenlagern Italiens. Er, der Mann der Tat, befand sich in einem Wartesaal der Zukunft, der seine Gedanken zuweilen zermürbte. Stand er am Anfang einer akademischen Karriere? Befand er sich am Ende seines Weges? Eigentlich hatte er wider seine Natur gehandelt, als er sich Lortz und Jedin anvertraut hatte. Alles hatte begonnen mit der Bearbeitung jener Preisaufgabe. Nun hatte er eine Habilitationsschrift verfasst, die ihn selbst nicht befriedigte. Doch einmal vorgelegt, sollte sie nun zum Eintrittsbillet in die akademische Welt werden. Aber wollte er überhaupt Professor werden?

7. Kapitel
„Folklore des hammerschwingenden Luther".
Vom Heiligen Rock zum Thesenanschlag

> *„Ich bin der Moderne von übermorgen."*
> Erwin Iserloh[152]

„An sich hätte er in Münster zum Zuge kommen müssen".
Akademische Umwege

Wer in Münster studiert hat, bleibt gern in dieser Stadt. Iserloh hatte ernsthaft geglaubt, er werde einen Münsteraner Lehrstuhl bekommen. Die Bewerberliste um die Nachfolge von Professor Schreiber wies neben seinem Namen drei weitere aus. Iserlohs Habilitationsschrift war im Frühsommer des Jahres 1950 in Bonn angenommen worden. Ein Termin für die Probevorlesung stand jedoch noch nicht fest. Wegen des nicht abgeschlossenen Habilitationsverfahrens hatte er gegenüber anderen Bewerbern um den Münsteraner Lehrstuhl einen Nachteil. So nützte es auch wenig, dass Hubert Jedin „ein ungemein positives Gutachten"[153] über ihn schrieb.

Joseph Lortz mahnte Iserloh zur Geduld: Er solle zunächst einmal Erfahrungen in der Lehre sammeln, bevor er die volle Verantwortung für einen Lehrstuhl übernehme. Iserloh widersprach nicht, gab aber zu bedenken, dass er bei einer Besetzung des Münsteraner Lehrstuhls durch einen jungen Mitbewerber niemals eine reelle Chance auf eine feste Anstellung an dieser Universität haben werde. In typisch westfälischer Syntax („nach hier") schreibt er Joseph Lortz:

> „Du hast sicher Recht, wenn Du auf dem Standpunkt stehst, dass es besser für mich sei, noch einige Jahre ohne Lehrstuhl zu arbeiten. Aber wenn jemand nach hier kommt, der nicht viel älter ist als ich, dann ist es überhaupt aus".[154]

Um Zeit zu gewinnen, entwickelt er eine Verzögerungstaktik. Lortz solle Ansprüche auf seinen alten Münsteraner Lehrstuhl erheben und somit die

---

[152] Zit. nach: Hallensleben, Iserloh, 163; vgl. unten 168.
[153] Erwin Iserloh, Brief vom 2. Juni 1950 an Joseph Lortz, in: Nachlass Iserloh A 238.
[154] Ebd.

Neubesetzung einstweilen aufhalten. „Könntest Du nicht beim Kultusministerium Deine alten Ansprüche anmelden und auf diese Weise wenigstens die ganze Geschichte verzögern? Dann bestände doch Aussicht, dass ich für das nächste Semester mit der Vertretung beauftragt würde und so wenigstens eine Chance bekäme".[155]

Zur gleichen Zeit wurden Lehrstühle für Kirchengeschichte in Paderborn und Regensburg frei. Iserlohs Eltern waren inzwischen in die Diözese Paderborn umgesiedelt. Die Nähe zur Familie war verlockend, doch eine wirkliche Alternative zu Münster schien nur der Regensburger Lehrstuhl zu bieten, der durch die Berufung des Freundes Theobald Freudenberger nach Würzburg freigeworden war. Freudenberger hatte durchgesetzt, dass Iserlohs Name an erster Stelle der Liste mit Vorschlägen zur Neubesetzung zu stehen kam:

> „Lieber, Getreuer! In Eile die vertrauliche Mitteilung, dass in der heutigen Sitzung unserer theologischen Abteilung der philosophisch-theologischen Hochschule Regensburg beschlossen wurde, für die Wiederbesetzung meines hiesigen Lehrstuhls folgende Vorschlagsliste beim Ministerium einzureichen: 1. Iserloh, 2. Tüchle, 3. Dürig".[156]

Iserlohs stärkster Konkurrent war der Liturgiewissenschaftler Walter Dürig (1913–1992). Dieser hatte in Bayern bedeutende Fürsprecher wie Joseph Pascher (1893–1979) und Franz Xaver Seppelt (1883–1956). Theobald Freudenberger wusste, dass sich Iserloh für die Rehabilitierung seines Münsteraner Lehrers Michael Schmaus eingesetzt hatte. Schmaus war inzwischen Ordinarius in München geworden. Iserloh vertraute sich ihm an und folgte damit der entschiedenen Empfehlung seines Freundes Freudenberger. Der hatte geschrieben:

> „Ich hoffe, dass es Dir gelingen wird, Schmaus dazu zu bewegen, dass er für Dich aktiv wird. Wenn das nicht geschieht, dann sehe ich schwarz, weil nun ganz sicher allerlei für Dürig geschehen wird; leider war es nicht möglich, Dürig aus unserer Liste fernzuhalten, weil Panzram und ein anderer Kollege sich für ihn eingesetzt haben und besonders geltend machten, dass er bei Seppelt promoviert hat, also eine gründliche historische Schulung mitbringt. So ging er ziemlich einstimmig als Dritter auf der Liste durch. Es tut mir leid, dass ich Dir noch nicht gratulieren kann. Was mir möglich war, habe ich getan. Trotzdem habe ich ernste Zweifel, ob

---

[155] Ebd.
[156] Theobald Freudenberger, Brief vom 22. November 1950 an Erwin Iserloh, in: Nachlass Iserloh A 7a.

die Sache gut ausgeht. Man müsste nachstoßen; das könnte nur Schmaus tun!"[157]
Durch Freudenberger erfuhr Iserloh weitere Interna aus dem Berufungsverfahren. Walter Dürig habe durch die direkte Bewerbung beim Bayerischen Staatsministerium für Unterricht und Kultus selbst die Initiative ergriffen. Iserloh solle diesem Beispiel folgen und zugleich Fürsprecher beim Bischof von Regensburg aufbieten. Franz Xaver Seppelt hatte sich bei Bischof Michael Buchberger (1874–1961) für seinen Schüler Walter Dürig eingesetzt.

Am 5. Dezember 1950 bewarb sich Iserloh beim Bayerischen Staatsministerium um die Stelle in Regensburg. Sein Weggefährte Hermann Eising (1908–1981), einst Kaplan des Münsteraner Bischofs von Galen und ND-Mitglied, versuchte einige Professoren aus München für Iserloh zu gewinnen. Richard Egenter (1902–1981) machte ihm wenig Hoffnung: Michael Schmaus schätze zwar Iserloh, doch werde man sich schon aus kollegialen Gründen für den Münchener Privatdozenten Walter Dürig einsetzen. Iserloh nahm direkten Kontakt zu Michael Schmaus auf und bat ihn um ein Gutachten. Dabei beging er einen entscheidenden Fehler. Er vertraute sich dem alten Lehrer an und äußerte die Wahrheit über seine berufliche Perspektive. Michael Schmaus fiel Erwin Iserloh in den Rücken und stellte sich auf die Seite Franz Xaver Seppelts, sodass letztlich Walter Düring den Regensburger Lehrstuhl bekam. Bei einem Besuch in Würzburg erfuhr Theobald Freudenberger von dem Patristiker Berthold Altaner (1885–1964) weitere Interna, die er in einem Brief an Erwin Iserloh kommentierend weitergab:

> „Gestern hat mir Altaner seinen Gegenbesuch gemacht. Dabei erzählte er, kürzlich sei Seppelt auf der Durchreise nach Bad Mergentheim hier bei ihm gewesen. Seppelt sei voll froher Hoffnungen, dass sein Schüler Dürig nach Regensburg kommen werde. Der Gegenkandidat, ein gewisser Dr. Iserloh, sei anscheinend ein äußerst naiver Mann. Er habe an Schmaus geschrieben, dass er großen Wert darauf lege, nach Regensburg zu kommen, weil er sich in finanzieller Hinsicht schwer tue; außerdem aber auch, weil er auf diese Weise größere Aussichten habe, bald in Münster die Nachfolge Schreibers antreten zu können; er gedenke also gar nicht, länger in Regensburg zu bleiben. Schmaus habe selbstverständlich diesen ominösen Brief in die Hände der zuständigen Stellen am Ministerium weitergegeben, und dort werde man wissen, was man unter solchen Umständen zu tun habe. Jedenfalls könnte unter solchen Umständen von einer ernstlichen Kandidatur Dr. Iserlohs keine Rede mehr sein. – So Altaner!!

---

[157] Ebd.

Was daran wahr ist, weiß ich natürlich nicht. Auf alle Fälle wäre das ein weiterer Beweis, dass Schmaus alles andere als zuverlässig ist, was ich auch bei anderen Gelegenheiten beobachtet zu haben glaube. Lass Dir aber um Gottes willen nicht einfallen, etwa Schmaus gegenüber merken zu lassen, dass Du über sein seltsames Verhalten unterrichtet bist! Das könnte und müsste Dir erst recht schaden. Erst wenn Du irgendwo als Ordinarius untergekommen bist – und das wirst Du eines Tages – allen Schmäusen zum Trotz – doch erreichen, wenn Du auch vorerst noch warten musst, dann kannst Du ihm gelegentlich beibringen, was Du von seiner Handlungsweise denkst".[158]

Den Ruf auf den Münsteraner Lehrstuhl erhielt Josef Oswald (1900–1984) aus Passau. „Verliere auf keinen Fall den Mut," tröstet ihn Freudenberger, „auch wenn Du Dich armselig durchschlagen müsstest! Ich habe über 12 Jahre von einem monatlichen Stipendium von 100 Mark der Görresgesellschaft leben müssen. Und Jedin ist es eher noch schlechter gegangen".[159]

Als Dekan der Bonner Fakultät hatte Jedin inzwischen die Habilitation seines Freundes Iserloh durchgesetzt. Mit dem Einverständnis von Kardinal Frings wurde Iserloh die *Venia legendi* erteilt. Oswald hatte den Ruf nach Münster zuerst angenommen, bat sich dann jedoch Bedenkzeit aus, um schließlich doch nicht sein geliebtes Bayern zu verlassen. So vertrat Iserloh für zwei Semester (WS 1952/53; SS 1953) den Erwählten, der niemals kam. Der Kurator der Universität Münster hatte Iserloh mit Schreiben vom 7. November 1952 mit der vertretungsweisen Wahrnehmung des dortiges Lehrstuhls für mittlere und neuere Kirchengeschichte beauftragt. Um seine *Venia legendi* zu erhalten, hatte Iserloh im Wintersemester 1951/52 und im Sommersemester 1952 als Privatdozent in Bonn gelehrt. Aussicht auf eine feste Anstellung in Münster hatte er nicht, denn Eduard Hegel (1911–2005) hatte als Zweitplazierter auf der Bewerberliste sein Kommen zugesagt. Hegel hatte einen Lehrstuhl in Trier, der durch seinen Wechsel nach Münster frei wurde.

Im Hintergrund hielt Joseph Lortz die Fäden sicher in der Hand. Matthias Wehr, dem Bischof von Trier, empfahl er nachdrücklich seinen Schüler Iserloh:

---

[158] Theobald Freudenberger, Brief vom 30. März 1951 an Erwin Iserloh, in: Nachlass Iserloh A 7a.
[159] Theobald Freudenberger, Brief vom 4. Juni 1951 an Erwin Iserloh, in: Nachlass Iserloh A 7a.

„Liebe Exzellenz,
wie ich aus vertrauenswürdiger Quelle erfahre, soll Professor Hegel nach Münster berufen werden. In diesem Falle müsstet Ihr Euch ja wohl um einen geeigneten Kandidaten bemühen. Darf ich meinerseits mit allem Nachdruck auf meinen Schüler Erwin Iserloh, der sich bei Hubert Jedin in Bonn habilitierte, hinweisen? Er ist nach Jedins und meiner Meinung der von den jüngeren Kollegen weitaus Begabteste. Dir und Eurem Seminar könnte ich ihn auch deswegen warm empfehlen, weil er eine ungewöhnliche pädagogische Ader hat. Er hat seine Fähigkeit, junge Menschen zu führen, im ND vor und während des Krieges unter schwierigen Verhältnissen in mannhafter Weise unter Beweis gestellt.
An sich hätte er in Münster zum Zuge kommen müssen. Aber dort ist immer noch ein gewisser Schatten mächtiger als alle Figuren auf der Bühne. Und dieser Schatten deckt mit besonderer Inbrunst das zu, was in irgendeiner Beziehung zu mir steht. Das ist so deutlich, dass man es nicht erst zu beweisen braucht".[160]

Man hatte Iserloh berechtigte Hoffnung auf die Nachfolge von Eduard Hegel in Trier gemacht. Zudem war es kein offenes Geheimnis, dass Hegel den Münsteraner Lehrstuhl nur so lange behalten wollte, bis Jedin emeritiert und damit der Bonner Lehrstuhl frei würde. Iserloh stand vor einem Labyrinthweg, und er entschied sich, ihn zu gehen. Im WS 1953/54 ließ er sich beurlauben. Für ein Jahr wurde er am 30. März 1953 mit der Leitung der Katholisch-Sozialen Akademie des Bistums Münster, des Franz-Hitze-Hauses, beauftragt. Dann folgte er im SS 1954 dem Ruf zum außerordentlichen Professor in Trier.

Die zwei Semester Münsteraner Lehrtätigkeit hatten ein juristisches Nachspiel. Mit Schreiben vom 30. September 1953 hatte der Kurator der Universität Münster Iserloh aufgefordert, die bereits für Oktober überwiesenen Bezüge zu erstatten, weil Professor Hegel inzwischen berufen worden war. Iserloh machte daraus eine Affäre, die dem Münsteraner Bischof Michael Keller (1896–1961) peinlich war. Iserloh, der persönlich weiterhin sehr anspruchslos lebte und Freunden in Not großzügig unter die Arme griff, wurde zum Kämpfer, wenn er auf Ungerechtigkeit stieß und auf Vorgänge, die ihm nicht sachgemäß erschienen. Obwohl er inzwischen in Trier unterrichtete, war Iserloh nicht bereit, das Oktobergehalt in Münster zu erstatten. Er wandte sich an Ludger Baumeister, einen Fachanwalt für Verwaltungsrecht, dessen Sohn Heinz-Hermann ihm aus dem Bund Neudeutschland bekannt war. Sein Widerspruchsgeist

---

[160] Joseph Lortz, Brief vom 12. Dezember 1952 an Bischof Matthias Wehr, in: Bistumsarchiv Trier, BATr Abt. 108,2, Nr. 23.

war durch zwei Gründe entflammt worden. Er vermisste den Dank der Universität und eine rechtzeitige Kündigung:

„Nach meiner Meinung war es schon eine Pflicht des Anstandes, einen Hochschullehrer einer fremden Fakultät, den man um Vertretung bis zur Neubesetzung bittet, von dieser Mitteilung zu machen und ihm für seine Tätigkeit zu danken.
Juristisch scheint mir die Sache so zu liegen, dass ein solcher Auftrag mit der Wahrnehmung eines Lehrstuhles bis zur endgültigen Besetzung zwar jederzeit widerrufen werden kann, der Widerruf aber ausgesprochen werden muss und der Auftrag nicht automatisch mit der Besetzung des Lehrstuhles endet, ohne dass dem Vertreter darüber Nachricht gegeben wird. Denn die Besetzung des Lehrstuhles ist eine Bedingung, die einseitig auf dem Willen und dem Wissen des einen Vertragspartners beruht, dem anderen demnach mitgeteilt werden müsste. Oder geht hier das sogenannte Rechtsempfinden fehl bzw. kann sich eine Behörde leisten, was ein Privatmann sich nicht leisten kann? Als Privatmann kann ich wenigstens keine Arbeitskraft einstellen, bis ich eine andere passendere gefunden habe, ohne jener davon Mitteilung zu machen, dass das letztere inzwischen eingetreten ist".[161]

Iserloh war enttäuscht, dass Hegel den Münsteraner Lehrstuhl bekommen hatte. Der große pädagogische Gestus wurde sein Ventil:

„Inzwischen bin ich Professor an der Theologischen Fakultät in Trier, fühle mich sehr wohl und freue mich, dem in mancher Beziehung unerquicklichen Betrieb in Münster entzogen zu sein. Im Interesse meiner jüngeren Kollegen und weil ich der Meinung bin, man sollte es in einer Demokratie nicht unterlassen, die Behörden zu erziehen, möchte ich einer Klärung der Angelegenheit nicht ausweichen, selbst wenn ich Ihre Hilfe für eine Bagatelle in Anspruch nehmen muss".[162]

Bischof Michael wurde gedrängt, seinen Priester in die Schranken zu weisen und einen politischen Skandal abzuwehren.

„Ich tue es sehr ungern, glaubte aber, in diesem Falle mich der Bitte nicht verschließen zu dürfen. Doch bitte ich Sie, meinen Schritt nicht als einen amtlichen aufzufassen; vielmehr möchte ich Ihnen einen Freundschaftsdienst erweisen, der allerdings auch – wie ich meine – im recht verstandenen Interesse der Kirche liegt. Ich bin davon überzeugt, dass Sie sich bei Ihrem Vorgehen von keinerlei eigensüchtigen Beweggründen haben leiten lassen, sondern nur – wie Sie glaubten – der verletzten Gerechtigkeit zum

---

[161] Erwin Iserloh, Brief vom 27. Juni 1954 an Ludger Baumeister: Nachlass Iserloh A 8.
[162] Ebd.

Siege verhelfen wollten. So gut ich es vermochte, habe ich mich über den Vorgang orientiert, wobei ich allerdings gern zugeben will, dass mir vielleicht dieser oder jener Umstand, der zu wissen wichtig sein könnte, unbekannt geblieben ist. Aber darüber bin ich mir vollkommen klar, dass, objektiv betrachtet, ein hochherziges Nachgeben Ihrerseits die einzig richtige Lösung wäre. Der Außenstehende wird, wenn es zum Prozeß kommt, mit bestem Willen kein Verständnis dafür aufbringen können, dass ein Priester wegen einer solch relativ geringfügigen Sache es so weit kommen lässt. Bestenfalls wird man es als Rechthaberei deuten, zumal die Gegenseite im Rufe eines loyalen und wohlmeinenden Partners steht".[163]

Da halfen weder Diplomatie, versteckte Drohung noch der Appell an die geistliche Berufung, um Iserlohs Verstocktheit zu lösen. Er verfasste ein Protestschreiben an den Kultusminister des Landes Nordrhein-Westfalen. Werner Schütz (1900–1975) war Sohn eines evangelischen Pfarrers und Justitiar der Bekennenden Kirche. Iserloh ahnte, dass Kultusminister Schütz kein Verständnis für seine Beschwerde haben würde. War jedoch sein Kampfeseifer erst einmal entfesselt, ließ er sich nicht mehr zurückhalten: Er habe die Rückzahlung der Bezüge verweigert, „weil ich das Geld zur Unterstützung von Studenten, also zu außerplanmäßigen Ausgaben verwandt habe (§ 818 Abs. 3 BGB). Aber es geht mir nicht um die Zahlung des Geldes, es geht mir um die Abänderung einer Praxis der Behörde, auf die ich im Interesse meiner jungen Kollegen, die abhängiger sind als ich, glaube dringen zu müssen".[164]

„Fassen Sie uns nicht als bloße Ausbilder auf, sondern als Kommilitonen". Mut zur Erziehung

Der Münsteraner Fall sollte sich noch über Monate hinziehen, und Iserloh gab trotz wiederholter Interventionen seines Bischofs erst Ruhe, als er durch den persönlichen Empfang bei dem Kultusminister und dem Kurator der Universität Genugtuung erhalten hatte. Inzwischen hatte er eine Unterkunft im Trierer Rudolfinum bezogen. Mit der Bitte um bischöflichen Segen schrieb er Bischof Wehr in seinem Dankesschreiben für die Ernennung: „Ich hoffe, dieses Vertrauen nicht zu enttäuschen. Werde jedenfalls, was in meinen Kräften steht, beitragen zur Ausbildung und Bildung der theologischen Jugend".[165]

---

[163] Bischof Michael, Brief vom 3. November 1954 an Erwin Iserloh: Nachlass Iserloh A 8.
[164] Erwin Iserloh, Brief vom 4. November 1954 an Werner Schütz: ebd.
[165] Erwin Iserloh, Brief vom 16. Februar 1952 an Bischof Matthias Wehr: Bistums-

Während der ersten vier Semester lebten die jungen Priesteramtskandidaten in einer Wohngemeinschaft mit ihren Lehrern im Rudolfinum. Studium, Gebet und Freizeit bildeten jene Einheit, die Iserloh seit den vergangenen Tagen des Bundes sehr vermisst hatte. Man verbrachte die Abende gemeinsam, und zwanglos ergaben sich beim Wein Gespräche, in denen sich die Seele dem Seelsorger öffnete. Sein Selbstverständnis als Priester und Professor hat er in einer Rede vor seinen Studenten formuliert, wohl wissend, dass in Trier bei einem Verhältnis von 200 Studenten zu 15 Dozenten noch ideale Verhältnisse herrschten.

„Die Universität unserer Zeit krankt daran, dass es wegen der Masse der Studenten nicht mehr zu einem persönlichen Verhältnis von Professoren und Studenten kommt, ja kommen kann. Fassen Sie uns nicht als bloße Ausbilder auf, sondern als Kommilitonen, als Menschen, die mit Ihnen um die Wahrheit ringen und kämpfen. Es geht ja für Sie nicht darum, fertige Ergebnisse von uns zu übernehmen, dazu reichten ja auch Lehrbücher, sondern mit uns einzutreten in den Erkenntnisvorgang, in die Bemühung um die Wahrheit und in ihren Vollzug. Sie alle wollen Priester werden und wir, Ihre akademischen Lehrer, sind es. Das ist nicht unerheblich für unser wissenschaftliches Bemühen. Priester sein heißt doch, in besonderer Weise in die Koexistenz mit Christus getreten sein und Ihn in der Wortverkündigung und der Repräsentation seines Opfers vor den Menschen darstellen dürfen und müssen".[166]

Iserloh wollte wieder Verantwortung übernehmen und junge Menschen führen. Dazu gab es reichlich Gelegenheit. Mit Iserloh konnten die jungen Männer offen über alle Fragen der priesterlichen Berufung sprechen. Es ging hier um letzte Fragen der Wahrheit und Wahrhaftigkeit. Besonders auf dem Gebiet des Zölibates verfügte Iserloh über elementare seelsorgerliche Erfahrungen. War es wirklich Gott, den die jungen Männer suchten und dem sie dienen wollten? Iserloh hatte keinen Ehrgeiz, Unberufene zu halten, und so konnte er vielen den rechten Weg zu sich selbst weisen.

In jenen Jahren hielt er auch engen Kontakt zu seiner Familie. In besonderer Weise fühlte er sich seinen Nichten und Neffen verpflichtet, die ohne ihre Väter aufwachsen mussten. Iserloh beobachtete ihre Entwicklung und scheute auch nicht den kritischen Widerspruch gegenüber erzieherischen Entscheidungen seiner Schwägerinnen. Dies zeigt die Tanzaffäre: Der Neffe Hans-Jörg war zuerst den Spuren seines Onkels

---

archiv Trier, BATr Abt. 108,2, Nr. 25.

[166] Erwin Iserloh, Die Einheit der Theologie als Aufgabe. Ansprache bei der feierlichen Immatrikulation am 6. Mai 1961 (Druckschrift).

gefolgt, Mitglied des Bundes Neudeutschland geworden und zum Fähnleinführer aufgestiegen. Er besuchte Anfang des Jahres 1960 die 11. Klasse oder Obersekunda (O II). Damals wurde es Brauch, dass die Gymnasiasten jenes Jahrgangs geschlossen einen Tanzkurs besuchten. Onkel Erwin war strikt dagegen. Die Auseinandersetzungen mit der Schwägerin waren auch Thema der Gespräche zwischen ihm und dem alten Freund und Bundesbruder Helmut Hünnekens.

Der Arzt, Jugendpsychiater und Drogenexperte Hünnekens, nach dem im Jahre 2007 das „Dr. Helmut-Hünnekens-Haus. Haus der Suchthilfe" in Hamm benannt werden sollte, hatte auf der Tagung der Altherren des ND in Bad Brückenau für das Tanzen plädiert. Seine Frau Clementine Hünnekens versuchte Iserloh umzustimmen:

„Deine Schwägerin bedrückt z.Z. noch die Frage der Tanzstunde ihres Sohnes. Bitte lach nicht, lieber Erwin, wenn ich mich da hereinmische. Ich hatte ihr versprochen, Dich ‚weich' zu machen (falls das überhaupt geht). Auch ein NDer muss heute in der O II einen Tanzkurs mitmachen. Es ist nicht mehr so wie bei euch früher, ich meine, man dürfte den Jungen aus der Klassengemeinschaft nicht herausnehmen und ihn durch seine Zugehörigkeit des Bundes gleichsam bestrafen. Wie und wo soll er es dann später nachholen? Wir erleben z. Zt. bei unserer Tochter Ursula die Aufregungen der Tanzstunden, es ist richtig niedlich".[167]

Ein Argument für den frühen Besuch einer Tanzschule gebe auch das negative Beispiel ihres Mannes, der erst spät das Tanzbein schwingen gelernt habe und daher noch immer motorische Defizite zeige. Dennoch gehörte Hünnekens zu den Vätern der Motopädie, einer psychotherapeutischen Methode, die stark auf die heilende Kraft der Bewegung setzte.

Iserloh war erbost und suchte durch eine postwendende Antwort die leidige Tanzaffäre, wenn nicht aus der Welt, so doch aus seinem Bewusstsein zu schaffen. „Trotz vieler Arbeit und der Belastung, ja Überforderung durch eine Reihe menschlicher Probleme" erörtert er das Problem einer verfrühten Tanzerziehung ausführlich. Dabei zeigen sich Grundstrukturen eines Denkens, die in den Münsteraner Jahren zu massiven Auseinandersetzungen mit der politischen Vertretung der Studierenden führen werden. Die kleine Tanzaffäre liest sich im Rückblick wie ein Vorspiel kommender harter Konfrontationen mit dem AStA und der Katholischen Studentengemeinde. Für die junge Generation von Studierenden war Iserloh die Verkörperung einer antimodernistischen Väter-

---

[167] Clementine Hünnekens, Brief vom 19. Mai 1960 an Erwin Iserloh: Nachlass Iserloh A 293.

generation, deren Weltbild und Erziehungsideale sie nicht mehr akzeptieren wollten. Iserloh war zu jeder Auseinandersetzung bereit, wenn es um die Verteidigung dessen ging, was er als Wahrheit erachtete. Das zeigt auch der scharfe Ton, den er gegenüber der Ehefrau seines Urfreundes Helmut Hünnekens anschlägt. Die Zeiten haben sich gewandelt, hatte Clementine Hünnekens argumentiert. Iserloh sträubten sich bei diesem Satz die Nackenhaare:

> „Was heißt das? Ist es besser oder schlechter? Oder ist die Tatsache, dass heute mehr es falsch machen als früher, für mich ein Grund mitzumachen? Motto: Gehe mit der Zeit: Wähle SPD! ... Wie kann bei der Frage, ob und wann Tanzstunde, die ‚Klassengemeinschaft' überhaupt eine Rolle spielen? Du bist Dir doch klar darüber, dass es in der Jugenderziehung auf den Kairos, auf den rechten Augenblick ankommt. Auf der O II von Hans-Jörg sind nun die Alter von noch nicht 16 Jahren bis weit über 19 vertreten. Sollen nun die Sitzengebliebenen, die sicher nicht die wertvollen Jungen sind, den Zeitpunkt angeben? Wenn etwas nicht Sache der Schule ist, dann die Tanzschule. Das muss Sache der Eltern und der freien Gemeinschaften bleiben. In der Gruppenordnung, die sich die Jungen 1958 selbst gegeben haben, heißt es: ‚Mit 18 Jahren oder auf der Unterprima lernt er tanzen, wenn seine Eltern damit einverstanden sind und es sich mit seiner Führeraufgabe verantworten lässt. Von diesen Grundsätzen entbindet auch nicht ein von der Klasse organisierter Tanzkurs".[168]

Dass sein Freund Helmut den Kairos für die Entfaltung seiner tänzerischen Anlagen verpasst habe, gesteht Iserloh Clementine Hünnekens zu. Dafür habe er jedoch Wichtigeres gelernt.

> „Hans-Jörg, wie gesagt, gerade 16 geworden, kann jetzt schon sein Fähnlein nicht ordentlich versorgen, vor allem hat er keine Zeit, mal ein Buch über die Schule hinaus zu lesen, weil er zu einer ‚Party' oder zu anderem Quatsch muss, auf den er gestoßen wurde, weil die Mutter ihn zu einem Skiurlaub mitnahm, statt dass er schlicht und primitiv mit seinen Pimpfen auf Fahrt gegangen wäre."

Abschließend wagt Iserloh, der gegenüber aller Psychologie stets einen Vorbehalt wahrte, einen tiefenanalytischen Blick auf die Mutter-Kind-Beziehung:

> „Du brauchst mich nicht ‚weich' zu machen, ich habe ohnehin resigniert, bin nur immer neu enttäuscht, dass ich selbst bei denen keine Hilfe finde, bei denen ich sie erwarten zu dürfen glaube. Ich könne Dir noch viel zu

---

[168] Erwin Iserloh, Brief vom 22. Mai 1960 an Clementine Hünnekens: Nachlass Iserloh A 293.

dem Thema schreiben, aber das würde in die intimeren Familienverhältnisse meiner Schwägerin gehen. Ich müsste Dir noch Näheres über Hans-Jörg mitteilen; wie Tanzstunde für ihn an sich kein Problem wäre, wenn sie nicht durch Reklame von außen an ihn herangetragen würde; vor allem durch seine Mutter, die in ihrem Sohn ‚Ersatz' für den gefallenen Vater sucht, ohne es zu wissen".[169]

Das entschiedene Urteil in der Tanzaffäre änderte jedoch nichts an Iserlohs bedingungsloser Solidarität mit den Hinterbliebenen seiner beiden Brüder. Seine Nichten und Neffen fanden in mancherlei Hinsicht bei ihm Unterstützung.

„Damit fühlte ich mich überfordert". Guardini-Nachfolge

Das Leben in Trier gefiel Iserloh. Aber Bleiben war hier auf Dauer nicht. Die Frage seiner akademischen Berufung war in ihm noch nicht zur Ruhe gekommen. Deshalb geriet er in eine Phase intensiver Nachdenklichkeit, als sich der Berliner Studentenseelsorger Johannes Pinsk (1891–1957) mit der Anfrage an ihn wandte, ob er nicht den Lehrstuhl für Katholische Weltanschauung übernehmen wolle. Zu seinen Aufgaben hätte die Ausbildung katholischer Religionslehrer gehört und die geistige und geistliche Begleitung von Hörern aller Fakultäten. Hubert Jedin hatte in Erfahrung gebracht, dass man in Berlin jenen Lehrstuhl neu besetzen wollte, den Romano Guardini (1885–1968) bis zu seiner Absetzung 1939 innegehabt hatte. Zugleich schrieb die Evangelische Theologische Fakultät einen neuen Lehrstuhl aus, den Helmut Gollwitzer (1908–1993) einnehmen sollte.

Romano Guardini war der geistige Mentor des Quickborn-Kreises, der neben dem Bund Neudeutschland das Profil junger Katholiken in der Vorkriegszeit geprägt hatte. Guardini besaß nicht nur einen weiten Horizont, sondern entfaltete als Schriftsteller mit hohen Auflagen eine unvergleichliche Breitenwirkung. Wie Reinhold Schneider bezog auch er seine Energie aus einer tiefen Schwermut, gegen die er sein ganzes Leben lang anschrieb.

Jedin schaute nur auf das Renommee einer Guardini-Nachfolge. Von dem Preis, den jeder zu zahlen hatte, der sich in Guardinis oder Schneiders Weise dem Geist aussetzte, hatte er keine Vorstellung. Iserloh dagegen wusste, worauf er sich einlassen würde. Guardinis kleine Symbolkunde „Von heiligen Zeichen" hatte seine Arbeit im Bund Neudeutsch-

---

[169] Ebd.

land über zwei Jahrzehnte begleitet. Guardini schrieb über russische Literatur, Rilkes „Duineser Elegien" und Dantes „Göttliche Komödie". Er war zu Hause in den großen Literatursprachen, in der Kunst- und Musikgeschichte Europas. „Aber Du stehst in Berlin auf einem der vorgeschobensten Posten, die es überhaupt für einen katholischen Theologen gibt. Reizt Dich diese Aufgabe nicht?", hatte Jedin gefragt und von Iserloh eine ehrliche Antwort erhalten:

> „Sie reizte mich schon. Die Frage war für mich nur, ob ich den Anforderungen gewachsen war. An sich war vor allem daran gedacht, mit der Einrichtung dieser Professur, die durch die Lehraufträge ergänzt werden sollte, Studierenden die Möglichkeit zu geben, die Facultas für Religion an weiterführenden Schulen zu erwerben. Faktisch war aber der Erwartungshorizont viel weiter gespannt. Für eine breitere Öffentlichkeit ging es um die Nachfolge Romano Guardinis. Damit fühlte ich mich überfordert".[170]

Letztlich waren es zwei Gründe, die Iserloh leiteten. Vor Jahren hatte er sich bereits entschieden, nicht den Weg eines geistlichen Studienrates zu gehen. Seine Stärke war die Präsenz im seelsorgerlichen Gespräch. So war es nur konsequent, nicht in die Lehrerausbildung zu gehen. Die Geschichte der Fehlberufungen an deutschen Universitäten und Lehrerseminaren ist noch nicht geschrieben worden. In ihr wäre von Tragödien auf Seiten der Lehrenden und Lernenden die Rede. Ein Lehrstuhl für Religionspädagogik setzt langjährige schulische Erfahrungen voraus. Darüber verfügte Iserloh nicht. Wichtiger jedoch als seine bescheidene Selbsteinschätzung war die unausgesprochene Erkenntnis, dass die Zeit eines Romano Guardini vorbei war. Nicht, dass es keine Geister von seinem Format mehr gäbe, Gebildete, die tief verwurzelt in der christlich-abendländischen Kulturgeschichte lebten und diese im Wort als reale Gegenwart erfahrbar machen konnten. Der Zeitgeist selbst suchte sich andere Protagonisten, deren Namen bald die Debatten bestimmten.

Thomas Mann hatte in seinem Roman „Doktor Faustus" die deutsche Apokalypse beschrieben und wurde in seinen zahlreichen Vorträgen vor deutschem Publikum nicht müde, vor dem großen Vergessen des christlichen Humanismus zu warnen: „Das letzte Halbjahrhundert sah eine Regression des Menschlichen, einen Kulturschwund der unheimlichsten Art, einen Verlust an Bildung, Anstand, Rechtsgefühl, Treu und Glauben, jeder einfachsten Zuverlässigkeit, der beängstigt", sagte er in seinem „Versuch über Schiller" (1955). Es „taumelt eine von Verdummung trunkene, verwahrloste Menschheit unterm Ausschreien technischer und sportlicher

---

[170] Iserloh, Lebenserinnerungen, 37; vgl. unten 147.

Sensationsrekorde ihrem schon gar nicht mehr ungewollten Untergange entgegen".[171]

Iserloh blieb in Trier. Nach seiner Ernennung zum Ordentlichen Professor (31. März 1955) folgten ruhige Jahre. Seine Habilitationsschrift erschien mit einer Einleitung von Joseph Lortz.[172] Der Doktorvater war inzwischen Direktor des Instituts für Europäische Geschichte, Abteilung Abendländische Religionsgeschichte, geworden. Zusammen mit der Deutschen Forschungsgemeinschaft hatte das Institut die Kosten für die Drucklegung übernommen. Selbst Freunde sahen in dem Buch nicht mehr als eine „Pflichtübung", die nur die Funktion hatte, den „nötigen Nachweis der Gelehrsamkeit"[173] zu erbringen. Beachtung fand eine andere Arbeit von Iserloh. Sie wurde das Vorspiel zu der großen Kontroverse um die Echtheit des Thesenanschlages. Worum ging es?

In der alten römischen Stadt Trier wurde Kaiserin Helena besonders verehrt. Das Haupt der Heiligen gehörte zu den Schätzen des Domes. Mit der Mutter Kaiser Konstantins waren die Legenden von der Auffindung des Grabes Jesu verbunden. Helena hatte das wahre Kreuz Christi entdeckt, die Reliquien der Heiligen drei Könige, den Ort des Grabes und der Geburt Jesu und jene Tunika, die als Heiliger Rock in Trier verehrt wurde. Gemäß Joh 19,24 galt das unzerteilte Gewand Jesu seit jeher als Symbol der ungeteilten Christenheit. Anlässlich der Wallfahrt zum Heiligen Rock (1959) wurden jene alten Fragen wieder gestellt, die seit der Reformation nicht mehr zur Ruhe gekommen waren.

Die Argumente der Rationalisten und der Spötter hatten immer wieder in die gleiche Richtung gezielt: Es gebe so viele Splitter vom Kreuz Christi in Europas Kathedralen und Kirchen, dass man einen ganzen Wald zu ihrer Anfertigung gebraucht hätte. Die Bilderstürmer hatten mit den Heiligen- und Marienstatuen auch die meisten Reliquien in den Kirchen zerstört. In der evangelischen Theologie der Nachkriegszeit hob nun ein zweiter Bildersturm an. Er ging an die Substanz der Überlieferung. Rudolf Bultmann forderte eine Entmythologisierung der Bibel. Man könne nicht gleichzeitig in der modernen Welt leben, die Segnungen der Technik wie Radio und Rasierapparat benutzen und an die Wunder

---

[171] Thomas Mann, Versuch über Schiller, in: ders., Essays, Band 1: Literatur, Frankfurt 1977, 214.

[172] Erwin Iserloh, Gnade und Eucharistie in der philosophischen Theologie des Wilhelm von Ockham. Ihre Bedeutung für die Ursachen der Reformation. Mit einer Einleitung von Joseph Lortz, Wiesbaden 1956.

[173] Konrad Repgen, Erwin Iserloh (1915–1996), in: J. Aretz / R. Morsey / A. Rauscher (Hg.), Zeitgeschichte in Lebensbildern, 285–299, hier: 290.

der Bibel glauben. Was also war echt? Woran durfte man noch glauben? Trotz der gewaltigen Zerstörung durch die Reformation gab es immer noch eine Überfülle von Reliquien. Wer bestimmte ihre Echtheit? Von Iserloh wurde eine klärende Stellungnahme erwartet. Für Klärungen und klare Worte war er der rechte Mann.

Der Heilige Rock, so zeigt Iserloh nach sorgfältiger Prüfung der Quellen, sei im historischen Sinn nicht echt, und doch dürfe und solle er auch weiterhin in der Rock-Wallfahrt verehrt werden. Diese Argumentation war keine Sophistik, sondern Ergebnis jener Erfahrungen mit heiligen Zeichen, die er unter den Bundesbrüdern gemacht hatte.

> „Gerade wir Heutigen bedürfen der Zeichen, um immer wieder inne zu werden, dass Christus nicht nur eine Idee, sondern handgreifliche geschichtliche Wirklichkeit ist. Sollte uns aber im Bilde des Kleides Christi nicht noch anschaulicher als im Bilde des Kreuzes werden, wie sehr er uns gleich geworden ist und unsere kleine Welt erfüllt hat? Dazu kommt der besondere symbolische Sinn des ungenähten Rockes als Hinweis auf das Hohepriestertum Christi – weshalb der Evangelist Johannes die Heilig-Rock-Szene vermutlich mit solchem Nachdruck gestaltet hat – und, gemäß der Auslegung der Kirchenväter, als Sinnbild der Einheit der Kirche".[174]

Die Welt der Reliquien deutet auf eine andere Wirklichkeit, die nicht bewiesen, sondern erfahren sein will. Sie ist keine Sache des Wissens, sondern der Weisheit. Hier sehen die Augen der Vernunft nichts, hier schaut allein das Auge des Herzens. Reliquien sind Überreste vom Körper der Heiligen. Da Jesus und Maria leibhaftig in den Himmel aufgenommen wurden, kann es von ihnen nur Kontaktreliquien geben. Das sind Gegenstände, die sie berührt, oder Kleidungsstücke, die sie getragen haben wie jenes Untergewand aus einem Stück, das in Trier verehrt wird. Daneben gibt es jene Vermehrungsreliquien wie die abertausend Splitter vom Kreuz Christi. Jesus hat mit wenigen Broten viele tausend Zuhörer gespeist und damit ein Urbild dieses Vermehrungswunders gestiftet.

Die Frage der Echtheit der Reliquien führt letztlich in jene unergründlichen Tiefen der Deutung, über die sich die Kirche Christi gespalten hatte. Erinnert das Messopfer an das letzte Abendmahl? Wird Christus real gegenwärtig? Sind die Reliquien Zeichen der Erinnerung? Oder ist auch in ihnen die wunderbare Kraft Christi, der Muttergottes und der Heiligen gegenwärtig? Iserloh rettete die Wallfahrt zum Heiligen Rock: Das ungenähte Gewand Christi ist ihm ein Symbol für die Einheit der

---

[174] Erwin Iserloh, Der Heilige Rock und die Wallfahrt nach Trier, in: Iserloh, Aufsätze I, 66–77, hier: 75f.

Kirche. In einer Welt der konfessionellen Spaltung sollen die Pilger diese Einheit wieder erfahren. Der Rock ist also in diesem Sinne echt und seine Botschaft wahr. Doch ist der moderne Mensch noch in der Lage, diese Wahrheit zu sehen? Sind seine Augen nicht gehalten?

„Allerdings stellt sich hier die schwerwiegende Frage, ob der moderne Mensch überhaupt noch genügend symbolfähig ist, um solche Wahrheiten und Geheimnisse des Glaubens angesichts des ‚bloßen' Bildes zu realisieren. Mag sein, dass vielen das nicht mehr gelingt. Aber man sollte sich dessen nicht rühmen. Man sollte sich nicht einbilden, eine ‚bilderlose' Frömmigkeit stelle eine vergeistigtere Stufe des christlichen Glaubens und der christlichen Verwirklichung dar."

Guardini hatte vom „Verblassen der Bilder" gesprochen. Iserloh teilte diese Diagnose und forderte eine neue Schulung des Symbolsinns durch die Bildungsarbeit der Kirche.

„Wir müssen daher in der Seelsorge die Menschen wieder bewusst zum Realisieren der Bilder erziehen: durch sinnbildstarke Gestaltung des Kirchenraumes, durch einen echten Gemeinschaftsvollzug der Liturgie, durch eine Anleitung zur (Bild)Meditation und endlich auch durch paraliturgische Feiern".[175]

Seine eigenen Kompetenzen in dieser pädagogischen Arbeit konnte Iserloh durch einen Lehrauftrag an der Universität Saarbrücken erweitern. Hier unterrichtete er angehende Religionslehrer und -lehrerinnen in Grundlagenkursen mit Themen wie „Reformation in Deutschland" oder „Die Abendmahlslehre Luthers".

„Es ist zum orthodox werden!"
Reise in das Heilige Land (1961)

Wohl kaum wäre Iserlohs Name in die Geschichte der modernen Lutherforschung eingegangen, hätte er nicht eine so nachhaltige Debatte ausgelöst. Dies geschah im Jahr des Eichmann-Prozesses in Jerusalem. Unmittelbar vor seinem Mainzer Vortrag „Luthers Thesenanschlag. Tatsache oder Legende?" vom 8. November 1961 war Iserloh von seiner ersten Reise nach Israel zurückgekehrt. Hier hatte sein alter Freund Alla, der Priester Johannes Düsing, die Reisegruppe an die heiligen Stätten geführt. Iserlohs Tagebuch[176] beginnt mit der Ankunft im Libanon am 14.

---

[175] Ebd. 76.
[176] Das Tagebuch, eine schwarze Kladde, befindet sich im Münsteraner Nachlass Iserlohs.

September 1961 und einem Rückblick auf die viertägige Schiffsfahrt von Genua nach Beirut. Schon auf dem Schiff zeigten sich jene Probleme, die sich in jeder Kirche des Heiligen Landes verschärft wiederholen sollten. Die tägliche Zelebration gehört zur Gewohnheit und zur Identität des Priesters. Bei der hohen Zahl geistlicher Pilger kam es jedoch zu gegenseitigen Störungen und Behinderungen. Wer wirklich einmal in Ruhe an einem der heiligen Orte die Messe zelebrieren wollte, der musste wie Iserloh in die frühen Morgenstunden weit vor Tagesanbruch ausweichen. Teilweise herrschten Verhältnisse wie in jenem Rom, das der junge Mönch Martin Luther im Auftrag seines Ordens besuchte. Der Kapitän des Schiffes hatte den Kinosaal zu einer Kapelle umbauen lassen:

> „Die Feier der Eucharistie litt unter der großen Zahl von Priestern. Massenzelebration, drei gleichzeitig bei Durchführung im Kinosaal. Die Leidtragenden sind die Laien." (14. September 1961)

Iserloh und seine Gruppe sind Gast von Pater Johannes Düsing und wohnen in der Schmidtschule am Damaskustor. Freund Alla besitzt eine eigene Kapelle, in der er nach dem Ritus östlicher Liturgie zelebriert. Im Gesang wird er durch eine russische Nonne, deren Mutter und Schwester unterstützt. Nachmittags besuchen die Freunde eine orthodoxe armenische Kirche und jene syrische Kirche, deren Metropolit Athanasios des Landes verwiesen wurde, weil er „drei Schriftrollen von Qumran der israelitischen Universität für teures Geld verkauft hat" (17. September 1961). Für einen Besuch der Kenotaphe von Abraham und Sarah, Rebekka und Isaak, Lea und Jakob haben sie pro Person 250 Piaster an „einen vornehm gekleideten Scheich" zu zahlen. Als Alla beginnt, aus der Heiligen Schrift vorzulesen, werden sie der Stätte verwiesen. Unproblematisch ist dagegen die Begegnung mit dem Archimandriten des russischen Klosters im Hain Mamre. Alla darf die mitgebrachte Dreifaltigkeitsikone aus dem Ärmel ziehen und russische Gesänge anstimmen.

Die Höhle 4 in Qumran wird besucht und ein Bad im Toten Meer genommen. Iserloh, im guten Mannesalter von 46 Jahren stehend, wird übermütig und unternimmt Tauchversuche im Salzwasser. Dabei bekommt er Wasser in die Augen und kann für einen Moment nichts mehr sehen. Um sich das Salz aus den Augen zu spülen, lässt er sich zu jener Dusche führen, die das Hotel für 150 Priester bereitstellt. „Ein reicher und gefüllter Tag!" (20. September 1961), lautet der fröhliche Kommentar. Am nächsten Tag wird das Kolleg der Melchiten besucht, das von den „Weißen Vätern" geleitet wird:

> „Alla steht in Spannung zu den Weißen Vätern. Sie bezeichnen ihn als Romantiker, und er wirft ihnen vor, dass sie sich nicht bemühen, den

östlichen Ritus rein darzustellen. Nur so sei man den Orthodoxen gegenüber glaubwürdig. ‚Es ist zum orthodox werden!'" (21. September 1961) Erfreulich wird die Fahrt nach Bethlehem, wo Iserloh in der Grotte am Altar des Kindermordes ungestört zelebrieren kann. In einem russischen Kloster werden sie anschließend von dem schmuddeligen Ökonom mit Kaffee und Cognac herzlich bewirtet. Man ist sich einig: „Alle Schönheit kommt von innen" (22. September 1961). Abends zecht man gemeinsam mit Heinrich Spaemann (1903–2001), der nach dem frühen Tod seiner Frau durch Bischof von Galen zum Priester geweiht worden war. Der nächste Tag hält wieder Ärger bereit. Während der Eucharistiefeier um 5.30 Uhr auf Golgatha behindern sich die Priester erneut gegenseitig. Die Franziskaner feiern ein Hochamt. „Doch man wird der Sache nicht froh. Die Orgel macht sich unnötig breit. Die Kopten singen auf der anderen Seite des heiligen Grabes dagegen an. Die Verständigung zwischen Zelebranten, Orgel und Schola ist nur mittels einer Kuhglocke möglich" (24. September 1961). Als die Gruppe an diesem Sonntag weiterfährt und auf dem Berg Nebo Rast macht, kommt es zu einer interreligiösen Irritation. Die Priester teilen ihre Schinkenbrote mit den Kindern des muslimischen Kustoden einer Gedenkstätte. Ärger gibt es mit streunenden Hunden, die Iserloh und Alla den Weg zu einem weiteren russischen Kloster versperren. Dann singen die beiden Freunde mit zehn verschleierten Nonnen die Vesper. Als sie das Kloster wieder verlassen, liegt ein Hund auf der Straße:

> „Verendet ist inzwischen der Hund, der mich vorher so böse gemustert hat. Alle viere von sich gestreckt, liegt er am Wege, laut beklagt von einem jungen Mann." (25. September 1961)

Was hier letztlich des Pudels Kern war, bleibt ungeklärt. Doch der Merkwürdigkeiten ist noch kein Ende. Eine offenbar geistig verwirrte, aber vornehm gekleidete Dame mit österreichischem Akzent lässt sich während der Busfahrt nach Jerusalem zu verbalen Angriffen gegen das Judentum hinreißen. Hitler habe „viel zu wenig von diesen Schweinen umgebracht", schreit sie, und Iserloh fühlt sich zu Recht an den Besessenen von Gerasa erinnert. In Haifa fallen Iserloh die vielen uniformierten Jugendgruppen auf:

> „Nicht unsympathisch! Ein Volk in Uniform! Merkwürdig: Was wir als ‚faschistisch' empfinden, trifft man hier in vieler Hinsicht an. Ertönt im Radio des Autobus' ein Marsch, dann summen viele mit." (27. September 1961)

Erst am letzten Tag in Israel fällt der Name des Mannes, dessen Gefangennahme weltweite Bewunderung für die Wehrhaftigkeit des israelitischen Geheimdienstes und zugleich Ängste unter deutschen Politikern ausgelöst hat. Beim Frühstück begegnet Iserloh einem spanischen Priester, der für argentinische und mexikanische Zeitungen über den Eichmann-Prozess (11. April bis 15. Dezember 1961) berichtet. Iserloh hat diesen Prozess in seinem Tagebuch nicht kommentiert, aber er stellt sich die Frage nach dem Sinn einer Reise in das Heilige Land. Die Begegnung mit den Orten Jesu könne vor einem Doketismus bewahren und helfen, die Inkarnation ernst zu nehmen. Wesentlich aber sei nicht „der Christus im Fleische", sondern der „Christus im Pneuma". Diesen zu verkündigen sei die Aufgabe aller Priester, Mönche und Nonnen im Heiligen Land. Wer aber will ihre Stimme hören? Die Frage nach der Ausübung des Apostolates in Israel bleibt offen: „Welche Mission haben wir hier auszuüben?" (27. September 1961). Sie wird auch nach Iserlohs zweiter Israelreise (1978) nicht zu klären sein.

Luthers Heimholung in die katholische Kirche.
Erwin Iserlohs große Stunde

Die Bestreitung des Thesenanschlages war eine Art Heimholung des jungen Luther in die katholische Kirche. Hier aber reagierten die Lutheraner allergisch. Bei der von Iserloh entfachten Debatte ging es im Kern nicht nur um die Geschichtlichkeit des Thesenanschlags, sondern um die Frage konfessioneller Identität. Daher rührte die Empfindsamkeit und Enttäuschung auf beiden Seiten. Der Thesenanschlag hatte im Laufe der Geschichte des Luthertums die Funktion einer Gründungslegende gewonnen. Die Wahrheit der Legende war eine überhistorische. Die großen Reformationsfeiern waren Stunden lutherischer Besinnung auf die Mitte des Glaubens. Ähnlich wie in der Frage der Echtheit des Trierer Rocks ging es auch hier um mehr als historische Wahrheit.

Der Thesenschlag war ein lutherisches und in manchen Phasen der deutschen Geschichte ein nationales Symbol der Selbstbehauptung gegenüber dem als Absolutismus empfundenen Primat Roms. Dass ausgerechnet Iserloh dieser symbolischen Dimension keine ausdrückliche Beachtung schenkte, ist erstaunlich. Hatte er doch bei der Debatte um die berühmte Reliquie aus Trier von der pädagogischen Herausforderung einer Schulung des Symbolsinns gesprochen. Noch zwei Jahrzehnte später wundert sich Iserloh, „wie wenig ernstzunehmende evangelische Lutherforscher bereit waren und sind, auf dieses Stück Folklore des hammerschwingenden Luther zu verzichten".[177] Am 31. Oktober ging es jedoch

---

[177] Iserloh, Lebenserinnerungen, 39; vgl. unten 150.

so wenig um Folklore wie bei den Ritterspielen zum Martinsfest und bei der Aufführung der Christophoruslegende im Bund Neudeutschland. In der Legende vom Thesenanschlag verdichtete sich Luthers Exodus aus einer Glaubenspraxis, die er nicht mehr als wirkendes Wort erfuhr, weil sie seiner Seele keinen Gottesfrieden schenkte. Für Luther ging es um die Substanz des Glaubens, um die Rettung der Seelen. Luthers Weg war dramatisch gewesen, weil er ihn auf sich selbst zurückwarf und weil ihn erst in der letzten Tiefe das Wort der Gnade erreicht hatte und rettete. Iserloh hatte katholische Leser vor Augen, wenn er von der Mitschuld der Bischöfe sprach. Er wollte in katholischen Kreisen für den Reformator eine Lanze brechen, wenn er immer wieder beteuerte, „dass Luther nicht in Verwegenheit auf einen Bruch mit der Kirche hingesteuert ist, sondern eher absichtslos zum Reformator wurde".[178] Mit der Zeichnung eines Reformators wider Willen entzauberte er das überlieferte Bild Martin Luthers, der das Lied von der festen Burg Gottes gesungen hatte. Die Identitätsfrage war und ist wohl bis heute für beide Seiten gestellt: Die katholische Seite muss mit Luther die Notwendigkeit einer je neuen Reform eingestehen und sich mit dem Gedanken des II. Vatikanischen Konzils von einer *ecclesia semper reformanda* in ihrer Theologie wie in ihrem Lebensvollzug vertraut machen. Die evangelische Christenheit muss die katholischen Wurzeln ihres Reformators wahrnehmen und die Reformierbarkeit der gemeinsamen Tradition in Erwägung ziehen.

Wenn für Iserloh eine Aufhebung des Lutherbannes nicht infrage kam, dann blieb er in seiner Weise konsequent:

„Der Bann ist ein deklaratorisches Urteil, dass sich jemand mit bestimmten Lehraussagen außerhalb der Kirche gestellt hat. Ohne Änderung der theologischen Sachlage kann eine solche Erklärung nicht geändert werden. ... Das mindert in keiner Weise, dass die Kirche durch die Zustände und Praktiken, die Luthers Protest herausforderten, und durch die ungenügend religiöse und pastorale Art, in der sie auf den eifernden Reformator reagierte, schwere Schuld an der Spaltung der Christenheit auf sich geladen hat. Diese Schuld ist aber nicht dadurch gutzumachen, dass man so tut, als habe Luther nicht Lehren vertreten, die mit dem Glauben und dem Wesen der Kirche in Widerspruch stehen".[179]

Ja, Iserloh hält Luthers Exkommunikation für eine tragische, aber im damaligen Kontext berechtigte „Medizinal- oder besser Beugestrafe mit

---

[178] Ebd. 39.
[179] Erwin Iserloh, Aufhebung des Lutherbannes? Kirchengeschichtliche Überlegungen zu einer aktuellen Frage, in: Iserloh, Aufsätze II, 222–232, hier: 229f.

dem Ziel, dem Exkommunizierten das Abwegige seines Verhaltens deutlich zu machen":

„Man kann nicht sagen, dass Luther in der Bannung Unrecht geschehen ist. Eher ist zuzugeben, dass Luther sich durch eine damals – heute nicht mehr – begründete Polemik zu Positionen hat hinreißen lassen, die die Kirche verurteilen musste, die aber die Lutheraner heute auch nicht mehr aufrechterhalten, z.b. bezüglich Amt und Messopfer".[180]

Der Rehabilitierung Luthers stand letztlich die Person des Reformators selbst im Wege. Der spirituelle Kern Luthers jedoch, seine Rechtfertigungslehre, verdient nach Iserloh uneingeschränkte Achtung. Lortz hatte an die Stelle des Ketzers Luther den religiösen Menschen gesetzt. Das war für viele Katholiken eine Neuentdeckung, für die Protestanten hingegen eine Selbstverständlichkeit. Auch Iserloh attestierte Luther wahre Frömmigkeit, Echtheit des spirituellen Erlebens. Er war ein religiöser Mensch und großer Beter. Sein Glauben war ganz von der Erfahrung und dem Erlebnis her geprägt. Er war ein prophetischer Geist und ein existentieller Denker, ein Gottsucher und Gotteskämpfer. Wie Lortz, so wollte Iserloh dem spirituellen Reichtum Luthers in der katholische Kirche einen Platz geben.

„Was aber die Lutherbiographie und das Verständnis seines Anliegens vor dem Hintergrund des 16. Jahrhunderts angeht, gibt es heute kaum noch tiefgehende Differenzen zwischen der katholischen und evangelischen Forschung".[181]

Einladungen zum Gespräch blieben von lutherischer Seite nicht aus. Iserloh wurde Gast auf den Internationalen Kongressen für Lutherforschung und erhielt einen Ehrendoktor der Universität von Saint Louis/Missouri. Zuvor aber erging an ihn der Ruf nach Münster auf den neu errichteten Lehrstuhl für Ökumenische Theologie. Wie üblich zog sich auch dieses Mal das Besetzungsverfahren hin. Auf der Vorschlagsliste befanden sich zwei weitere Namen: Eduard Stakemeier (1904–1970), der später Direktor des Paderborner Johann-Adam-Möhler-Instituts für Ökumenik wurde, und Heinrich Fries (1911–1988), an den der Ruf erging. Fries jedoch taktierte mit der Münchener Theologischen Fakultät und handelte einen eigenen Lehrstuhl für Ökumene aus. Dennoch erhielt Iserloh die Stelle nicht sogleich.

---

[180] Ebd.
[181] Erwin Iserloh, Luther in der neueren katholischen Geschichtsschreibung, in: Der Evangelische Erzieher, Heft 7/1966, 1–8, hier: 8.

Woher die Gerüchte kamen, die sich in der Berufungskommission ausbreiteten, ist nicht endgültig zu klären. Es hieß, Iserloh habe keine ernsthaften Absichten, für längere Zeit in Münster zu bleiben, weil er als Nachfolger von Lortz in Mainz vorgesehen sei. Schwerer wog ein Argument, das selbst Iserlohs Freunde nicht ganz von der Hand weisen konnten. Es betraf Iserlohs lebhaftes Temperament. Er war ja nicht nur ein äußerst hilfsbereiter Mensch, mit dem man Pferde stehlen konnte, sondern auch ein Dickkopf, der seine Faust nicht nur in der Hosentasche ballte. Für einen Ökumenischen Lehrstuhl fehle ihm die Ausgeglichenheit und Sanftheit, hieß es in Münster. In der Tat, eine Ökumene mit Weichspüleffekt war nicht Iserlohs Sache. Schließlich setzte Kultusminister Paul Mikat den Querelen ein Ende. In einem Brief vom 3. März 1964 teilte Iserloh dem Bischof von Trier und Kanzler der Theologischen Fakultät, Matthias Wehr, den Ruf nach Münster mit. „Ohne mir klar zu sein, was ich tun werde, möchte ich Ihnen schon davon Mitteilung machen, damit Sie die Sache nicht vorher von dritter Seite erfahren".[182]

Das war nicht die ganze Wahrheit. Es drängte Iserloh nach Münster, wenn auch vielleicht nicht auf diesen Lehrstuhl. Andererseits spürte er, dass eine neue Zeit kommen würde, die nicht mehr die seine war. Alles, was ihn ausmachte und unaufgebbar zu seiner Identität als Priester und Professor gehörte, schien in der zeitgenössischen Welt nicht mehr lebbar zu sein. Ein leiser Hauch von Wehmut durchzieht bereits seine Ansprachen an die Studenten der katholischen Theologie in Trier.

---

[182] Erwin Iserloh, Brief vom 3. März 1964 an Bischof Matthias Wehr, in: Bistumsarchiv Trier, BATr Abt. 108,2, Nr.23.

8. Kapitel

„Vergangenheit, die in die Gegenwart reicht und eine Zukunft hat". Zurück in Münster

> *„Ich habe wirklich geglaubt,*
> *wir hätten den Nazismus überwunden,*
> *und ein neuer Hitler – auch mit veränderter Färbung –*
> *würde undenkbar unter uns sein".* [183]

„*Hier stehe ich, ich kann nicht anders*".
Iserloh kämpft gegen den Zeitgeist

Trier war eine kleine Fakultät. Hier hätte Iserloh bis zu seiner Emeritierung in Ruhe leben können. Münster aber sollte in den kommenden Jahren zu einem exponierten Ort für jene Professoren werden, in denen sich der Zeitgeist der späteren Sechziger Jahre inkarniert hatte. Iserloh, der Auseinandersetzungen nicht scheute, wäre in einer anderen Epoche hier am rechten Ort gewesen. Nun aber kämpfte er gegen Windmühlenflügel. Am 24. November 1964 hielt er seine Antrittsvorlesung, und als Eduard Hegel nach Bonn ging, wurde endlich jener Lehrstuhl frei, den Iserloh immer angestrebt hatte. Von 1967 bis 1983 war er Professor für Mittlere und Neuere Kirchengeschichte.

War er wirklich am Ziel angelangt? Manchmal fühlte er sich in die alte Zeit des Bundes Neudeutschland zurückversetzt. Jeder Mensch hat seine Zeit. Das vergessen auch diejenigen, die gerade im Zenit der öffentlichen Aufmerksamkeit stehen und deren Namen die Debatten bestimmen. Im raschen Wechsel sucht sich der Zeitgeist neue Protagonisten, und bald kennt niemand mehr die Namen, die einst in aller Munde waren. In Iserlohs Lebenserinnerungen nehmen die Münsteraner Jahre den geringsten Raum ein. Das Resümee ist ernüchternd:

> „Das Klima in der Fakultät, d.h. in den Gremien, besonders in der Fachbereichskonferenz und dem Fachbereichsrat, wurde umso unerträglicher, je mehr die Universität Gruppenuniversität wurde. Bald gab es kaum noch eine Entscheidung, die nicht – anstatt sachbezogen – nach politischen Gesichtspunkten getroffen wurde. Das brachte mich immer mehr dazu, meine Aktivitäten in den außeruniversitären Bereich zu verlagern". [184]

---

[183] Helmut Thielicke, Zu Gast auf einem schönen Stern, Hamburg 1984, 404.
[184] Iserloh, Lebenserinnerungen, 41; vgl. unten 153.

Diese Darstellung entspricht den Tatsachen nicht ganz, denn Iserloh blieb, der er war: ein kämpferischer Mann mit Ecken und Kanten und ein Erzieher, der vor den Ansprüchen der Jugend und den immer schneller wechselnden Moden nicht in die Knie ging. Resignation und stille Einkehr waren seine Sache nicht. Iserloh hörte es nicht ungerne, wenn man ihn mit Martin Luther verglich. „Hier stehe ich, ich kann nicht anders: Gott helfe mir, Amen!" Dieser nicht belegte Ausspruch des Reformators auf dem Reichstag 1521 in Augsburg hätte auch seine Maxime sein können. Gerade in seiner direkten und manchmal ungehobelten Art, in der er jederzeit und an jedem Ort bereit war, für seine Sicht der Wahrheit die Stimme zu erheben, wurde er für viele Münsteraner Studierende zur Zielscheibe. Er war zu einer Vaterfigur im negativen Sinne geworden.

Iserloh verkörperte für die Generation der Achtundsechziger sämtliche Werte einer alten Zeit, gegen die man nun Sturm lief. Was wären sie ohne diesen Gegner gewesen? Andere Professoren zogen sich in den Elfenbeinturm zurück. Wenn Diskussionen angesagt wurden, waren sie nicht zur Stelle. Nur einer war immer dabei und zeigte Flagge: Erwin Iserloh. Ahnte er, dass er vorgeführt wurde? Spürte er die geheime Belustigung, die seine öffentlichen Proteste auslösten? Merkte er, dass er immer mehr zu einer Karikatur abzugleiten drohte? Die studentischen Vertreter wussten genau, auf welchen Knopf sie drücken mussten, um Iserloh zu lautstarken Äußerungen zu provozieren.

Andererseits: Iserloh war ein Mann, dessen Gradlinigkeit, Offenheit, Unerschrockenheit und Standfestigkeit vielen Studenten und Studentinnen imponierte und ihnen Halt und Orientierung gab. Auch beeindruckte sie Iserlohs *sentire cum ecclesia*, seine unverbrüchliche Treue zur Lehre und zum kirchlichen Amt, ungeachtet so mancher Kritik im Einzelnen. Vor und hinter den Türen der Hörsäle aber dominierte die Stimme einer entfesselten Jugend. Die Professoren aus Iserlohs Generation erlebten die Happenings der Studentenrevolte, die „Go-ins", „Sit-ins", „Love-ins" und das Protestgebrüll, die Störung der Vorlesungen durch höhnisches Geschrei und physische Zudringlichkeiten, die verbalen Angriffe auf Flugblättern als Wiederkehr des braunen Ungeistes im roten Gewand. Studenten rauchten in den Vorlesungen, Pärchen lagen sich in den Armen, Luftballons stiegen empor – und dies alles vor den laufenden Kameras des Fernsehens.

In Hamburg wurde der evangelische Theologe Helmut Thielicke (1908–1986), ein Verfolgter des Naziregimes, Zielscheibe der Studentenproteste unter Führung von Peter Schütt (*1939), Mitglied des SDS, der DKP, später dann Konvertit zum Katholizismus, anschließend zum schiitischen Islam (1990) und Pilger nach Mekka (1996). Selbst ein hoch sensibler Geist und Sprachkünstler vom Range des Pastorensohnes Hans Wollschläger (1935–2007), der als Übersetzer des „Ulysses" (1975) berühmt werden sollte, wetterte am 8. Februar 1968 in der Hamburger Universität gegen den „Startheologen"[185], dessen Predigten in St. Michaelis vom Mob gestört wurden. Thielicke hatte das offene Wort nicht gescheut, seine Vorlesung abgesagt und eine Erklärung verlesen, in der es hieß:

„Liebe Kommilitonen, ich bin so deprimiert, dass ich jetzt etwas sage, was ich hoffentlich bald wieder zurücknehmen kann. Nie würde ich lieber einen Irrtum eingestehen; ich lechze sogar danach, das zu tun. Zunächst aber spreche ich meine Verzweiflung aus: Ich glaube, dass diesem Volk nicht mehr zu helfen ist, und ich kann nur noch sagen: ‚Armes Deutschland!' ... Ich glaube es nun *nicht* mehr, dass wir gegen eine demagogische Diktatur immun sind. Mit Terror und Gebrüll hat es auch damals angefangen. Und das Volk lief auch damals mit, weil etwas ‚los war', und war hilflos anfällig für alles, was nach Dynamik aussah und das Schauspiel öffentlicher Anprangerungen verhieß".[186]

Der Philosoph Hans Blumenberg (1920–1996), der im Münsteraner Schloss seine berühmt gewordenen Vorlesungen zur „Arbeit am Mythos", zu „Lebenszeit und Weltzeit" oder zur „Lesbarkeit der Welt" hielt, hatte als „Halbjude" die Verfolgung überlebt. Blumenberg war ein Zögling der Lübecker Märtyrer, die am 22. Juni 1942 verhaftet und am 10. November 1943 ermordet wurden. Kaplan Johannes Prassek (1911–1943) und der junge Geistliche Eduard Müller waren Mitglieder des ND. Mit ihnen ging der junge Blumenberg nach der Sonntagsmesse auf Wanderfahrt. Durch Prassek erhielt er Zugang zum Studium der Katholischen Theologie an der Hochschule der Jesuiten in Sankt Georgen. Friedrich Ohly (1914–1996), Münsteraner Mediävist von internationalem Ruf und Gründer des Sonderforschungsbereichs „Frühmittelalterliche Bedeutungsforschung", war erst Mitte der Fünfziger Jahre aus der stalinistischen Lagerhaft entlassen worden. Diese Männer erlebten die Zeit der Studentenunruhen, die Sympathie für den Marxismus, den Lobpreis einer Einheit von Christentum und Sozialismus mit großem Befremden. Auch in Münster stürmten und boykottierten Studierende die Vorlesungen, wollten über die Inhalte der Seminare mitbestimmen, bei der Besetzung der Lehrstühle oder der Bewertung von Prüfungsleistungen ein Mitspracherecht haben.

---

[185] Hans Wollschläger, Der Startheologe, in: ders., Die Gegenwart einer Illusion. Reden gegen ein Monstrum, Zürich 1978, 49–114.
[186] Helmut Thielicke, Zu Gast auf einem schönen Stern, a.a.O. 404.

Was dies für einen Verfolgten des Nazi-Regimes bedeutete, hat Hans Blumenberg formuliert. Die Zeitgenossen und noch mehr die Nachgeborenen könnten nicht begreifen,

> „was es bedeutet hat, während des Jahrzehnts von 1967–1977 an einer deutschen Universität lehren und leben zu müssen. Der deutsche Journalismus, der zur Vorbereitung dieser Situation so viel beigetragen hat, besaß nicht Phantasie genug, um sich die Wiederholung der NS-Mentalität in den ‚Freiräumen' unserer Hochschulen auch nur vorzustellen. Aber nur ein Teufelshirn hätte sich ausdenken können, einen Menschen zweimal in einem Leben je ein Jahrzehnt zum Paria zu degradieren. Und wieder unter dem Schweigen aller, die sich ‚Freunde' genannt hatten oder gar glaubten, sie noch zu sein. Wenn ich heute sage, ich habe die Kraft nicht mehr, mich auf menschliche strapaziöse Situationen einzustellen, anspruchsvolle Freundschaften zu erhalten, so ist es die Kraft, die es gekostet hat, keine Schwäche zu zeigen, keine Gefälligkeiten zu erweisen, der Ochlokratie zu spotten, das intellektuelle Lumpenproletariat leerlaufen zu lassen".[187]

Als Studierende eine Vorlesung von Hans Blumenberg stürmten, verließ er ohne Kommentar den Saal. „In diesem Land hat sich nicht in Luft ausgelöst, was Hitler möglich gemacht hatte und mit der Harmlosigkeit der (geklauten) Lieder der Jugendbewegung und dem besinnungslosen Frenetismus begann und mit dem ‚Eintopfsonntag' fortsetzte".[188]

In Münster gab es vier Studentengemeinden. Die Katholische Studentengemeinde (KSG) und ihr Pfarrer Reinhard Mönninghoff hatten zu einer Demonstration aufgerufen. Anlass und Thema waren im SS 1977 nahezu gleichgültig. Deshalb hatte der erste Satz des Anschlages im Gebäude des Fachbereichs Katholische Theologie auch keinen inhaltlichen Bezug, sondern hob den Namen jenes Professor hervor, dessen Erwähnung allein für hohe Aufmerksamkeit sorgte:

> „Nicht nur Professor Iserloh war empört, dass die KSG zur Demonstration aufruft ..."

Studierende hatten eine Sitzung des Senats gesprengt und das allgemeinpolitische Mandat der Studentenschaft (AStA) gefordert. Daraufhin hatte der Rektor der Universität Strafanzeige erstattet. Studentenpfarrer Mönninghoff und Vertreter der KSG solidarisierten sich mit den Angeklagten und riefen zu einer Demonstration auf. Iserloh reagierte prompt aus Sorge um den Bestand des Rechtsstaates:

---

[187] Hans Blumenberg, Brief vom 21. Juni 1978 an Alfons Neukirchen: DLA Marbach.
[188] Hans Blumenberg, Brief vom 26. Februar 1996 an Uwe Wolff. Privatbesitz.

„Ich habe das Ende des Weimarer Staates erlebt und weiß, welche Bedeutung für seinen Untergang die Infragestellung seiner Rechtsordnung durch linke und rechte Gruppen und die Verunsicherung seiner Gerichte bedeutete".[189]

Iserloh warf der KSG Klerikalismus vor, was die Studierenden „als eine groteske Verzerrung angesichts der Realität der Katholischen Kirche in der Bundesrepublik Deutschland" empfanden. Die gezielte Provokation hatte Reaktionen ausgelöst, die man brauchte, um die Stimmung anzuheizen. Besonders Iserlohs Vergleich der Stürmung der Senatssitzung mit den politischen Verhältnissen Ende der Zwanziger Jahre wurde aufs schärfste zurückgewiesen:

> „Es ist eine ungeheuerliche Diffamierung, eine sich im Rahmen unserer Verfassung bewegende Kritik an Gesellschafts- und Rechtsordnung als mutwillige Zerstörung darzustellen. Genau das tun Sie aber durch Ihren Verweis auf das Ende der Weimarer Republik, indem Sie unausgesprochen unterstellen, wir würden einer politischen Entwicklung Vorschub leisten, die die Zerstörung der Rechtsordnung zum Ziel hat".[190]

Das Kollektiv des Gemeinderates der KSG beschloss daher, Iserlohs Schreiben der Öffentlichkeit zugänglich zu machen. „Wir hätten erwartet, dass Sie als Priester und Domkapitular eine andere Form der Konfliktlösung bevorzugt hätten".[191] Iserloh hatte sich am Ende seines Briefes an die KSG jederzeit zu einer Diskussion bereiterklärt. Das Feuer war nun geschürt worden, und so konnte das Katholische Kollektiv um Studentenpfarrer Mönninghoff den Fehdehandschuh aufheben: „Wir sind bereit, uns mit Ihnen zu einem Gespräch zusammenzusetzen, und bitten Sie um einen Terminvorschlag!"[192]

Die Katholisch-Theologische Fakultät war starken Belastungsproben ausgesetzt. Studenten sprengten die Vorlesungen und forderten die Diskussion über den NATO-Doppelbeschluss oder andere politisch aktuelle Themen. „Mit solchen Situationen musste man umgehen können"[193], kommentiert Peter Hünermann (*1929) rückblickend jene Jahre. Dem Kirchenrechtler Horst Hermann (*1940) wurde die kirchliche Lehrerlaub-

---

[189] Erwin Iserloh, Brief vom 18. April 1977 an Reinhard Mönninghoff: Nachlass Iserloh A 235.
[190] Gemeinderat der KSG, Brief vom 11. Mai 1977 an Erwin Iserloh: Nachlass Iserloh A 235.
[191] Ebd.
[192] Ebd.
[193] Margit Eckholt (Hg.), „In der Freiheit des Geistes leben". Peter Hünermann im Gespräch, Mainz 2010, 73.

nis erzogen; er heiratete und trat aus der Kirche aus. Der Akademische Rat Helmut Peukert (*1934) betrieb seine Laisierung und habilitierte sich später in Pädagogik. Der stärkste Kristallisationspunkt für Auseinandersetzungen aber blieb Erwin Iserloh. Er konnte und wollte die Augen vor den marxistisch orientierten Umtrieben in der Fakultät nicht schließen. Auch er war ein politischer Denker, aber auf einem entschieden theologischen Fundament. Iserloh hatte die Bedeutung der Kirche als Raum für existentiellem Widerstand während der Nazi-Zeit erlebt. Jetzt verletzte es ihn zutiefst, die Kirche fortwährend attackiert zu sehen. Die Theologische Fakultät war stark polarisiert. Mittelbau und Studierende wurden in die Auseinandersetzungen hineingezogen. Professoren wie Wilhelm Weber litten so stark unter den Spannungen, dass sie krank wurden. Iserloh aber hatte eine robuste Natur und einen ungebrochenen Kampfgeist.

„Marxistische Christen und christlicher Atheismus".
Der Fall Angelika Senge

Zwei Jahre vor Iserlohs Emeritierung gab es einen Zusammenstoß, der in den Medien bundesweit für Aufsehen sorgte. Die Dissertation von Iserlohs Assistentin Angelika Senge war zu einem Politikum geworden. Ihr Thema lautete: „Marxismus als atheistische Weltanschauung. Zum Stellenwert des Atheismus im Gefüge marxistischen Denkens".[194]

Angelika Senge hatte sich als Gründerin einer Fachbereichsgruppe des Rings Christlich-Demokratischer Studenten (RCDS) selbst in die öffentliche Aufeinandersetzung begeben. Der Fachbereichsrat der Katholisch-Theologischen Fakultät in Münster forderte die Streichung des letzten Kapitels, in dem Angelika Senge sich unter der Überschrift „Marxistische Christen und christlicher Atheismus" mit der Position der „Christen für den Sozialismus" (CfS) auseinandergesetzt hatte. Zu den Vordenkern dieser Gruppe gehörte Kuno Füssel, damals Assistent bei Herbert Vorgrimler. Dieser, seit 1972 Professor für Dogmatik und Dogmengeschichte in Münster, verriss die Arbeit und stellte die wissenschaftlichen Kompetenzen der Autorin infrage:

„Es fällt mir schwer, einer Annahme der Arbeit angesichts des offenkundigen intellektuellen und moralischen Unvermögens der Verfasserin zu einer konstruktiven Auseinandersetzung und zu einem wirklichen Erkenntnisfortschritt zuzustimmen. Aber ich versuche, ihre jahrelange Fleißarbeit an

---

[194] Veröffentlicht im Schöningh-Verlag 1983.

den Quellen zu würdigen und stimme darum – zögernd – der Annahme als theologischer Dissertation zu".[195]

Iserloh hatte in seinem Erstgutachten vom 16. September 1981 mit dem einleitenden Satz die brisante Thematik der Dissertation herausgestellt:

„Vorliegende Arbeit untersucht die heute vielfach seitens marxistisch optierender Christen aufgestellte These, man könne und müsse den weltanschaulichen Gehalt des Marxismus trennen von seiner Gesellschaftsanalyse; man könne somit marxistische Theoreme übernehmen, ohne zugleich die Weltanschauung des dialektischen Materialismus rezipieren und Atheist werden zu müssen".[196]

Die Frage zielte auf das Selbstverständnis vieler marxistisch geprägter Richtungen der lateinamerikanischen „Theologie der Befreiung". Angelika Senge beschränkte sich allerdings auf eine sorgsame Untersuchung der Denkform von Karl Marx selbst – mit dem klaren Ergebnis: „Der Atheismus ist zentraler Bestandteil der Marx'schen Lehre".[197] Damit ging sie einig mit großen Denkern wie Sergij Bulgakov (1871–1944), der sich aus einem Mitstreiter Lenins zum scharfen Kritiker des Marxismus entwickelt hatte. In den Folgerungen stimmt sie mit der Kritik der Glaubenskongregation überein, die davor warnt, die „vorrangige Option für die Armen" kurzschlüssig mit einer marxistischen Gesellschaftsanalyse zu verbinden[198]:

„Wir rufen in Erinnerung, dass der Atheismus und die Negation der menschlichen Person, ihrer Freiheit und ihrer Rechte, sich im Zentrum der marxistischen Konzeption befinden. Diese enthalten auch Irrtümer, die die Wahrheiten des Glaubens über die ewige Bestimmung der Person direkt bedrohen. Mehr noch, wer eine solche Analyse in die Theologie integrieren will, bei der die Kriterien der Interpretation von dieser atheistischen Konzeption abhängen, verstrickt sich in schlimme Widersprüche. Das Verkennen der geistigen Natur der Person führt dazu, diese völlig dem Kollektiv unterzuordnen und ebenso die Prinzipien eines sozialen und politischen Lebens zu leugnen, die mit der Menschenwürde übereinstimmen".

---

[195] Herbert Vorgrimler, Bemerkungen zu der Arbeit von Angelika Senge. Typoskript von sieben Seiten: Nachlass Iserloh (Fribourg).
[196] Erwin Iserloh, Erstgutachten zur Dissertation von Angelika Senge: Nachlass Iserloh A 4, 1.
[197] Zit. nach: ebd. 5.
[198] Instruktion der Kongregation für die Glaubenslehre über einige Aspekte der „Theologie der Befreiung" (1984), VII.9.

Iserloh ahnte nichts Gutes, als er am 13. November 1981 im Zimmer des Dekans Peter Hünermann dem erregten Kollegen Vorgrimler begegnete. Der Termin war denkbar ungünstig. Iserloh stand unter Zeitdruck, weil er an diesem Tag noch einer Vortragsverpflichtung in Oldenburg nachkommen musste. Der Dekan versuchte seine Sorgen zu zerstreuen: Es werde keine Probleme geben, schließlich hatte er selbst das Zweitgutachten mit der Note „gut" unterschrieben. Wie sich zeigen sollte, hatte er die Spannungen innerhalb der Fakultät unterschätzt. Der Fachbereichsrat stimmte schließlich mit einer Stimme Mehrheit bei drei Enthaltungen dem Notenvorschlag „ausreichend" zu. Iserloh hatte die Sitzung bereits verlassen und war auf dem Weg nach Oldenburg.

Iserloh legte beim Rektor der Universität Münster, dem Chemiker Werner Müller Warmuth (*1929), Widerspruch gegen den Beschluss des Fachbereichsrates ein. Durch verschiedene Gespräche mit dem Dekan Hünermann, so der Rektor,

> „war hier im Haus bekannt, dass im ersten Durchgang des Promotionsverfahrens von Frau Senge ein Widerspruch gegen die Entscheidung über die Annahme der Dissertation und deren Bewertung zu erwarten war. Ebenso bestand Einigkeit mit dem Dekan, dass einem solchen Widerspruch zumindest wegen der Mängel im Abstimmungsverfahren stattgegeben werden müsste".[199]

Peter Hünermann schrieb ein ergänzendes Gutachten, der Fachbereichsrat tagte ein zweites Mal und setzte die Note auf „befriedigend" hoch, bestand aber weiterhin auf der Streichung des Schlusskapitels. Am 19. und 20. April 1982 bestand Angelika Senge das Rigorosum in Kirchengeschichte, Dogmatik und Pastoraltheologie mit der Note „sehr gut". Ihre wissenschaftliche Arbeit erfuhr durch die Vorgänge europaweit Beachtung und erlebte rasch eine zweite Auflage sowie zahlreiche anerkennende Rezensionen.

Reformatus reformandus.
Selbstlose Arbeit

Keineswegs bestand Iserlohs Leben in Münster nur aus Konflikten. Er verstand einen Lebensraum zu schaffen und zu gestalten, in dem er sich wohl fühlte und priesterlich-mitbrüderliche, kollegiale und freundschaftliche Beziehungen pflegen konnte. Hier wurden ernsthafte Gespräche

---

[199] Werner Müller-Warmuth, Brief vom 3. März 1982 an Erwin Iserloh: Nachlass Iserloh A 4.

geführt, es wurde aber auch viel gescherzt und gelacht, und Iserloh konnte durchaus über sich selbst lachen. Iserloh brauchte Menschen in seiner Nähe. Mit seiner Haushälterin Cäcilia Herkentrup wohnte er zunächst in der Krummen Straße, dann – nach seiner Ernennung zum residierenden Domkapitular 1976 durch Bischof Reinhard Lettmann – am Domplatz in der Domherrenkurie. Jahrzehnte lag nun jene Zeit zurück, da er mit jungen Menschen unter freiem Himmel in Zelten übernachtete, Mahlzeiten für über einhundert Schüler organisierte, mit ihnen Gespräche führte, Lieder sang, betete, die Messe feierte und Christus in allen Dingen suchte. Diese Erfahrungen waren sein unverlierbarer Besitz, und er begann wieder aus ihnen zu leben, indem er zu seinen frühen Prägungen zurückkehrte.

Iserloh gab weiterhin gern und großzügig Anteil an seinem Leben, und er wusste, dass ihm selbst das gut tat. *Reformatus reformandus* nannten seine Assistentinnen eine „Anti-Festschrift", die 1980 zu seinem 65. Geburtstag erschien. *Reformata reformanda* hieß die zweibändige Festschrift für Hubert Jedin, die Iserloh 1965 mit Konrad Repgen herausgegeben hatte. Nun ließ er sich gern gefallen, dass diese Aussage des II. Vatikanischen Konzils über die Kirche auf ihn übertragen wurde. Die Einleitung der kleinen alternativen Festgabe ist bezeichnend:

> „‚Sie dürfen sich glücklich schätzen, mit einem solchen Mann zusammenarbeiten zu dürfen!' Diesen Ausspruch tat eine alte Dame während der Salzburger Hochschulwochen 1979, nachdem sie einem Vortrag des berühmten Professors gelauscht hatte. ‚Zusammenarbeiten' könnte in ‚zusammensein' erweitert werden. Ob damit unsere Situation – die der Mitarbeiterinnen dieser Festschrift – treffend charakterisiert ist???"

Ja, die Charakteristik war durchaus treffend. Stets vermietete Iserloh ein Zimmer an einen Studenten oder eine Studentin. Der jeweilige Untermieter wurde in die Hausgemeinschaft aufgenommen, zu der gemeinsame Mahlzeiten am Sonntag, Spaziergänge um den Aasee und in den Baumbergen, die Bitte um Hilfe bei seinen zahlreichen Aufgaben und das gemeinsame abendliche Gebet der Vesper gehörten. Auch gab es fröhliche Singe- und Gesprächsabende mit einem größeren Kreis von Studentinnen und Studenten. „Mutter mach's Licht aus, meine Gäste wollen gehen", lautete das Signal zum Aufbruch.

Selbst die alten Fahrten lebten in gewandelter Form und mit moderner Bequemlichkeit wieder auf: Der Urfreund Fred Quecke stellte Iserloh und seinen Studenten und Studentinnen sein Haus am Lago Maggiore zu Studien- und Ferienreisen zur Verfügung. Hier wurde eine Art moderner *Vita communis* praktiziert. In solchen Situationen lebte Iserloh auf und offenbarte sich als großzügiger, stets wohlgelaunter Gastgeber, „Küchenchef" am Grill oder Herd, der mit Vorliebe Forellen briet, und priesterlicher Begleiter. Abstecher nach Mailand und Assisi verfolgten auch ein Bildungsziel. Und es konnte auch passieren, dass Iserloh selbst in vorgerücktem Alter nach einem spontan geplanten Opernabend in der Arena von Verona angesichts ausgebuchter Hotels eine Übernachtung im Auto mit seinen Begleitern und einer hungrigen Stechmücke in Kauf nahm. Nicht weniger wichtig waren Iserloh die Kontakte mit seinen Neffen und Nichten sowie mit alten und neuen Freunden und deren Familien. Mit Fred und Rolf Queckes Familien hatte er in erster Linie am Lago Maggiore Gemeinschaft und nahm lebendig Anteil an allem, was Eltern und Kinder betraf. Pater Johannes Düsing stieg bei seinen Heimatbesuchen bei Iserloh ab und setzte die Gewohnheit des nächtlichen Psalmengesangs im Gästezimmer fort.

In Münster war es vornehmlich Familie Runte mit ihren sechs Kindern, zu der Iserloh regelmäßigen Kontakt pflegte. Der Jurist Heinrich Runte und seine Frau Veronica Runte-Schranz führten ein offenes Haus. Hier trafen sich Künstler, Schriftsteller und Theologen. Joseph Lortz, von den Kindern wie ein Großvater geliebt und „Onkel Jo" genannt, und Joseph Pieper („Onkel Joseph") gehörten dazu. Pieper war zugleich der Patenonkel von Felicitas Runte. Die Mitte des Hauses bildete Veronica Runte-Schranz. Sie hatte die umfangreiche theologische Bibliothek ihres Vaters, des Arztes Franz Schranz, geerbt und durch regelmäßige Neuzugänge erheblich erweitert. Franz Schranz hatte als Mäzen viele Künstler und Schriftsteller unterstützt. Er war mit den Brüdern Jünger, mit Hugo Fischer, Carl Schmitt, Konrad Weiß und vielen anderen Autoren befreundet. Erwin Iserloh fühlte sich wie ein Mitglied der Familie Runte, weil er hier bei seinen Besuchen am Sonntagnachmittag in freundlicher Runde kompetente Gesprächspartner und fröhliche Kinder traf. Den Runte-Kindern schenkte er ein Crocket-Spiel. Kleine Kinder haben eine eigene Optik. Fasziniert waren sie über Iserlohs unruhige Hände, die beim Sprechen immer etwas halten oder bewegen mussten.

Die Münsteraner Jahre waren nicht zuletzt Jahre selbstloser Arbeit. Iserlohs gleichmäßiger Lebensrhythmus bot den Rahmen für seine unermüdliche, konzentrierte Arbeit: morgens früh die heilige Messe in einer Pfarrei oder im Dom; nach dem Mittagessen eine kleine Siesta auf dem Sofa im Arbeitszimmer; am Abend ging die Arbeit am Schreibtisch weiter bis 22 Uhr; schließlich das Gebet der Vesper und der Komplet, gefolgt von einem Gläschen Wein. Als Domkapitular erschien er regelmäßig zu den Vespern am Samstag und Sonntag im Dom und übernahm ab und zu den Predigtdienst in allen Sonntagsmessen. Zu den Pflichten des Universitätsprofessors traten die Aufgaben, die Bischof Lettmann ihm im Bistum

Münster übertrug, insbesondere der Vorsitz der Kommission für kirchliche Zeitgeschichte sowie der Ökumene-Kommission. Auch die Bischofskonferenz berief ihn als Berater der Ökumene-Kommission. Großzügig nahm Iserloh Vorträge in Erwachsenenbildungshäusern und Akademien an und war sich nicht zu schade, um vor kleinen Kreisen in Pfarrgemeinden Vorträge zu halten.

Als Mitglied der Gemeinsamen Synode der deutschen Bistümer 1972–1975 war Iserlohs Weitblick für eine Gestalt der Kirche im Wandel der Zeiten gefragt. In seinem Beitrag „Der Gestaltwandel der Kirche. Vom Konzil von Trient bis zum Vaticanum II" hatte er sich gleich nach Abschluss des Konzils zu den anstehenden Aufgaben geäußert und dabei gleichsam seine eigene kirchliche Aufbruchserfahrung fortgeschrieben:

> „Was in kleinen Gemeinschaften, vielfach zunächst von Jugendlichen, angeregt wurde und zur liturgischen Bewegung, zur Bibelbewegung oder zu der von einem neuen Kirchenbewusstsein getragenen Laienbewegung führte, ist nun vom Konzil aufgegriffen und soll für die Weltkirche fruchtbar gemacht werden. Damit sind die Kräfte gerufen, die die Konzilsbeschlüsse verwirklichen und sie in Leben umsetzen. Diese Aufgabe der ‚zweiten Generation' ist schwerer, weil nüchterner und nicht mehr vom Elan des Aufbruchs belebt, aber letzthin wichtiger ... In unserer Situation reichen dazu Bischöfe und Priester nicht aus; die Verwirklichung des Vaticanum II wird von der Mitarbeit des ganzen Volkes Gottes abhängen".[200]

An der Theologischen Fakultät war Iserloh zusammen mit Vinzenz Pfnür von 1971 bis 1988 Schriftleiter der *Theologischen Revue*, einer renommierten Rezensionszeitschrift. Er war auch Mitherausgeber der Zeitschrift *Catholica*, Mitglied im Beirat des Johann-Adam-Möhler-Instituts in Paderborn, im Beirat des Instituts für Europäische Geschichte in Main sowie im Vorstand der Görres-Gesellschaft. Als Vorsitzender der „Gesellschaft zur Herausgabe des Corpus Catholicorum" gab er seit 1972 nicht nur die Reihen „Reformationsgeschichtliche Studien und Texte", „Corpus Catholicorum" und „Katholisches Leben und Kirchenreform" heraus, sondern konnte in der Auswahl der edierten Texte und behandelten Themen auch Zeichen setzen. So veranstaltete er 1979 in Augsburg ein großes Symposion zum 450. Jahrestag der „Confessio Augustana und Confutatio"[201] und brachte katholische und evangelische Theologen in

---

[200] Erwin Iserloh, Der Gestaltwandel der Kirche. Vom Konzil von Trient bis zum Vaticanum II, in: Iserloh, Aufsätze I, 388–404, hier: 404.

[201] Vgl. Confessio Augustana und Confutatio. Der Augsburger Reichstag 1530 und die Einheit der Kirche. Internationales Symposion der Gesellschaft zur Herausgabe

einen regen Austausch über die Schlüsselfragen der Reformation. In der Reihe „Corpus Catholicorum" stellt nicht zuletzt die zweibändige Ausgabe der „Dokumente zur Causa Lutheri (1517–1521)" eine wertvolle Quellengrundlage zur historischen Aufarbeitung der Ursprünge der Reformation bereit.[202]

Im Juni 1981, ein Jahr nach Hubert Jedins Tod und zu seinen Ehren, veranstaltete unter Iserlohs maßgeblicher Beteiligung das Römische Institut der Görres-Gesellschaft im „Campo Santo Teutonico" in Zusammenarbeit mit der Internationalen Kommission für Kirchengeschichte und dem Päpstlichen Komitee für Historische Wissenschaften ein internationales Kolloquium zur Frage: Ist die Kirchengeschichte eine theologische Disziplin? Die Tagungsergebnisse wurden in der Römischen Quartalschrift von Iserlohs langjährigem Freund Konrad Repgen veröffentlicht.[203] Das Thema der Kirchengeschichte als theologischer Wissenschaft hatte Iserloh immer am Herzen gelegen. Sein Beitrag „Kirchengeschichte – eine theologische Wissenschaft" ist ein vehementes Plädoyer und ein hermeneutischer Schlüssel zu den kirchen- und reformationsgeschichtlichen Einzelstudien, die er im Laufe seines Lebens publizierte:

> „Wir fordern, Kirchengeschichte als Theologie zu betreiben ... Von dem sinnstiftenden und heilschaffenden Wirken Gottes in Jesus Christus her und im Glauben an die Führung dieses selben Gottes in der Geschichte erschließt sich dem gläubigen Historiker im nachhinein und immer nur ausschnitthaft die heilsgeschichtliche Bedeutung einzelner Ereignisse. Da Gott stets das freie Handeln des Menschen in sein Wirken einbezieht, wird man nie eine logische Zwangsläufigkeit des Geschehens konstatieren können. Aber ein Verstehen des völlig Unableitbaren auch in seiner göttlich-heilshaften Dimension wird an einzelnen Stellen im Rückblick immer wieder möglich sein. Dabei bleibt der Kirchenhistoriker offen für jede weitere Sinnstiftung in bezug auf ein Ereignis und für die endgültige Sinnerschließung, die erst mit der Parusie erfolgt".[204]

---

des Corpus Catholicorum in Augsburg vom 3.–7. September 1979, in Verbindung mit Barbara Hallensleben herausgegeben von Erwin Iserloh, Münster 1980, 749 Seiten.

[202] Dokumente zur Causa Lutheri (1517–1521), 2 Bände, hg. und kommentiert von Peter Fabisch und Erwin Iserloh (Corpus Catholicorum 41/42), Münster 1988 und 1991.

[203] Grundfragen der kirchengeschichtlichen Methode – heute, hg. von Konrad Repgen (Römische Quartalschrift 80), Freiburg i.Br. u.a. 1985.

[204] Erwin Iserloh, Kirchengeschichte – eine theologische Wissenschaft, in: Iserloh, Aufsätze I, 1–29, hier: 17 und 25.

Dieses Verständnis der Kirchengeschichte ruft in die Verantwortung nicht nur für die eigene Gegenwart, sondern für die gesamte Geschichte:

> „Denn was geschehen ist, ist ja nicht endgültig abgeschlossen; wir können in der Geschichte rückwirkend Sinn stiften, indem wir das vor Jahrhunderten Geschehene in einen neuen Sinnzusammenhang heben. Denn auch von uns hängt es ab, ob ein Versagen in der Vergangenheit, etwa die Reformation oder der 30. Januar 1933, zur *felix culpa* wird oder zum Bösen, das fortzeugend Böses muss gebären. Geschichte ist also Vergangenheit, die in die Gegenwart reicht und eine Zukunft hat. Ihren Abschluss findet sie erst in der Wiederkunft des Herrn. Erst dann wird über Heil oder Unheil, Sinn oder Unsinn endgültig entschieden".[205]

Nicht zuletzt betonte Iserloh die „Einheit der Theologie als Aufgabe"[206] und wurde von vielen Studierenden und Doktorierenden gerade wegen seiner Verbindung zwischen einem historischen und einem systematisch-theologischen Zugang geschätzt. Seine Assistentin und Doktorandin Barbara Hallensleben war die erste Frau, die im deutschen Sprachraum für Dogmatik habilitiert wurde; an der Theologischen Fakultät der Universität Fribourg Schweiz bezieht sie in die bei Iserloh gelernte Offenheit für die Oikumene zeitgerecht auch die orthodoxen Kirchen ein.

Iserlohs sozialpolitische Sensibilität fand ein fruchtbares Betätigungsfeld in der aufwändigen Edition der Schriften und Briefe des katholischen Bischofs und Sozialreformers Wilhelm Emmanuel von Ketteler (1811–1877), die anlässlich des 100. Todestages des „Arbeiterbischofs" begann und erst nach Iserlohs Tod abgeschlossen werden konnte. Neben der wissenschaftlichen Edition legte Erwin Iserloh zusammen mit Christoph Stoll eine kommentierte Textauswahl vor, die von deutlicher Sympathie für die theologischen und kirchenpolitischen Optionen Kettelers getragen ist.[207] Nachhaltige Bedeutung wird Iserlohs Mitwirkung an Band IV des „Handbuchs der Kirchengeschichte" haben, in das seine Deutung der Reformationsgeschichte einging.[208] Zu den großen Werken traten zahlreiche kleinere, oft kontextbedingte Auftragsarbeiten sowie eine rege Gutachtertätigkeit, u.a. im Rahmen der Prüfung einer möglichen Seligsprechung von Anna Katharina Emmerick, der „Seherin von Dülmen". Eine ausführlichere theologische Würdigung all dieser Beiträge steht noch aus.

---

[205] Erwin Iserloh, Der Gestaltwandel der Kirche, a.a.O. 389.
[206] Iserloh, Aufsätze I, 30–34.
[207] Erwin Iserloh / Christoph Stoll, Bischof Ketteler in seinen Schriften, Mainz 1977.
[208] Freiburg i.Br. u.a. 1975.

Iserlohs Passion.
Lange Jahre der Krankheit

1983 wurde Erwin Iserloh emeritiert. Einige Projekte wie die Edition der Briefe Kettelers warteten auf den Abschluss. So sagte er frohgemut in einem Gespräch mit dem WDR III: „Also, eine Rentenpsychose ist nicht die Gefahr, in der ich stecke".[209] 1986 überreichte ihm die Ministerin für Wissenschaft und Forschung des Landes Nordrhein-Westfalen, Anke Brun, in Düsseldorf das Große Bundesverdienstkreuz. Bald darauf begann das große Vergessen, in das er drei Jahre nach seiner Emeritierung eintauchte. Es begann sich anzukündigen durch plötzliche ungerichtete Drehschwindelattacken, eine Minderung der Konzentrations- und Gedächtnisleistung und ein rechtsbetontes Widerstandsgefühl bei Beugung und Streckung der Hand und des Ellenbogengelenks. Helmut Hünnekens betreute den alten Freund aus den Tagen des Bundes Neudeutschland. Im April 1989 wurde Iserloh zu ausführlichen neurologischen Untersuchungen in das Krankenhaus der Missionsschwestern Hiltrup aufgenommen. Ein langer Weg des Abschieds lag vor ihm.

Zu seinem 75. Geburtstag veranstaltete die Katholische Fakultät einen Festakt. Den Vortrag hielt Jared Wicks (Gregoriana) zum Thema „Heiliger Geist – Kirche – Heiligung: Einsichten aus Luthers Glaubensunterweisung" (15. Mai 1990). Im Juni 1990 folgte ein weiterer Festakt zu seinem goldenen Priesterjubiläum im Franz-Hitze-Haus, bei dem auf seinen Wunsch hin seine Schülerin Barbara Hallensleben referierte über „Die Gestalt christlicher Sendung nach Ignatius von Loyola und Mary Ward". Der 80. Geburtstag wurde in aller Stille begangen. Cäcilia Herkentrup, Rainer B. Irmgedruth, Angelika Senge und Hedwig Sowade unterschrieben den Begleittext der Danksagung (14. Juni 1995), in der es hieß: „Wie Sie wissen, ist es ihm nicht so leicht, Ihnen persönlich seinen Dank für Ihre freundliche und ehrende Anteilnahme und für alle guten Wünsche auszusprechen."

Begleitet und gepflegt wurde Iserloh von Cäcilia Herkentrup, seinem Schüler und Freund Domvikar Rainer B. Irmgedruth, seiner früheren Assistentin Angelika Senge und von Hedwig Sowade, der Frau eines ehemaligen Assistenten. Erwin Iserloh starb am 14. April 1996, dem Weißen Sonntag, im Jahr der Heilig-Rock-Wallfahrt in Trier.

---

[209] „Niemals nur Hochschullehrer, immer auch Seelsorger". Erwin Iserloh im Gespräch mit Karl Hagemann. WDR III. 3. August 1983, 17.40 Uhr; zit. nach: Akte Iserloh. Universitätsarchiv Münster. Bestand 207, Nummer 367.

Immer wieder um die eigene Fassung ringend, beschrieb Bischof Lettmann in seiner Abdankungsrede (19. April 1996) auf das Mitglied im Münsteraner Domkapitel die letzten Lebensjahre seines akademischen Lehrers Erwin Iserloh:

> „Er, der voller Dynamik war, verlor die Kraft, sich zu bewegen. Er, der die Gabe des Wortes besaß und zu jeder Diskussion bereit war, konnte kein Wort mehr sprechen. Er, der viele Wege gegangen ist und auch anderen Wege zeigen konnte, fand zuletzt selbst den Weg nicht mehr."

Als Vorsitzender der Deutschen Bischofskonferenz würdigte Kardinal Lehmann Iserlohs „Liebe zur Wahrheit und seine Unbestechlichkeit" und wagte eine erste historische Einordnung seines Werkes in die Theologiegeschichte des 20. Jahrhunderts:

> „Erwin Iserloh hat zu den wenigen Kirchenhistorikern in unserem Jahrhundert gehört, die weit über den engeren Kreis der Fachgelehrten hinaus Ansehen und Anerkennung gefunden hatten".[210]

***

Aus einem Brief von Domvikar Rainer B. Irmgedruth
an Barbara Hallensleben:

Es war ein langer Weg. Immer mehr wurde Erwin ein Priester Jesu Christi, ganz existentiell, zuletzt leibhaftig ihm gleich. Er hatte Wunden, da konnte nicht nur Thomas eine Hand reinlegen. Selig, die nicht sehen ... Wie solche Worte einen anderen Klang bekommen.

Frühmorgens am 1. Tag der Woche waren dann die Frauen mit ihm alleine, als er starb.

Du kennst seine Ordnungstalente. Über alle Jahre und Umzüge hatte er eine Anstecknadel von der Hl.-Rockwallfahrt 1959 gerettet und verwahrt. Ich hab sie ihm abgeschwätzt für den diesjährigen Wallfahrtsleiter, Dr. Genn. Er verbreitet Erwins Artikel zum Hl. Rock. Erwin starb nicht nur im Jahr der Wallfahrt, er wird in Münster beerdigt, wenn in Trier der Hl. Rock ausgestellt wird, 19.4.1996: „Bild Christi und erhabenes Zeichen der Einheit der Kirche" (Johannes XXIII.)

Wer glaubt, bleibt nicht ohne Zeichen. Tief versöhnt mit seinem Weg, wie er es zuletzt auch war.

Pax et bonum

---

[210] Karl Lehmann, Brief vom 19. April 1996 an Reinhard Lettmann, in: Pressedienst Bistum Münster 46 (1996) Nr. 17 vom 25. April, 10.

NACHWORT

Zur Trilogie des glaubenden Herzens.
Hinweise und Danksagung

> *„Edle und kluge Frauen werden mich*
> *nach der Vollendung dieses Werkes*
> *bei einigem Wohlwollen umso höher schätzen,*
> *und die Frau, für die ich's geschrieben habe,*
> *möge mir dafür ein freundliches Dankeswort gönnen".*[211]
> Wolfram von Eschenbach

Über alle Zeiten hinweg gibt es Begegnung. Denn die Toten sind nicht tot. Sie leben in der geistigen Welt. Daher spielt es keine Rolle, ob ihr Name unter den heute Lebenden bekannt ist.

Unser kulturelles Gedächtnis ist sehr kurz geworden. Noch spüren wir den Verlust an Substanz nicht. Was wirklich trägt, erfahren wir in jenen Grenzsituationen, in denen uns alles genommen wird. Erwin Iserloh hatte – wie viele akademische Lehrer meiner Studienzeit in Münster (1976–1981) – diese Verlusterfahrung im Krieg gemacht. Mitte der Siebziger Jahre lehrten sie in Münster und waren meine Lehrer: Herwig Blankertz, Kurt Aland, Hans Blumenberg und Friedrich Ohly, der unmittelbar nach seiner Habilitation über die Rezeption des Hohenliedes zurück an die Front musste und erst nach neun Lagerjahren 1953 aus dem stalinistischen Arbeitslager entlassen wurde. Mit Puschkins Versen und dem, was er an unverlierbarem kulturellen Besitz im Gedächtnis trug, hatte er das Lager an der Wolga überlebt.

Erwin Iserloh und die Gelehrten seiner Generation hatten erfahren, wie die Spreu der Meinungen vom Weizen des Wortes getrennt wurde. Sie waren Männer mit Substanz. Daher ging von ihnen eine Energie aus. Junge Menschen brauchen Vorbilder in Schule und Universität: Menschen, an denen sie Orientierung und Reibungspunkte finden, Lehrer, die ihnen helfen, verborgene anvertraute Talente zu entdecken und diese Schätze ans Licht zu heben.

Diese kleine Biographie spürt dem Leben Erwin Iserlohs nach. Angeregt wurde sie durch Barbara Hallensleben, die bei Iserloh Assistentin war und über ein Thema aus der Reformationsgeschichte promoviert

---

[211] Wolfram von Eschenbach, Parzival 827,25ff.

hatte. 1995 lernte ich Barbara Hallensleben auf dem Freiburger Engelsymposion kennen, zu dem sie eingeladen hatte. Die heilige Barbara gehört zu den Nothelfern und mit Katharina und Margareta zu den „drei Madln". Frauen namens Barbara haben mich seit dem ersten Semester begleitet. Ich denke zurück an Barbara Aland, bei der ich Augustin las sowie Marcion und die Gnosis kennenlernte, an Barbara Völker-Hezel, aus deren Seminar 1979 mein erstes Buch hervorging: eine Studie über Hermann Hesse und die Gnosis. Für Pavel Florenskij ist der Name zugleich eine Epiphanie des Charakters des Namensträgers: „An der Märtyrerin Barbara hebt man gewöhnlich ihre Verträumtheit, ihre Entrücktheit hervor, ihr Christusbraut-sein. Aber ihre Beharrlichkeit, ihre Unbeugsamkeit in dem einmal Beschlossenen, ihre Nachdrücklichkeit bei der Verwirklichung ihrer Ziele – das alles wird verschwiegen".[212]

Ich hatte meine Biographie über den reformierten Heiligenforscher Walter Nigg beendet und arbeitete mich in das Leben Edzard Schapers ein. Da stellte Barbara Hallensleben in der Bibliothek des Walter-Nigg-Hauses in Fribourg ein Bild ihres Lehrers Iserloh auf. „Ob sich die drei Herren wohl vertragen?", fragte sie. „Gewiss", erwiderte ich.

So entstand die nun vollendete Trilogie des glaubenden Herzens. In drei Bänden erzähle ich das Leben von Walter Nigg, Edzard Schaper und Erwin Iserloh in der Oikumene des 20. Jahrhunderts. Walter Nigg wurde in die reformierte Kirche der Schweiz geboren, Edzard Schaper in die lutherische Kirche Hannovers, Erwin Iserloh war ein katholischer Christ vom Niederrhein. Nigg, Schaper und Iserloh stehen zwischen der Generation meiner Eltern und Großeltern. Mit ihrem Leben und Werk verbinde ich auch eigene Prägungen. Sonst hätte ich ihre Biographien nicht geschrieben. Als Lehrer einer kulturgeschichtlich orientierten Religionspädagogik und Literaturwissenschaft schätze ich die didaktische Bedeutung von Biographien. Jeder Zeit ist der Brückenschlag zwischen Tradition und Gegenwart aufgeben. Walter Nigg war hier ein Vorbild. Mit Edzard Schaper verbinde ich die Liebe zur geistigen und geistlichen Welt des Ostens, des Baltikums und Skandinaviens. An Erwin Iserloh reizte mich seine Herkunft aus der Jugendbewegung und damit seine Freude an Bildung und Erziehung.

Als Lutherforscher war Erwin Iserloh ein Mann klarer Worte. Deshalb spricht auch diese biographische Erzählung Klartext. Das Material ist wissenschaftlich gesichert. Aber ich habe meine Schwerpunkte gesetzt. Als Student der evangelischen Theologie hatte ich Iserloh in Münster

---

[212] Pavel Florenski, Namen, Berlin 1994, 212.

erlebt. Jetzt wollte ich wissen, wer dieser Mann war, dem die Ökumenische Bewegung so viel zu verdanken hat, ohne es zu wissen. Der Thesenanschlag muss immer wieder neu an den Türen des Herzens stattfinden.

Petra Lieb-Mohn und meiner Mutter Ingrid Wolff geb. Moeck danke ich für die Transkription zahlreicher Briefe aus dem Zweiten Weltkrieg, Dr. Eckhard Lieb für seine kritische Lektüre. Anregungen und Einblicke erhielt ich durch Dr. Felicitas Runte und Dr. Angelika Senge. Dr. Heinz Mestrup vom Bischöflichen Archiv in Münster hat meine Recherchen mit großer Freundlichkeit gefördert.

Haus Sonnenschein, im Sommer 2013
Uwe Wolff
www.engelforscher.de

DOKUMENTATION

A. Lebenserinnerungen[1]

Erwin Iserloh

Im Jahre 1915 wurde ich als jüngster von drei Söhnen geboren. Meine frühesten Erinnerungen reichen bis in die Zeit des Ersten Weltkrieges. Unvergessen bleibt mir der Abschied meines Vaters in feldgrauer Uniform von meiner Tante auf dem Treppenabsatz unserer Wohnung in Duisburg-Beeck. Oder ich sehe vor mir, wie meine Mutter die Gaslampe entzündet, um uns eine Feldpostkarte meines Vaters vorzulesen, auf der rumänische Frauen beim Waschen abgebildet waren. Der erste Tote, dem ich in meinem Leben begegnete, war ein junger Reichswehrsoldat, Opfer eines Gefechtes mit den Spartakisten. Auf einem Planwagen ausgestreckt, starrte er mich mit seinen toten Augen an, als ich neugierig vom ersten Stock auf die Straße hinabblickte.

Elternhaus – Schule – Bund Neudeutschland

Im Schatten der Kirche des hl. Laurentius in Duisburg-Beeck wuchs ich heran. Die Pfarrgemeinde war eine 1901 kanonisch errichtete, schnell wachsende Industriegemeinde, die damals schon 5'320 Katholiken zählte und deren Zahl bis 1911 auf 9'122 und bis 1923 auf 12'000 anstieg.

Mein Vater (geb. 18. Juli 1874) war dort seit dem 12. August 1894 als Lehrer an der Knabenschule tätig. Er übernahm 1913 die Leitung der neu eingerichteten katholischen Hilfsschule – heute Sonderschule – als Hauptlehrer. Hier blieb er bis zu seiner vorzeitigen Pensionierung durch die NS-Regierung im Jahre 1937 tätig. Wegen seines unermüdlichen Einsatzes in Schule und Pfarrei, wegen seiner hohen Bildung und vornehmen Zurückhaltung war er hochgeschätzt und beliebt. Mit dem in der Präparandie und im Lehrerseminar Gebotenen war sein Bildungshunger nicht gestillt. Seine geistige Linie ist vielleicht am besten gekennzeichnet durch das „Hochland", das er vom ersten Heft an bezog, eifrig las und mit dem er auch seine Söhne bekannt zu machen bemüht war. Das akademische Studium, das ihm selbst verwehrt war, suchte er ihnen zu ermöglichen.

---

[1] Erstveröffentlichung: Römische Quartalschrift 82 (1987) 15–43; im Original ohne Titel.

Das bedeutete eiserne Sparsamkeit in der Lebensführung der Eltern, zu der die Söhne ebenfalls angeleitet wurden.

Stellten diese gelegentlich unerfüllbare Ansprüche, pflegte meine Mutter zu sagen: „Da hättet ihr in der Wahl eurer Eltern vorsichtiger sein müssen!" Nur unter Opfern – ohne „Honnefer Modell" oder „Bafög" – konnte ein akademisches Studium ermöglicht werden. Motivation für überdurchschnittliche Leistungen in der Schule war auch das Bestreben, zur Überwindung des später sprichwörtlich gewordenen Bildungsdefizits der Katholiken beizutragen. Eine mittelmäßige Klassenarbeit war für meinen Vater schon Anlass genug zu der Bemerkung: „Müssen die Protestanten denn immer die Tüchtigeren sein?"

Dabei war in der Oberstufe die Schule für mich weithin Nebensache. Vielmehr hat mich die Tätigkeit im Jungenbund „Neudeutschland" in Anspruch genommen. Die Nachmittage und manchen Abend verbrachte ich im „Heim" in Duisburg, so dass ich zu Hause kaum zu sehen war. Meine Eltern nahmen das großzügig hin. Wurde es gelegentlich zu toll, dann machten sie höchstens die ironische Bemerkung, ich sollte mir doch in Duisburg eine Wohnung mieten. Der elterliche Wohnsitz war der Vorort Beeck, ca. 5 km vom Zentrum Duisburgs entfernt.

Auseinandersetzung mit dem Nationalsozialismus

Die letzten Jahre des Gymnasiums waren voller Spannungen durch die Auseinandersetzungen mit der NS-Ideologie und der Hitlerjugend.

Noch am Abend vor dem mündlichen Abitur (1934) kam es zu Handgreiflichkeiten mit der Hitlerjugend; sie hatte Werbeplakate an die Wände unseres „Heimes" geklebt, welche wir wieder entfernten. Mein Freund Fred Quecke lenkte den Angriff auf sich ab, so dass ich mich entfernen konnte. So brauchte man mich nicht am nächsten Morgen aus dem Polizeigefängnis zur Prüfung in die Schule zu bringen. Vater und Söhne gaben nach Kräften ihrer Ablehnung des Nationalsozialismus Ausdruck. Am Tag der letzten demokratischen Wahl, am 5. März 1933, wehte auf dem Balkon unserer Wohnung die schwarz-rot-goldene Fahne. Das erregte nicht wenig Aufsehen, weil wir dem Hauptportal der Kirche gegenüber wohnten und die Kirchenbesucher, ob sie wollten oder nicht, das Symbol der Demokratie zur Kenntnis nehmen mussten. Nicht auf den Druck der Straße, sondern erst auf die Bitte der Polizei hin erklärte mein Vater sich bereit, die Flagge einzuziehen. Mein Bruder Leo begleitete diese Szene mit einer kurzen Rede: Jetzt muss sie dem Terror weichen. Doch es wird der Tag kommen, an dem diese Fahne wieder in Ehren flattern wird.

Studium in Münster

Ostern 1934 genügte das Abiturzeugnis nicht für die Zulassung zum Universitätsstudium; es bedurfte eigens der „Hochschulreife", die auf Vorschlag der Schule durch eine höhere Stelle verliehen wurde. Damit sollte angeblich eine Überfüllung der Universitäten verhindert werden. Praktisch war es ein Mittel, politisch nicht genehme „Elemente" von den Hochschulen fernzuhalten. Obwohl ich von meiner Schule – dem Landfermann-Gymnasium in Duisburg – an erster Stelle vorgeschlagen war, da ich das beste Zeugnis hatte, wurde mir die Hochschulreife verweigert. In den Genuss der Ausnahmeregelung für das Studium der Theologie kam ich auch nicht, weil ich angesichts des Andrangs zum Priestertum von der bischöflichen Behörde wegen meines verhältnismäßig jugendlichen Alters zurückgestellt wurde. Damit blieb mir ein „Sabbatjahr", in dem ich mich als Jugendführer betätigte, aber auch viel und – wie ich im Rückblick beurteilen kann – sinnvoll ausgewählt las: Platons „Staat", Karl Adam, „Das Wesen des Katholizismus", Josef Pieper „Vom Sinn der Tapferkeit", Franz-Michel Willam „Das Leben Jesu im Lande und Volke Israel", alles Erreichbare von Romano Guardini, Theodor Haecker u.a. mehr.

Mit dem Sommersemester 1935 konnte ich endlich das Studium der Theologie in Münster beginnen. Maßgebend und richtungsweisend waren für mich die Professoren Peter Wust und Joseph Lortz, in den höheren Semestern vor allem Michael Schmaus. Mit viel Gewinn habe ich dazu regelmäßig die Vorlesungen des Germanisten Günther Müller gehört; u.a. hat er mir den Zugang zum Verständnis des Barock eröffnet. Von den Professoren der Evangelisch-Theologischen Fakultät hörte ich mehrere Semester hindurch Wilhelm Stählin, den späteren Landesbischof von Oldenburg. Er war Professor für Pastoraltheologie. Führend im „Berneuchener Kreis", hatte er großes Verständnis für Gottesdienst und Sakramente und wusste Interesse dafür bei seinen Hörern zu wecken.

Begleitet von dem Spott meiner Konsemester, denen das als zu hoch gegriffen erschien, wagte ich mich schon im 1. Semester in das Seminar von Peter Wust, in dem die „Krankheit zum Tode" von Sören Kierkegaard behandelt wurde. Zu Peter Wust bahnten sich bald engere Beziehungen an. Das Oberseminar in seiner Privatwohnung stand mir offen, und auch an der „Akademie von Mecklenbeck" durfte ich teilnehmen. Es handelte sich dabei um den regelmäßigen Spaziergang am Samstagnachmittag nach Mecklenbeck, wo wir in der Wirtschaft Lohman einkehrten.

Hier las Wust während der Monate der Niederschrift seines Buches „Ungewissheit und Wagnis" aus dem Manuskript vor. Sonst lasen und diskutierten wir Texte, die irgendwie aktuell waren; ich erinnere mich z.B. an Novalis „Die Christenheit oder Europa".

Im 5. Semester ließ ich mir von Peter Wust das Thema einer Doktorarbeit geben. Es lautete: „Der theologische Irrationalismus bei Petrus Damiani". Dieser als Heiliger verehrte Mönch, Kirchenreformer und Kirchenlehrer aus dem 11. Jahrhundert hat die Allmacht Gottes so weit übersteigert, dass er ihm die Macht zuschrieb, Geschehenes ungeschehen zu machen, etwa einer Frau die ursprüngliche Jungfräulichkeit wiederzugeben.

Bevor ich diese Arbeit ernsthaft in Angriff genommen hatte, kam es zu einem Zerwürfnis mit dem „Doktorvater". In einem Seminar über die Gottesbeweise bei Immanuel Kant hatte ich meine abweichende Meinung nach dem Empfinden des Professors, dessen starke Seite ohnehin die Diskussion nicht war, zu hart und selbstbewusst vertreten. Er gab seinem Unwillen darüber sehr entschieden Ausdruck. Nach dieser Auseinandersetzung sah ich – mehr oder weniger zufällig – am Schwarzen Brett der Universität eine Preisarbeit ausgeschrieben zu dem Thema „Der Kampf um die Messe in den ersten Jahren der Auseinandersetzung mit Luther". Diese Verbindung von Kirchengeschichte und Dogmatik lag mir ohnehin. So beschloss ich, die philosophische Arbeit zunächst einmal zurückzustellen und mich dieser Preisarbeit zuzuwenden. Sollte mir der Preis nicht zugesprochen werden, dann konnte ich – so lautete mein Kalkül – mit dieser Arbeit zumindest die von der Prüfungsordnung geforderte „wissenschaftliche Arbeit" abdecken.

Die Preisarbeit gab ich zum Ende des Sommersemesters 1937 ab, zu Beginn des Wintersemesters 1937/38 wurde mir der Preis verliehen. Die Angelegenheit hatte bis dahin geheim bleiben können, weil man im „Borromaeum" keinen Bearbeiter des Themas im 3. Kurs vermutete. An Preisarbeiten beteiligten sich normalerweise nur Studenten des 4. Kurses, d.h. des 7. bis 8. Semesters. Für mich war dieser Lauf der Dinge von Bedeutung, weil damit der Übergang zur Kirchengeschichte angebahnt war.

Priesterweihe – Promotion – Jugendarbeit

Die engeren Kontakte zu Professor Lortz sollten diese Entwicklung noch fördern. Er wurde bei meinem Bischof Clemens August von Galen vorstellig mit dem Wunsch, man möge mich nach der Priesterweihe (14. Juni 1940) zum Weiterstudium beurlauben. Eine solche Beurlaubung unmittelbar nach der Priesterweihe widersprach der sehr sinnvollen Praxis der Bistumsleitung, Neupriestern, die man zum Weiterstudium vorgesehen hatte bzw. die sich darum bemühten, zunächst für mindestens zwei Jahre eine Kaplanstelle zu übertragen und ihnen so Gelegenheit zu geben, sich erst einmal in der ordentlichen Seelsorge zu bewähren. Diesem Grundsatz entsprach der Bischof, indem er mich zum Kaplan in Laer bei Burgsteinfurt, einer Gemeinde von ca. 3'000 Katholiken, ernannte; er handelte ihm entgegen, insofern er mir gleichzeitig den Auftrag oder die Erlaubnis gab, mich auf die Promotion vorzubereiten. Erkundigungen über diese Stelle ergaben u.a., dass ich auch den Religionsunterricht in einem Progymnasium zu übernehmen hatte. Das bestärkte mich in dem Vorsatz, mich ganz der Seelsorgsarbeit zu widmen und bei nächster Gelegenheit dem Bischof mitzuteilen, ich sei mit der Stelle bestens zufrieden; an die Vorbereitung einer Promotion sei aber nicht zu denken. Es sollte jedoch anders kommen.

Am frühen Nachmittag des Vortages von Peter und Paul, am 28. Juni 1940, fuhr ich mit dem Autobus nach Laer, um die neue Stelle anzutreten. Als ich mit zwei Koffern und einer Schreibmaschine beladen die Treppe zum Pfarrhaus hinaufstürzte, öffnete sich die Tür, und vor mir stand gebieterisch eine große Frau, musterte mich recht kritisch und fragte mit strenger Miene: „Haben Sie unseren Brief nicht bekommen?" Es war die Schwester und zugleich Haushälterin des Pastors. In „unserem Brief", der mich nicht erreicht hatte, stand geschrieben, ich brauchte nicht zu kommen, man hätte anderweitig Hilfe gefunden. In das Arbeitszimmer des Pfarrers geführt, begegnete ich einem Pfarrherrn, der noch wortkarger war. Er bot mir einen Stuhl an, ging mit großen Schritten im Zimmer hin und her und knurrte etwas zwischen den Zähnen, das mir als Kritik an der Bischöflichen Behörde erschien. Schließlich schaute er auf die Uhr – es war ca. 14 Uhr – und stellte fest: „Der Autobus ist weg." Auf diese indirekte Weise wurde mir klargemacht, dass man auf meine Dienste verzichtete. Weitere Erklärungen über die Mitteilung hinaus, dass er ein Taxi bestellen würde, das mich gegen 18.00 Uhr zum Zug an den Bahnhof Altenberge bringen sollte, hielt der Pfarrer für überflüssig. Nur als ich die Absicht äußerte, die Kirche zu besichtigen und mich im Dorf etwas umzusehen – ich wollte eine mir gut bekannte Familie besuchen –, wurde mir bedeutet, ich hätte das Pfarrhaus nicht zu verlassen. Auch in dieses Schicksal, drei bis vier Stunden in dem ungemütlichen Zimmer zu hocken, fügte ich mich, muckte auch nicht auf, als man mir einen Zwei-Mark-Schein in die Hand drückte – Fahrgeld, das nur bis Münster reichte, obwohl ich von Duisburg gekommen war und wieder dorthin zurück wollte. Als ich mich beim Regens zurückmeldete und von meinem Geschick erzählte, reagierte er mit der Bemerkung: „Ja, ein aparter Herr, dieser Pfarrer." Eigentlich etwas zu karg, um einem jungen Mann Mut zu machen. Doch wenn man Regens Franken kannte, wusste man, dass man bei ihm manches sein durfte, nur nicht „apart". Vielleicht sollte mir durch diese Verweigerung der Stelle klarwerden, dass man auf mich nicht gerade gewartet hatte, dass das Reich Gottes auf mich nicht angewiesen war.

Für meinen weiteren Weg war diese Episode folgenschwer, weil ich nun in eine Studienstelle eingewiesen wurde. Ich wurde zum Kaplan am St.-Rochus-Hospital bei Telgte – der sogenannten „Hülle" – ernannt. Es handelte sich um eine Heil- und Pflegeanstalt für ca. 300 Frauen. Der Anstaltspfarrer war alt und gebrechlich. Mir oblag es, den Gottesdienst am frühen Morgen um 5.25 Uhr für die Schwestern zu halten und an Sonn- und Feiertagen zu predigen. Die Kranken zu besuchen, war nur begrenzt möglich. So blieb mir genügend Zeit, an meiner Dissertation zu arbeiten und dazu in Münster auch noch an Vorlesungen und Seminaren im Fach Geschichte teilzunehmen.

Das Thema meiner Doktorarbeit „Die Eucharistie in der Darstellung des Johannes Eck. Ein Beitrag zur vortridentinischen Kontroverstheologie über das Messopfer" ist eine Konkretisierung und Vertiefung der Preisarbeit „Der Kampf um die Messe". Hier hatte ich in Kürze gezeigt, dass Luther die Messe als Opfer ablehnen, ja für Götzendienst halten musste, weil er sie als ein „Wiederkreuzigen", als eine historische Wiederholung des Kreuzesopfers verstand, das doch nach dem Hebräerbrief einmal und ein für allemal dargebracht war. Im Rahmen der nominalistischen Denkstruktur des Reformators war für eine Gegenwärtigsetzung des einmaligen Opfers unter dem sakramentalen Zeichen, war für ein Realsymbol, für ein Tatgedächtnis kein Platz. Die altkirchlichen Theologen wiederum – Kaspar Schatzgeyer ausgenommen – vermochten aus demselben Grund das Messopfer nicht so zu verteidigen, dass dem reformatorischen Anliegen Genüge getan war. Das sollte in der Doktorarbeit an der Gestalt und dem Werk des unermüdlichen Streiters Johannes Eck näher aufgewiesen werden. Für Eck besteht die Einheit des Opfers in der Identität der Opfergabe, aber nicht auch des Opferaktes. Statt zu argumentieren: Messe und Kreuzesopfer sind eins; das eine Opfer am Kreuz werde sakramental, d.h. unter dem Zeichen von Brot und Wein gegenwärtig, führt Eck aus: Paulus spreche im Hebräerbrief nur vom blutigen Opfer am Kreuz, das Messopfer sei in dem „ein für allemal" weder mitgemeint noch ausgeschlossen. Die wiederholte, unblutige Darbringung von Leib und Blut Christi sei als *alia oblatio*, als *alterum sacrificium* vom Kreuzesopfer zu unterscheiden. Auf einen schwerwiegenden Einwand der Reformatoren vermochte Eck damit bei allem gelehrten Aufwand keine hinreichende Antwort zu geben.

Meine Dissertation reichte ich im Sommersemester 1942 ein und bat um einen Termin für das Rigorosum noch vor den großen Ferien. Ich wollte die Promotion abgeschlossen wissen, bevor ich zum Militärdienst eingezogen wurde, womit ich jederzeit rechnen musste. Mitten in den Vorbereitungen auf das Rigorosum – damals umfasste es noch je eine einstündige Prüfung in 8 Fächern der Theologie – wurde ich am 26. Mai 1942 zum Präses in der „Knabenerziehungsanstalt St. Josefshaus" bei Wettringen ernannt. Es handelte sich dabei um eine selbständige Seelsorgstelle; dadurch war ich vor der Einberufung zur Wehrmacht bewahrt. Im Josefshaus wurde mir als näherer Tätigkeitsbereich der „Heidhof" übertragen. Hier hatte ich mehrfach straffällig gewordene Jugendliche im Alter von 17 bis 21 Jahren außerhalb der Arbeitszeiten, also beim Essen, beim Unterricht und beim Spiel, zu betreuen bzw. zu beaufsichtigen. Diese Abteilung war von den anderen isoliert in einem eigenen Gebäude untergebracht. Die Jungen schliefen in von außen abgeriegelten Einzelzellen. Das Ganze machte nicht gerade einen freundlichen Eindruck. Ich kam mit den Jungen aber ganz gut zurecht. Ausgesprochene Freude machte mir die Erteilung des Religionsunterrichtes in der Schule der Anstalt. Bischof Clemens August von Galen, der anlässlich der Firmung auch die Schule besuchte, wollte kaum glauben, dass es sich bei den Schülern, die sich so lebendig und aufgeweckt am Unterricht beteiligten, im Grunde um Hilfsschüler handelte.

Die pädagogische Fürsorge des Bischofs galt nicht nur den Fürsorgezöglingen, sondern auch dem jungen Präses und angehenden Doktor der Theologie. Dem Direktor der Anstalt gegenüber äußerte der Bischof, er habe gemeint, nachdem ich mich immer mit Gymnasiasten beschäftigt hätte, sollte ich mich auch einmal Jugendlichen dieser Herkunft und Veranlagung widmen.

Flucht vor der Staatspolizei

Lange sollte ich dazu aber nicht die Gelegenheit haben. Denn inzwischen war die Geheime Staatspolizei in Münster auf die Jugendarbeit aufmerksam geworden, mit der ich mich fast zwei Jahre lang befasst hatte und die sie als Fortsetzung der Arbeit im Jahre 1939 verbotenen Bund „Neudeutschland" ansah. In der Tat hatten wir im Verborgenen ein lebendiges Gruppenleben aufgebaut. Die „Fähnlein" von jeweils 8 bis 10 Jungen hielten in Privatwohnungen ihre Gruppenstunden ab, durchstreiften zu Fuß oder mit dem Fahrrad die Umgebung. Sonntags kamen sie gruppenweise zu mir heraus nach Telgte, wo sie von den Schwestern großzügig bewirtet wurden und wo Gelegenheit zu Einkehrtagen war. Diese wurden aufgelockert durch Ballspiel in einem der Höfe, die sonst den Kranken zur Erholung dienten. Im Rückblick erscheint dieses Tun voller Risiken. Ich war mir aber damals durchaus der Verantwortung gegenüber Eltern und Jungen bewusst und habe deshalb z.B. einmal eine Versammlung von Eltern einberufen, um sie auf die Gefahr aufmerksam zu machen. Ausgerechnet ein Feldpostbrief, der mit der Aufschrift „Gefallen für Großdeutschland" zurückkam und der Gestapo bei einer Hausdurchsuchung in die Hände fiel, ließ die Arbeit auffliegen. In dem Brief schilderte ein Junge seinem ehemaligen Fähnleinführer in aller Ausführlichkeit mit Nennung der Namen das Gruppenleben, in der Meinung, einem Feldpostbrief könne man das alles anvertrauen. Die Gestapo hatte so Hinweise, um die Namen und die Wohnungen der führenden Jungen auszumachen, Hausdurchsuchungen ergaben weiteres Material.

Ich war damals schon Präses in Wettringen, doch die Untersuchungen konzentrierten sich immer mehr auf meine Person. Was war zu tun? Für welche Initiativen war noch Raum?

Bevor ich am 8. Dezember 1942 meinen Bischof aufsuchte, feierte ich im Mutterhaus der Franziskanerinnen die hl. Messe. Mein Messdiener war Fritz Rothe, der als Sonderführer im Luftgaukommando am Hohenzollernring tätig war. Beim anschließenden Frühstück haben wir beratschlagt und kamen überein, dass ich mich nicht zur Wehrmacht melden sollte, obwohl das damals ein Weg war, dem Konzentrationslager zu entgehen. Sollte man als Soldat doch belangt werden, dann erhielt man wenigstens ein ordentliches Gerichtsverfahren.

Wie sich später bei der Voruntersuchung herausstellte, lautete die Anklage auf Fortführung illegaler Verbände und auf Zersetzung der Wehrkraft. Einem Jungen, dessen Tagebuch mit entsprechenden Notizen der Gestapo bei einer Hausdurchsuchung in die Hände fiel, hatte ich geraten, sich nicht freiwillig zur Wehrmacht zu melden, sondern zuerst das Abitur zu machen. Dann brauche der Führer auch noch Soldaten. Zu der beanstandeten Gruppenarbeit hatte man ins Einzelne gehendes, reiches Material gesammelt.

Sanitätssoldat

Die Unterredung mit dem Bischof am 8. Dezember verlief ziemlich dramatisch. Unverblümt versicherte ich ihm, ich hielte es für ehrenvoller, im Konzentrationslager umzukommen, als für das Großdeutsche Reich in Russland zu fallen. Der Bischof war über meine kaltschnäuzige Art ziemlich entsetzt. Er unterschied damals noch zwischen dem NS-Regime und dem Krieg gegen den gottlosen Bolschewismus, der Mitteleuropa zu überfluten drohte. Meine Antwort darauf lautete: „Exzellenz, dann müssen Sie mir den Stellungsbefehl besorgen. Ich möchte in dieser Sache nicht aktiv werden."

Für die nächsten Tage mied ich das Josefshaus und wohnte im Martinistift in Appelhülsen. Tagsüber besuchte ich Jungen, die bei Bauern des Münsterlandes in Dienst gegeben waren. Im Personenzug von Coesfeld nach Rheine übergab mir – ich glaube am 12. Dezember 1942 – Prälat Leufkens den Stellungsbefehl für die 5. Sanitätsersatzabteilung 6 in Soest (Westfalen). Dank guter Beziehungen der bischöflichen Behörde zum Wehrbezirkskommando hatte der Stellungsbefehl außer der Reihe erwirkt werden können. Ich zog in Klerikerkleidung – zum Verwundern aller, die das beobachteten – in die Soester Kaserne ein, als dort gerade die Rekruten vereidigt wurden, die in den Wochen vorher die Grundausbildung erhalten hatten. So blieb mir der Eid auf den Führer erspart. Dank des Einsatzes eines Mitbruders – des späteren Pfarrers von Westerkappeln Franz Lückmann, der auf der Schreibstube „mitmischte", wurde ich nicht sofort nach der Ausbildung als Krankenträger nach Russland abgestellt, sondern hatte die Gelegenheit, zunächst zum Sanitätsdienstgrad ausgebildet zu werden und den Führerschein in den Klassen 1 und 3 zu machen. Damit bestand Aussicht auf einen interessanteren und im Sinne der Seelsorge wirksameren Einsatz bei der Truppe.

So wurde ich erst im Herbst 1943 an die Ostfront abgestellt. Die Eisenbahn brachte uns über Gatčina hinaus bis Krasno-Selo unweit von Leningrad. Wir wurden sozusagen auf freiem Feld ausgeladen. Unser erster Blick fiel auf eine Bodenwelle, über und über bedeckt mit Kreuzen eines deutschen Soldatenfriedhofs. War es tröstlich oder erbitternd, hier festzustellen, dass dem NS-Regime, welches in der Heimat die Bekenner des Kreuzes verfolgte und das Kreuz aus den Schulen verbannte, hier nichts anderes einfiel, als auf den Gräbern der Gefallenen das Kreuz wiederum zu errichten?

Bis zum Rückzug lagen wir in einem Vorort von Leningrad. Ein umgekippter Straßenbahnwagen bildete das letzte Hindernis vor der Stadt. Die Kräne im Hafen waren ein markantes Ziel für unsere Artillerie. Nachts schallte die Propaganda des Russen zu uns herüber und suchte die Landser mit dem Versprechen guter Verpflegung und sauberer Betten in gemütlichen Hotels zum Überlaufen zu bewegen. Die mehrstöckigen, ziemlich modernen Häuser der Wohnsiedlung, zwischen denen wir unsere Bunker hatten, lieferten uns mit ihren Parkbettböden bequem zu beschaffendes Brennholz. Eine kleine Gemeinde, darunter Theologiestudenten, fand sich, wenn es sich machen ließ, abends zur Eucharistiefeier in einem der Bunker ein. Wir Theologen fanden Zeit zu Gesprächen und gemeinsamer Lektüre. Dabei brachten wir es bis zum berühmten 11. Kapitel des 4. Buches der *Summa contra Gentiles* des hl. Thomas von

Aquin. Wer sein Frontgepäck mit diesem verhältnismäßig dicken Buch belastet hatte, weiß ich heute nicht mehr. Als Sanitätsdienstgrad und „Sankrafahrer" (Sanitätskraftwagenfahrer) war ich im Ernstfall so sehr mit Verwundeten beschäftigt, dass ich keine Gelegenheit hatte, einen scharfen Schuss abzugeben. Ich konnte aber als Priester vielen Sterbenden beistehen, ihnen die hl. Ölung spenden und ihnen versprechen, ihre Angehörigen zu benachrichtigen. Mehrfach kam ich in heikle Situationen, wenn etwa auf dem Rückzug zwischen Leningrad und Ostpreußen nervös gewordene Offiziere von Regimentsgefechtsständen oder andere rückwärtige Kommandos meinen Krankenkraftwagen zu beschlagnahmen versuchten, um ihren Rückzug mit Verwundeten leichter abwickeln zu können; ich machte dagegen geltend, meine Aufgabe sei es, möglichst nahe an die vorderste Linie heranzufahren, weil die Verwundeten dort die Transportmittel viel dringender brauchten. Mehrfach hat mich ein Offizier mit vorgehaltener Pistole gefügig machen wollen. Nach dem vielzitierten Grundsatz „Der letzte Befehl ist heilig" war allzuleicht der Tatbestand der Befehlsverweigerung gegeben. Vielfachen Fehlentscheidungen stand man als kleiner Landser ohnehin machtlos gegenüber. War es da hybrid, gelegentlich zu bedauern, keines eigenen Kommandos für wert befunden zu sein?

Der Rückzug ging in den ersten Monaten des Jahres 1944 von Leningrad über Luga bis Pleskau. Einen Heimaturlaub konnte ich aufgrund einer kleinen Operation am rechten großen Zeh um ca. einen Monat verlängern. Eine Rückkehr zu meiner Truppe war danach nicht mehr möglich, da sie inzwischen in Kurland eingeschlossen war. Ich kam zunächst zur Genesenden-Kompanie nach Hamm. Das bedeutete eine weitere Verlängerung des „Heimaturlaubs". In diesen Monaten wurde aber die Gestapo aktiv. Hatte man schon im Lazarett telefonisch nach mir gefahndet, dann erschien in Hamm bei der Genesendenkompanie eines Tages ein Staatsanwalt des Sondergerichtes (?) Dortmund, um mich wegen meiner illegalen Tätigkeit zu vernehmen. Er brachte einen großen Packen Akten mit, was den anwesenden Gerichtsoffizier zu der spöttischen Bemerkung veranlasste: „Na, bei ihnen scheint Bürokratie ja auch groß geschrieben zu sein." Er bekam die Antwort: „Hätte ich alles Material mitgebracht, dann hätte ein Pferdekarren nicht genügt." Zu Beginn stellte der Staatsanwalt die Frage, ob er das Protokoll in Stenographie aufnehmen dürfe. Meine Antwort: „Sie dürfen alles, nur nicht erwarten, dass ich Ihr Protokoll dann unterschreibe."

Das Verhör wurde sachlich geführt. Gelegentlich ließ der Verhörende sogar durchblicken, dass er nicht voll hinter dem stand, was er hier pflichtgemäß zu tun hatte. Ich habe ihm seine Aufgabe nicht sonderlich schwergemacht und mich nicht bemüht, das Geschehene zu vertuschen. Das wurde mir um so leichter, als in den Tagen vorher Bombenangriffe das Ruhrgebiet besonders schwer heimgesucht hatten. Der Staudamm der Möhnetalsperre war getroffen worden, das Wasser hatte ganze Dörfer überflutet. Ich war zum Katastropheneinsatz in Mülheim/Ruhr eingesetzt gewesen. Dabei hatten wir Verletzte bzw. Tote aus dem glühenden Schutt zu bergen gehabt. Ich hatte sozusagen noch den Geruch von verbranntem Menschenfleisch in der Nase. Da kam mir das Verhör als lächerliche Farce vor, und aus dieser Stimmung heraus war ich eher bekenntnisfreudig als auf Tarnung bedacht. Wie ich später erfuhr, ging es gar nicht um mich allein, sondern um eine Reihe von führenden Jugendseelsorgern; für die Erzdiözese Paderborn wurde z.B. Augustinus Reinecke ähnlich behelligt. Man wollte die gesamte kirchliche Jugendarbeit als illegal, als Fortführung verbotener Verbände hinstellen und sie damit vollständig abwürgen. Der Prozess wurde aber nicht durchgeführt, sondern vertagt bis zum siegreichen Ende des Krieges.

Den verhörenden Staatsanwalt traf ich einige Wochen später wieder. Inzwischen war er selbst Rekrut bei der Artillerie in Hamm. Es war an einem Samstagnachmittag, als Hamm schwer von einem Bombenangriff heimgesucht wurde. Ich hatte in dem Kinderkrankenhaus bei der Pfarrkirche St. Agnes zelebriert und nahm die Gastfreundschaft der Schwestern in Anspruch, um danach Beichte zu hören. Mehrere Brandbomben trafen das Krankenhaus, so dass bald der Dachstuhl brannte. Die Bomben waren nicht zu entfernen, zum Löschen fehlten die Hilfsmittel. So mussten wir uns darauf beschränken, die Kinder mit ihren Betten in Sicherheit zu bringen. Bald kam auch ein Zug aus der Artilleriekaserne Hamm als Katastropheneinsatz unter dem Kommando des Fähnrich Barking, des späteren Direktors der Zeche Walsum. Ich kannte ihn, weil er öfter bei der Messe ministrierte, zu der wir Priestersoldaten uns im Krankenhaus einfanden. Abends kam er im Gespräch mit einem anderen Offiziersanwärter auf das Geschehen am Nachmittag zu sprechen. Auf die Bemerkung: „Mensch, hast du den Iserloh gesehen, wie nass und verdreckt der bei der Rettungsarbeit geworden ist?" horchte ein Rekrut auf, der gerade ein Spind in die Stube der Fähnriche schaffte. Er mischte sich in das Gespräch ein und fragte, ob es sich bei Iserloh um einen katholischen Priester handele. Es war der Staatsanwalt, der mich vernommen hatte. Er wünschte mich zu sprechen. Offenbar wollte er auf das Verhör zurückkommen und u.a. deutlich machen, dass er dabei nur als Beamter seine Pflicht getan hatte, ohne das Verfahren für rechtens zu halten.

Das Gespräch wurde mit Hilfe des Fähnrich Barking ausgemacht, kam aber nicht zustande, weil ich inzwischen (Oktober 1944) wieder zur Ostfront abgestellt wurde.

Rückzug – Verwundung – Lazarett

Unsere neu aufgestellte Division bezog Stellung in der Nähe von Lomscha (Lomza) am Narew. Der Hauptverbandplatz und der Krankenkraftwagenzug lagen in der Gegend von Kolno und Johannisburg in den Südmasuren. Hier war ich 1936 mit meinem Studienfreund Otto Köhne gewesen. Damals waren wir begeistert gewesen von der Landschaft: Wald, Heide und Seen. Nun bot sich uns ein ganz anderes, eher unheimliches Bild. Hinter jedem Baum konnte der Tod lauern in Gestalt eines mit einer Maschinenpistole bewaffneten Russen. Als am 13. Januar 1945 die Winteroffensive im Osten begann, war es an unserem Frontabschnitt zunächst noch ruhig. Doch bald mussten wir den Rückzug in Richtung Nordwesten antreten. Es ging westlich an Allenstein vorbei auf das Frische Haff zu. Der Transport der Verwundeten wurde immer schwieriger, am Ende blieb uns nur noch ein Eisenbahndamm: ein Rad außerhalb, eins innerhalb der Schienen. Unvermeidlich bedeutete jede Schwelle eine schwere Erschütterung, die die Verwundeten aufschreien ließ.

Am Donnerstag, dem 22. März 1945, hatte ich in Rosenberg, dem Hafen von Heiligenbeil, Verwundete zur Überfahrt nach Pillau abgeliefert. Mein Beifahrer hatte sich schon vorher angesichts der schweren Luftangriffe in Sicherheit gebracht. Da traf mich ein Bombensplitter in die linke Leiste. Es gelang mir, unter einen mit Munition beladenen Panzerwagen zu kriechen und hier den Angriff abzuwarten, allerdings immer darauf gefasst, das mein schützendes Dach mit der Munition in die Luft gehen würde.

Als der Beschuss nachgelassen hatte und wieder eine Fähre von Pillau einlief, gelang es mir, kriechend, ohne das geringste Gepäck, einen Platz auf ihr zu erobern. Als wir uns der Anlegestelle von Pillau näherten, erkannte ich unter den dort beschäftigten Soldaten meinen Bruder Leo. Erfreut suchte ich ihn mit Rufen auf mich aufmerksam zu machen, was auch gelang. Er nahm sich meiner an und veranlasste meinen Transport ins Feldlazarett. Leo hatte an der Fähre die Kontrolle und sollte Soldaten, die sich zu drücken suchten, zurückschicken. In den letzten Wochen hatten unsere Truppenteile ziemlich nahe beieinander gelegen. Doch von einem kurzen Telefongespräch abgesehen war es uns bzw. Leo – als Offizier war er freizügiger – nicht gelungen, eine Begegnung zu ermöglichen. So erschien er mir jetzt, da ich seiner Hilfe dringend bedurfte, als ein Engel vom Himmel. Bald darauf wurde er in der Schlacht um Berlin noch einmal eingesetzt. Er fiel am 3. Mai 1945 und fand sein Grab in Potsdam. „Wie unbegreiflich sind Deine Wege, o Herr!" Sollte er erst mich retten, bevor er selbst abberufen wurde? Weshalb mussten meine Brüder, die Frau und Kinder zurückließen, fallen, und ich blieb am Leben?

Die Verwundung bereitete mir zunehmend große Schmerzen im Bereich der linken Seite und des Unterbauchs. Sollte es ein Bauchschuss sein? Das bedeutete unter den gegebenen Umständen den Tod. Als Sanitätsdienstgrad wusste ich, dass Bauch- und Hirnverletzungen nicht mehr behandelt wurden.

Bei der oberflächlichen Untersuchung führte der Stabsarzt eine Sonde tief in die Wunde ein und bemerkte dann zu seiner Assistenz: „Hat keinen Zweck!" Er streute reichlich MP-Puder in die Wunde und ließ sie verbinden. Dieser Ausspruch „Es hat keinen Zweck" war vom Arzt wohl gemeint als „Es hat keinen Zweck, den Splitter zu entfernen", ich konnte bzw. musste es aber verstehen als „Hoffnungsloser Fall" – das um so mehr, als die Schmerzen stärker wurden. Nach zwei Tagen ließ ich durch Leo den Stabsarzt bitten. Ich wollte Klarheit über meinen Zustand haben. Es entspann sich folgender Dialog: „Herr Stabsarzt, ich weiß, Priester und Nonnen sind schwierige Patienten." Er: „Sagen Sie das nicht, Kollegen sind viel schwieriger." „Ich will etwas von meinem Tod haben. Sagen Sie mir bitte klar und deutlich, wie es um mich steht." „Sie haben keinen Grund zur Beunruhigung. Der Splitter hat zwar den Trochanter verletzt, aber zum Glück ist weder das Gelenk in Mitleidenschaft gezogen, noch die Schlagader getroffen, noch ist der Splitter in die Bauchhöhle gedrungen. Wohl scheint sich eine Phlegmone, d.h. eine Zellgewebsentzündung anzubahnen."

Diese stellte sich auch bald ein, so dass am Palmsonntag, dem 25. März, eine Operation bzw. ein Eingriff nötig wurde. Ein Schnitt in die Bauchdecke von ca. 20 cm sollte Erleichterung schaffen. Mehr konnte man angesichts des Andrangs von Verwundeten unter primitiven Verhältnissen nicht tun. Um so mehr bemühte Leo sich um meinen Abtransport. Er erreichte es, dass ich am Dienstag auf den Dampfer „Fritz" verladen wurde, der uns in Richtung Heimat transportierte. Es war eine fürchterliche Fahrt, der Karwoche angemessen.

Wir lagen dichtgedrängt auf Stroh unter freiem Himmel im Laderaum des Schiffs. Die wenigen Sanitätsdienstgrade ließen sich kaum blicken, geschweige, dass sie uns eine Konservenbüchse zur Erledigung unserer Notdurft anreichten. Links und rechts von mir sterbende Kameraden. Meine Wunde nässte intensiv, so dass bald nicht nur der Verband, sondern auch meine Wolldecke durchnässt war. Wir litten Hunger und Durst. Auf der Höhe von Gdingen blieben wir längere Zeit liegen; hier wurde anscheinend ein Geleitzug zusammengestellt.

So war es eine Erlösung, als wir Karsamstag (31. März) in Swinemünde ankamen und nach Heringsdorf ins Kriegslazarett geschafft wurden. Auch ohne Gottesdienst kam etwas Osterstimmung in mir auf.

Das Lazarett in Heringsdorf war ein großes Hotel. Wir Verwundeten lagen in der Empfangshalle auf dem Fußboden. Die medizinische Behandlung bestand nur in Tabletten und Notverbänden. Nach einigen Tagen, am 4. April 1945, wurden wir verladen. Das Gerücht, es ginge nach Böhmen, sollte sich, Gott Dank, nicht bewahrheiten. Nach öfterem Hin und Her landeten wir am 7. April in Helmstedt und wurden in das „Reservelazarett II Helmstedt, Abt. Oberschule", eingewiesen. Das Lazarett war eben erst in einem Gymnasium eingerichtet worden.

Alles war provisorisch und primitiv. Kleidung war nicht zu bekommen. Dabei waren ein schmutziges Hemd und eine Decke das einzige, was ich am Leib hatte. Am 12. April überrollten die alliierten Truppen die Stadt, wir waren Kriegsgefangene der Amerikaner. In unseren Betten merkten wir kaum etwas von der „Befreiung". Doch nicht nur wegen des besseren und reichlicheren Essens waren wir glücklich; wir atmeten auf, weil wir trotz Gefangenschaft wieder freie Menschen waren. Die Rede von Goebbels am 20. April, dem Geburtstag des „Führers": „Nie sind wir dem Siege näher gewesen", erschien uns als teuflische Ironie.

Meine Wunde im linken Oberschenkel wollte nicht heilen, sie hinderte aber auch nicht ernsthaft am Gehen. Außer Rivanol-Umschlägen hatte die ärztliche Betreuung nichts zu bieten. An eine Entfernung des Splitters war in diesem primitiven Notlazarett nicht zu denken. Wir konnten uns in der Stadt Helmstedt ziemlich frei bewegen. So nahm ich Fühlung auf mit dem Pfarrer der katholischen Gemeinde, der mir einige Kleidungsstücke schenkte, so dass ich mich als Zivilist unter die Leute mischen konnte.

Als die Russen bei der endgültigen Festlegung der Zonengrenzen ihr Gebiet weiter nach Westen verlegen konnten, wurde Helmstedt Grenzstadt. Das hatte sich unter den Soldaten der betroffenen Gebiete frühzeitig herumgesprochen. Sie suchten deshalb möglichst nach Westen hin Land zu gewinnen. Es war erschütternd zu beobachten, wie alles, was gehen oder auch nur kriechen konnte, sich dem Einfluss der Russen zu entziehen suchte. Amerikaner, Engländer und Franzosen einigten sich über das jeweils von ihnen besetzte Gebiet im Westen. Niedersachsen wurde den Engländern übertragen. Das bedeutete für uns spürbar schlechtere Verpflegung und, was noch schwerer wog, ein kleinliches Reglement; wir konnten z.B. nicht mehr ohne weiteres das Lazarett verlassen.

Die Eintragung im Krankenblatt lautete unter dem 2. Juni: „Die erbsengroße Granatsplitterverletzung am oberen Ende des hinteren Drittels an der Außenseite des Oberschenkels ist restlos vernarbt. Ebenso die 5 cm lange, 1½ cm breite Narbe über dem linken Rollhügel. Die 25 cm lange Operationsnarbe über dem linken Becken sondert immer noch Sekret ab. Behandlung mit Rivanol. Die Drüsenschwellung in der Leistenbeuge geht auf Behandlung mit feuchten Verbänden zurück."

Heimkehr nach Wettringen – Religionslehrer

Meine Bemühungen, nach Wettringen entlassen bzw. verlegt zu werden, hatten am 28. Juni Erfolg. Die Eintragung im Krankenblatt lautete: „Wird auf Anordnung der englischen Militärregierung in das Heimatlazarett Wettringen bei Rheine in Westfalen verlegt."

Ich begab mich aber zuerst nach Willingen (Waldeck), wo meine Eltern evakuiert waren. Hier erfuhr ich, dass mein Bruder Werner vermisst wurde und von meinem Bruder Leo keine Nachricht vorlag. Die Freude über meine Rückkehr war sicherlich groß. Doch hatte ich den Eindruck, dass meine Mutter damit fast gerechnet hatte und sich ungleich größere Sorgen um meinen Bruder Leo machte, der, wie sich später herausstellte, am 3. Mai in Berlin-Spandau gefallen war. Das „Heimatlazarett" Wettringen war im „Josefshaus" untergebracht. Mein Schlaf- und mein Arbeitszimmer waren vom Lazarett nicht beansprucht. So konnte ich sie beziehen und darin wieder ein ziviles Leben führen. Der Stabsarzt des Lazaretts entfernte den Splitter in der linken Leiste, so dass die immer noch nicht geschlossene Wunde endlich heilen konnte.

Während ich noch das Bett hütete, besuchte mich Wilhelm Schäfers, der geistliche Direktor der „Genossenschaft der Brüder von der christlichen Liebe", der späteren Canisianer. Er war vom Generalvikar Meis geschickt mit der Frage, ob ich nicht die Leitung der Brüdergenossenschaft übernehmen wollte. Ich kannte die Brüder von meiner Tätigkeit im Josefshaus (Wettringen) her, in dem die Brüder wie im Martinistift (Appelhülsen) und in Haus Hall (Gescher) Erziehungs- und Ausbildungsaufgaben wahrnahmen.

Man traute mir zu, dass ich ein unmittelbares Verständnis für die Mentalität der Nachkriegsgeneration hätte und der Brüdergemeinschaft neuen Auftrieb geben könnte. Ich lehnte ab mit der Begründung, ich könne nicht Oberer von Ordensleuten sein, wenn ich deren Verpflichtungen nicht auch selbst übernähme. Wenige Jahre später hat Bischof Michael Keller der „Brüdergemeinschaft der Canisianer" mit dem neuen Namen auch eine andere Struktur gegeben; die Leitung wurde einem der Brüder übertragen.

Nach meiner Genesung machte ich mich im Josefshaus Wettringen noch einige Monate nützlich, indem ich die Leitung einer Gruppe von schulentlassenen Jungen übernahm; diese Arbeit machte mir viel Freude. Mit Datum vom 15. November 1945 wurde ich zum Hausgeistlichen im Kloster zum Hl. Kreuz in Freckenhorst ernannt. Die Schwestern – Franziskanerinnen von der Buße und der christlichen Liebe (Nonnenwerth) – betrieben eine Landfrauenschule, an der ich den Religionsunterricht zu geben hatte. Mit erwachsenen Schülerinnen die Glaubens- und Lebensfragen zu behandeln, war eine dankbare Aufgabe. Im Kreuzkloster war auch ein Teil der in Münster durch Bomben zerstörten Raphaelsklinik – neben der Chirurgie die Frauen- und Kinderstation – untergebracht. Die Krankenhausseelsorge, die ich wahrzunehmen hatte, schloss die Taufe der zahlreichen Neugeborenen ein.

Der Einsatz in der Seelsorge gefiel mir sehr; um so gelassener konnte ich der Zukunft entgegensehen. Ob Wissenschaft oder normale Seelsorge, beides konnte mir recht sein.

Meiner Habilitation stand entgegen, dass Professor Lortz noch nicht „entnazifiziert" war und seine Lehrtätigkeit nicht ausüben durfte. Die Professur hatte Herr Prälat Professor Dr. Georg Schreiber übernommen, der mir als einem Schüler von Lortz nicht besonders gut gesonnen war. In dieser unklaren Situation meinte Generalvikar Meis, ich solle das philologische Staatsexamen machen und zunächst den Weg des geistlichen Studienrates gehen. Das lehnte ich ab mit der Begründung, ich traute mir nicht zu, später als über Fünfzigjähriger noch hauptamtlich vor Kindern zu stehen. Dazu gehöre ein besonderes Charisma, das zu haben ich mir nicht sicher sei. Generalvikar Meis war einverstanden, dass ich unbekümmert um die Situation an der Katholisch-Theologischen Fakultät in Münster auf die Habilitation hinarbeitete. Zunächst hatte ich mich aber in die mir gestellten seelsorglichen Aufgaben einzuarbeiten. Dazu kam die Arbeit mit der studierenden Jugend. Bald meldeten sich die Jungen aus Münster; wir sollten die Jugendarbeit im Stile des Bundes Neudeutschland wieder aufnehmen.

Das war nicht selbstverständlich. Denn inzwischen hatte sich wegen des Verbotes der Jugendverbände im NS-Regime eine anders strukturierte Jugendarbeit entwickelt, die auf dem Boden der Pfarrei alle Jugendlichen erfasste und auf eine berufliche Gliederung verzichtete. Es stellte sich die Frage: War „Pfarrjugend" nur ein Notbehelf angesichts der Naziverfolgung, oder war sie die überhaupt bessere und der Kirche gemäßere Form der Jugendarbeit? Die Diskussion darüber wurde lebhaft, ja leidenschaftlich geführt.

Prälat Wolker und das „Jugendhaus" Düsseldorf waren für die Pfarrjugend; Pater Ludwig Esch SJ trat nach anfänglichem Zögern und auf Drängen der Jungen hin für die berufsmäßig gegliederte Jugendarbeit ein. Wenn letzteres sich durchsetzte, hätte das aber einen engeren Zusammenschluss der Spitzen der eigenständigen Verbände auf Bundes- oder Diözesanebene nicht auszuschließen brauchen. Doch dazu sollte es zunächst nicht kommen, und auch der später entstandene „Bund der katholischen Jugend" entsprach diesem Anliegen nur teilweise. Für die bündische Jugend „Neudeutschland" und „Sturmschar" stellte sich beim Neubeginn dazu die Frage, ob man die bündischen Formen und Gebräuche wie „Kluft", Banner, Liedgut und Fahrten wiederaufleben lassen sollte. Mit einem großen Zeltlager in Vohren bei Warendorf vom 2. bis zum 5. August 1946 für die Marken (Diözesen) der englisch besetzten „Zone" machten wir den Versuch. „Wir", d.h. außer mir Hans Haven, der vor allem für die musische Seite verantwortlich war, und Studienrat Dr. Burlage, der dank seiner guten Beziehungen zu den Bauern der Umgegend dafür sorgte, dass die Küche die hungrigen Mäuler stopfen konnte.

Das Zeltlager mit der Thematik: „Zurück zum Menschen – Zurück zur Gemeinschaft – Zurück zum Christen: Erbe und Aufgabe", wurde ein großer Erfolg. Niemand hatte den Eindruck, dass hier den Jungen Unzeitgemäßes aufgepfropft wurde. Ähnliches galt von den „Führerschulen" und dem großen Zeltlager, das im Jahre 1947 wiederum in Vohren abgehalten wurde.

Rom – Campo Santo Teutonico

Inzwischen hatte sich meine Situation entscheidend geändert. Hubert Jedin in Rom verfügte über eine beträchtliche Summe Schweizer Franken, die er stiftungsgemäß dafür verwandte, jüngeren Deutschen einen Studienaufenthalt in Rom zu ermöglichen. Vor mir hatte August Franzen ein solches Stipendium bekommen, nach mir bekamen es Eduard Stommel, Alfred Stuiber und Bernhard Kötting. Jedin wandte sich an Lortz mit der Frage, ob er nicht einen jungen Mann vorschlagen könne. Die Wahl fiel auf mich. Am 18. April 1947 schrieb Jedin: „Lieber Lortz. Ihren Schüler Iserloh müssen wir in den Campo Santo bringen. Mein Vorschlag ist, dass er sich durch das Ordinariat Münster beim Rektor des Campo Santo, Mons. Stoeckle, für den November anmeldet, mit dem Bemerken, dass er keine Freistelle beansprucht, sondern als zahlender Konviktorist eintritt. Ich werde dafür sorgen, dass er, zunächst einmal für ein Jahr, in Rom die entsprechenden Mittel erhält. Nur bitte ich, dass mein Name nicht genannt wird ..."

Mir schrieb Jedin am 28. Juli 1947: „... Durch eine beiläufige Bemerkung unseres Rektors erfuhr ich, dass der Kapitelsvikar Sie bereits angemeldet hat. Es wäre gut, wenn der neue Bischof in irgendeiner Form zum Ausdruck brächte, dass er mit Ihrem Studienaufenthalt hier einverstanden ist ... Kommen Sie also! ... Kein Satz in Ihrem Brief hat mich mehr gefreut als der: Ich komme nach Rom, um zu lernen. Lernen und arbeiten – das können Sie hier in reichem Maße. Sie werden in unserem Hause Gleichgesinnte finden: Dr. Hoberg aus Osnabrück, Dr. Franzen aus Köln, vielleicht auch noch einen anderen Kölner. Haben Sie schon ein Arbeitsprogramm? Es ist gut, sich schon vorher einige Möglichkeiten zu überdenken; wenn Sie dann hier sind, können wir noch darüber sprechen ... Also auf Wiedersehen in Rom! Ihr H. Jedin."

Abgesehen davon, dass jeder Kirchenhistoriker Rom und Italien näher kennengelernt haben sollte, war für mich das Angebot von Jedin eine große Chance. Im Deutschland des Aufbaus nach 1946 hätte ich mich allzuleicht verzettelt. Bei der Besorgung der notwendigen Reisepapiere – Ausreise aus Deutschland, Durchreise durch Italien und Einreise in die Città del Vaticano – waren Pater Ivo Zeiger SJ und der Bischof Aloys Joseph Muench behilflich. Dieser, Bischof von Fargo (ND), war seit 1946 Apostolischer Visitator für die Katholische Kirche Deutschlands und hatte seinen Sitz in Kronberg im Taunus, wo ich ihn aufsuchte. Mit dem Pass hatte ich aber noch kein Geld für die Fahrt durch die Schweiz und Italien. Mit einer Fahrkarte bis Basel machte ich mich Mitte November bei nebeligem Wetter auf den Weg. Doch als ich in Basel den Nachtzug verließ, schien die Sonne. Ich suchte die nächste katholische Kirche bzw. das nächste Pfarramt auf und ließ mir von dem Pfarrer, der Verständnis für meine Lage hatte, einige Messstipendien geben. Diese ermöglichten den ungewohnten Genuss eines Frühstücks mit Weißbrot, „guter Butter" und Bohnenkaffee und den Kauf einer Fahrkarte nach Luzern, wo ich mir vom dortigen Caritasverband Geld für die Fahrt nach Rom geben ließ.

Im „Campo Santo" rechnete man mit meinem Kommen. Der Empfang durch Hubert Jedin war besonders herzlich. Er hatte meinen Aufenthalt ja möglich gemacht – allerdings ohne dass der Rektor von seiner Aktivität erfuhr. Bald wurde mir klar, dass der „Allvater", wie wir Jedin nannten, die eigentliche Seele des Hauses war. Manchen Abend fanden wir wenigen Deutschen uns mit den Trentinern und Schweizern auf seinem Zimmer zu einem Glas Wein zusammen. Das Abendessen war erst um 20 Uhr. Damit war der eigentliche Arbeitstag durchweg zu Ende, und es blieb Zeit für nützliche und erholsame Gespräche.

Was meine Arbeit in der Vatikanischen Bibliothek anging, so waren meine Vorstellungen zunächst recht vage. Ich hatte die Absicht, die Theologie des Spätmittelalters, speziell des Nominalismus, zu studieren, über welche Lortz die These vertrat, dass sie nicht „vollkatholisch" war.

Meine Studien über den „Kampf um die Messe" hatten zu dem Ergebnis geführt, dass für Luther, der hier im Banne der nominalistischen Philosophie stand, Gedächtnis eine bloße Gegebenheit im Bewusstsein des Menschen ist und nicht an der Wirklichkeit partizipiert: deshalb konnte in seiner Sicht das Gedächtnis des Opfers am Kreuz als solches noch kein Opfer sein: „Wie seid ihr denn so kühn, dass ihr aus dem Gedächtnis ein Opfer macht?" (WA 8, 421). Musste aber zum Gedächtnis ein eigener Opferakt hinzukommen, dann waren die Einmaligkeit und das volle Genügen des Kreuzesopfers in Frage gestellt und hatte Luther Grund, die Messe als Opfer schärfstens zu bekämpfen. Die katholischen Gegner Luthers waren um nichts weniger der nominalistischen Denkweise verhaftet, so dass ihnen der Weg versperrt war, den Opfercharakter der Messe damit zu begründen, dass sie *memoria* und *repraesentatio* des Kreuzesopfers ist.

Weil das Andenken an ein Ereignis oder seine bildliche Darstellung nicht das Ereignis selber ist bzw. nicht an seiner Wirklichkeit partizipiert, ist die Messe als *memoria* noch kein Opfer; es muss zum Bildmoment noch das Sachmoment hinzukommen. Deshalb argumentiert z.B. Johannes Eck: Ja, die Messe ist *memoria* und als solche kein Opfer; aber hinzukommt noch die Darbringung des realgegenwärtigen Christus, und deshalb ist sie ein wahres Opfer. Das einmalige blutige Opfer am Kreuze schließt – so meint Eck – ein „anderes", unblutiges Opfer, in dem Christus sich nach der Weise des Melchisedek, d.h. unter Brot und Wein, opfert, nicht aus. Diese Antwort konnte Luther nicht zufriedenstellen, weil die Einmaligkeit des neutestamentlichen Opfers nicht gesichert war. Die Identität der Opfergabe reichte dazu nicht aus.

Wieweit dieses Versagen der Theologie zu Beginn der Reformation auf einem Defizit der spätmittelalterlichen Theologie beruhte, damit befassten sich meine Studien. Ganz von selbst ergab sich eine Konzentration auf den englischen Franziskaner Wilhelm von Ockham († 1347), speziell auf seine Gnaden- und Eucharistielehre. Ich befasste mich nicht mit seiner großen Bedeutung für die Logik, die gar nicht strittig war. Wohl schien es mir von Bedeutung, dass die Logik bei Ockham einen so breiten Raum einnimmt und die Seinsphilosophie stark in den Hintergrund tritt. Von einer Theologie des Messopfers kann bei Ockham und den Theologen des 14. und 15. Jahrhunderts nicht die Rede sein. Ihr Interesse gilt einseitig der Realpräsenz von Leib und Blut Christi aufgrund der Transsubstantiation und in Verbindung damit naturphilosophischen Fragen, etwa dem Verhältnis von Substanz und Quantität; z.B. wie kann bei einer ausgedehnten Substanz wie dem Brot die Substanz verschwinden und die Ausdehnung bleiben? Die Beschäftigung mit diesen zum Teil recht abstrusen Gedankengängen, die dazu auf schwer lesbaren Manuskripten des 14. Jahrhunderts überliefert sind, war keine reine Freude.

Zum Glück bestand für mich Rom ja nicht allein darin. Ich war nicht willens, bei den spätmittelalterlichen Codices meine ganze Zeit zu verbringen, sondern bemühte mich, mit dem Rom vertraut zu werden, das Ockham und die Spätscholastik mir nicht vermitteln konnten: das Rom der Katakomben und der Kirchen und Paläste, aber auch das Rom, das sich in den großen Gottesdiensten, in Papstaudienzen und Heiligsprechungen lebendig darstellte. Dazu diente u.a. die Immatrikulation beim Päpstlichen Archäologischen Institut. Hier hörte ich patristische Vorlesungen bei Erik Peterson und archäologische bei E. Josi und A. Ferrua. Wichtiger als die Vorlesungen waren mir die Führungen, die Prof. Josi an den Mittwochnachmittagen abhielt, zu denen die Schüler des Istituto Archeologico Zugang hatten. So habe ich im Laufe der drei Jahre die wichtigsten, sonst nicht zugänglichen Katakomben und andere christliche wie heidnische Monumente kennengelernt.

Hatte bisher das Schwergewicht meiner kirchengeschichtlichen Studien einseitig auf dem Mittelalter und der Neuzeit gelegen, so begegnete ich in Rom auch der alten Kirche, und zwar weniger durch Bücherstudium als durch unmittelbare Berührung mit den Monumenten.

Zu kostspieligen Reisen fehlte das Geld. Dennoch ergaben sich manche Möglichkeiten, Italien kennenzulernen. Nach Apulien und Sizilien führten mich Aufträge der Pontificia Commissione di Assistenza, der internationalen Caritas, in der Carlo Bayer die Betreuung der Deutschen wahrnahm. Ostern und Pfingsten 1948 bekam ich den Auftrag, die Insel Lipari, die größere der Äolischen Inseln an der Nordseite Siziliens, aufzusuchen. Hier hatten unter Mussolini politische Gefangene ihre Festungshaft abgesessen.

Nach Kriegsende waren hier Deutsche interniert, die keine ordnungsgemäßen Papiere hatten oder straffällig geworden waren. Ich hatte den Auftrag, an den Festtagen für diese Internierten Gottesdienst zu halten. Der Zugang zu diesen Männern war erleichtert durch zwei große Koffer mit Wäsche und Kleidung, die man mir aus dem Magazin von Schwester Pasqualina, der Haushälterin Pius' XII., mitgegeben hatte. Wollte ich die Abendstunden zu seelsorglichen Gesprächen nutzen, dann musste ich mich nach dem Reglement mit den Internierten in deren Quartieren einschließen lassen. Diese Solidarität mit den Gefangenen wurde entgolten durch gesteigertes Vertrauen. Es gab vieles zu besprechen, und sicher nicht nur über das Wetter.

In den Sommerferien 1948 und 1949 habe ich in Cattolica an der Adria deutsche Kinder betreut, die hier auf Einladung des päpstlichen Hilfswerks, der Pontificia Commissione di Assistenza, zusammen mit Kindern aus Italien, der Schweiz und Österreich ihre Ferien verbrachten. So lernte ich auch ohne Geld größere Teile Italiens kennen.

Bis zur Währungsreform standen uns keine Barmittel zur Verfügung, außer Messstipendien in Höhe von 110 Lire, dem Sechstel eines Dollars, die der Rektor des Campo Santo für uns beim Staatssekretariat beantragen musste. Eine solche Domanda aufzusetzen, war für ihn eine wahre Staatsaktion, und es bedurfte wiederholter Bitten, bis er sich dazu bequemte.

Eine andere Geldquelle bedurfte nicht umständlicher Formalitäten, war dafür aber um so fragwürdiger: Der Campo Santo lag praktisch innerhalb der Città del Vaticano und konnte wie die anderen Institute und Haushalte die Lebens- und Genussmittel zu erheblich günstigeren Preisen aus der Kantine des Vatikans beziehen. Dazu gehörte auch ein Kontingent amerikanischer Zigaretten. Für uns Nichtraucher waren sie so viel wert wie bares Geld. Dino, der Pförtner des Hauses, verkaufte sie in der Stadt zu einem mehr als doppelten Preis.

Hatten die Vatikanische Bibliothek und das Archiv nur am Vormittag geöffnet, dann kam es uns zustatten, dass wir nachmittags in der Bibliothek des Hauses arbeiten konnten. Allerdings wies diese große Lücken auf. Es hatte ja schon längere Zeit an dem nötigen Geld gefehlt, die wichtigsten Bücher anzuschaffen und die Zeitschriften und wissenschaftlichen Reihen zu ergänzen.

Das wurde etwas anders mit dem Heiligen Jahr 1950. Anlässlich der Führung von Pilgergruppen konnten wir Pilger zu Stiftungen für den Campo Santo und seine Bibliothek motivieren. Damit wurden wichtige Anschaffungen für die Bibliothek möglich; darunter war z.B. die Wiener Ausgabe der lateinischen christlichen Schriftsteller (CSEL). Dank der Initiative von Pater Engelbert Kirschbaum, dem Direktor des Römischen Instituts der Görres-Gesellschaft, konnte auch der Vortragssaal im Erdgeschoss hergerichtet werden. Das Römische Institut der Görres-Gesellschaft war das einzige unter den deutschen, das seine Arbeit schon bald nach Kriegsende aufnehmen konnte. Damit waren günstige Startbedingungen für die öffentlichen Vorträge gegeben, die wir neben den hausinternen „Sabbatinen" hielten und zu denen sich ein verhältnismäßig großer Kreis von deutschsprachigen Römern einfand.

Repetent in Münster – Habilitation in Bonn

Das Heilige Jahr 1950 habe ich nicht bis zum Ende in Rom verbracht. Meine Habilitationsschrift war fertig, und ich wollte mich zum schnellstmöglichen Termin zur Habilitation melden. Mit Bischof Michael Keller hatte ich schon im Mai 1950 ausgemacht, dass ich im Collegium Borromaeum Wohnung nehmen und bei der „Theologenerziehung" helfen sollte. Der Bischof plante, eine größere Zahl von jungen Priestern, Doktoranden und Mitarbeitern in der überpfarrlichen Seelsorge, im Borromaeum wohnen zu lassen; sie sollten mit den Theologen in Vita Communis leben. Diese wiederum sollten im alltäglichen Umgang Einblick in das Leben und Wirken junger Priester verschiedener Veranlagung und Tätigkeit gewinnen und so lebendig und realistisch für ihren Priesterberuf motiviert werden.

Als ich am 1. Dezember nach Münster kam, rechnete der Direktor des Borromaeums schon nicht mehr mit mir. Inzwischen hatte man sich an verschiedenen Stellen über meinen weiteren Lebenslauf Gedanken gemacht. Ich sollte mich in Bonn habilitieren. Damit würde die „Hausberufung" als Argument gegen mich bei der Nachfolge von Professor Schreiber wegfallen. Professor Jedin in Bonn war gerne bereit, mich zu habilitieren, meinte aber, dann dürfte ich nicht in Münster in der Theologenausbildung stehen. Er hatte deshalb Bischof Michael vorgeschlagen, mir eine Stelle im rheinischen Teil der Diözese zuzuweisen. Mir ging es im Augenblick vor allem darum, irgendwo zur Ruhe zu kommen, und so bat ich den Bischof um sein Einverständnis, zunächst im Borromaeum Wohnung nehmen zu dürfen. Der Bischof schrieb mir am 4. Dezember: „Herzlich willkommen. Selbstverständlich freue ich mich sehr, wenn Sie im Borromaeum Wohnung nehmen und uns bei der Theologenerziehung helfen. Aus einer Äußerung des Herrn Dekan glaubte ich entnehmen zu müssen, dass von Ihrer Seite aus keine Möglichkeit mehr dazu bestände. – Um so besser ..."

Das Ergebnis des Hin und Her war: Ich wurde beauftragt, den versetzten Kaplan von Cappenberg bei Lünen zu ersetzen und dort an den Sonn- und Feiertagen die Aushilfe in der Seelsorge zu leisten. Während der Woche sollte ich als Repetent im Borromaeum in Münster tätig sein. In Cappenberg war ich polizeilich gemeldet. Damit waren auch die Erwartungen der Bonner Fakultät erfüllt. Unter der Anschrift Cappenberg, Pfarrhaus, stellte ich am 15. Januar den Antrag auf Zulassung zur Habilitation und Erteilung der *Venia legendi* für Kirchengeschichte und für Dogmengeschichte des Mittelalters und der Reformationszeit. Gleichzeitig sollte August Franzen habilitiert werden. Als Einheimischer sollte er aber den Vortritt haben. Da die Gutachter seiner Habilitationsschrift sich länger Zeit nahmen, verzögerte sich der Termin für die Probevorlesungen bis zum 7. Juli. Am 10. Juli 1951 teilte mir Jedin als Dekan mit: „Ihre Probevorlesung: ‚Grundzüge der Frömmigkeit und der Glaubensverkündigung des heiligen Bonifatius' und das anschließende Colloquium sind zur Zufriedenheit der Fakultät ausgefallen. Im Einverständnis mit Sr. Eminenz dem Herrn Erzbischof von Köln wird Ihnen hiermit gemäß dem in der Fakultätssitzung vom 7. Juli 1951 gefassten Beschluss die ‚Venia legendi' für das Fach der Kirchengeschichte erteilt."

Die Verzögerung wirkte sich für mich sehr nachteilig aus. Denn inzwischen war Professor Schreiber zu seiner und der Fakultät großer Überraschung zum 1. April emeritiert worden. Die Fakultät hatte mit einer jahrelangen Verlängerung seines Lehrauftrags gerechnet, wie es bei Hochschullehrern, die aus politischen Gründen von der NS-Regierung aus dem Amt entfernt worden waren, eigentlich üblich war. Zur Aufstellung der Nachfolgeliste ließ man sich nicht viel Zeit. In der ersten Fakultätssitzung am 2. Mai wurde die Liste erstellt.

Obwohl der Fakultät in Münster von Bonn mitgeteilt wurde, meiner Habilitation stünden nur noch Verfahrensfragen im Wege, sie werde sicherlich im Laufe des Sommers erfolgen, wurde mir ein Platz auf der Berufungsliste verweigert mit der Begründung, ich sei noch nicht habilitiert.

Die Liste lautete: Professor Josef Oswald (Passau), Professor Eduard Hegel (Trier), und Dr. Wolfgang Müller (Freiburg). Letzterer wurde – wie ich – auch erst im Jahre 1951 habilitiert. Professor Oswald bekam den Ruf, nahm sich aber sehr viel Zeit für die Zu- bzw. Absage. So wurde ich doch für zwei Semester (WS 1952/53; SS 1953) mit der Vertretung der Professur in Münster beauftragt, die man mir verweigert hatte.

Direktor des Franz-Hitze-Hauses

Überraschend kam in diese Tätigkeit hinein die Bitte meines Bischofs, die Leitung des Franz-Hitze-Hauses, der Sozialen Bildungsstätte der Diözese, zu übernehmen, die eben erst ihre Arbeit aufgenommen hatte. Wieder einmal sollte ich erfahren, wie vielerlei Fähigkeiten die Kirche von ihren Priestern erwartet. Am 30. März 1953 wurde ich zum Direktor der Sozialen Bildungsstätte „Franz-Hitze-Haus" in Münster, zum Mitglied des Kuratoriums dieses Hauses und zum Geistlichen Beirat der Sozialen Seminare im Bistum Münster ernannt. Diese Tätigkeit war von vornherein nur für ein Jahr gedacht; es galt, eine Verlegenheit zu überbrücken. Für das SS 1954 konnte ich mit einer Berufung nach Trier rechnen, von wo Eduard Hegel einem Ruf nach Münster gefolgt war. Wenn auch nur vorübergehend, so stellte die Aufgabe als Sozialreferent der Diözese und als Direktor eines Hauses, das noch kein Gesicht hatte, hohe Anforderungen.

In diese Zeit fiel z.B. ein langwieriger und mit Erbitterung geführter Streik der Textilarbeiter des Münsterlandes.

Neben den Sozialen Seminaren, die an verschiedenen Orten der Diözese durchgeführt wurden, und Arbeitstagungen für Betriebsangehörige des Bergbaus mit dem Thema „Der Mensch im Betrieb" hielten wir im Franz-Hitze-Haus mit Erfolg Wochenenden für die Primaner der Gymnasien ab.

Wir gingen davon aus, dass die ersten Semester an der Universität für etwas anderes als ihr Fachstudium keine Zeit haben würden. Wollten wir junge Akademiker mit der Soziallehre der Kirche vertraut machen, dann mussten wir sie schon als Unterprimaner einladen. Die Entwicklung gab uns Recht. In den folgenden Jahren sollten die Kurse für Primaner nicht mehr aus den Veranstaltungskalendern des Franz-Hitze-Hauses, aber auch der Kommende in Dortmund und der Akademie in Trier, verschwinden.

Professor der Kirchengeschichte in Trier

Am 10. Februar 1954 berief mich der Bischof von Trier als Kanzler der Theologischen Fakultät zum außerordentlichen Professor der Kirchengeschichte des Mittelalters und der Neuzeit. Münster hatte damals den Ruf der Fortschrittlichkeit, u.a. galt auch ich als „modern". Jedenfalls war das erste, was mir Bischof Matthias Wehr bei meinem Antrittsbesuch ans Herz legte, ich solle nicht meinen, dass in Trier alles so fortschrittlich vonstatten gehe wie in Münster. Bei anderer Gelegenheit machte er mich mit einem Bescheid aus Rom – wahrscheinlich die Antwort auf die Einholung des „placet" – bekannt, ich solle mich einer weniger kritischen Art befleißigen.

Die Mehrzahl der Professoren, die für die Studenten des ersten bis vierten Semesters Vorlesung hielten, wohnten mit diesen im Rudolfinum, wo auch die Vorlesungen stattfanden. Diese „vita communis" von Professoren und Studenten förderte den gegenseitigen Kontakt, der allerdings von der Seminarleitung nicht ohne Bedenken beobachtet wurde. Es lag nahe, dass gerade Studenten, die Schwierigkeiten bezüglich ihres Berufs hatten oder sich mit der Hausleitung rieben, das Gespräch mit einem Professor suchten und nach den Mahlzeiten den Rundgang ums Haus nutzten, um ihre Schwierigkeiten zu besprechen. Mancher Student stand faktisch schon außerhalb des Seminars, ihn konnte und durfte man nicht halten; es galt aber, ihm zu helfen, ohne Ressentiments auszuscheiden.

Ich hatte eben – wie ich meine mit Erfolg – mein erstes Semester hinter mich gebracht, als schon wieder eine Entscheidung über Ort und Art meiner Tätigkeit gefordert wurde. Bischof Westkamm hatte vom Senat der Stadt Berlin erreicht, dass an der Freien Universität Berlin eine Professur für Katholische Weltanschauung eingerichtet wurde als Fortsetzung des

Lehrauftrags, den Romano Guardini bis zu seiner Absetzung durch das NS-Regime wahrgenommen hatte. Die Vorlesungen sollten schon im SS 1955 beginnen. Was ich bereits inoffiziell von Hubert Jedin erfahren hatte, wurde mir am 9. September 1954 durch Johannes Pinsk mitgeteilt, der vom Bischof beauftragt war, mit dafür geeigneten Professoren in die entsprechenden Verhandlungen einzutreten. Er fragte bei mir an, ob ich bereit sei, einen an mich ergehenden Ruf anzunehmen. „Sie sind zwar in erster Linie Kirchenhistoriker, aber ich glaube, dass Sie auch mit der Problematik der übrigen theologischen Disziplinen so vertraut sind, dass Sie über Ihr engeres Fachgebiet hinaus die Studenten allgemein theologisch und religiös anzusprechen imstande sind. Das müsste natürlich unbedingt geschehen. Sie würden natürlich als katholischer Theologe auch innerhalb der Fakultät vielfach um Stellungnahme zu anderen wissenschaftlichen Problemen von der christlichen Theologie her angegangen werden."

Jedin sah in Berlin eine wichtige und interessante Aufgabe für mich, andererseits bedauerte er, dass ich dadurch der Kirchengeschichte entfremdet würde. Wie er mir schrieb, würde in Berlin der Rahmen meiner amtlichen Tätigkeit viel weiter gespannt sein. „Aber Du stehst in Berlin auf einem der vorgeschobensten Posten, die es überhaupt für einen katholischen Theologen gibt. Reizt Dich diese Aufgabe nicht?" Sie reizte mich schon. Die Frage war für mich nur, ob ich den Anforderungen gewachsen war. An sich war vor allem daran gedacht, mit der Einrichtung dieser Professur, die durch Lehraufträge ergänzt werden sollte, Studierenden die Möglichkeit zu geben, die Facultas für Religion an weiterführenden Schulen zu erwerben. Faktisch war aber der Erwartungshorizont viel weiter gespannt. Für eine breitere Öffentlichkeit ging es um die Nachfolge Romano Guardinis. Damit fühlte ich mich überfordert.

In meiner Absage, auf die ich Johannes Pinsk nicht lange warten ließ, habe ich davon aber nichts bemerkt, sondern neben familiären Rücksichten als Grund angegeben: „Die Aufgabe in Berlin würde mich von der Kirchengeschichte, von meinen wissenschaftlichen Plänen und vielleicht von der Wissenschaft überhaupt wegführen. Ich will nicht sagen, dass das alles wichtiger ist als die in Berlin zu leistende Arbeit; aber ich habe das Gefühl, dass ich diese andere ebensogut, wahrscheinlich sogar besser machen werde."

Die Professur erhielt der Luxemburger Marcel Reding, der gerade eine Studie über Marxismus und Christentum herausgegeben hatte, was ihn vielleicht für Berlin besonders empfohlen hatte. Meine Option für Trier honorierte die Fakultät durch meine Ernennung zum Ordentlichen Professor am 31. März 1955.

Ausstellung des Heiligen Rockes

Zu einem Loyalitätskonflikt kam es 1959 anlässlich der Ausstellung des Heiligen Rockes. Zwangsläufig stellte sich die Frage nach der Echtheit dieser Reliquie. Von mir als dem Professor für Kirchengeschichte des Mittelalters wurde eine klärende Stellungnahme erwartet. Ich glaube aus den Quellen zweifelsfrei bewiesen zu haben, dass die in Trier verehrte Tuchreliquie nicht materiell identisch ist mit der Tunica Christi, dass es sich vielmehr um eine Berührungsreliquie handelt. Nicht weniger wichtig war mir aber zu zeigen, dass damit der Wallfahrt nach Trier nicht die Grundlage genommen ist. Der Heilige Rock ist wie das Kreuz in der Karfreitagsliturgie oder in unseren Kirchen und Wohnungen weniger unter dem Gesichtspunkt der Reliquie als dem eines Bildes zu betrachten. Wie wir ein Kreuz verehren, obwohl wir wissen, dass es nicht das „echte" Kreuz von Golgotha ist, so steht auch der Verehrung des Heiligen Rockes bei bewiesener Unechtheit nichts im Wege. Diese These habe ich während der Wallfahrt in der Zeitschrift „Geist und Leben" öffentlich vertreten.

Dem Bischof Wehr war das sicher nicht recht. Als nüchterner Mann hatte er für Bild und Symbol keinen Sinn, und als Kanonist hätte er nach Can. 1284 eine sicher unechte Reliquie entfernen müssen. So ließ er die Frage lieber in der Schwebe. Solange auch ernstzunehmende Gutachter für die Echtheit eintraten, konnte es bei der traditionellen Praxis bleiben. Der Wallfahrtsleiter Domkapitular Dr. Paulus ließ sich zwar Artikel schreiben, die die Echtheit zu beweisen suchten, zeigte aber unter vier Augen Verständnis für meine Auffassung. Er sicherte mir zu, möglichst bald nach der Wallfahrt den Heiligen Rock einer wissenschaftlichen Untersuchung zu unterziehen und ihn in Zukunft in einer Seitenkapelle aufzubewahren, evtl. wie in der Barockzeit in einem silbernen Etui als „redendes Reliquiar". In der Fastenzeit solle man ihn ausstellen. Die Leute sollten wenigstens wissen, wo die Reliquie sich befindet. Es hat einige Jahre gedauert, bis mein Vorschlag im Zusammenhang mit der Domrenovierung zur Ausführung kam. Mir kam es darauf an, kritischen Christen, vor allem Lehrern und Priestern, die von Berufs wegen die Wallfahrt mitmachen mussten, zu ermöglichen, es mit gutem Gewissen und ohne Augurenlächeln zu tun.

Noch Jahre später, im Oktober 1966, als wir uns zum Antritt der von der Katholischen Akademie in Bayern veranstalteten Studien- und Vortragsreise in die USA auf dem Frankfurter Flugplatz trafen, war das erste Wort, das Julius Kardinal Döpfner an mich richtete, ein Wort des Dankes: Ich hätte es ihm durch meine Deutung des Heiligen Rockes ermöglicht, die Wallfahrt guten Gewissens mitzumachen und seine Diözesanen dazu einzuladen.

Thesenanschlag: Tatsache oder Legende?

Einen erheblichen Wirbel habe ich seit 1961 in der Lutherforschung hervorgerufen durch meine These, dass der Thesenanschlag Luthers am 31. Oktober 1517 nicht stattgefunden hat, sondern in den Bereich der Legende zu verweisen ist. Anlässlich einer Rezension des Buches von Hans Volz „Martin Luthers Thesenanschlag und dessen Vorgeschichte" (Weimar 1959), in dem er die These vertrat, Luther habe die Thesen nicht am 31. Oktober, sondern am 1. November angeschlagen, habe ich die Quellen von neuem durchgearbeitet. Dabei fiel mir auf, dass Luther selbst mehrfach, und zwar unmittelbar nach der Veröffentlichung der Thesen wie gegen Ende seines Lebens, beteuert, er habe – bevor einer seiner besten Freunde von seiner Disputationsabsicht erfahren hätte – die Thesen den zuständigen Bischöfen, seinem Ordinarius Bischof Hieronymus Schulz von Brandenburg und dem päpstlichen Ablasskommissar Erzbischof Albrecht von Brandenburg-Mainz, geschickt, mit der Bitte, andere Weisung an die Ablassprediger zu geben und die Lehre vom Ablass durch die Theologen klären zu lassen. Erst als die Bischöfe nicht geantwortet hätten, habe er die Thesen an gelehrte Männer weitergegeben. Der Brief an Erzbischof Albrecht ist erhalten und trägt das Datum „Vigil von Allerheiligen", d.h. 31. Oktober. Hätte Luther an diesem Tag seine Thesen an der Schlosskirche zu Wittenberg angeschlagen, dann hätte er den Bischöfen keine Zeit gelassen zu antworten, was er aber wiederholt beteuert. Er hätte unmittelbar nach dem Ereignis den Papst wie auch seinen Landesherrn Friedrich den Weisen belogen und hätte bis zum Ende seines Lebens dieses gefälschte Bild von den Ereignissen aufrechterhalten. Hat aber die „Szene" nicht stattgefunden, wird noch deutlicher, dass Luther nicht in Verwegenheit auf einen Bruch mit der Kirche hingesteuert ist, sondern eher absichtslos zum Reformator wurde. Allerdings trifft dann die zuständigen Bischöfe noch größere Verantwortung. Denn dann hat Luther den Bischöfen Zeit gelassen, religiös-seelsorglich zu reagieren.

Anlässlich einer Diskussion mit Hans Volz, zu der die Evangelisch-Theologische Fakultät der Universität Göttingen eingeladen hatte, bemerkte der das Gespräch leitende Kollege in seinem Schlusswort, es sei doch sehr bemerkenswert, dass der katholische Redner für die Ehrlichkeit Luthers eingetreten sei, während der evangelische Partner so leichthin eine Lüge Luthers in Kauf genommen habe. Als die evangelischen Kirchenhistoriker zögerten, sich auf ein ernsthaftes Gespräch über den Thesenanschlag einzulassen, veranstaltete der Historikerverband auf dem Historikertag in Berlin im Oktober 1964 eine Podiumsdiskussion unter Leitung von Hubert Jedin. Meine Gesprächspartner waren Kurt Aland und Hans Volz. Ihre Argumentation war wenig überzeugend. Am Abend auf dem Empfang im Charlottenburger Schloß war das Urteil von Hermann Heimpel: „Es ist zum katholisch werden!" Es ist erstaunlich, wie ernstzunehmende evangelische Lutherforscher wenig bereit waren und sind, auf dieses Stück Folklore des hammerschwingenden Luther zu verzichten.

Aufs Ganze gesehen profitierte meine Generation, mit mir vor allem Peter Manns und Otto Hermann Pesch, von der Wandlung des Lutherbildes, die vor allem Joseph Lortz und Hubert Jedin herbeigeführt hatten. Die katholische Lutherforschung wurde ernstgenommen. Das wurde z.B. deutlich auf dem Dritten Internationalen Kongress für Lutherforschung in Järvenpää/Finnland im August 1966, zu dem zum ersten Male Katholiken eingeladen worden waren und wo ich ein Referat über „Luther und die Mystik" halten durfte.

Auf dem vierten Kongress für Lutherforschung im August 1971 in Saint Louis, Missouri, wurde mir mit Jaroslav Jan Pelikan, Heiko Oberman, Gerhard Ebeling, Chitose Kishi und Bengt Hägglund der Doctor honoris causa verliehen. In seiner Laudatio bediente sich der Dekan zur allgemeinen Erheiterung des Wortspiels: „... whether or not the theses have been nailed (angenagelt) or mailed (mit der Post geschickt) ..."

Seit dem Wintersemester 1961/62 hatte ich zusätzlich einen Lehrauftrag an der Universität Saarbrücken. Einen solchen nahmen einige Trierer Kollegen wahr, um den Studierenden der philosophischen Fakultät die Möglichkeit zu geben, die Lehrbefähigung in Theologie zu erwerben. An einem Nachmittag der Woche fuhr ich nach Saarbrücken, um ein dreistündiges Programm durchzuführen: zwei Stunden Vorlesung und eine Stunde Seminar. Das war sehr anstrengend, aber auch sehr anregend, weil man sich auf eine andere Mentalität einzustellen hatte.

Berufung nach Münster

So wohl ich mich auch in Trier fühlte, ich dachte doch daran, gelegentlich an eine Universität, am liebsten nach Münster, überzuwechseln. Die erste Gelegenheit ergab sich 1962 mit der Einrichtung eines Lehrstuhls für Ökumenische Theologie an der Münsteraner Fakultät. Januar/Februar 1963 stellte die Fakultät eine Vorschlagsliste auf mit den Namen Heinrich Fries (München), Erwin Iserloh (Trier), und Eduard Stakemeier (Paderborn). Da man trotz gegenteiliger Zusicherungen damit rechnen konnte, dass Fries den Ruf ablehnen würde, stand die Sache günstig für mich. Fries hielt die Fakultät über Gebühr lange hin. Die Zeit arbeitete aber nicht für mich. Im Gegenteil: je mehr man nicht mehr mit einer Zusage von Fries rechnete, um so aktiver wurden die Kräfte, die sich meiner Berufung widersetzten. Juli 1963 beschloss die Fakultät, den Kultusminister zu bitten, nach einer eventuellen Absage von Professor Fries die Vorschlagsliste für die Besetzung des Lehrstuhls für Ökumenische Theologie zu sistieren. Im Dezember 1963 hörte man aus der Berufungskommission, dass starke Kräfte für eine Besetzung mit einem Systematiker eintraten. Genannt wurden R. Marlé (Paris) und H. Vorgrimler (Freiburg). Im Januar 1964 blieb die Liste noch offen. Nach der Information seitens der Berufungskommission sollten Vorgrimler und Kasper in engere Wahl gezogen werden. Gleichzeitig wurden allerlei Gerüchte verbreitet, so z.B. ich sei an einer Berufung nach Münster nicht mehr interessiert, weil ich demnächst nach Bochum berufen würde oder als Nachfolger von Lortz in Mainz vorgesehen sei. Andererseits wurde mir die Eignung abgesprochen: Ich sei für einen Ökumenischen Lehrstuhl nicht irenisch genug. All dem setzte der Kultusminister Paul Mikat ein Ende, indem er der Vorschlagsliste folgte und mich als den Zweiten am 25. Februar 1964 berief. Die Ernennung erfolgte nach den üblichen Verhandlungen, in denen ich eine günstige personelle und finanzielle Ausstattung des Instituts erreichte, am 18. Mai zum 1. Juli 1964.

Meine Antrittsvorlesung hielt ich am 24. November 1964 über das Thema: „Das tridentinische Dekret über das Messopfer vor dem Hintergrund der konfessionellen Auseinandersetzung des 16. Jahrhunderts". Die Arbeit im Institut lief gut an. Das erste größere Projekt war eine Untersuchung über das Bild von Protestanten und Juden in den katholischen Schulbüchern. Neben den üblichen Vorlesungs- und Seminarveranstaltungen hielten wir jeden Monat einen – sehr gut besuchten – Vortragsabend mit anschließendem Gespräch für die Professoren beider Theologischen Fakultäten. Als Referenten wurden u.a. Joseph Lortz und Karl Rahner gewonnen. Im Juni 1966 erhielt ich von Theobald Freudenberger die Mitteilung, dass die Katholisch-Theologische Fakultät in Würzburg mich einstimmig auf den ersten Platz der Berufungsliste für die Nachfolge Georg Pfeilschifters gesetzt habe. Er bat mich dringend, dem Rufe zu folgen. Ich hatte ihm schon vorher freimütig gestanden, dass ich die Professur für Kirchengeschichte des Mittelalters und der Neuzeit in Münster vorzöge, wenn mir diese angeboten würde. Inzwischen war Eduard Hegel zum 1. Mai nach Bonn berufen worden. Ich ließ die Fakultät spüren, dass ich gerne seine Stelle in Münster einnehmen würde. Sie kam diesem Wunsche nach, indem sie mich auf die erste Stelle der Vorschlagsliste setzte. Dem Minister Mikat, der mir am 10. Juni 1966 seine Absicht mitteilte, mir die Professur zu übertragen, gab ich die Zusage mit der Begründung, ich verspräche mir „von der Tätigkeit als Ordinarius der Kirchengeschichte eine größere pädagogische Wirkung" (Pflichtvorlesungen) und hoffte, mich meinem Spezialgebiet der Erforschung der Reformationsgeschichte intensiver widmen zu können. Die Ernennung erfolgte durch Kultusminister Fritz Holthoff erst am 9. März 1967.

Die Vorlesungstätigkeit machte mir bis zu meiner Emeritierung (1983) große Freude, über zu geringe Resonanz hatte ich nicht zu klagen. Auch die Zusammenarbeit mit meinen Assistenten und wissenschaftlichen Mitarbeitern war durchweg vorzüglich. Das Klima in der Fakultät, d.h. in den Gremien, besonders in der Fachbereichskonferenz und dem Fachbereichsrat, wurde um so unerträglicher, je mehr die Universität Gruppenuniversität wurde. Bald gab es kaum noch eine Entscheidung, die nicht – anstatt sachbezogen – nach politischen Gesichtspunkten getroffen wurde. Das brachte mich immer mehr dazu, meine Aktivitäten in den außeruniversitären Bereich zu verlagern. In der Diözese Münster übernahm ich den Vorsitz der Kommission für kirchliche Zeitgeschichte und der Ökumenischen Bistumskommission. Ich wurde in den Priesterrat gewählt und 1976 zum Domkapitular ernannt. Außerhalb der Diözese wurde ich Berater der Kommission für Ökumenische Fragen der Deutschen Bischofskonferenz, Mitglied des Vorstandes der Görres-Gesellschaft, des Wissenschaftlichen Beirates des Johann-Adam-Möhler-Instituts für Ökumenik in Paderborn und des Instituts für Europäische Geschichte, Abteilung für Abendländische Religionsgeschichte in Mainz.

Nach langjähriger Mitgliedschaft im Vorstand der Gesellschaft zur Herausgabe des Corpus Catholicorum wurde ich 1972 zu deren Erstem Vorsitzenden gewählt. Dank der Mitarbeit einer Reihe von Kollegen konnte neben einer größeren Anzahl von Monographien die Reihe der Editionen fortgeführt werden. Neben den Messopferschriften des Johannes Eck und Kaspar Schatzgeyers erschien das mit über 100 Auflagen am weitesten verbreitete „Handbuch" vortridentinischer Kontroverstheologie, das „Enchiridion locorum communium adversus Lutherum" von Eck in der vorbildlichen Bearbeitung von Pierre Fraenkel (Genf).

Rechtzeitig zum 450. Gedenkjahr des Augsburger Reichstages von 1530 erschien eine lange fällige Ausgabe der „Confutatio", der Gegenschrift zur „Confessio Augustana". Aus demselben Anlass veranstaltete die Gesellschaft zur Herausgabe des Corpus Catholicorum in Augsburg vom 3. bis 7. September 1979 ein internationales Symposion, an dem gut 100 Gelehrte des In- und Auslandes teilnahmen. Die Referate und Diskussionen sind in „Confessio Augustana und Confutatio. Der Augsburger Reichstag und die Einheit der Kirche" (Münster 1980) festgehalten und haben große Beachtung gefunden.

Im Januar 1971 wählte die Akademie der Wissenschaften und der Literatur in Mainz mich zu ihrem ordentlichen Mitglied. Abgesehen von der Ehre ist damit eine einzigartige Gelegenheit zum interdisziplinären Gespräch gegeben. Die Akademie umfasst in drei Klassen – der Mathematisch-Naturwissenschaftlichen, der Geistes- und Sozialwissenschaftlichen und der Klasse der Literatur – Vertreter aller Wissenschaften, die zu vierteljährlich stattfindenden Sitzungen von jeweils eineinhalb Tagen zusammenkommen. Die Vorträge werden im Plenum gehalten. So müssen die Vertreter der verschiedenen Disziplinen bemüht sein, sich den Hörern, die nicht Fachkollegen sind, verständlich zu machen, und diese müssen ihrerseits sich mit dem Vorgetragenen auseinandersetzen. Wenn das vielfach nicht gelingt, dann wird dabei zumindest das Elend unserer weitgehend isolierten und desintegrierten Einzelwissenschaft deutlich. Von mir wurde seitens der Akademie die Edition der Werke und Briefe des Bischofs Wilhelm Emmanuel von Ketteler erwartet. Dank des Einsatzes meiner Mitarbeiter sind die fünf umfangreichen Bände der Schriften Kettelers im Jahr 1985 vollständig erschienen. Die Ausgabe hat deutlich gemacht, dass Ketteler mit „Arbeiterbischof" nicht hinreichend charakterisiert ist. Er hat darüber hinaus große Bedeutung bekommen durch seinen Kampf um die Freiheit in einer pseudo-liberalen Gesellschaft und durch sein Bemühen, innerkirchlich das Verhältnis zwischen Papst und Bischofskollegium zu klären. Von den Briefen an und von Ketteler ist der erste Band erschienen; weitere drei bis vier werden folgen.

Somit fehlt es mir auch nach meiner Emeritierung – sie erfolgte am 31. Juli 1983 – nicht an Aufgaben. Meine Abschiedsvorlesung hatte zum Thema: „Die Reformationsgeschichte als Aufgabe des katholischen Kirchenhistorikers."

Soweit meine Kräfte es zulassen, möchte ich auf den hier gewiesenen Pfaden noch eine Strecke weitergehen.

B. Erwin Iserloh – ein „Moderner von (über)morgen"[1]

Barbara Hallensleben

„In Trier schadet der gute Wein der Wissenschaft" – Erwin Iserloh hatte eine ganze Kiste guten Mosel-Wein für den ausgesetzt, der ihm diesen angeblichen Ausspruch des Humanisten Erasmus von Rotterdam auch schriftlich belegte. Bis zu seinem Lebensende hat er diese Wette nicht einlösen müssen. Iserloh selbst war mit Erasmus offenbar nicht einverstanden: Der Wein, den er am Sonntag abend in der Münsteraner Domherrenkurie zur Recollectio mit dem Bischof anbot, stammte weiterhin von einem Weinbauern aus der Nähe von Trier. Auch in anderer Hinsicht lässt sich Iserloh geradezu als Widerpart des frühneuzeitlichen Humanisten charakterisieren: Erasmus galt ihm als Modell katholischer Mitschuld an der Kirchenspaltung – ja im weiteren Sinne als Typus des Versagens gegenüber den Herausforderungen der Geschichte: „Erasmus sieht zu klar das Falsche im Wahren und das Wahre im Falschen, um allzu bestimmt aufzutreten. Es ist ihm unheimlich in einer Zeit, die so unerbittlich auf Entscheidung drängt".[2] Er zaudert – bis es zu spät ist.

Erwin Iserloh war alles andere als „erasmianisch". Er war kein Zauderer. Hubert Jedin konnte über ihn sagen: „Erwin handelt erst und denkt dann." Von Kindesbeinen an prägte ihn die Erfahrung, dass man sich aus der Geschichte nicht heraushalten kann. Geboren am 15. Mai 1915 in Duisburg-Beeck als jüngster von drei Söhnen einer Lehrerfamilie, ging er, wie seine Eltern, keine Kompromisse mit der Nazi-Ideologie ein. Mehr als die Schule wurde der Jugendbund „Neudeutschland" sein Lebensraum, und die Wunden aus Handgemengen mit der Hitlerjugend zeigte er sein Leben lang stolz vor. Ihm als Klassenbestem wurde die Hochschulreife verweigert – ein „Sabbatjahr", in dem er sich um so engagierter als Jugendführer betätigte, bevor er 1935 endlich das Theologiestudium beginnen durfte. Das Dreigestirn der ihn prägenden Professoren – Peter Wust, Joseph Lortz und Michael Schmaus – zeichnet die Verbindung der Kirchengeschichte mit der Dogmatik und der philosophischen Reflexion über das eigene Tun und Denken vor, wie sie kennzeichnend für Iserlohs

---

[1] Vortrag am 25. Januar 2011 an der Theologischen Fakultät der Universität Trier; Erstveröffentlichung: Trierer Theologische Zeitschrift 120 (2011) 150–163.

[2] Erwin Iserloh, Geschichte und Theologie der Reformation im Grundriss, Paderborn ³1985, 67.

Werk wurde. Das erste Dissertationsprojekt, im fünften Semester begonnen, scheiterte vor seinem Beginn, weil Iserloh sich durch allzu kritische Worte über Kant mit dem Philosophen Peter Wust zerstritt. Kurz nach dieser Auseinandersetzung entdeckte er die Ausschreibung einer Preisarbeit „Der Kampf um die Messe in den ersten Jahren der Auseinandersetzung mit Luther" – machte sich an die Arbeit und gewann nicht nur den Preis, sondern auch den Zugang zu Joseph Lortz und damit den Weg zur Kirchengeschichte und zur Reformationsgeschichte.

1. Drei Grundfragen der eigenen Lebensgeschichte

Die Verbindung von zupackender Planung und Annahme der Zufälle des Lebens als zufallendes Geschick kennzeichnet Erwin Iserloh grundlegend. In den Lebenserinnerungen, die er 1987 in der Römischen Quartalschrift veröffentlichte, finden sich in den Abschnitten über die prägenden Jahre der Jugend und Ausbildung drei Fragezeichen, die als Fragen der eigenen Lebensgeschichte für Erwin Iserloh Grundfragen des kirchengeschichtlichen Arbeitens wurden:

1) Dem am 14. Juni 1940 geweihten Neupriester wurde die Freistellung zum Studium durch Bischof Clemens August von Galen zunächst verweigert. Als er bei seiner ersten Kaplanstelle ankam, teilten ihm die Haushälterin und dann auch der Pfarrer recht schroff mit, dass man auf seine Dienste verzichte, und schickten ihn ohne ausreichendes Fahrgeld umgehend zurück. Iserloh fügt an: *„Vielleicht sollte mir durch diese Verweigerung der Stelle klarwerden, dass man auf mich nicht gerade gewartet hatte, dass das Reich Gottes auf mich nicht angewiesen war?"*[3]

2) Gerade auf diesem Umweg erhielt Iserloh eine Seelsorgestelle am St.-Rochus-Hospital bei Telgte, die ihm genug Freiheit ließ, seine Dissertation vorzubereiten. Nach der erfolgreich verteidigten Arbeit über „Die Eucharistie in der Darstellung des Johann Eck" wurde Iserloh Präses der „Knabenerziehungsanstalt St. Josefshaus" bei Wettringen. Dort spielte er mit schwer erziehbaren Jungen Fußball und schaffte es zum allgemeinen Erstaunen, ihre Freude sogar am Religionsunterricht zu wecken. Zugleich führte er im Verborgenen die Arbeit des 1939 verbotenen Bund „Neudeutschland" weiter. Der Gestapo wurden Informationen über diese Arbeit zugetragen, und die Anklage auf Fortführung illegaler Verbände und Wehrkraftzersetzung konzentrierte sich auf Iserloh. Die Akte ist im

---

[3] Erwin Iserloh, Lebenserinnerungen, in: Römische Quartalschrift für christliche Altertumskunde und Kirchengeschichte 82 (1987) 15–43, hier: 19; im folgenden zitiert als: RQ + Seitenzahl.

Hauptstaatsarchiv Düsseldorf einsehbar.[4] Er selbst versicherte dem Bischof, er „hielte es für ehrenvoller, im Konzentrationslager umzukommen, als für das Großdeutsche Reich in Russland zu fallen"[5], doch Bischof Clemens August von Galen besorgte umgehend einen Stellungsbefehl, und Iserloh verbrachte die Kriegszeit als Sanitäter in Russland. Der erste Eindruck bei der Ankunft unweit von Leningrad war ein deutscher Soldatenfriedhof. Und wieder eine Frage: „*War es tröstlich oder erbitternd, hier festzustellen, dass dem NS-Regime, welches in der Heimat die Bekenner des Kreuzes verfolgte und das Kreuz aus den Schulen verbannte, hier nichts anderes einfiel, als auf den Gräbern der Gefallenen das Kreuz wiederum zu errichten?*"[6]

3) Die geschichtlichen Umstände bewahrten Iserloh davor, jemals einen Eid auf den Führer abzulegen oder einen scharfen Schuss abzugeben. Hingegen konnte er als Priester vielen Sterbenden beistehen. Als er selbst schwer verwundet wurde und kriechend einen Platz auf einer Fähre zur Bergung von Verwundeten zu erlangen suchte, begegnete ihm unerwartet „als ein Engel vom Himmel" sein Bruder Leo, der kurz darauf in der Schlacht um Berlin fiel. Hier wird die Frage zum Gebet: „*‚Wie unbegreiflich sind Deine Wege, o Herr!' Sollte er erst mich retten, bevor er selbst abberufen wurde? Weshalb mussten meine Brüder, die Frau und Kinder zurückließen, fallen, und ich blieb am Leben?*"[7]

Die drei Fragen der eigenen Lebensgeschichte wurden Grundfragen und Grundeinsichten für die Deutung der Kirchengeschichte: 1) Das Reich Gottes nimmt uns ganz in Anspruch, ohne auf uns angewiesen zu sein. 2) Im Zeichen des Kreuzes schwindet die Furcht vor allen Mächte und Mächtigen der Welt. 3) Es bleibt ein „Warum?", das sich letzter Erklärung entzieht, das aber – im Gebet vor Gott getragen – die Hoffnung auf Sinn in sich trägt.

2. Kirchengeschichte – eine theologische Wissenschaft

Diese mit großer Entschiedenheit vorgetragene und verteidigte Grundposition Iserlohs gewinnt auf dem Hintergrund seiner Lebenserfahrung einen neuen Klang. Als philosophisch geschulter Denker reflektierte Iserloh wiederholt sein Verständnis der Kirchengeschichte ausdrücklich und bezog sich dabei auf eine Theologie der Offenbarung, die der Kon-

---

[4] Hauptstaatsarchiv Düsseldorf, RW 58, Nr. 7272.
[5] RQ 22.
[6] Ebd.
[7] RQ 25.

stitution *Dei Verbum* des II. Vatikanischen Konzils entspricht.[8] Seine Position ist noch stärker geworden, seit die Naturwissenschaften, die er gemäß dem Dilthey'schen Begriffspaar von „erklären" und „verstehen" als Gegenbild zur Geschichtswissenschaft anführt[9], den Anspruch vollständigen Erklärens aufgegeben haben und um den Interpretationsbedarf ihrer Daten wissen, seit die Postmoderne die Einheit der Geschichte zugunsten eines beziehungslosen Nebeneinander von Geschichten preisgibt. Die theologische Sicht der Geschichte dispensiert den Kirchenhistoriker nicht von der sorgfältigen Quellenarbeit – im Gegenteil: die vorurteilsfreie Bindung an die Quellen wird um so stärker, weil alle noch so unscheinbaren Ereignisse im heilsgeschichtlichen Horizont ihre unverlierbare Kostbarkeit erhalten. „Gott braucht unsere Lügen nicht" – Iserloh zitierte unter diesem Motto gern das Schuldbekenntnis Papst Hadrians VI. in Nürnberg 1522/23, das angesichts der Reformation die Katholische Reform einleitete.[10]

Besonderen Eindruck machte auf die Studierenden Iserlohs Betonung der Offenheit der Geschichte nach vorn. „Die Vergangenheit wirkt nicht nur auf die Gegenwart, wir sind nicht nur von ihr betroffen, sondern umgekehrt ist sie uns auch aufgetragen".[11] Dies gilt für Iserloh nicht nur intellektuell, sondern gleichsam ontologisch, und wiederum wird seine eigene Lebenserfahrung ihm zum Ernstfall: „Der 30. Januar 1933 und die folgenden Ereignisse sind für uns Deutsche und für die Welt bittere Tatsachen, und wir können sie nicht ungeschehen machen. Aber wer wollte sagen, dass sie abgeschlossen sind? Ob die Schuld zu einer *felix culpa* wird oder zu der Tat, die fortzeugend Böses muss gebären, das hängt von uns und von den nachfolgenden Generationen ab ...".[12] Stärker hat es nur der russische Religionsphilosoph Nikolai Fjodorov im 19. Jahrhundert ausgedrückt, als er „die Auferweckung der Väter durch die Söhne", der Eltern durch die Kinder als das gemeinsame geschichtliche Werk der Menschheit bezeichnete.[13] So ging Iserloh nicht zuletzt mit der

---

[8] Vgl. Erwin Iserloh, Kirchengeschichte – eine theologische Wissenschaft, in: ders., Kirche – Ereignis und Institution. Aufsätze und Vorträge, Bd. I: Kirchengeschichte als Theologie, Münster 1985, 1–29.
[9] Vgl. ebd. 2.
[10] Vgl. Handbuch der Kirchengeschichte, Bd. IV: Reformation, Katholische Reform und Gegenreformation, hg. von Erwin Iserloh / Josef Glazik / Hubert Jedin, Freiburg – Basel – Wien (1967) ²1975, 109–112.
[11] Erwin Iserloh, Kirchengeschichte – eine theologische Wissenschaft, a.a.O., 5.
[12] Ebd. 6.
[13] Vgl. Michael Hagemeister, Nikolaj Fedorov. Studien zu Leben, Werk und Wirkung, München 1989.

Reformationsgeschichte um: Sein Anliegen war die Auferweckung der Kirchenreform aus der Tragödie der Kirchenspaltung. Letztlich wollte er nicht Recht behalten oder eine katholische Position durchzusetzen, sondern die Brüche der Geschichte in einen größeren, eschatologischen Sinnzusammenhang zu stellen und in dieser Perspektive Umkehr und Versöhnung ermöglichen.

In diesem Sinne übertrug er gern das Gleichnis vom verlorenen Sohn, besser: von den beiden verlorenen Söhnen, noch besser: vom barmherzigen Vater, auf die getrennten Christen der Westkirche: Mag sein, dass die reformatorischen Gemeinschaften dem Sohn entsprechen, der aus dem Vaterhaus weggelaufen ist – doch erweist sich nicht der zu Hause gebliebene Sohn, in dem die katholische Kirche gesehen werden kann, als weit verlorener? Er vermag die Güte des Vaters und dessen überschwängliche Freude über die Rückkehr des Bruders nicht nachzuvollziehen und hat mitten im Vaterhaus den Geist des Vaters nicht in sich aufgenommen. Die Umkehr betrifft beide Söhne, „Rückkehrökumene" bedeutet für Iserloh die gemeinsame Bekehrung zur barmherzigen Liebe Gottes, die mitten in der Geschichte ihre Kraft in der Ohnmacht der Menschen erweist.

Diese Einstellung zur Kirchengeschichte wird zur methodischen Herausforderung auch in der Darstellung von Leben und Werk von Erwin Iserloh. Vor dieser Aufgabe bin ich bei der Einladung aus Trier spontan zurückgeschreckt und habe sie doch fast im selben Moment freudig angenommen. Von meinem zweiten Studienjahr an bis zum Doktorat habe ich in der Domherrenwohnung von Erwin Iserloh gewohnt und seinen Lebens- und Arbeitsrhythmus geteilt, auch an der Universität als wissenschaftliche Hilfskraft, dann als Assistentin. Im Stillen hatte ich beschlossen, nie „über" Iserloh zu sprechen oder zu schreiben. Nun bin ich dankbar, dass Sie – und auch das herannahende Reformationsgedenken 2017 – diesen Vorsatz zum Wanken bringen. Eine Folge der Trierer Initiative ist die Vorbereitung einer Erwin-Iserloh-Homepage, auf der vor allem die reformationsgeschichtlichen Forschungsergebnisse einer breiten Öffentlichkeit zur Verfügung stehen werden.[14] Nach meiner Berufung an die Universität Fribourg Schweiz habe ich Iserlohs reformationsgeschichtliche Forschungsbibliothek mit meinem Anfangskredit auf abenteuerlichen Wegen nach Fribourg geholt, wo sie nun unter seinem Namen katalogisiert ist. Im Rahmen des Fribourger „Instituts für Ökumenische Studien" musste ich zunächst lernen, dass die reformierte Welt der Schweiz an Lutherforschung wenig Interesse zeigt. Doch in der Arbeit im reformier-

---

[14] http://www.unifr.ch/iso/de/projekte/erwin-iserloh

ten Umfeld und in der Öffnung für die Zusammenarbeit mit der orthodoxen Welt hoffe ich Iserlohs Einsatz für die Einheit der Kirche treu geblieben zu sein. Wie gern würde ich ihn einladen, wenn wir am 25. März den Russischen Orthodoxen Metropoliten Hilarion Alfeyev zum Titularprofessor der Fakultät ernennen werden.

3. Iserlohs Wirken in Trier

Seinen ersten Lehrstuhl erhielt Iserloh 1954 hier an der Theologischen Fakultät in Trier, wo er zehn Jahre lang als Professor für die Kirchengeschichte des Mittelalters und der Neuzeit wirkte. Bei seiner Ankunft galt er als so „modern", dass der Bischof ihm mit der Lehrerlaubnis die römische Mahnung übermittelte, er solle sich „einer weniger kritischen Art befleißigen".[15] Wie an allen Stätten seines Wirkens ließ Iserloh sich in Trier auf die Aufgaben vor Ort ein. Seine Bibliographie zeigt, dass er vom ersten bis zum letzten Trierer Jahr regelmäßig in der Trierer Theologischen Zeitschrift publizierte. Er wohnte mit anderen Professoren und Studenten im Rudolfinum, was offenbar von der Seminarleitung damals nicht ungeteilt geschätzt wurde. „Es lag nahe, dass gerade Studenten, die Schwierigkeiten bezüglich ihres Berufs hatten oder sich mit der Hausleitung rieben, das Gespräch mit einem Professor suchten und nach den Mahlzeiten den Rundgang ums Haus nutzten, um ihre Schwierigkeiten zu besprechen. Mancher Student stand faktisch schon außerhalb des Seminars, ihn konnte und durfte man nicht halten; es galt aber, ihm zu helfen, ohne Ressentiments auszuscheiden".[16]

1) Als 1959 anlässlich der Ausstellung des Heiligen Rockes die Frage nach der Echtheit der Reliquie aufkam, erwartete man von dem Kirchenhistoriker eine klärende Stellungnahme. Iserloh reagierte als Wissenschaftler und Seelsorger zugleich: Einerseits zog er die materielle Identität mit dem ungeteilten Leibrock Christi aufgrund der Quellen in Zweifel, andererseits plädierte er entschieden für den tiefen Sinn der Wallfahrt angesichts der Qualität des Heiligen Rockes als Berührungsreliquie und als Sinnbild der einheitstiftenden Kraft des Leidens Christi. „Mir kam es darauf an, kritischen Christen, vor allem Lehrern und Priestern, die von Berufs wegen die Wallfahrt mitmachen mussten, zu ermöglichen, es mit gutem Gewissen und ohne Augurenlächeln zu tun".[17] Der Dank war groß: Kardinal Döpfner bescheinigte Iserloh, seine Deutung des Heiligen Rockes habe es ihm „ermöglicht, die Wallfahrt guten Gewissens mitzu-

---

[15] RQ 36.
[16] Ebd.
[17] RQ 38.

machen und seine Diözesanen dazu einzuladen".[18] Der entsprechende Aufsatz erschien übrigens nicht in der „Trierer Theologischen Zeitschrift", sondern in der Jesuitenzeitschrift „Geist und Leben".[19] Die Veröffentlichung in Trier wurde offenbar als nicht opportun erachtet.

2) „Der Thesenanschlag fand nicht statt" – diese wohl bekannteste These Iserlohs, die er auf Anregung seines Freundes Konrad Repgen[20] entwickelte und entschieden vertrat, stammt ebenfalls aus der Trierer Zeit des Kirchenhistorikers.[21] Mit ihr schaffte er den Sprung in den „Spiegel" und in profanwissenschaftliche Debatten – wie wohl kaum einer seiner Kollegen in der Theologie. Der Fund einer handschriftlichen Notiz von Georg Rörer über den Thesenanschlag im März 2007 stiftete keine größere Klarheit, sondern erneuerte die Kontroverse.[22] Martin Treu sieht in dem Text einen Beleg für die Authentizität des Thesenanschlags, Volker Leppin einen weiteren Mosaikstein der Legendenbildung. So ist es nur folgerichtig, dass sich bei einer Arbeitstagung am 26./27. Oktober 2007 in Wittenberg die Untersuchung auf die Frage verschob: Weshalb die starke öffentliche Aufmerksamkeit für eine ereignisgeschichtliche Detailfrage? Reinhardt Brandt kommt zu dem Schluss: „Die öffentliche Aufmerksamkeit ... galt und gilt ... einem Symbol, dem Thesen*anschlag* (nicht den 95 Thesen selbst) als einer Symbolhandlung. Öffentlich wirksam wurde die historische Kritik als *Depotenzierung der Macht eines Symbols*".[23] Ihre Symbolqualität für das Verhältnis von Kirchenreform und Reformation wird die Frage nach der Historizität des Thesenanschlags wohl behalten. Hat Iserloh recht, dann gilt, „dass Luther nicht in Verwegenheit auf einen Bruch mit der Kirche hingesteuert ist, sondern eher absichtslos zum Reformator wurde. Allerdings trifft dann die zuständigen Bischöfe noch größere Verantwortung. Denn dann hat Luther den Bischöfen Zeit gelassen, religiös-seelsorglich zu reagieren".[24] Da Iserloh

---

[18] Ebd.
[19] Erwin Iserloh, Der Heilige Rock und die Wallfahrt nach Trier, in: Geist und Leben 32 (1959) 271–279.
[20] Vgl. den Nachruf: Konrad Repgen, In memoriam Erwin Iserloh (1915–1996), in: Historisches Jahrbuch der Görres-Gesellschaft 117 (1997) 255–270.
[21] Erwin Iserloh, Luthers Thesenanschlag. Tatsache oder Legende?, in: TThZ 70 (1961) 303–312; als eigenständige Veröffentlichung unter demselben Titel: Wiesbaden 1962.
[22] Vgl. Joachim Ott / Martin Treu (Hg.), Luthers Thesenanschlag – Faktum oder Fiktion (Schriften der Stiftung Luthergedenkstätten in Sachsen-Anhalt, 9), Leipzig 2008; vgl. unten den Beitrag von Volker Leppin: 239–245.
[23] Ebd. 138.
[24] RQ 39.

sich im wesentlichen auf die Selbstaussagen Luthers beruft, wirkt bis heute das Erstaunen einer Göttinger Diskussion der 60er Jahre nach, „dass der katholische Redner [Iserloh] für die Ehrlichkeit Luthers eingetreten sei, während der evangelische Partner so leichthin eine Lüge Luthers in Kauf genommen habe".[25]

3) In einem weiteren Fall wurde Iserloh in Trier aus kirchengeschichtlicher Kompetenz in einer Frage des kirchlichen Lebens tätig: Am 14. Februar 1961 hatte die Ritenkongregation die Revision der Eigenfeste der Diözesen angeordnet. Das beliebte Fest und Patronat des Werner von Oberwesel (18. April) entfiel bei dieser Reform. Iserloh machte mit der gewohnten sorgsamen Analyse der Quellen die Unhaltbarkeit der Überlieferung auf dem Hintergrund der verhängnisvollen Legenden über Ritualmorde an christlichen Kindern durch Juden und über Hostienschändung deutlich. Er schloss sich der Überzeugung an: „An dieser Stelle solle man lieber derer gedenken, die die Märtyrer der verhängnisvollen Legende geworden seien, solle man sich der vielen Juden erinnern, die unschuldig Opfer des Antisemitismus geworden, der die Legende zum Vorwand für seinen Hass genommen habe".[26] Sein Vorschlag einer Transformation der Wernerkapelle in Bacharach zu einem Mahnmal ist heute verwirklicht.

4) Von Trier aus übernahm Iserloh seit dem Wintersemester 1961/62 zusätzlich an der Universität Saarbrücken einen dreistündigen Lehrauftrag, der der Lehrerausbildung diente. „Das war sehr anstrengend, aber auch sehr anregend", lautet sein Kommentar, „weil man sich auf eine andere Mentalität einzustellen hatte".[27]

4. Reformata reformanda – die Kirche als Mitte der Berufung

Erwin Iserloh verließ Trier nicht wegen des (zu) guten Weins. Es zog ihn zurück in sein Heimatbistum. 1964 wurde er als Professor für Ökumenische Theologie nach Münster berufen, 1967 wechselte er auf den dortigen Lehrstuhl für Mittlere und Neuere Kirchengeschichte. Der Schwerpunkt seines Arbeitens war und blieb die Kirchengeschichte, insofern die Mitte seiner Berufung die Kirche war. „Persönlichkeit und Gemeinschaft im religiösen Leben" – so lautet der Titel des Aufsatzes aus dem Gemen-

---

[25] Ebd.
[26] Erwin Iserloh, Werner von Oberwesel. Zur Tilgung seines Festes im Trierer Kalender, in: TThZ 72 (1963) 270–285; wieder abgedruckt in: Erwin Iserloh, Kirche – Ereignis und Institution. Aufsätze und Vorträge, Bd. I: Kirchengeschichte als Theologie, Münster 1985, 95–110, hier: 110.
[27] RQ 40.

Werkheft des Bundes Neudeutschland im Jahr 1947[28], der nicht nur chronologisch den Auftakt zur Sammlung seiner persönlichen Publikationen bildet. Echte Gemeinschaft als Alternative zu Individualismus und Kollektivismus – mit diesem Plädoyer greift Iserloh wiederum auf Erfahrungen der Jugendbewegung und der Liturgischen Bewegung zurück. Entsprechend scharf fällt die Auseinandersetzung mit Karl Rahner aus, der ein Jahr zuvor in einem Aufsatz „Der Einzelne in der Kirche" in „Stimmen der Zeit" zwischen der Kirche als Rechtsgemeinschaft und dem „grundsätzlich privaten religiösen Leben" unterschieden hatte.[29] Iserloh entwirft demgegenüber eine Anthropologie, die dem II. Vatikanischen Konzil Ehre macht: „Der Mensch ist in jeder Hinsicht auf die Gemeinschaft hingeordnet, ja er ist ein Wesen in Gemeinschaft, nicht nur in den peripheren Schichten seines Seins, sondern gerade in der Tiefenschicht seine Person, hier wieder besonders im Bereich des Gnadenlebens. Das Leben des Menschen muss also notwendig verkümmern, wenn er versuchen wollte, sich zu isolieren, sich auf sich selbst zurückzuziehen".[30]

In dieser Sicht der *anima naturaliter ecclesiastica* kommunizieren mehr oder weniger sichtbar alle großen Linien seiner Lehre und Forschung mit seinem Engagement für die Einheit der Kirche. Nicht konfessionelle Streitigkeiten interessierten ihn, sondern die gelungene Gestalt menschlicher Gemeinschaft, in der Kirche wie im menschlichen Gemeinwesen überhaupt. Deshalb reagierte er besonders allergisch auf die protestantische Lehre von der unsichtbaren Kirche und sah – mit Kardinal Cajetan[31] und wie Paul Hacker[32] – in der Lehre von der Heilsgewissheit die Versuchung einer individualistischen Selbstvergewisserung, die den Glauben als Gnadengeschenk in ein *opus humanum* verkehrt. In Münster gewann die Erforschung der Reformationsgeschichte immer größere, wenn auch nie exklusive Bedeutung in Iserlohs theologischer Arbeit. Im Band IV des

---

[28] Erwin Iserloh, Persönlichkeit und Gemeinschaft im religiösen Leben, in: Gemen-Werkheft. Das Leben in Gott in seiner Bedeutung und Verwirklichung als religiöses Leben. Berichte von der Werkwoche der Neudeutschen Studentengemeinschaft Münster i.W. auf der Burg Gemen vom 14. bis 21. März 1947, 30–37.

[29] Karl Rahner, Der Einzelne in der Kirche, in: Stimmen der Zeit 130 (1946) 260–276.

[30] Erwin Iserloh, Persönlichkeit und Gemeinschaft, a.a.O., 34.

[31] Vgl. Barbara Hallensleben, „Das heißt eine neue Kirche bauen". Kardinal Cajetans Antwort auf die reformatorische Lehre von der Rechtfertigungsgewissheit: Catholica 39 (1985) 217–239.

[32] Vgl. Paul Hacker, Das Ich im Glauben bei Martin Luther, Graz – Wien – Köln 1966.

Handbuchs der Kirchengeschichte[33] und im dem Lehrbuch „Geschichte und Theologie der Reformation im Grundriss"[34] erarbeitete er zwei Standardwerke, die nachhaltig Forschung und Lehre prägten und prägen werden. Zu meiner großen Freude habe ich entdeckt, dass dieses Lehrbuch und die zweibändige Aufsatzsammlung, die zu Iserlohs 70. Geburtstag unter dem Titel „Kirche – Ereignis und Institution" veröffentlicht wurde, weiterhin lieferbar sind. Band II vereinigt die wichtigsten Aufsätze über die Anfänge der Reformation, Luthers Theologie in katholischer Sicht, zur neueren Luther-Forschung, zum Augsburger Reichstag 1530, zu anderen Reformatoren und katholischen Kontroverstheologen, insbesondere zur Eucharistie als Sakrament der Einheit und zu Perspektiven der Ökumenischen Bewegung. Nach jüngsten Auskünften des Aschendorff Verlages warten 134 Exemplare auf eine Bestellung!

Zu den wissenschaftlichen Aufgaben gesellten sich mehr und mehr weitere Verpflichtungen, die viel Zeit und Kraft in Anspruch nahmen, vor allem seit Iserlohs Ernennung zum residierenden Domkapitular 1976 durch Bischof Reinhard Lettmann: im Bistum Münster der Vorsitz der Kommission für kirchliche Zeitgeschichte sowie der Ökumene-Kommission, und auch die Deutsche Bischofskonferenz ernannte ihn zum Berater der Kommission für ökumenische Fragen. In der Görres-Gesellschaft wirkte er im Vorstand mit, im Johann-Adam-Möhler-Institut in Paderborn sowie im Institut für Europäische Geschichte wurde er in den Wissenschaftlichen Beirat berufen. 1971 wählte ihn die Akademie der Wissenschaften und der Literatur in Mainz zum ordentlichen Mitglied, 1972 übernahm er den Vorsitz der Gesellschaft zur Herausgabe des Corpus Catholicorum, der Schriften katholischer Kontroverstheologen. 1972–1975 war er Mitglied der Gemeinsamen Synode der deutschen Bistümer, viele Jahre lang leitete er die Rezensionszeitschrift „Theologische Revue" und wirkte als Herausgeber an weiteren Werken und Zeitschriften mit. Große Tagungen zum 450. Jubiläum des Augsburger Reichstages von 1530 im Jahr 1980 und zum 500. Geburtstag von Johannes Eck im Jahre 1986 begleiteten seine wissenschaftliche Arbeit. Ehrenvoll war für ihn die Aufgabe, als erster Katholik auf dem Dritten Internationalen Kongress für Lutherforschung einen Vortrag zu halten, für den er das Thema „Luther und die Mystik" wählte. Während des folgenden Kongresses wurde ihm

---

[33] Handbuch der Kirchengeschichte, Bd. IV: Reformation, Katholische Reform und Gegenreformation, hg. von Erwin Iserloh / Josef Glazik / Hubert Jedin, Freiburg – Basel – Wien (1967) ²1975.

[34] Erwin Iserloh, Geschichte und Theologie der Reformation im Grundriss, Paderborn 1980 und weitere Auflagen.

1971 die philosophische Ehrendoktorwürde der Saint Louis University verliehen. 1986 wurde er mit dem Bundesverdienstkreuz geehrt. Er war sich aber auch nicht zu schade, Einladungen aus Gemeinden und Erwachsenbildungshäusern anzunehmen und geduldig zu antworten, wenn nach einem Vortrag über die Ursachen der Reformation die Frage lautete, ob man sich heute noch unter gregorianischen Chorälen beerdigen lassen dürfe ...

Iserlohs großer Einsatz für die Ausgabe der Werke und Briefe des Mainzer Bischofs Wilhelm Emmanuel von Ketteler[35], dessen 200. Geburtstag wir in diesem Jahr begehen, fügt sich in sein Gesamtwerk durchaus konsequent ein: Die soziale Frage war für ihn gleichsam die Wendung seiner kirchlichen Berufung zur Sendung in die politische Welt. In der Übergangszeit zwischen Habilitation und Berufung nach Trier leitete er für ein Jahr das Franz-Hitze-Haus, die Soziale Bildungsstätte der Diözese Münster, und gab der noch profillosen Einrichtung eine nachhaltige Prägung. Sowohl in seinem kirchengeschichtlichen Arbeiten als auch bei seiner Wahrnehmung der kirchlichen und gesellschaftlichen Gegenwart hatte Iserloh eine wache Aufmerksamkeit für politische Vorgänge und weltweite Entwicklungen. 1971 brach er aus eigenem Antrieb zu einem pastoralen Einsatz in Afrika auf. Im Flur seiner Wohnung hing an markanter Stelle ein Foto, das ihn bei der Taufe afrikanischer Kinder zeigt.

5. *Reformatus reformandus –*
Theologie in lebensgeschichtlicher Bewährung

Reformata Reformanda lautet der Titel der Festschrift für Hubert Jedin, den Bonner Kirchenhistoriker, bei dem Iserloh sich habilitiert hatte.[36] Die Formulierung nimmt die Aussage aus der Dogmatischen Konstitution des II. Vatikanischen Konzils über die Kirche als *sancta simul et semper purificanda*, heilig und stets der Reinigung bedürftig, auf (*Lumen Gentium* 8) und verbindet sie mit dem Gedanken der Kirchenreform. *Reformatus Reformandus* heißt eine Anti-Festschrift, die Iserlohs Mitarbeiterinnen zu seinem 65. Geburtstag 1980 in streng limitierter Auflage zusammenstellten. Diese Variation gilt dem akademischen Lehrer, dem Chef und schlicht dem Menschen Erwin Iserloh, der gern zuließ, dass man über

---

[35] Wilhelm Emmanuel Freiherr von Ketteler, Sämtliche Werke und Briefe, hg. im Auftrag der Akademie der Wissenschaften und der Literatur in Mainz von Erwin Iserloh, Abt. I: Schriften, Aufsätze und Reden, 5 Bände, Mainz 1977–1985; Abt. II: Briefwechsel und öffentliche Erklärungen 1850–1854, Mainz 1984–2001.

[36] Erwin Iserloh / Konrad Repgen (Hg.), Reformata reformanda. Festgabe für Hubert Jedin zum 17. Juni 1965, 2 Bände, Münster 1965 (mit Bibliographie).

seine Ecken und Kanten liebevoll scherzte, wusste er selbst doch im Grunde, was er anderen manchmal zumutete und wie sehr er auf Hilfe und einfach auf menschliches Verständnis angewiesen war. Als er einmal im Kreis von Studierenden erklärte: „Ich komme vom Niederrhein, und so verbinde ich die Festigkeit des Westfalen mit der Ausgelassenheit des Rheinländers" – antwortete ein schlagfertiger Student: „Man könnte auch sagen: die Sturheit des Westfalen mit der Unbeherrschtheit des Rheinländers." „Unsere Tugenden sind die guten Seiten unserer schlechten Eigenschaften – und unsere Laster sind die schlechten Seiten unserer guten Eigenschaften", so lauteten die beiden psychologischen Regeln, die Iserloh für hinreichend im Umgang mit sich selbst und anderen hielt, während ihm Psychologen im übrigen als „feindselige Tiefseetaucher der menschlichen Seele" galten.

Erwin Iserloh setzte sein Leben stets der Welt aus, in die es ihn verschlug. An jeder Stelle legte er Wert darauf, in einer Gemeinde regelmäßig die Heilige Messe zu feiern, ab 1976 früh morgens im Dom mit der Verpflichtung, ab und zu am Sonntag das feierliche Hochamt zu halten und zu predigen. Dass er stets ein Zimmer zur Untermiete an einen Studenten oder eine Studentin vermietete, geschah einerseits in der Hoffnung, im Dialog mit Entwicklungen der Theologie und Fragen der nächsten Generation zu bleiben, zugleich zeigte sich darin die Bereitschaft, Anteil zu geben an seinem Leben, seinen Erfahrungen, seinen theologischen Einsichten, seiner Bibliothek. In diesem Leben gab es eine ruhige, disziplinierte Ordnung, gewährleistet durch die Haushälterin, es gab Rhythmen und Gewohnheiten, die Begegnungen ermöglichten und strukturierten. Abends um 22 Uhr gehörte die gemeinsame Vesper zum Tagesabschluss, meist gefolgt durch ein Gläschen Trierer Wein. Am Samstag nachmittag gab es, wenn die Aufgaben es zuließen, einen kleinen Spaziergang um den Aasee, am Sonntag nachmittag nach der Vesper im Dom einen größeren Ausflug, z.B. in die Baumberge. Einmal im Semester wurden die Seminarteilnehmer eingeladen, dann verschenkte Iserloh großzügig Sonderdrucke und Dubletten aus der Bibliothek. Mit dem Ausspruch „Mutter mach's Licht aus, meine Gäste wollen gehen", kündigte sich der Abschluss solcher Abende an. Einmal im Jahr stellte sein Schulfreund Fred Quecke dem Professor sein Ferienhaus am Lago Maggiore zur Verfügung, in das acht bis zehn Studierende mitgenommen wurden. Gemeinsame Bibellektüre, Ausflüge bis nach Mailand, tägliche Heilige Messe, manchmal mit Predigtübungen, gehörten zum pädagogischen Programm. Einkäufe und Kochen übernahm der Professor gern und gut selbst, die Nacharbeiten zur Reinigung der Küche erforderten die vereinten Kräfte aller Gäste. Die Ferienzeit mit einem kleineren Kreis von

Assistenten wurde ebenfalls teilweise am Lago Maggiore verbracht mit einer guten Mischung aus Erholung und Studienzeit.

Auch für Studierende und Kollegen, die nicht zu diesem engeren Kreis gehörten, war Erwin Iserloh der engagierte akademische Lehrer. Was ihm wichtig war, wollte er vermitteln und zumindest ernstgenommen wissen. Dabei konnte er sich in einen großen Kämpfer vor dem Herrn verwandeln, und die energische Einleitung „Aber entschuldigen Sie mal!", zeigte meist, dass er jetzt keine Entschuldigung mehr gelten lassen wollte. Solch ein urgewaltiger Ausbruch konnte viele verschrecken, war aber nie persönlich gemeint und wich erquickender Frische nach solch plötzlichem Gewitter. Wirklich zornig machte ihn nicht der sachliche Widerspruch, den er schätzte und dem er Anerkennung zollte, sondern nur der Mangel an Sorgfalt, Wissen und Ehrlichkeit. Freunden und allen gegenüber, für die er irgendeine Verantwortung trug, war er unbedingt treu. „Ich leg' mich ja gern krumm, wenn's Ihnen nur gut geht", war einer seiner „Sprüche", die eben mehr waren als Sprüche.

Unter der rauen Schale war immer wieder das weiche Herz zu spüren – und nicht zuletzt auch die Bescheidenheit, in der er eben wusste: Das Reich Gottes ist nicht auf mich angewiesen. So sehr Iserloh geneigt war, Ja zu sagen, wenn er um etwas gebeten wurde, was in seiner Macht und seinem Aufgabenbereich lag, so hat er doch mehrfach klar, ruhig und spontan ehrenvolle Angebote abgewiesen, die ihn nach seiner Selbsteinschätzung überfordert hätten oder einfach nicht zu seiner Berufung gehörten, so etwa die Leitung der Bruderschaft der Canisianer 1945, die Berufung auf den Romano-Guardini-Lehrstuhl in Berlin 1955, eine Berufung nach Würzburg 1966. Er rieb sich nicht selten an den Grenzen von Raum und Zeit, wenn er wieder einmal in letzter Minute zu einem Vortrag aufbrach und von den armen Chauffeuren die Übertretung aller Verkehrsregeln erwartete, um doch noch pünktlich zu kommen – aber er kannte und anerkannte Grenzen, die nicht mehr zu überwinden waren.

6. *Herr, ich danke Dir, dass Du mich so gefesselt hast ...*
Krankheit und Tod

Sein Glaube bedeutete für Iserloh Ergebung in die Endlichkeit, lebenslang eingeübt. Gerade in seiner Lebensfreude und seinem Gestaltungswillen war er ein Meister der *ars moriendi*. So nahm er auch den langwierigen, schmerzhaften Abschied von seiner Schaffenskraft an, die seinen Lebensraum und seine Kommunikationsmöglichkeiten zunehmend einschränkten, bis ihn die erblich bedingte Krankheit schließlich von ständiger Pflege abhängig machte.

„Herr, ich danke Dir, dass Du mich so gefesselt hast ..." In der ersten Szene des Romans „Der seidene Schuh" legt Paul Claudel dem Jesuitenpater, der an das Kreuz des Mastbaums gefesselt auf offener See dem Tod entgegentreibt, diese Worte in den Mund und lässt ihn sprechen von „denen, die sich nicht anders retten können, als indem sie das ganze Gewimmel miterlösen, das, in ihrem Gefolge, durch sie Gestalt gewinnt".[37] „Selbstheiligung durch Apostolat", hieß diese theologische Figur in Iserlohs Vorlesung über die Kennzeichen der nachtridentinischen Kirche, die er gern an Berufung und Sendung der Jesuiten exemplifizierte, aber auf die christliche Berufung als solche bezog.[38] Als Erwin Iserloh mir nach meinem ersten Studiensemester anlässlich eines Vortrags in meiner Heimatstadt Braunschweig – es war auf dem Platz vor der Burg Heinrichs des Löwen – erzählte, dass dieses Wort Claudels viel für ihn bedeute, konnte er nicht wissen, wie er selbst es würde einlösen müssen, sogar ohne es noch aussprechen zu können.

Erwin Iserloh starb am Morgen des Weißen Sonntags 1996, im Jahr der Heilig-Rock-Wallfahrt in Trier, und er wurde auf dem Domherrenfriedhof am Dom zu Münster im Innenhof des Kreuzgangs beerdigt – zur gleichen Zeit, als im Trierer Dom der Heilige Rock ausgestellt war. Seine Anstecknadel von der Heilig-Rock-Wallfahrt 1959 hatte er über alle Umzüge hinweg gerettet – und das will bei den zahllosen Suchaktionen, die zu jeder Zeit in seiner Umgebung nötig wurden, viel heißen. Der Trierer Heilige Rock – „Bild Christi und erhabenes Zeichen der Einheit der Kirche" (Johannes XXIII.) – steht versöhnlich und verheißungsvoll über Erwin Iserlohs Leben.

7. Der Moderne von (über)morgen ...

Der Tod hat im Leben der Christen nicht das letzte Wort. Wie für Bonhoeffer, so galt auch für Iserloh: „Die letzte verantwortliche Frage ist nicht, wie ich mich heroisch aus der Affäre ziehe, sondern wie eine kommende Generation weiterleben soll".[39] Iserloh schätzte sehr das Buch von Walter Dirks: Die Antwort der Mönche.[40] Dirks zeigt, wie die verschie-

---

[37] Paul Claudel, Der seidene Schuh – oder: Das Schlimmste trifft nicht immer zu, übersetzt von Hans Urs von Balthasar, Salzburg 3. deutsche Auflage 1948, 19.
[38] Vgl. Erwin Iserloh, Der Gestaltwandel der Kirche – Vom Konzil von Trient zum Vatikanum II, in: ders., Kirche – Ereignis und Institution. Aufsätze und Vorträge, Bd. I: Kirchengeschichte als Theologie, Münster 1985, 388–404, 395f.
[39] Widerstand und Ergebung, Gütersloh ^{15}1994, 14 (aus: Nach zehn Jahren. Rechenschaft an der Wende zum Jahr 1943).
[40] Walter Dirks, Die Antwort der Mönche, Frankfurt ^{2}1953.

nen Berufungsgestalten des Ordenslebens und Stile christlicher Heiligkeit im allgemeinen nicht allein als Frömmigkeitsstile zu bewerten sind, sondern als Antwort auf die jeweiligen Anfragen, die eine Zeit in sich birgt. Der Autor formuliert in seiner Einleitung, worauf es ihm ankommt: „dass Gott der Heiligen bedarf – der kanonisierten und der gewöhnlichen, nämlich der Christen –, um nicht nur die Kirchengeschichte, sondern auch die Weltgeschichte richtig geschehen zu lassen. (Was freilich nicht bedeutet, dass die Weltgeschichte je ‚richtig' geschehen wäre)".[41] Iserloh pflegte es noch einfacher zu sagen: Es geht darum, das zu tun, was kein anderer tut.

Dieses schlichte Motto aus tiefster Glaubensüberzeugung leitete ihn in seinen alltäglichen Optionen in Lehre und Forschung, im fakultätspolitischen Disput, der sich in seinen Münsteraner Jahren mit der kontroversen Rezeption des II. Vatikanischen Konzils verband und nicht selten äußerst polemisch ausfiel. An der Theologischen Fakultät in Münster hatte Iserloh es nicht leicht. Als überzeugter Anhänger des II. Vatikanischen Konzils war er der unbequeme Mahner, der nicht einsah, warum man als lästigen Ballast abwerfen sollte, was er als lebenskräftige kirchliche Tradition erfuhr. Er tat ganz einfach, was kaum ein anderer tat – *nec laudibus, nec timore*, unbeirrt durch Lob oder Menschenfurcht, wie das Motto seines früheren Bischofs Clemens August von Galen lautete: Er hielt den Weg offen für eine neue theologische Synthese, die zu formulieren der ganzen Generation – vielleicht bis heute – nicht gegeben war. Wer hier eine kirchenpolitische Wende diagnostizieren möchte, hat die tiefere Kontinuität seiner geistigen Beweglichkeit offenbar nicht bemerkt. „Ich bin der Moderne von übermorgen", pflegte Iserloh zu sagen, wenn er seinen Humor wiedergefunden hatte – vielleicht schon der Moderne von morgen?

---

[41] Ebd. 6.

C. Der Thesenanschlag fand nicht statt[1]

Erwin Iserloh

I. Zum Ablass-Streit

Papst Julius II. hatte 1505 mit dem Neubau der Peterskirche begonnen und wie üblich zur Finanzierung dieses gewaltigen Bauwerkes 1507 einen vollkommenen Ablass ausgeschrieben. Diesen hatte Leo X. (1513–1521) erneuert. Doch die Ausschreibung eines Ablasses sicherte damals keineswegs, dass er auch wirklich gepredigt wurde. Je mehr im Laufe des Spätmittelalters der Ablass durch die Kurie finanziell ausgebeutet wurde, um so stärker wollten die Landesherren an dem finanziellen Erfolg direkt beteiligt werden; andernfalls verboten sie die Predigt des Ablasses. Als König Sigismund von Polen z.B. 1508 den Ablass der Peterskirche nicht gestatten wollte, überließ ihm Julius II. zwei Drittel der Ablassgelder zur Landesverteidigung.[2]

Über diese „Ablasshoheit" der Landesherren, die immer mehr zur Säkularisierung des Ablasses führte, spottet der Franziskaner Thomas Murner in seiner „Narrenbeschwörung" von 1512 mit folgenden Versen:

Wil der bapst ein aplass geben,
So nympt der herr syn teil do neben;
Wolt man im syn teil nit lon
So miest der aplass blyben ston.[3]

---

[1] Der folgende Text verbindet die zwei entscheidenden Beiträge von Erwin Iserloh zur Frage des Thesenanschlags: 1. Luthers Thesenanschlag. Tatsache oder Legende?, vorgetragen in der Universität Mainz; gedruckt Wiesbaden 1962; neu aufgenommen in: Kirche – Ereignis und Institution. Aufsätze und Vorträge, 2 Bände, Münster 1985, 48–69. Aus diesem Beitrag ist die knappe Einleitung zu den Hintergründen des Ablassstreites übernommen: 48–51. 2. Die erweiterte Fassung des Beitrags mit einer detaillierteren Dokumentation und Auswertung der Quellen: Luther zwischen Reform und Reformation. Der Thesenanschlag fand nicht statt (Katholisches Leben und Kirchenreform 23/24), Münster ¹1966, ²1967, ³1968. Aus dieser Publikation sind die Kapitel 4 bis 8 vollständig übernommen; die Kapitel 1 bis 3 beziehen sich auf den Ablass und den Ablass-Streit. In seinem Handexemplar der dritten Auflage hat Erwin Iserloh einige handschriftliche Ergänzungen eingetragen, die sich auf die fortgesetzte Diskussion beziehen und hier ebenfalls aufgenommen wurden.
[2] Justus Hashagen, Staat und Kirche vor der Reformation, Essen 1931, 174.
[3] Thomas Murner, Deutsche Schriften II, hg. von Moritz Meier Spanier, Berlin 1926, 249.

Die Predigt des Ablasses zugunsten der Peterskirche in den Landen der Erzbischöfe von Mainz und Magdeburg, des Bischofs von Halberstadt und des Markgrafen von Brandenburg zu erreichen, bot sich der Kurie 1515 eine besondere Gelegenheit: Albrecht von Brandenburg war 1513 als 23jähriger Jüngling Erzbischof von Magdeburg und Administrator von Halberstadt geworden. Schon im nächsten Jahre postulierte das Mainzer Domkapitel den leichtlebigen Hohenzollernsprössling auch noch zum Erzbischof und Kurfürsten von Mainz.

Denn Albrecht hatte in Aussicht gestellt, die innerhalb eines Jahrzehnts nun schon zum dritten Mal fälligen Servitien und Palliengelder selbst zu tragen. Diese betrugen 14'000 Dukaten. Dazu war eine Dispensgebühr in Höhe von 10'000 Dukaten zu entrichten, weil Albrecht zu dem mächtigen Mainzer Erzstift seine bisherigen Bistümer Magdeburg und Halberstadt behalten wollte, was eine nicht statthafte Kumulation von Seelsorgepfründen war.[4]

Eine solche Riesensumme von 24'000 Golddukaten stand Albrecht nicht zur Verfügung. Er hatte sich deshalb 29'000 rheinische Gulden beim Bankhaus der Fugger geliehen.[5] Die Kurie selbst wies den Weg, wie diese Schuld abzutragen war. Der Erzbischof sollte für acht Jahre die Predigt des Ablasses zugunsten der Peterskirche in seinen Landen übernehmen und vom Ertrag die Hälfte behalten dürfen. Einschließlich der Abgabe von 2'143 Dukaten, die sich der Kaiser ausbedungen hatte, musste Albrecht also 26'143 Dukaten aufbringen. Der Ablass hatte demnach 52'286 Dukaten einzubringen, wenn er seinen Zweck erreichen sollte.[6]

Damit wurde der Ablass zu einem, ich zitiere Joseph Lortz, „Tauschobjekt in einem Großhandelsgeschäft".[7] Es ist müßig festzustellen, ob hier formal Simonie vorlag oder nicht. „Das Ganze war", wie wir beschämt zugeben müssen, „ein ausgemachter Skandal".[8]

Als päpstlicher Kommissar für diesen Ablass erließ Albrecht für seine Unterkommissare und die Ablassprediger eine umfangreiche Anweisung: die *Instructio summaria*.[9]

Die darin vorgetragene Ablasslehre ist im Rahmen der damals gängigen Auffassung korrekt. Eine lehramtliche Definierung der Ablasslehre lag

---

[4] Alois Schulte, Die Fugger in Rom, 1495–1523, 2 Bde, Leipzig 1904, I, 97–141. Götz von Pölnitz, Jakob Fugger, Tübingen 1949, I, 307–311; II, 324–327.
[5] Schulte, Fugger I, 104; II, 93f.
[6] Schulte, Fugger I, 140.
[7] Die Reformation in Deutschland, Freiburg 1939, I, 199.
[8] Karl August Meißinger, Der katholische Luther, München 1952, 129.
[9] Text: Walter Köhler, Dokumente zum Ablaßstreit, Tübingen ²1934, 104–124.

noch nicht vor. Bis heute beschränkt sie sich auf die sehr allgemein gehaltenen Sätze, dass es Ablässe gibt und dass sie den Gläubigen nützlich sind. Praktisch drängte die *Instructio summaria* aber bei Verwendung von frommen Formeln und Superlativismen zu einer marktschreierischen Anpreisung des Ablasses, um einen möglichst hohen Gelderlös zu erzielen. Der Nachlass zukünftiger Sünden wird nicht in Aussicht gestellt, wie Luther 1541 behauptet hat. Wohl kann man einen Beichtbrief kaufen, mit dessen Hilfe man zu einem beliebigen Zeitpunkt seines späteren Lebens dem Papst reservierte Sünden bei jedem Priester beichten kann. Der Ablassprediger soll eigens darauf aufmerksam machen, dass man im Augenblick des Kaufes eines solchen Beichtbriefes, der einem u.a. jetzt und für alle Zeit Anteil an den geistlichen Gütern der streitenden Kirche verschaffe, seine Sünden nicht zu bereuen brauche.[10]

Ähnlich kann man einen vollkommenen Ablass für die Toten gewinnen ohne Reue und Beichte, allein durch Hinterlegung des Geldes.[11]

Zwar wirkt, wie die *Instructio* im Anschluss an päpstliche Bullen betont, der Ablass für die Toten *per modum suffragii*, d.h. fürbittweise. Aber das brauchte damals keine Einschränkung der Wirkkraft des Ablasses zu bedeuten.

So hatte der auch in Deutschland tätig gewordene päpstliche Ablasskommissar Kardinal Raimund Peraudi zu der Ablassbulle Sixtus' IV. erklärt: *Modus per modum suffragii non derogat modo auctoritatis.*[12]

Und noch Johannes Eck behauptet in seinen Anmerkungen zu Luthers Ablassthesen: *... illa (particula per modum suffragii) non diminuat (ut vult positor) sed potius addat.*[13] „Der Ausdruck fürbittweise mindert nicht, wie Luther will, die Wirkung des Ablasses, sondern steigert sie vielmehr." Entsprechend wird in der *Instructio* dieser Ablass für die Toten, den man, ohne selbst im Stande der heiligmachenden Gnade zu sein, durch bloße Hinterlegung des Geldes gewinnen kann, als *efficacissime* und *certissime* hingestellt.[14] Damit war dem Prediger der schon 1482 bei der Sorbonne

---

[10] *Declaramus etiam, quod pro dictis duabus gratiis principalibus consequendis non est opus confiteri seu ecclesias aut altaria visitare, sed dumtaxat confessionale redimere:* Köhler, Dokumente, 116.

[11] *Nec opus est, quod contribuentes pro animabus in capsam sint corde contriti et ore confessi ...:* Köhler, Dokumente, 116.

[12] Zeitschrift für Kirchengeschichte 24 (1903) 255 Anm. 1; Nikolaus Paulus, Geschichte des Ablasses am Ausgange des Mittelalters, 3 Bde, Paderborn 1922/3, hier: III, 385f.; Luther dagegen in den *Resolutiones*: WA 1, 582f.

[13] WA 1, 296.

[14] Köhler, Dokumente, 116.

zur Anzeige gebrachte[15] Spottvers: „Wenn das Geld im Kasten klingt, die Seele aus dem Fegfeuer springt", sozusagen in den Mund gelegt. Die Gläubigen wurden zum Hinausschieben der Buße verführt und der Eindruck vermehrt, dass es um das Geld und nicht um das Heil der Seelen ging.

Zu einem der beiden Subkommissare für die Ablasspredigt in der Magdeburger Kirchenprovinz wurde am 22. Januar 1517 der Leipziger Dominikanermönch Johannes Tetzel (ca. 1465–1519) bestellt und ihm eine hohe Entschädigung dafür bewilligt.[16]

Tetzel hat die Predigt bald aufgenommen. In der ersten Februarhälfte finden wir ihn als Ablassprediger in seinem Kloster in Leipzig tätig. Hier hat er aber angeblich keine Ablassbriefe ausgeteilt und keine Gelder eingenommen, weil Herzog Georg aus finanzpolitischen Gründen entschlossen war, „kein gnad zuzulassen".[17] Deshalb verzog Tetzel sich bald in westlich von Leipzig gelegene und zum Territorium des Merseburger Bischofs gehörende Orte. Im März soll er in Halle, d.h. im Erzstift Magdeburg, mit der Predigt begonnen haben und am 10. April in Jüterbog tätig gewesen sein.[18] Dorthin liefen ihm nach Luthers Darstellung auch aus Wittenberg die Leute „wie toll" und „besessen" zu.[19]

Für Wittenberg und ganz Kursachsen hatte Luthers Landesherr Friedrich der Weise die Predigt des Ablasses nicht gestattet, weil er die Gelder seiner Landeskinder nicht dem Rivalen seines Hauses, Albrecht von Brandenburg, zugute kommen lassen wollte und die Wallfahrt zu seiner mit Reliquien und Ablässen so reich ausgestatteten Allerheiligenkirche in Wittenberg keine Einbuße erleiden sollte.

Tetzel gab, was sein persönliches sittliches Leben anging, nicht Anlass zu besonderen Klagen. Er gehörte nicht zu den Ablasspredigern, von denen nicht nur Luther[20], sondern selbst Johannes Eck in seinen Reformgutachten für den Papst sagt, dass sie ihre Dirnen mit Ablasszetteln bezahlt hätten.[21] Doch war er einer von denen, die, wie Johannes Cochläus,

---

[15] Paulus, Geschichte des Ablasses III, 386.
[16] Vgl. Hans Volz, Martin Luthers Thesenanschlag und dessen Vorgeschichte, Weimar 1959, 11 mit Anm. 11 und 12. Dieser Studie verdanke ich viel Anregung und Material. Vgl. Schulte, Fugger I, 150: „Tetzel und seine Untergebenen erhielten über 300 fl. monatlich."
[17] Felician Geß (Hg.), Akten und Briefe zur Kirchenpolitik Herzog Georgs von Sachsen, Bd. I, Leipzig 1905, 1–5, zit. nach: Volz, Thesenanschlag, 13.
[18] Volz, Thesenanschlag, 13.
[19] WA Tr 5, 76 Nr. 5346; WA 51, 539; WA 30 II, 282ff.; WA Tr 5, 535 Nr. 6201.
[20] WA 1, 588.
[21] *Acta reformationis catholicae* I, hg. von Georg Pfeilschifter, Regensburg 1959, 110.

Herzog Georg von Sachsen und sein Hofkaplan Hieronymus Emser beklagen, Reue und Leid hinter dem Geld zurücktreten ließen.[22]

Luther bekam als Seelsorger im Beichtstuhl mit der Ablasspredigt, bzw. mit den Erwartungen und den Vorstellungen, die die Predigt in den Köpfen seiner Beichtkinder geweckt hatte, zu tun. Hatte er sich schon in den Vorlesungen über die Psalmen und den Römerbrief und in einer gewöhnlich auf den 31. Oktober 1516 datierten Predigt kritisch mit dem Ablass befasst, so nahm er in einer Predigt am Matthiastag 1517 speziell gegen die Tetzelsche Ablasspredigt Stellung: Folge der Ablässe sei es, dass das Volk die Sündenstrafen zu fliehen und zu verabscheuen lerne, nicht aber die Sünde selbst. Besser wäre es, das Volk zu ermahnen, die Strafe zu lieben und das Kreuz zu umarmen.[23]

II. Luther schreibt an die Bischöfe

Luther hatte bisher die beanstandeten Lehren über den Ablass als Privatmeinung der Ablassprediger angesehen und die Auswüchse auf deren marktschreierische Predigtweise zurückgeführt. Er hatte betont, dass die Bulle des Papstes an sich korrekt sei (WA 1, 98), und sich auf sie berufen, wo er die Schlüsselgewalt der Kirche einschränken zu müssen glaubte.[24] Von den näheren Umständen des Ablasshandels der Kurie mit Albrecht von Mainz will er zunächst nichts gewusst und dessen *Instructio summaria* nicht gekannt haben. Als ihm diese in die Hände fiel, sei ihm klar geworden, dass Tetzels Predigt sozusagen auf offiziellen Anweisungen fußte. In der Schrift „Wider Hans Worst" (1541) erzählt der Reformator:

> „Tetzel führte nun den Ablass umher und verkaufte Gnade ums Geld, so teuer oder wohlfeil ers mit aller Kraft vermochte. Zu der Zeit war ich Prediger allhier im Kloster und ein junger Doktor, neu aus der Esse gekommen, hitzig und begeistert in der Heiligen Schrift. Als nun viel Volk von Wittenberg dem Ablass gen Jüterbog und Zerbst usw. nachlief, und ich (so wahr mich mein Herr Christus erlöst hat) nicht wusste, was der Ablass wäre – wie es denn kein Mensch wusste –, fing ich vorsichtig zu predigen an, man könnte wohl Besseres tun, das zuverlässiger wäre als Ablass lösen. Solch eine Predigt hatte ich auch zuvor hier auf dem Schlosse wider den Ablass gehalten und bei Herzog Friedrich damit schlechte Gnade verdient, denn er hatte sein Stift auch sehr lieb.

---

[22] Paulus, Geschichte des Ablasses III, 483.
[23] WA 1, 141.
[24] *Sicut sonat eius bulla:* „*in quantum claves sanctae matris ecclesiae se extendunt*": Köhler, Dokumente, 95, 13.

Nun – damit ich zur rechten Ursache des lutherischen Lärmens komme – ließ ich alles so gehen, wie es ging. Indessen kommt es vor mich, wie der Tetzel greulich schreckliche Artikel gepredigt hätte, deren ich diesmal etliche nennen will, nämlich:

Er hätte solch eine Gnade und Gewalt vom Papst: wenn einer gleich die heilige Jungfrau Maria, Gottes Mutter, geschwächt oder geschwängert hätte, so könnte ers vergeben, wenn derselbe in den Kasten lege, was sich gebühre.

Weiter: das rote Ablasskreuz mit des Papstes Wappen, in den Kirchen aufgerichtet, wäre ebenso kräftig wie das Kreuz Christi.

Weiter: wenn Petrus jetzt hier wäre, hätte er nicht größere Gnade noch Gewalt, als er (Tetzel) besäße.

Weiter: er wollte nicht mit Petrus im Himmel tauschen, denn er hätte mit Ablass mehr Seelen erlöst als Petrus mit seinem Predigen.

Weiter: wenn einer für eine Seele im Fegfeuer Geld in den Kasten lege, sobald der Pfennig auf den Boden fiele und klänge, so führe die Seele heraus gen Himmel.

Weiter: die Ablassgnade wäre eben die Gnade, durch die der Mensch mit Gott versöhnt wird.

Weiter: es wäre nicht notwendig, Reue oder Leid oder Buße für die Sünde zu haben, wenn einer den Ablass oder die Ablassbriefe kaufe (ich wollte sagen, löse). Er verkaufe auch Ablass für künftige Sünde. Und dieser Dinge trieb er greulich viel, und war ihm alles ums Geld zu tun.

Ich wusste aber zu jener Zeit nicht, für wen dieses Geld bestimmt war. Da ging ein Büchlein aus, gar herrlich unter des Bischofs zu Magdeburg Wappen, darin solcher Artikel etliche den Quästoren zu predigen geboten wurden. Da kams heraus, dass Bischof Albrecht (von Mainz) diesen Tetzel gedingt hatte, weil er ein großer Schreier war. Denn er war zu Mainz unter der Bedingung als Bischof gewählt worden, dass er zu Rom das Pallium selbst kaufen (lösen sage ich) sollte. Es waren zu Mainz vor kurzem drei Bischöfe: Berthold, Jacobus und Uriel, kurz nacheinander gestorben, so dass es dem Bistum vielleicht schwer war, so oft und kurz nacheinander das Pallium zu kaufen, welches, wie man sagt, 26'000 – etliche sagen 30'000 – Gulden kostet, denn so teuer kann der allerheiligste Vater zu Rom Flachsfaden (der sonst kaum sechs Pfennige wert ist) verkaufen.

Da erfand nun der Bischof dies Fündlein und gedachte, den Fuggern (denn die hatten das Geld vorgestreckt) das Pallium mit des gemeinen Mannes Beutel zu bezahlen, und schickte diesen großen Beuteldrescher in die Länder. Der drosch auch weidlich drauf, dass es haufenweise in die Kassen zu fallen, zu springen, zu klingen begann. Er vergaß aber seiner selbst nicht daneben. Außerdem hatte auch der Papst dennoch die Hand mit in der Suppe behalten, dass die Hälfte zu dem Bau der Peterskirche zu

Rom fallen sollte. So gingen die Gesellen mit Freuden und großer Hoffnung daran, unter die Beutel zu schlagen und zu dreschen. Solches, sage ich, wusste ich damals nicht.

Da schrieb ich einen Brief mit den Thesen an den Bischof zu Magdeburg, vermahnte und bat, er wolle dem Tetzel Einhalt tun und solch ungehörige Sache zu predigen verbieten, es möchte Unheil daraus entstehen. Solches gebührte ihm als einem Erzbischof. Diesen Brief kann ich noch heute vorlegen".[25]

Dieser Brief, von dem Luther damals eine Kopie vorweisen konnte und den er im 1. Band der Wittenberger Ausgabe seiner lateinischen Werke 1545 erstmalig drucken ließ[26], liegt uns in Urschrift vor. Er befindet sich im Reichsarchiv zu Stockholm[27] und trägt das Datum vom 31. Oktober 1517 und hat folgenden Wortlaut:

„Jesus. Gnade und Barmherzigkeit Gottes und alles, was er vermag und ist! Hochwürdiger Vater in Christus, durchlauchtigster Kurfürst, wollet mir verzeihen, wenn ich, die Hefe der Menschen, ein solches Maß von Vermessenheit habe, dass ich wage, auf einen Brief an Eure höchste Erhabenheit zu sinnen. Ich habe – und dessen ist mir der Herr Jesus Zeuge – im Bewusstsein meiner Niedrigkeit und Erbärmlichkeit schon lange hinausgeschoben, was ich nun mit unverschämter Stirn tue. Es bewegt mich aufs stärkste meine Treupflicht, deren ich mich Euch gegenüber, meinem hochwürdigen Vater in Christus, für schuldig erkenne. Darum wolle Eure Hoheit geruhen, mir, der ich nur Staub bin, Euer Augenmerk zuzuwenden und gemäß Eurer persönlichen und bischöflichen Milde meinem Verlangen Verständnis entgegenzubringen.

Es wird im Lande unter dem Schutz Eures erlauchten Titels der päpstliche Ablass zum Bau von Sankt Peter feilgeboten. Ich klage dabei nicht so sehr über das Geschrei der Ablassprediger, das ich persönlich nicht gehört habe. Wohl aber bin ich schmerzlich erzürnt über die grundfalsche Auffassung, die das Volk daraus gewinnt und mit der man sich öffentlich überall brüstet. Offenbar glauben die unglücklichen Seelen, ihrer Seligkeit sicher zu sein, sobald sie nur einen Ablassbrief gelöst haben[28]; ebenso glauben sie, dass die Seelen sofort aus dem Fegfeuer fahren, sobald sie das

---

[25] WA 51, 538, 29–540, 19; Übersetzung nach Kurt Aland, Martin Luthers 95 Thesen. Mit den dazugehörigen Dokumenten aus der Geschichte der Reformation, Hamburg 1965, 37–39.
[26] Volz, Thesenanschlag, 85 Anm. 73.
[27] Nach Volz, ebd., abgebildet in: Kyrkohistorik Arsskrift 18 (1917), XXXIVf. Vgl. die Facsimiles bei Volz, Thesenanschlag, 32f., Abbildung 3 und 4.
[28] Vgl. These 32.

Lösegeld in den Kasten gelegt hätten.[29] Weiter: So kräftig sei diese Ablassgnade, dass jede noch so große Sünde vergeben werden könne, selbst in dem unmöglichen Fall, wenn einer – nach ihren Worten – die Mutter Gottes geschändet hätte.[30] Endlich soll der Mensch durch diesen Ablass von jeglicher Strafe und Schuld frei werden.[31]

Ach lieber Gott, so werden die Seelen, die Eurer Fürsorge, teurer Vater, anvertraut sind, zum Tode unterwiesen! Und die schwere Verantwortung, die von Euch um dieser Seelen willen gefordert wird, wächst immer mehr an. Darum kann ich in dieser Sache nicht länger schweigen. Denn kein Mensch wird durch des Bischofs Amt und Werk seines Heils gewiss – erlangt er die Gewissheit ja nicht einmal durch die eingegossene göttliche Gnade –, vielmehr gebietet uns der Apostel, allezeit mit Furcht und Zittern zu schaffen, das wir selig werden (Phil 2,12); ja selbst der Gerechte wird kaum erhalten werden (1 Petr 4,18). Endlich: Der Weg, der zum Leben führt, ist so schmal (Mt 7,14), dass der Herr durch die Propheten Amos (4,2) und Zacharias (3,2) die zum Heil Kommenden einen Brand nennt, der aus dem Feuer gerissen wird. Überall betont der Herr, wie schwer es sei, die Seligkeit zu erlangen.

Wie ist's also möglich, dass sie durch erlogene Märchen und Versprechungen[32] vom Ablass das Volk in Sicherheit und Furchtlosigkeit wiegen? Die Ablässe tragen doch zum Heil und zur Heiligkeit der Seelen nichts bei, sondern tilgen nur die äußerliche Strafe, wie man sie ehemals nach den kanonischen Vorschriften aufzulegen pflegte![33] Weiter: Die Werke der Gottesfurcht und der Liebe sind unendlich wertvoller als die Ablässe.[34] Und doch wird darüber weder mit solchem Gepränge noch mit solchem Eifer gepredigt, ja man schweigt davon, weil die Ablasspredigt wichtiger ist, während es doch die erste und einzige Sorge aller Bischöfe sein sollte, dass das Volk das Evangelium und die Liebe Christi lerne. Die Ablasspredigt hat Christus nirgends geboten, wohl aber mit großem Nachdruck die Evangeliumspredigt. Welch große Schande und welch große Gefahr ist es also für einen Bischof, wenn er das Evangelium schweigen lässt, dafür

---

[29] Vgl. These 27; vgl. WA 30 II 283, 21f.
[30] Vgl. These 75 (Tetzel hat dieses Gerücht als Verleumdung bestritten, vgl. die Protesta vom 12. und 14.12.1517 bei Valentino Gröne, Tetzel und Luther, Soest 1860, 234–237, und These 76; WA 30 II 284, 18ff.
[31] Vgl. These 21 und 76; vgl. WA 30 II 282, 15.
[32] Luther hat solche in den Thesen 77 und 79 wiedergegeben.
[33] Vgl. These 5.
[34] Vgl. These 43 und 44. Vgl. Gabriel Biel, *Canonis Missae Expositio, Lect. 57 Q*, ed. Heiko A. Oberman / William J. Courtenay, II, 49; Luthers Randbemerkungen zu Biels *Collectorium* und zu dessen *Sacri canonis missae expositio*, hg. von Hermann Degering, Weimar 1933, 19.

aber den Ablasslärm unter seinem Volk erlaubt und dafür mehr übrig hat als für das Evangelium!³⁵ Wird Christus nicht zu solchen sprechen: Ihr seihet Mücken und schlucket Kamele (Mt 23,24)?

Dazu kommt, hochwürdigster Vater in dem Herrn, noch folgendes: In der Anweisung für die Ablasskommissare, die unter Eurem Namen veröffentlicht worden ist, heißt es – sicherlich ohne Euer Wissen und Wollen –, eine der Hauptgnaden bestehe in dem unschätzbaren Gottesgeschenk der Versöhnung des Menschen mit Gott und der Tilgung sämtlicher Fegfeuerstrafen.³⁶ Auch hätten die, welche Ablass für die armen Seelen oder Beichtbriefe lösten, keine Reue nötig.³⁷

Was kann ich anderes tun, hochedler Bischof und erlauchtester Fürst, als dass ich Euch, hochwürdiger Vater, bei unserem Herrn Jesus Christus bitte, Ihr wollet in väterlicher Sorge Euer Auge dieser Sache zuwenden, jenes Büchlein völlig beseitigen und den Ablasspredigern eine andere Predigtweise zur Auflage machen? Sonst könnte es so weit kommen, dass einer aufsteht, der durch seine Bücher die Ablassprediger sowohl als auch jenes Büchlein öffentlich widerlegt – zur höchsten Schande Eurer erlauchten Hoheit. Davor graut mir in tiefster Seele, und doch fürchte ich dies für die nächste Zukunft, wenn nicht schnell Abhilfe geschaffen wird.

Ich bitte, Euer erlauchte Gnaden wolle diesen meinen bescheidenen, aber treuen Dienst als Fürst und Bischof, d.h. voll Huld entgegennehmen, wie ich ihn mit treuem und Euch, hochwürdiger Vater, ganz ergebenem Herzen darbringe. Denn auch ich bin ein Schaf Eurer Herde. Der Herr Jesus behüte Euch, ehrwürdiger Vater, in Ewigkeit. Amen. Wittenberg 1517. Vigil von Allerheiligen.

Wenn es Euch, hochwürdiger Vater, beliebt, möget Ihr meine beiliegenden Streitsätze ansehen, damit Ihr erkennet, was für eine unsichere Sache die Auffassung vom Ablass ist, wenn auch die Ablassprediger ihre Sache für unbedingt gewiss halten.
Euer unwürdiger Sohn
Martin Luther, Augustiner, berufener Doktor der Theologie".³⁸

Luther bittet also den Erzbischof, die *Instructio* zurückzuziehen und andere Weisung an die Prediger zu geben. Seine Klage gründet sich nicht unmittelbar auf das Auftreten Tetzels oder anderer Ablassprediger. Er

---

[35] Vgl. These 53–55; WA 30 II 282, 23f.
[36] So fast wörtlich in der *Instructio Summaria:* Köhler, Dokumente, 110, 24ff.
[37] *Instructio Summaria*, in: Köhler, Dokumente, 116, 1 und 116, 25; vgl. These 33; vgl. WA 30 II 284, 23.
[38] WA Br 1, 110–112; übersetzt nach Heinrich Fausel, D. Martin Luther – Leben und Werk, München – Hamburg 1968, 86–88, wo befremdenderweise die Datierung fortgelassen ist.

gibt zu, dass er ihre Predigt nicht gehört hat. Sein Ausgangspunkt ist die falsche Vorstellung und Hoffnung, die sie in den Köpfen des Volkes geweckt hatten.[39]

Dem Erzbischof gegenüber führt Luther vier Missverständnisse an:
1. Der Ablass gibt Heilssicherheit.
2. Die Seelen kommen mit Entrichtung der Geldspende sofort in den Himmel.
3. Auf Grund der Ablassgnade können selbst die allerschlimmsten Sünden vergeben werden.
4. Der Ablass befreit von aller Schuld und Pein.

Die Warnung vor einer falschen Heilssicherheit durchzieht das ganze bisherige Schrifttum Luthers seit den *Dictata Super Psalterium* (1513/15). *Pax et securitas* sind für Luther, der Bernhard von Clairvaux folgt[40], *die Versuchung der Kirche in ihrem dritten Zeitalter*, wie die Verfolgungen im ersten und die Häresien im zweiten.

Im geistlichen Leben bedeutet, wie Luther mit Bernhard öfter betont, Stehenbleiben schon Rückfall. „Deshalb besteht das ganze Leben des neuen Volkes, des glaubenden Volkes, des geistlichen Volkes darin, dass es mit dem Seufzen des Herzens, mit dem Schrei der Tat, mit dem Werk des Lebens immer nur dies eine begehrt, erbittet und erfleht, es möge immerdar bis zum Tode gerechtfertigt werden, niemals stehenbleiben, niemals meinen, es schon ergriffen zu haben ..." (WA 56, 264, 16–21).

Die übrigen drei Klagen Luthers üben Kritik an der *Instructio Summaria*, die solchen Missverständnissen bzw. Übertreibungen zum mindesten Vorschub geleistet hatte.

Somit wird das Volk zum Tode unterwiesen; denn ihm wird verschwiegen, wie eng der Weg zum Heil ist und dass nicht einmal die eingegossene göttliche Gnade (geschweige denn der Ablass) es sicherstellen kann. Ungeheuer groß ist angesichts dieser Tatsachen die Verantwortung der Bischöfe. Seine Auffassung über den Ablass erläutert Luther nur kurz. Die wenigen Sätze machen aber die Verbindung mit den Ablassthesen deutlich

---

[39] In den Resolutionen schreibt Luther wohl nicht ohne Ironie zu These 32: „Ich tadele hiermit nicht, wie es mir auch nicht zukommt, diese Herolde des Ablasses, die ich selbst nicht gehört habe; sie mögen sich meinethalben entschuldigen, dass sie weißer als Schnee werden; gewiss muss man das gemeine Volk tadeln, das so ungewaschene Ohren hat, dass es, wenn sie ihm heilsame Lehren vortragen, nur seelenverderbende Dinge hört" (WA 1, 587, 32; vgl. 572, 8; 626, 11).

[40] *Ut Bernardus ait: quae fuit amara sub tyrannis, amarior sub haereticis, amarissima sub pacificis et securis:* WA 3, 417, 7; Luthers Werke in Auswahl, hg. von Otto Clemen u.a., V, 134, 17.

und zeigen, dass Luther seiner Sache sicher ist. „Die Ablässe tragen zum Heil und zur Heiligkeit der Seele nichts bei, sondern tilgen nur die äußerliche Strafe, wie man sie ehemals nach dem kanonischen Recht aufzulegen pflegte" (These 3). Ausführlicher betont er die Seelsorgsverantwortung der Bischöfe. Ihre oberste Pflicht ist die Predigt des Evangeliums. Welche Schande und welche Gefahr für einen Bischof, wenn er den Ablasslärm gestattet, die Predigt des Evangeliums aber vernachlässigt. Luther bittet und beschwört den Erzbischof, die *Instructio* zurückzuziehen und den Ablasspredigern eine neue Predigtweise zur Auflage zu machen. Seiner Bitte sucht er Nachdruck zu verleihen, indem er die Gefahr beschwört, dass durch eine Veröffentlichung gegen die Ablassprediger und die *Instructio* der Erzbischof vor aller Welt bloßgestellt werden könnte. Ob das nur eine allgemeine Warnung war oder ob Luther an konkrete Maßnahmen dachte, es sich damit um eine Art Ultimatum handelte, dem durch die Beilegung der Ablassthesen noch Nachdruck verliehen worden wäre, lässt sich nicht sicher ausmachen. Letztere Deutung wird gestützt durch eine Tischrede, nach der Luther gesagt hat:

> „Diese Ungeheuerlichkeiten von Tetzels Ablasspredigt bewegten mich, dem entgegenzutreten – nicht um irgend welcher Ehre oder Gewinnes willen. Zuerst flehte ich, auf die Erde niedergestreckt, Gott an, mir beizustehen. Damals sah ich noch nicht, dass die Abscheulichkeiten vom Papst stammten, sondern nur die groben Missbräuche. Deshalb schrieb ich zuerst kniefällig an die Bischöfe von Brandenburg und Mainz: wenn sie dieses Übel nicht beseitigten, würde ich dagegen schreiben. Die Bischöfe schickten mein Schreiben dem Tetzel".[41]

In einem Postscriptum, das hinter die Datierung „Vigil von Allerheiligen" und vor die Unterschrift gesetzt ist, bittet Luther, von den beiliegenden Thesen *(disputationes)* Kenntnis zu nehmen und daraus zu ersehen, wie zweifelhaft die Meinung über den Ablass ist, die die Prediger als unbedingt sicher verbreiten.

Das genannte Datum, der 31. Oktober, gibt keinen genauen Anhaltspunkt für die Abfassung der Thesen: Sie können vorher, ja sogar nachher abgefasst sein. Es ist durchaus möglich, dass der Brief an den Erzbischof einige Tage liegen geblieben ist und Luther inzwischen – von dem Thema und seiner Ungeduld geplagt – die Thesen niedergeschrieben hat. Dann wäre Luthers „Drohung", was das Schreiben angeht, inzwischen schon wahrgemacht, bezöge sich das „Ultimatum" nur noch auf die Veröffentlichung. Die Annahme der Abfassung der Thesen nach Niederschrift des

---

[41] WA Tr 5, 657f. Nr. 6431; Aland, 95 Thesen, 87.

Briefes würde vielleicht die in dem Brief vorliegende Reihenfolge von Datierung, Hinweis auf die Thesen und Unterschrift verständlicher machen und gut zu der Darstellung einer Tischrede passen, nach der Luther nach Allerheiligen auf einem Spaziergang Hieronymus Schurff mitteilte, er wolle gegen die Irrtümer der Ablässe schreiben.[42]

Luther verfolgte zwei Ziele: Erstens wollte er den Erzbischof bewegen, die *Instructio summaria* zurückzuziehen und durch eine bessere Anweisung an die Ablassprediger die Missbräuche abzustellen; zweitens wollte er in einer wissenschaftlichen Disputation die noch wenig entwickelte und lehramtlich noch kaum festgelegte Ablasslehre einer Klärung zuführen. Beides hing eng miteinander zusammen[43], bei beidem war der Seelsorger und der Theologieprofessor Luther innerlichst beteiligt. Die Thesen konnten die Bitte an den Erzbischof illustrieren und ihre Dringlichkeit unterstreichen; sie stellten genauso wie der Brief, aber ausführlicher, die *Instructio* und die auf ihr fußende Ablasspredigt in Frage. Vielleicht hat Luther auch schon daran gedacht, für eine Disputation, die wie die Leipziger von 1519 den Rahmen einer Schuldisputation überschreiten sollte, die geistlichen und weltlichen Behörden gewinnen zu müssen. Das macht freilich die Thesen noch nicht zu einer „Vorlage bei der zuständigen Kirchenbehörde" oder einer „Denkschrift" für sie und nimmt ihnen nicht die innere Hinordnung auf eine Disputation, die ich nie bestritten habe.[44]

---

[42] WA Tr 3, 564 Nr. 3722; Aland, 95 Thesen, 84.

[43] Gegen Hans Volz, der überbetont von „einem doppelten Weg" oder von „zwei Wegen ..., die Luther unabhängig voneinander verfolgte", redet: Erzbischof Albrecht von Mainz und Martin Luthers 95 Thesen, in: Jahrbuch der Hessischen Kirchengeschichtlichen Vereinigung 13 (1962) 187–228; hier: 214; vgl. ders., Der Thesenanschlag fand – und zwar wahrscheinlich am 1. November 1517 – statt, in: Geschichte in Wissenschaft und Unterricht [GWU] 682–686, hier: 682.

[44] Diese Ansicht insinuiert mir Kurt Aland, Der Thesenanschlag fand – und zwar wahrscheinlich am 31. Oktober 1517 – statt, in: Geschichte in Wissenschaft und Unterricht [GWU] 16 (1965) 686–694, hier: 687ff.; ders., 95 Thesen, 113f.; wesentlich massiver: Hans Steubing, Hat Luther die 95 Thesen wirklich angeschlagen?, in: Kirche in der Zeit 20 (1965) 447–452. Hier heißt es: „Iserloh hat jedoch entdeckt, dass Luther diese Thesen nur zum Zweck einer Eingabe für seine vorgesetzten Stellen verfasst habe und nicht als Aufforderung zu einer öffentlichen Disputation ..." (448). Es wird damit der Eindruck erweckt, mein „Hauptargument" sei das Schweigen Luthers und der Chronisten über das „genaue Datum" (451). Meine eigentlichen Argumente werden dem Leser verschwiegen. Aus dem Schreiben an Leo X. wird nur der Satz wiedergegeben: „Infolgedessen gab ich eine Disputation auf einem Plakat heraus *(schedulam disputatoriam edidi)* und lud nur die Gelehrten ein, wenn sie Lust hätten, mit mir darüber zu disputieren" (vgl.

Luther sandte seinen Brief mit den Beilagen wohl in die erzbischöfliche Residenz nach Halle (Moritzburg). Albrecht weilte damals aber in Mainz bzw. in seiner Residenz Aschaffenburg. So kam das Schreiben in die Hände der Magdeburger Räte, die es laut Kanzleivermerk am 17.11. in Calbe a.d.Saale öffneten und nach Aschaffenburg weiterleiteten. Wann Luthers Brief und die Thesen in die Hände des Erzbischofs gelangt sind, wissen wir nicht, jedenfalls noch im Laufe des Novembers. Denn am 1. Dezember ließ Albrecht ein Gutachten der Universität Mainz über Luthers Thesen einholen.[45] Bevor dieses am 17. Dezember von dort abgesandt wurde, schrieb der Erzbischof am 13. Dezember 1517 von Aschaffenburg aus an seine Magdeburger Räte, er habe ihr „schreyben mit zugesandten tractat und conclusion eins vermessen monichs zu Wittenberg, das heilig negotium indulgenciarum und unsern subcommissarien betr." erhalten und sich vorlesen lassen; er habe darauf „angezeigte tractat, conclusiones und andere schriefte" den Theologen und Juristen seiner Mainzer Universität zur Begutachtung übersandt und außerdem den Handel „sampt articklen, position und tractat" dem Papst zugefertigt.[46]

Danach haben die Räte dem Erzbischof nicht nur Luthers Brief und die beigelegten Thesen *(conclusiones)* zugesandt, sondern dazu noch einen Traktat, der nicht weniger als dreimal genannt wird. Wir dürfen annehmen, dass er mit den Thesen Luthers Brief beigelegen hatte und es sich um den oben behandelten *Tractatus de Indulgentiis* handelt.

Erzbischof Albrecht stellte seinen Magdeburger Räten anheim, einen *processus inhibitorius zu* eröffnen, wonach Luther vorgeladen und unter

---

unten 182 Nr. 1) und dazu bemerkt: „Ebenso gingen, wie erwähnt, die beiden Anschreiben an die beiden Bischöfe am 31.10. hinaus, ehe noch die Thesen bekannt waren; auch damit wird ihr interner Gebrauch für die Universität – gegen Iserloh – bezeugt". Aus *antequam disputationem ederem* wird „ehe noch die Thesen bekannt waren" und so getan, als ob die Stelle gegen mich spräche. Dass Luther seine Thesen erst ausgegeben haben will, als er auf seine Briefe vom 31.10. keine Antwort bekam, und dass die Bischöfe vor den engsten Freunden von der Disputationsabsicht gewusst haben sollen, wird verschwiegen. So muss der Leser von „Kirche in der Zeit" den Eindruck bekommen, dass Iserloh dumm, ja böswillig argumentiert.

[45] Fritz Herrmann, Miscellen zur Reformationsgeschichte. Aus Mainzer Akten, in: ZKG 23 (1902) 263–268, hier: 265f.; die Bemerkung Alands: „am 13. Dezember 1517 gelangte er [d.h. Luthers Brief] in Aschaffenburg in Albrechts Hand" (GWU 688), ist also unzutreffend.

[46] Ferdinand Körner, Tezel der Ablassprediger, Frankenberg i.S. 1880, 148; Fritz Herrmann, Luthers Tractatus de indulgentiis, in: ZKG 28 (1907) 370.

Strafandrohung aufgefordert worden wäre, sich künftig aller Angriffe auf den Ablass durch Predigten, Schreiben und Disputieren zu enthalten.[47] Die Räte haben aber offensichtlich nichts unternommen. Weiter schickte der Erzbischof die Unterlagen mit einer Anzeige an die Kurie in Rom.

Auf seinen Brief an Erzbischof Albrecht vom 31. Oktober 1517 – ähnliche will er an andere Kirchenfürsten geschrieben haben[48] – kommt Luther in seinem weiteren Leben häufig zu sprechen:

1. Im Widmungsbrief zu den *Resolutiones* an Papst Leo X. vom Mai 1518:

„Ich aber entbrannte (wie ich gestehe) aus Eifer für Christus – so schien es mir – oder wenn man so lieber will, aus jugendlicher Hitze; doch sah ich, dass es mir nicht zustände, in diesen Dingen etwas zu bestimmen oder zu tun.

Deshalb ermahnte ich privatim einige hohe Würdenträger der Kirche. Hier wurde ich von einigen angehört, anderen erschien ich lächerlich, anderen noch anders, denn die Furcht vor Deinem Namen und die Androhung von Kirchenstrafen behielt die Oberhand. Endlich, als ich nichts anderes tun konnte, hielt ich es für das beste, ihnen wenigstens ganz vorsichtig entgegenzuarbeiten, das heißt, ihre Lehren in Zweifel zu ziehen und zu einer Disputation darüber aufzurufen. So gab ich einen Disputationszettel heraus und lud nur Gelehrte dazu ein, etwa darüber mit mir zu disputieren – das wird auch den Widersachern aus der Vorrede zu eben dieser Disputation deutlich sein".[49]

---

[47] Paul Kalkoff, Zu Luthers römischem Prozess. Das Verfahren des Erzbischofs von Mainz gegen Luther, in: ZKG 31 (1910) 48–65, hier: 50.

[48] Neben dem *Ordinarius loci* Hieronymus Schulz von Brandenburg, den Luther selbst wiederholt nennt, kommt vor allem noch der Bischof von Merseburg infrage, in dessen Bistum das Leipziger Paulskloster, zu dem Tetzel gehörte, lag. Er wird von Friedrich Myconius unter den vier Bischöfen genannt, denen Luther neben dem Erzbischof Albrecht von Mainz geschrieben haben soll: Geschichte der Reformation, hg. von Otto Clemen, Leipzig 1914, 21f.; vgl. Volz, Thesenanschlag, 23. Er hat jedenfalls vor dem 27.11.1517 Kenntnis von den Thesen gehabt. Denn an diesem Tag berichtet der sächsische Rat Cäsar Pflug an Herzog Georg, dass der Bischof von Merseburg das Vorgehen Luthers gegen den Ablass billige. Es gefiele ihm, wenn die Thesen „an vielen Orten angeschlagen würden; das würde großen Abbruch der Gnade tuen": Geß (Hg.), Akten und Briefe, Nr. 35, 28f.; vgl. Volz, Thesenanschlag, 88f.; Klemens Honselmann, Urfassung und Drucke der Ablassthesen Martin Luthers und ihre Veröffentlichung, Paderborn 1966, 121. Kurt Aland führt diese Stelle als „bisher nicht voll berücksichtigt": Der 31. Oktober 1517 als Tag des Thesenanschlages, in: Kirche in der Zeit 21 (1966) 466–469, hier: 467.

[49] WA 1, 528, 18–26; Übersetzung nach Aland, 95 Thesen, 78; vgl. zu dieser und den folgenden Stellen: Volz, Thesenanschlag, 19–23.

2. An den Kurfürsten Friedrich den Weisen schreibt Luther am 21. November 1518:

„Eins bedauere ich von ganzem Herzen, dass der hochwürdige Herr Legat [Cajetan] mit seinem Brief Eure Kurfürstliche Gnaden auf heimtückische Art in diese Angelegenheit verwickelt, gleichsam als ob ich im Vertrauen auf die Macht Eurer Hoheit das alles ins Werk setzte. Denn so haben selbst bei uns einige in verleumderischer Absicht verbreitet, ich hätte diese Sätze nach Aufforderung und auf Anraten Eurer Hoheit hin zu disputieren gebeten. Dabei hat von dieser Disputation niemand daselbst von den engsten Freunden gewusst außer der ehrwürdige Herr Erzbischof von Magdeburg und der Herr Hieronymus, Bischof von Brandenburg; denn, weil ihnen ja daran gelegen sein musste, derartige Ungereimtheiten zu unterbinden, habe ich sie in Privatschreiben – und zwar bevor ich die Disputationsthesen veröffentlichte – in demütiger und ehrerbietiger Weise aufgefordert, die Herde Christi vor diesen Wölfen zu behüten. Ich wusste sehr wohl, dass ich diese Angelegenheit nicht vor die weltliche Obrigkeit, sondern zuerst vor die Bischöfe zu bringen hätte. Mein Brief existiert (noch); er ist durch vieler Menschen Hände gegangen und bezeugt das alles".[50]

3. In der Schrift „Wider Hans Worst" von 1541:

„Da schrieb ich einen Brief mit den Thesen *(Propositionibus)* an den Bischof zu Magdeburg, vermahnte und bat, er wolle dem Tetzel Einhalt tun und solch ungehörige Sache zu predigen verbieten, es möchte Unheil daraus entstehen. Solches gebühre ihm als einem Erzbischof. Diesen Brief kann ich noch heute vorlegen. Aber mir ward keine Antwort. Desgleichen schrieb ich auch dem Bischof zu Brandenburg als dem Ordinarius, an dem ich einen sehr gnädigen Bischof hatte. Darauf antwortete er mir, ich griffe der Kirche Gewalt an und würde mir selbst Kummer machen; er riete mir, ich ließe davon. Ich kann wohl denken, dass sie alle beide gedacht haben, der Papst würde mir, solchem elenden Bettler, viel zu mächtig sein. So gingen meine Thesen wider des Tetzels Artikel hinaus, wie man im Gedruckten wohl sehen mag. Dieselben liefen schier in vierzehn Tagen durch ganz Deutschland, denn alle Welt klagte über den Ablass, besonders über

---

[50] *huius disputationis nullus etiam intimorum amicorum fuerit conscius, nisi Reverendissimus Dominus Archiepiscopus Magdeburgensis et Dominus Hieronymus Episcopus Brandenburgensis. Hos enim, sicut intererat eorum ista monstra prohibere, ita privatis literis, antequam disputationem ederem, humiliter et reverenter monui ...* (WA Br 1, 245; Aland, 95 Thesen, 79f.). Der Brief ist vom Hof bestellt und zur Weitergabe an Cajetan bestimmt, um den Kurfürsten gegen die Vorwürfe des Kardinals zu verteidigen.

Tetzels Artikel. Und weil alle Bischöfe und Doktoren stillschwiegen und niemand der Katze die Schelle anbinden wollte (denn die Ketzermeister vom Predigerorden hatten alle Welt mit dem Feuer in die Furcht gejagt, und Tetzel selbst hatte auch etliche Priester, die wider seine freche Predigt gemuckt hatten, in die Enge getrieben), da ward der Luther ein Doktor gerühmt, dass doch einmal einer gekommen wäre, der dareingriffe. Der Ruhm war mir nicht lieb, denn, wie gesagt, ich wusste nicht, was der Ablass wäre, und das Lied wollte meiner Stimme zu hoch werden.

Dies ist der erste, rechte, gründliche Anfang des lutherischen Aufruhrs (Lermens)".[51]

4. In dem Rückblick auf sein Leben in der Vorrede zum 1. Band seiner lateinischen Werke von 1545, in dem der Brief an Erzbischof Albrecht abgedruckt ist, behauptet Luther:

„Alsbald schrieb ich zwei Briefe: den einen an den Erzbischof Albrecht von Mainz, der die Hälfte der Ablassgelder erhielt (die andere Hälfte bekam der Papst, was ich damals nicht wusste), den anderen an den *Ordinarius loci* (wie man ihn nennt), den Bischof zu Brandenburg, Hieronymus, und bat sie, der Unverschämtheit und Gotteslästerung der Ablasskrämer Einhalt zu tun. Aber man schenkte dem armseligen Mönch keinerlei Beachtung. Also missachtet gab ich einen Zettel mit Disputationsthesen heraus und zugleich eine deutsche Predigt über die Ablässe[52]; kurz darauf auch die *Resolutiones*, in welchen ich dem Papst zu Ehren darauf hinsteuerte, den Ablass zwar nicht zu verdammen, doch die guten Werke der Liebe ihm vorzuziehen".[53]

5. In einer Tischrede von März 1539 heißt es:

„Im Anfang des Evangeliums ging ich in aller Stille *(sensim)* gegen den überaus unverschämten Tetzel vor. Und Hieronymus, der Bischof von Brandenburg, schätzte mich. Ich ermahnte ihn auch als den Ortsordinarius, dass er auf diese Sache achten wolle. Ich sandte ihm auch meine Resolutionen im handschriftlichen Exemplar, bevor ich sie verbreitete. Aber niemand wollte den lärmenden Tetzel zähmen, sondern sie vermaßen sich, ihn zu verteidigen ...".[54]

---

[51] WA 51, 540, 15–541, 7; Aland, 95 Thesen, 39f.
[52] Der „Sermon von Ablass und Gnade" (WA 1, 243–246) erschien März 1518.
[53] *Ego contemptus edidi Disputationis scedulam:* WA 54, 180; Aland, 95 Thesen, 28f.
[54] WA Tr 4, 316f. Nr. 4446; Aland, 95 Thesen, 84, übersetzt *sensim* mit „allmählich".

6. Vgl. die oben zitierte Tischrede[55], in der Luther den Bischöfen gedroht haben will, er würde dagegen schreiben, wenn sie die Ablassmissbräuche nicht beseitigten.

7. Nach einer nicht näher datierten Tischrede aus der Sammlung Johann Aurifabers soll Luther geäußert haben:

> „Als er erst angefangen hätte, wider den Ablass Anno 1517 zu schreiben, hätte er einen Brief an den Bischof zu Brandenburg geschickt und gebeten, dass er dem Tetzel wehren wollte. Da antwortete er: ‚Ich sollte mit den Dingen nicht anfangen, würde ich aber anheben, so würde ich zu schaffen gewinnen, denn ich griffe der Kirche Sachen an'. Da redete der leibhaftige Teufel aus diesem Bischof!"[56]

8. Mit dieser Darstellung stimmt in den Grundzügen überein der Bericht des Gothaer Superintendenten Friedrich Myconius in seiner „Geschichte der Reformation" (1541):

> „Dr. Martinus schrieb erstlich vier Bischöfen, als dem von Meißen, von Frankfurt[57], von Zeitz und Merseburg, darnach auch dem Bischof von Mainz Alberto, und erinnerte sie, dass sie ihres bischöflichen Amts halb schuldig wären, Einsehens zu haben, dass Gottes Nam nicht also missbrauchet und gelästert, das arme Volk nicht so jämmerlich verführet würde. Aber der Bischof von Mainz verachtet es, so gaben die andern etliche Antwort, sie kunnten noch dürften wider solche des Papsts Geschäft nichts vornehmen. Da Dr. Martinus Luther sah, dass die Bischöfe auch nichts darzu tun wollten, da schrieb er etliche *propositiones* vom Ablass, die sich anhoben: *Dominus et Magister noster Christus dicens: Poenitentiam agite, voluit omnem omnium hominum vitam esse poenitentiam.* Und ließ dieselbigen drucken und wollt nur mit den Gelehrten der hohen Schule Wittenberg davon disputieren, was doch Ablass wäre, was er vermöcht, wo er herkäme und wie viel er gülte. Aber ehe 14 Tag vergingen, hatten diese *propositiones* das ganze Deutschland und in vier Wochen schier die ganze Christenheit durchlaufen, als wären die Engel selbst Botenläufer und

---

[55] WA Tr 5, 657f. Nr. 6431; vgl. oben 179 mit Anm. 41.
[56] WA Tr 6, 238f. Nr. 6861; Aland, 95 Thesen, 88.
[57] Da es keinen „Bischof von Frankfurt" gibt, nimmt Volz an, dass hier der Bischof von Brandenburg gemeint ist (Thesenanschlag, 25), obwohl er sich bewusst ist, dass Frankfurt/Oder zum Bistum Lebus gehört. Klemens Honselmann möchte Myconius' Angabe für fundierter halten und den Bischof von Lebus Dietrich von Bülow (1490–1523) gemeint sehen, der in Frankfurt seinen Hof hielt, Verdienste um die Errichtung der dortigen Universität hatte und Mittelpunkt eines Humanistenkreises war: Urfassung und Drucke der Ablassthesen Martin Luthers und ihrer Veröffentlichung, Paderborn 1966, 121 Anm. 5.

trügen's vor aller Menschen Augen. Es glaubt kein Mensch, wie ein Gered davon ward; wurden bald geteutscht, und gefiel dieser Handel nu jedermann sehr wohl, ausgenommen den Predigermönchen und Bischof zu Halle, auch etlichen, die des Papsts täglich genossen und die Schätz der Erden, die er erhoben hatte, weidlich gebraucheten".[58]

Nach diesen Selbstzeugnissen Luthers aus den Jahren 1518 bis 1545 hat er sich also an die unmittelbar beteiligten Bischöfe, den Erzbischof Albrecht von Magdeburg und Mainz und den Bischof Hieronymus Schulz von Brandenburg, als den zuständigen Ordinarius des Ortes, gewandt mit der Bitte, die Missbräuche der Ablasspredigt abzustellen. In Nr. 5 und 7 ist zwar nur von dem Brandenburger Bischof die Rede, aber die Wendung in Nr. 5 „ich forderte auch ihn auf" lässt erkennen, dass noch ein anderer Adressat – wir denken zunächst an Erzbischof Albrecht – angenommen ist. In dem Schreiben an Papst Leo X. (Nr. 1) ist von „Privatschreiben an einige hohe Würdenträger der Kirche" die Rede. Weil anschließend die Reaktion von drei Menschengruppen angedeutet wird[59], kommen wir mit Albrecht und Hieronymus als Empfänger nicht aus. Dem entspricht, dass Myconius berichtet, Luther habe neben Erzbischof Albrecht noch vier Bischöfen geschrieben.

Nach Inhalt und Umständen kann nun kein Zweifel sein, dass der Brief, den Luther ungefähr gleichzeitig mit ähnlichen nicht mehr vorliegenden Briefen an andere Bischöfe dem Magdeburger Erzbischof schrieb, das uns erhaltene Schreiben vom 31. Oktober 1517 ist. Denn einen früheren Brief hat es nicht gegeben. Luther selbst schreibt am 1. Dezember 1521 an den Kurfürsten, er habe bisher zwei lateinische Schreiben an ihn gerichtet: „das erste im Anfang des lügenhaften Ablasses, so unter E.K.F.G. Namen ausging, darinnen ich E.K.F.G. treulich warnte, mich aus christlicher Liebe entgegengesetzt habe den wüsten, verführerischen geldsüchtigen Predigern und den ketzerischen, abergläubischen Büchern".[60]

Luther will also am 31. Okober 1517 dem Erzbischof Albrecht und anderen Bischöfen geschrieben haben, als von seiner Disputationsabsicht noch keiner seiner besten Freunde wusste und bevor er die Thesen ausgegeben hatte. Erst als der Erzbischof nicht antwortete und Luther auf ähnliche Schreiben an andere Bischöfe nur unbefriedigende, ausweichende Antworten bekam, will er einen Disputationszettel ausgegeben und ge-

---

[58] Myconius, Geschichte der Reformation, 21f.
[59] *Hic ab aliis acceptabar, aliis ridiculum, aliis aliud videbar* (WA 1, 528, 21).
[60] WA Br 2, 406, 3–8. Der 2. lateinische Brief ist der vom 4.2.1520 (WA Br 2, 27–29). Vgl. Volz, Thesenanschlag, 24; ders., Erzbischof Albrecht von Mainz, 224f.

lehrte Männer eingeladen haben, mit ihm zu disputieren. Das schließt einen Anschlag der Thesen an die Türen der Schlosskirche am 31. Oktober 1517 aus. Denn dann hätte er den Bischöfen keine Zeit gelassen zu antworten, was getan zu haben er doch wiederholt behauptet. Er hätte unmittelbar nach dem Ereignis, wo noch keine Gedächtnistäuschung möglich war, den Papst wie seinen Landesherrn Friedrich den Weisen belogen und hätte an diesem gefälschten Bild noch am Ende seines Lebens, als er keinerlei diplomatische Rücksicht mehr zu nehmen brauchte, festgehalten.

Die Lutherforschung scheint mit einer solchen Unwahrhaftigkeit Luthers zu rechnen, wenn sie an diesem Problem nicht überhaupt vorbeigeht. Karl August Meißinger meint, Luther habe den Hergang für die Augen Cajetans (Schreiben an Friedrich den Weisen) bzw. den Papst „zurecht gerückt".[61]

Hans Volz und Kurt Aland bemerken speziell zum Schreiben Luthers an Friedrich den Weisen, hier werde „taktisch geredet", „zum Fenster hinausgesprochen"[62], der Schreiber habe eine „aus diplomatischen Gründen nahegelegte Korrektur zum Zweck der Selbstverteidigung und Rechtfertigung" vorgenommen.[63] Wenn man aber bedenkt, dass der Brief an Albrecht vom 31. Oktober 1517, wie Luther in dem Schreiben an Friedrich den Weisen beteuert, damals vorlag und in vieler Menschen Hände gelangt war, dass weiter, wie den üblichen Argumentationen zugrunde liegt, der Thesenanschlag eine bekannte Tatsache war, dann war es aber sehr ungeschickt, aus Gründen der Selbstverteidigung in einem zum Fenster hinaus geschriebenen Brief bekannte und nachprüfbare Tatsachen zu verdrehen. Ähnliches gilt für die Vorrede von 1545. Wenn Luther seine früheren falschen Angaben schon nicht widerrufen wollte[64], dann

---

[61] Meißinger, Der katholische Luther, 167; vgl. ebd. 160.
[62] Aland, 95 Thesen, 120.
[63] Hans Volz in: ThLZ 89 (1964) 682. Gerhard Müller, Die Diskussion über Luthers Thesenanschlag, in: Pastoralblatt des evangelischen Pfarrervereins Kurhessen-Waldeck 64 (1962) 117, bemerkt: „Zwar hat sich Luther dann in seinen Berichten ab 1518 über den Ablasshandel bewusst unklar oder aber so ausgedrückt, dass man annehmen musste, er sei erst selbständig vorgegangen, als er von Albrecht von Mainz keine Antwort erhalten hatte".
[64] Volz, GWU 685 Anm. 8: „Dass Luther, um sich nicht nachträglich in Widersprüche zu verwickeln, an dieser einmal gewählten Version festhielt, ist durchaus verständlich, zumal seine autobiographische Vorrede von 1545 im gleichen (1.) Bande der Wittenberger lateinischen Ausgabe seiner Werke abgedruckt wurde, der auch seinen Widmungsbrief an Leo X. vom Mai 1518 (Bl. 100a) und sein Schreiben an Kurfürst Friedrich den Weisen vom 21.11.1518 (Bl. 221b–226b) enthält".

war es sicher nicht klug, sie ohne Not zu wiederholen, wo seine Angaben an Hand der in dem Bande abgedruckten Dokumente (Thesen, Brief an Erzbischof Albrecht u.a.) doch nachzuprüfen waren.

Andere helfen sich bzw. Luther mit dem Hinweis, „Thesen, auch wenn sie gedruckt an die Tür der Schlosskirche angeschlagen wurden", hätten „keine eigentliche Publikation" dargestellt.[65] Selbst wenn das richtig wäre, bliebe die Schwierigkeit. Denn Luther schließt ja nicht nur die Veröffentlichung aus, sondern behauptet, selbst seine besten Freunde hätten von der Disputationsabsicht nichts gewusst.[66]

Woher nehmen wir das Recht, Luther einer solchen taktischen Unwahrheit zu bezichtigen oder, andersherum gefragt, was zwingt uns anzunehmen, dass Luther am 31. Oktober seine Thesen angeschlagen hat und er den Bischöfen damit keine Zeit zur Rückäußerung gelassen hat? Welche Quellen sprechen für einen Anschlag der Thesen am 31. Oktober 1517?

III. Luther und seine Zeitgenossen über den Ablass-Streit

Es liegt nahe zu fragen, ob denn keine zeitgenössischen Zeugnisse für einen Thesenanschlag vorliegen? An Berichten über Luthers Auftreten und über den Ablassstreit scheint es ja nicht zu fehlen. In der bisherigen Lutherliteratur pflegt man Luthers Famulus Johannes Agricola, alias Schneider, als Augenzeugen des Thesenanschlages hinzustellen. In dem an sich soliden Buch von Heinrich Boehmer „Der junge Luther" ist zu lesen:

„Keinem seiner Freunde sagte er [Luther] aber etwas von seinem Vorhaben. Keinem zeigte er auch vorher das Plakat mit den 95 Thesen über die Heilskraft der Ablässe. Niemand in Wittenberg ahnte daher, was er im Schilde führte, als er am 31. Oktober 1517 Sonnabend vor Allerheiligen, mittags kurz vor 12 Uhr, nur von seinem Famulus Johann Schneider genannt Agricola aus Eisleben begleitet, vom Schwarzen Kloster nach der

---

[65] Bernhard Lohse, Der Stand der Debatte über Luthers Thesenanschlag, in: Luther 34 (1963) 132–136, hier: 135; Kurt Aland, Luthers Thesenanschlag, Tatsache oder Legende?, in: Deutsches Pfarrerblatt 62 (1962) 241–249, hier: 242, meint: „Niemand hat darin, wie Iserloh das tut, eine Verbreitung in der Öffentlichkeit sehen können". Derselbe Aland sieht aber in der Behauptung Luthers, er habe öffentlich *(publice, ante fores)* eingeladen, einen Beweis für den Thesenanschlag, wenn er schreibt: „Diese öffentliche Einladung an alle, über die Thesen zu disputieren, kann – der Sitte der Zeit entsprechend – nur durch den Anschlag an der Kirchentür in Wittenberg geschehen sein ...": ebd. 243. Vgl. Luthers Brief an Hieronymus Schule vom 13.2.1518: WA Br 1, 135–141.

[66] WA Br 1, 245.

etwa eine Viertelstunde entfernten Schlosskirche ging und dort an der nördlichen Eingangstür, die vor den großen Festen schon oft zu dem gleichen Zwecke benutzt worden war, das Plakat mit den 95 Thesen anschlug".[67]

Hier wird eine Agricola zugeschriebene autobiographische Notiz seit langem falsch übersetzt. Dort heißt es: *Anno 1517 proposuit Lutherus Witenbergae, quae urbs est ad Albim sita, pro veteri scholarum more themata quaedam disputanda, me teste quidem citra ullius hominis aut notam aut iniuriam*[68], d.h. „Im Jahre 1517 legte Luther in Wittenberg an der Elbe nach altem Schulbrauch gewisse Sätze zur Disputation vor, ohne damit, wie ich bezeugen kann, jemand Schimpf oder Unrecht antun zu wollen".

Hier ist kein Tag angegeben, auch ist von einem Anschlag der Thesen an der Schlosskirche nicht die Rede, und das *me teste* wird nicht auf den Vorgang selbst, sondern auf die Luther dabei bewegenden Motive bezogen. Ja, das *me teste* ist nicht nur missverstanden worden, sondern existiert überhaupt nur auf Grund eines Lesefehlers. Wie Hans Volz inzwischen mitgeteilt hat, beruht das „*me teste*" in der Aufzeichnung Agricolas auf einem eindeutigen Lesefehler des Herausgebers; es sei vielmehr „*modeste*" zu lesen.[69] Damit entfällt jeder Grund, eine Augenzeugenschaft Agricolas anzunehmen. An Aussagen Luthers kommen neben den schon angeführten, die einen Thesenanschlag am 31. Oktober 1517 an sich ausschließen, noch zwei infrage:

1. Der Reformator datiert im Jahre 1527 einen Brief an den ehemaligen Kanoniker des Wittenberger Allerheiligenstiftes Nikolaus Amsdorf mit folgenden Worten: „Wittenberg am Allerheiligentage 1527, zehn Jahre nachdem die Ablässe vernichtet wurden; in der Erinnerung daran trinken wir beide getröstet in dieser Stunde".[70]

---

[67] 4. Auflage, hg. v. Heinrich Bornkamm, Stuttgart 1951, 156. Ähnlich Realencyclopädie für protestantische Theologie und Kirche 1, 250; Gustav Kawerau, Johann Agricola von Eisleben, Berlin 1881, 16; Meißinger, Der katholische Luther, 130; NDB 1, 100; Aland, Pfarrerblatt, 241–245.

[68] Adolf Brecher, Neue Beiträge zum Briefwechsel der Reformatoren, in: Zeitschrift für Historische Theologie 42 (1872) 323–410, hier: 326; vgl. Volz, Thesenanschlag, 103 Anm. 150.

[69] Artikel „Agricola", in: Handwörterbuch der Sage, hg. v. Will-Erich Peuckert, Bd. 1, Göttingen 1961, Sp. 171 Anm. 5; Volz, Erzbischof Albrecht von Mainz, 227 Anm. 159.

[70] *Wittembergae die Omnium Sanctorum anno decimo Indulgentiarum conculcatarum, quarum memoria hac hora bibimus utrinque consolati*: 1527 (WA Br 4, 275); Volz, Erzbischof Albrecht von Mainz, 215.

Hier sagt Luther, dass er am Allerheiligentag – das kann der Nachmittag des 31. Oktober so gut sein wie der 1. November – den entscheidenden Schlag gegen die Ablässe geführt habe. Dem ist Genüge getan, wenn wir annehmen, dass Luther am 31. Oktober die Thesen den zuständigen Vertretern der Kirche zugesandt hat.

2. Damit stimmt überein, wenn Luther in einer Tischrede aus der Zeit zwischen Januar und März 1532 sagt: „Im Jahre 1517 begann ich am Feste Allerheiligen zuerst gegen den Papst und die Ablässe zu schreiben".[71]

Vom Schreiben gegen das Papsttum oder gegen die Ablässe[72] und von der Herausgabe oder Vorlage von Thesen spricht Luther auch sonst[73], niemals aber von einem Anschlag der Thesen an den Türen der Schlosskirche. Das absolut gebrauchte „schreiben" lässt gerade nicht auf ein einmaliges Ereignis wie einen Thesenanschlag schließen. Das Wort „begann" stellt das Geschehen von 1517 in eine Reihe mit den späteren literarischen Äußerungen Luthers. Auch die zahlreichen anderen Quellen, die bis zu Luthers Tod über seine Ablassthesen und sein Auftreten gegen die Ablasspredigt Tetzels und die *Instructio* Albrechts von Mainz berichten, wissen nichts von einem Anschlag der Thesen, erst recht nichts von einem solchen Ereignis am 31. Oktober oder 1. November. Es handelt sich um die Chronisten Christoph Scheurl[74], Johannes Carion[75],

---

[71] *Anno 17. in die omnium sanctorum incepi primum scribere contra papam et indulgentias* (WA Tr 2, 467 Nr. 2455a). In der Lesart Nr. 2455b heißt es, wie oben übersetzt, *in festo* statt *in die*. In beiden Fällen können wir aber den Nachmittag des 31.10. einbeziehen, wie es das Ablassprivileg für die Allerheiligenkirche tut. Darin heißt es: *Item ipso die omnium sanctorum vere confessi et contriti aut bonam intentionem habentes a primis vesperis usque ad secundas inclusive possunt mereri ipsas indulgentias suis orationibus et elemosinis*: Johannes Haussleiter, Die Universität Wittenberg vor dem Eintritt Luthers, Leipzig 1903, 26. Der „Allerheiligentag" beginnt demnach mit der ersten Vesper. Damit wird die These von Hans Volz, Luther habe die Thesen nicht am 31.10., sondern am 1.11. angeschlagen, die er mit dieser Tischrede und mit Luthers Brief an Amsdorf vom 1.11.1527 begründet, hinfällig.

[72] WA Tr 1, 441 Nr. 884, vgl. Aland, 95 Thesen, 81; WA Tr 2, 376 Nr. 2250, vgl. Aland, 95 Thesen, 82; WA Tr 3, 477 Nr. 3644 c, vgl. Aland, 95 Thesen, 83.

[73] Vgl. die oben 182–186 angeführten Texte.

[74] Ursprung und Anfang Lutherischer Handlung, in: Geschichtsbuch der Christenheit von 1511 bis 1521, hg. v. Joachim K.F. Knaake, in: Jahrbücher des dt. Reiches und der dt. Kirche im Zeitalter der Reformation, Bd. 1, Leipzig 1872, 111ff.

[75] Vgl. NDB 3, 138 und Volz, Thesenanschlag, 93 Anm. 107. Hier Hinweis auf: Beiträge zur Geschichte der deutschen Sprache und Literatur Bd. 77, Tübingen 1955, 415 Anm. 3, wo Literatur zu Carion aufgeführt ist.

Friedrich Myconius[76], Georg Spalatin[77] und Johannes Sleidanus[78] auf protestantischer und Kilian Leib[79], Johannes Cochläus[80] und Hieronymus Emser[81] auf altkirchlicher Seite. Wir brauchen diese Texte nicht alle im einzelnen vorzuführen.

Besondere Bedeutung hat unter ihnen die Chronik des Mathematikers und Astrologen am Hofe des Kurfürsten Joachim I. von Brandenburg, Johann Carion (1499–1537/38), „weil, nicht nur in methodischer Hinsicht, (sondern) auch in sachlicher Beziehung ... Melanchthon der eigentliche Verfasser dieses Werkes"[82] ist. Es erschien in vielen Ausgaben deutsch, lateinisch und in anderen Sprachen. Carion übergab das Material zu seiner „Chronica" 1531 Melanchthon zur Bearbeitung. Dieser brachte 1532 das Werk in deutscher Sprache heraus mit dem Titel: „Chronica durch Magistrum Johann Carion vleissig zusamen gezogen meniglich

---

[76] Siehe oben 185–186 Nr. 8.

[77] Spalatin, der schon 1517 in enger Beziehung zu Luther stand, erwähnt in keiner seiner verschiedenen chronikalischen Arbeiten den Thesenanschlag. Vgl. Volz, Thesenanschlag, 93 Anm. 110.

[78] In den *Commentarii*, die 1555 erschienen, aber schon vor 1545 begonnen worden waren, fehlen Faktum und Datum des Thesenanschlages. Im 1. Buch unter dem Jahr 1517 heißt es dort: *Cum iis literis* (an Erzbischof Albrecht von Mainz vom 31.10.1517) *una mittebat themata, quae nuper disputandi causa Wittenbergae promulgabat.*

[79] „Chiliani Leibii, Historiarum ... Annales", in: Johann Christoph von Aretin, Beiträge zur Geschichte und Literatur VII, München 1806, 665f.: *Id cum persensisset Martinus Luther qui tunc Wittenbergae agebat, Problemata scribere coepit, quae vocant Propositiones de Indulgentiis, de eorum valore deque romani pontificis potestate, quae omnia in dubium; nescio an ducis Friderici principis iussu, an impulsu daemonis hospitis sui, an suopte ingenio.* Vgl. Josef Deutsch, Kilian Leib, Münster 1910, 162f. In seinen „Diarien" bemerkt Leib nur knapp unter 1518: *Hoc tempore Martini Lutheri haeretici Wittenbergii propositiones theologicae sermonesque seu sermo alter quidam Latine, alius vulgato edito eloquio circumferebantur, quibus praesertim de indulgentiis, quas pontifices elargiri solent, disserebatur:* Joseph Schlecht, Kilian Leibs Briefwechsel und Diarien, Münster 1906, 85.

[80] In den *Commentaria* erwähnt er den Brief an Albrecht von Mainz vom 31.10. 1517 und fährt fort: *hic tamen non contentus privatam misisse epistolam, in publicum quoque emulgavit 95 (quamquam in prima scheda posuerit 97) propositiones.* Zit. nach Volz, Thesenanschlag, 93 Anm. 108; vgl. Adolf Herte, Die Lutherkommentare des Johannes Cochläus, Münster 1935, 276.

[81] Er schreibt in: „Auff des Stieres tzu Wietenberg wiettende replica" (1521) „... dass er [Luther] von aller erst seyne ketzerischen conclusiones auff eym Tzedtel trucken lassen, allen Theologen damit drotz geboten und vor ynen hat vortedingen wollen": Ludwig Enders, Luther und Emser II., Halle 1891, 31.

[82] Robert Stupperich, Der unbekannte Melanchthon, Stuttgart 1961, 78.

nützlich zu lesen".[83] Eine lateinische Übersetzung erschien 1537.[84] Von einem Thesenanschlag wird in den Ausgaben vor 1546 nicht berichtet. Es heißt dort nur: „Zur zeit Leonis anno 1517 hat Martinus Luther erstlich widder den Ablas geschrieben, und sind hernach viel disputationes erreget. Daraus nu ein grosse spaltung inn Deudschland worden ist".[85]

Wir können nicht an einem Text vorbeigehen, der häufig als Beweis für einen Thesenanschlag an der Schlosskirche angeführt wird. Was aber nur möglich ist, weil man mit einer vorgefassten Meinung an ihn herangeht: In einer Tischrede berichtet der Gothaer Superintendent Friedrich Myconius über eine schwere Krankheit Luthers während eines Aufenthaltes in Schmalkalden und Gotha im Jahre 1537. Damals habe der sich dem

---

[83] „Gedruckt zu Wittenberg durch Georgen Rhaw". Die Widmung Carions ist von 1531. Am Ende des Werkes (168v – 169v) wird das Jahr 1532 noch erwähnt. Somit kann als Druckjahr 1532 angenommen werden. Vgl. Georg Theodor Strobel (Hg.), Miscellaneen Literarischen Inhalts größtentheils aus ungedruckten Quellen ... Sechste Sammlung, Nürnberg 1782, 163.

[84] „Chronica Joannis Carionis conuersa ex Germanica in Latinum a doctissimo uiro Hermanno Bono, et ab autore diligenter recognita. Halae Sueuorum, ex officina Petri Brubachii, 1537". Nach Strobel, Miscellaneen, 173.

[85] Ausgabe Wittenberg 1532 (siehe oben Anm. 83), fol. 166v, Zeile 21–24. Vgl. Strobel, Miscellaneen, 164. Mir lagen folgende weitere Ausgaben vor:
Chronica (Magdeburg: Christian Roediger, o.J.): „Na Julio 2. wart Pawest Leo 10. ein s<u>oe</u>ne Laurentii Medicis. Thor tidt Leonis Anno. 1517 hefft Martinus Luther erstmals wedder dat afflat geschreuen / unde synt hernamals vele Disputationes ger<u>oe</u>get / daruth nu eine grote spaldinge yn D<u>ue</u>deschem lande geworden ys" (Fol. Aa iiij^v Zeile 22–27; das hochgestellte „e" der Frakturschrift wurde aufgelöst in „oe" und „ue" und ist durch Unterstreichung markiert.
Chronica libellus (Frankfurt; Petrus Brubach 1543): *Post Julium 2. factus est P. Leo 10. Laurentij Medicis filius. Temporibus Leonis, Anno 1517, Martinus Lutherus primum aduersus indulgentias pontificias scripsit, et inde plures postea disputationes natae sunt, quae res non uulgarem uiciβitudinem peperit in ecclesia apud Germanos* (fol. 237^v,21 – 238^r,3).
Offensichtlich in Abhängigkeit von Melanchthons Vorrede zum 2. Band der Werke Luthers heißt es in der Ausgabe Wittenberg 1572: *Eo igitur anno, qui fuit septimus decimus supra millesimum, quingentesimum, Lutherus primum oppugnare coepit forum indulgentiarum, et ex ecclesia filii Dei, huius ipsius Domini nostri Jesu Christi exemplo eijcere ementes et vendentes, eversis mensis scabellisque; ... Disputatio proposita est in foribus templi, quod arci Witebergensi contiguum est pridie Calend. Novembris tali occasione et initio:*
Circumferebantur titulo Alverti Archiepiscopi Magdeburgensis venales indulgentiae in his regionibus a Tecelio Dominicano Sycophanta impudentiβimo. Huius impiis et nefariis concionibus irritatus Lutherus, studio pietatis ardens, edidit [265^r:] *propositiones de indulgentiis, quae in primo Tomo monumentorum ipsius extant. ... Propositiones etiam et concionem de indulgentiis Lutheri conijcit in flammas ...*

Tode nahe fühlende Reformator über sein Sterben und Begräbnis in Gotha gesprochen. Myconius habe ihn beruhigt; so schlimm stehe es nicht um ihn. Sollte es jedoch zum Sterben kommen, wolle er dafür sorgen, dass Luther in Wittenberg in der Kirche begraben werde, von der aus der Quell des göttlichen Wortes sich in den Erdkreis ergossen habe.[86]

Hans Volz meint hinsichtlich dieser Stelle: „Offensichtlich auf die Wittenberger Schlosskirche und den dort erfolgten Thesenanschlag bezog sich bereits der Gothaer Pfarrer und Superintendent Friedrich Myconius".[87] Es ist aber in dem Text weder von der Schlosskirche noch vom Thesenanschlag die Rede. Myconius kann auch die Stadtkirche von Wittenberg gemeint haben, von deren Kanzel aus Luther jahrzehntelang das Wort Gottes verkündigt hat. Volz setzt einfach voraus, dass 1537 schon die Schlosskirche als Ort für Luthers Grab feststand. Hingegen will der Wittenberger Student Adam Lindemann in einem Brief vom 7. März 1546 wissen, dass man noch nach Luthers Tod Überlegungen über den Ort seines Grabes angestellt habe.[88]

---

[86] WA Tr 3, 394 Nr. 3543: ... *vellem curare ut Vitebergae in ecclesia, in qua fons vitae profluxisset in orbem terrae, sepeliretur;* vgl. Archiv für Reformationsgeschichte 31 (1934) 259; hier findet sich die Lesart: ... *si moreretur, velle se curare, ut Wittenbergae in ecclesia, ex qua fons verbi divini profluxisset in orbem terrarum, sepeliretur.*

[87] Thesenanschlag, 94 Anm. 115. Es dürfte nicht vorkommen, dass K. Harms („Noch einmal: Luthers Thesenanschlag": Deutsches Pfarrerblatt 63, 1963, 519–521) dieses Gespräch Luthers mit Myconius als „unumstößlichen Beweis für die Tatsache des Thesenanschlages an der Schlosskirche" anführt (520), ohne zu erwähnen, dass ich diese Stelle in meinem Vortrag S. 21f. ausführlich diskutiert und gezeigt habe, dass sie als Argument für den Thesenanschlag nicht infrage kommt. Auch nach Hans Steubing („Hat Luther die 95 Thesen wirklich angeschlagen?": Kirche in der Zeit 20, 1965, 452) wird die Tür der Schlosskirche „als Ort des Thesenanschlages noch einmal ausdrücklich von Myconius in einem Gespräch mit dem damals todkranken Reformator im März 1537 bestätigt". Wenn er in einer Besprechung meiner Schrift nicht erwähnt, dass diese Stelle dort diskutiert ist, und seine Leser den Eindruck bekommen, dass er durch Oskar Thulin erst persönlich auf sie aufmerksam gemacht werden musste, dann ist das mehr als ein Versehen. Bei dieser Methode, meine Argumente seinen Lesern zu unterschlagen (vgl. oben 180–181 Anm. 44), kommt er zu dem Schluss: „Hiernach bleibt es angesichts solcher Zeugnisse, die man einfach nicht negieren kann, unverständlich, wie Iserloh glaubt feststellen zu können, dass Luther die 95 Thesen niemals an die Tür der Schlosskirche angeschlagen habe": ebd.

[88] *De sepulcri loco est deliberatum: sed Illustrissimo Principi nostro fuit obsequendum mandanti, ut in templo arcis Vitenbergensis iuxta monumenta suorum maiorum Ducum illustrissimorum sepeliretur:* Christoph Schubart, Die Berichte über Luthers Tod und Begräbnis, Weimar 1917, 53.

Wenn aber wirklich die Schlosskirche gemeint gewesen wäre, weshalb müsste dann damit auch schon Bezug auf den Thesenanschlag genommen sein?

In den vielen Berichten über Luthers Begräbnis wird der Thesenanschlag nicht erwähnt und vor allem nicht als Motiv für die Wahl der Schlosskirche genannt. Neben der Fürstengruft wird gerade der Predigtstuhl, von dem Luther das Wort Gottes verkündigt habe, als für die Lage des Grabes maßgebend erwähnt.[89] Das entspricht ganz dem *fons verbi divini* bei Myconius.

Dass auch kein ikonographischer Beleg für einen Thesenanschlag aus der Zeit vor Luthers Tod vorliegt, brauchte nicht eigens betont zu werden, wenn nicht ein bei Émile G. Léonard[90] reproduzierter Kupferstich „L'affichage des Thèses par Luther" aus dem Cabinet des Estampes der Pariser Nationalbibliothek dem zu widersprechen schiene. Die recht theatralische Darstellung wird von Léonard auf das Jahr 1527 datiert.[91] Nach Auskunft der Nationalbibliothek gibt es dafür aber keinen Anhaltspunkt. Das Bild selbst schließt eine so frühe Datierung aus vielerlei formalen und inhaltlichen Gründen aus. Von den letzten seien nur zwei genannt:

1. Es ist laut Inschrift in der unteren rechten Bildecke dem „Herrn Friedrich Christof Graffen und Herrn zu Mansfeld" gewidmet. Einen Grafen Friedrich Christoph hat es nur in der Hinterortischen Linie der Grafen von Mansfeld gegeben. Dieser ist geboren am 4. Februar 1564 und gestorben am 6. April 1631.[92] Einen Grafen Christoph gab es noch in der Mittelortischen Linie. Er hat von 1558 bis 1591 regiert.

2. Die vielen zur Erklärung beigegebenen Bibelworte werden in Wortlaut und Schreibweise nach der Lutherbibel von 1545 zitiert.

Wenn aber nicht Luther und nicht die zahlreichen Zeugen zu seinen Lebzeiten, wer spricht denn zuerst von einem Anschlag der Thesen an die Türen der Schlosskirche zu Wittenberg?

---

[89] Z.B. Bericht des Justus Jonas, Michael Cölius und Johannes Aurifaber: „... Und ist also das teuer organum und werkzeug des hl. Geistes, der leib des ehrwürdigen D. Martini alda im Schloß zu Wittenberg nicht fern vom predigtstuhl, da er am leben manche christliche predigten vor den chur- und fürsten zu Sachsen getan ...": ebd. 68.
[90] Histoire générale du Protestantisme I: La Réformation, Paris 1961, 80/81.
[91] Ebd. 395.
[92] Vgl. Frank Baron Freytag von Loringhoven, Europäische Stammtafeln, Bd. III, Marburg 1956, Tafel 44.

Das ist kein geringerer als Melanchthon in der Vorrede zum 2. Band der gesammelten Werke Luthers, der nach dem Tode des Reformators herauskam. Dort heißt es:

> „Luther, brennend von Eifer für die rechte Frömmigkeit, gab Ablassthesen heraus, die im 1. Band dieser Ausgabe gedruckt sind. Diese hat er öffentlich an der Kirche in der Nähe des Wittenberger Schlosses am Vortage des Festes Allerheiligen 1517 angeschlagen".[93]

Auf dieser Vorrede Melanchthons fußen offensichtlich die späteren Berichte von einem Thesenanschlag.

Nun besteht freilich kein Zweifel, dass dem Zeugnis eines Mannes, der Luther und der Wittenberger Reformation so nahe stand wie Melanchthon, ein erhebliches Gewicht zukommt. Aber es ist immerhin festzuhalten, dass Melanchthon 1517 noch in Tübingen war, also von den Ereignissen in Wittenberg zunächst nur vom Hörensagen wissen konnte.

Vor 1546 spricht auch er nicht von einem Thesenanschlag. In einer Schrift, die er Februar 1521 unter dem Pseudonym Didymus Faventinus zur Verteidigung Luthers gegen den römischen Dominikaner Tommaso Rhadino herausgab, schreibt Melanchthon[94]: In Erfüllung seiner Pflicht als guter Hirt habe Luther in aller Bescheidenheit einige paradoxe Sätze über die Ablässe vorgelegt, nicht als unumstößliche Behauptungen, sondern als Disputation nach Art der Schulen. Weiter habe er in einer Predigt das Kirchenvolk ermahnt, für die Römischen Waren nicht zuviel zu zahlen, und kurz danach habe er die Thesen im Buch der Resolutionen näher begründet.

In Briefen, die an einem 31. Oktober geschrieben sind, nimmt Melanchthon in der Datierung zum ersten Mal 1552 auf die Ablassthesen Bezug[95] und von da ab öfter, wenn auch nicht immer, wie Hans Volz

---

[93] *In hoc cursu cum esset Lutherus, circumferuntur venales indulgentiae in his regionibus a Tecelio Dominicano impudentissimo sycophanta, cuius impiis et nefariis concionibus irritatus Lutherus, studio pietatis ardens, edidit Propositiones de Indulgentiis, quae in primo Toma monumentorum ipsius extant, Et has publice Templo, quod arci Witebergensi contiguum est, affixit pridie festi omnium Sanctorum anno 1517*: Corpus Reformatorum [CR] 6, 161f.

[94] *Facturus boni pastoris officium, proposuit quaedam de Indulgentiis paradoxa, idque modeste, nihil statuens aut decernens, sed disputans tantum pro more scholarum*: Studienausgabe 1, 61; CR 1, 291. In einem Brief an Oekolampad vom 21. Juli 1519 berichtet er von Ecks „Obelisken" zu den *sententias, quas Martinus de indulgentia proposuit disputandas*: CR 1, 88f.

[95] Briefe vom 31.10. aus der Zeit vorher sind erhalten vom Jahre 1524 (CR 1, 678–681; 682–683), 1526 (CR 1, 827–829; 829f.), 1531 (CR 2, 549f.), 1537 (CR 3, 439f.). Diese spielen nicht auf die Herausgabe der Thesen an. Am Ende

behauptet hat.[96] Er spricht dabei von der Ausgabe *(edidit)* oder Vorlage *(proposuit)* von Thesen.[97]

Melanchthon hat von den Begebenheiten in Wittenberg bis 1518 kein unmittelbares Wissen und zeigt sich vielfach entsprechend schlecht unterrichtet. Im Entwurf einer Vorrede zur *Confessio Augustana* vom Mai 1530 behauptet er z.b., in den sächsischen Landen sei der Ablass gepredigt worden[98], wo wir doch wissen, dass sowohl Kurfürst Friedrich der Weise als auch Herzog Georg von Sachsen in ihren Landen die Tetzelsche Ablassverkündigung nicht zugelassen hatten.[99] Dazu hat Melanchthon in der Vorrede zum 2. Band der Lutherausgabe die Legende aufgebracht, Tetzel habe die Thesen und eine Predigt Luthers über die Ablässe öffentlich verbrannt.[100] Weiter behauptet er, Friedrich der Weise habe Luther in Wittenberg predigen hören, bevor er ihm die Kosten für die Doktorpromotion bezahlt habe.[101] Luthers Romreise verlegt er in das Jahr 1511, er lässt ihn in Wittenberg über Physik statt über Ethik lesen[102] und erst nach der Vorlesung über den Römerbrief die über die Psalmen halten. Diese und andere Irrtümer ließen schon vor Jahrzehnten den Lutherforscher Heinrich Boehmer zu dem Urteil kommen:

---

eines Briefes an Sebastian Glaser vom 31.10.1552 heißt es dagegen: *Pridie Calend. Novemb. quo primum ante annos 35 Lutherus Propositiones de indulgentiis...* (CR 7, 1122).

[96] Volz, Thesenanschlag, 36. Melanchthon erwähnt die Ausgabe der Thesen nicht in einem Brief vom 31.10.1553 (CR 8, 167f.) und in 3 Briefen vom 31.10.1557 (CR 9, 357; 358).

[97] Vgl. die Briefe vom 31.10.1555 (CR 8, 594 und 595), 1559 (CR 9, 956). Vom Thesenanschlag spricht Melanchthon in seiner Postille 1557: *Ultimus autem dies Oktobris ... est dies ille, quo primum propositae sunt propositiones D. Lutheri de indulgentiis, quae fuerunt initium emendationis doctrinae ... Fuerunt affixae templo Arcis ad vespertinam concionem ... Mementote ergo hunc diem*: CR 25, 777. Vgl. Volz, Thesenanschlag, 95 Anm. 118. Auch die von Melanchthon redigierte Chronik des Johannes Carion weiß, wie oben gezeigt, erst nach 1546 von einem Thesenanschlag.

[98] Bekenntnisschriften der evangelisch-lutherischen Kirche, Göttingen ⁴1959, 41; auch in seiner Schrift *Didymi Faventini ... oratio* (1521) schreibt Melanchthon: *Et ut inde ordiamur, unde omnis haec tragoedia orta est, anno abhinc tertio Romanenses indulgentiae quas vocant, in Saxonas ac Mysos, nescio quorum praepostera liberalitate, pro fundebantur:* Melanchthons Werke in Auswahl (Studienausgabe), hg. von Robert Stupperich, Bd 1, Gütersloh 1951, 61; CR 1, 291.

[99] Schulte, Fugger I, 142f.; Volz, Thesenanschlag, 101 Anm. 141.

[100] CR 6, 162.

[101] CR 6, 160.

[102] Allerdings soll auch nach Tischrede Nr. 116 (WA Tr 1, 44, 29) Luther Physik gelesen haben.

„Die berühmte Vorrede ist eben nur eine Vorrede, d.i. ein rasch ohne jede Hilfsmittel ... aufs Papier geworfenes Skriptum, das keinerlei urkundlichen Wert besitzt und nur soweit Glauben verdient, als seine Angaben durch andere Zeitgenossen bestätigt werden".[103]

Auch Hans Volz sieht sich gezwungen, Melanchthons Bericht „als eine haltlose Legende zu betrachten".[104] Weshalb verweisen wir aber dann nicht auch Melanchthons Erzählung vom Thesenanschlag, von dem sonst niemand etwas weiß und gegen den so klare und häufige Aussagen von Luther selbst stehen, in das Reich der Legende?[105]

IV. Der Thesenanschlag fand nicht statt

Neben der Behauptung Luthers, er habe seine Thesen erst herausgegeben, nachdem er auf sein Schreiben an den Erzbischof von Magdeburg vom 31. Oktober 1517 keine Antwort bekommen habe, sprechen noch eine Reihe weiterer Tatsachen gegen einen Thesenanschlag:

1. In einer Tischrede vom 2. Februar 1538 erzählt Luther:

„Nun, Gott hat uns wunderlich herausgeführt und hat mich doch ohne mein Wissen nun schon über das zwanzigste Jahr ins Spiel geführt. Wie gar beschwerlich fing es zuerst an, als wir [1517] nach Allerheiligen nach Kemberg zogen, als ich mir zuerst vorgenommen hatte, gegen die krassen Irrtümer der Ablässe zu schreiben! Doktor Hieronymus Schurff widerstand mir: Wollt Ihr gegen den Papst schreiben? Was wollt Ihr machen? Man wirds nicht leiden! Ich sagte: [Und] wenn mans leiden müsste?"[106]

---

[103] Heinrich Böhmer, Luthers Romfahrt (1510/11), Leipzig 1914, 8.
[104] Volz, Thesenanschlag, 37. Kurt Aland meint dagegen: „Wer Melanchthon zum Erfinder des Mythos vom Thesenanschlag am 31.10. macht, muss die Unglaubwürdigkeit seiner vita Lutheri auf ganz andere Weise beweisen, als das bisher geschehen ist. Dass Melanchthon sich in Einzelheiten der Biographie irrte – das ist anderen Zeitgenossen, ja selbst dem Sohne Luthers, auf viel gröbere Weise geschehen": GWU 693.
[105] Mit Recht bemerkt Honselmann, Urfassung und Drucke, 26 Anm. 31: „Wenn der Bericht unzuverlässig ist, wie man aus der zitierten Formulierung entnehmen muss, warum hält Volz dann die Angabe über den Thesenanschlag selbst in ebendiesem Bericht nicht auch für legendär? Da er es nicht tut, sondern diese Angabe als historische Tatsache wertet, müsste man erwarten, dass er eine Begründung geben würde, warum dieser Teil der Aussage Melanchthons glaubwürdig ist. Diese bringt er aber nicht. Es geht doch nicht gut an, das Datum des Thesenanschlags als legendär anzusehen, den Thesenanschlag selbst aber und dessen Ort, die Luther, wie Volz betont, ‚nie erwähnt', ohne weiteres als historisches Faktum anzusehen."
[106] WA Tr 3, 564 Nr. 3722.

Luther hatte demnach nach Allerheiligen 1517 eine Wanderung nach Kemberg, 13 km südlich von Wittenberg, gemacht und unterwegs seinen Freund, den Professor Hieronymus Schurff, in Schrecken gesetzt mit der Nachricht von seinem Vorhaben, gegen die Ablässe zu schreiben. Luther konnte also noch nach Allerheiligen seinen Kollegen, der als solcher über universitätsinterne Angelegenheiten Bescheid wusste, mit diesem Plan überraschen. Das schließt den Thesenanschlag vor oder an Allerheiligen aus und bestätigt Luthers Behauptung, dass seine engsten Freunde nichts von seiner Disputationsabsicht wussten, als er den Bischöfen schrieb.

2. Das gilt auch von seinem Freund und Ordensbruder Johannes Lang, dem Prior des Klosters in Erfurt. Die Thesen gegen die scholastische Theologie, denen Luther größere Bedeutung zugemessen hatte als den Ablassthesen und die an sich auch viel schärfer und zentraler die spätmittelalterliche Theologie und Kirche angriffen, hatte Luther schon vor der Disputation für Johannes Lang nach Erfurt mitgegeben. Den Begleitbrief dazu schickte er am 4. September 1517, dem Tag der Disputation in Wittenberg, nach. Darin bot er sich an, über diese Thesen auch in Erfurt „in der Universität oder im Kloster öffentlich zu disputieren". Man solle nicht glauben, er „wolle dies in einen Winkel hinein murmeln, wenn schon einmal die Wittenberger Universität so unbedeutend sei, dass sie für einen Winkel gehalten werden könnte".[107]

Darin kommt zum Ausdruck, in wie engem wissenschaftlichen Austausch Luther mit Johannes Lang stand und dass Wittenberg als Winkel erschien, der nicht die von ihm gewünschte Öffentlichkeit gewährleisten konnte.

Die Ablassthesen vom 31. Oktober übersandte Luther an Johannes Lang erst am 11. November, um in Erfahrung zu bringen, was Lang und seine Ordensbrüder in Erfurt über die Thesen dächten, ja noch viel mehr, damit ihm „die Fehler des Irrtums angezeigt würden, wenn welche darin seien". Luther, der sich vorher gegen den Vorwurf überheblicher Kritik verwahrt hat, möchte aber nicht dahin missverstanden werden, dass die Zusendung ein Akt der Demut sei, als wenn er vor der Veröffentlichung ihren Rat und Beschluss einholen müsse.[108] Nach der letzten Bemerkung

---

[107] *... me scilicet esse paratissimum venire et publice seu in collegio seu in monasterio de iis disputare, ut non putent me in angulum ista velle susurrare, si tamen nostra universitas tam vilis est, ut angulus esse possit videri* (WA Br 1, 103, 12–15).

[108] *Ecce alia denuo Paradoxa mitto, Reverendissime Pater mi in Christo* (121, 4) ... *Id solum cupio ex te tuique theologis quam maximo voto, tacito interim autoris vitio, de ipsis editionibus meis vel conclusionibus quid sentiant, intelligere, imo multo*

muss man annehmen, dass die übersandten Thesen noch nicht veröffentlicht waren. Klemens Honselmann stellt in Frage, dass es sich bei den an Johannes Lang übersandten *Paradoxa* um die Ablassthesen gehandelt habe.[109] Luther habe diese immer als *positiones* oder *propositiones,* als *conclusiones* und *disputationes,* niemals aber als *Paradoxa* bezeichnet. Der Reformator hat aber allgemein Thesen mit dem Namen *Paradoxa* belegt und nicht nur solche philosophischen Inhalts. So nennt er z.B. die 151 Thesen Karlstadts zur Theologie Augustins in einem Brief an Scheurl vom 6. Mai 1517 sowohl *Positiones* als auch *Paradoxa*.[110] Melanchthon bezeichnet 1521 Luthers Ablassthesen als *Paradoxa*.[111] Diese Bezeichnung lässt sich also nicht auf Thesen philosophischen Inhalts einschränken.

Wenn Honselmann aber weiter argumentiert, der Inhalt des Briefes lasse es „als unmöglich erscheinen", dass die Ablassthesen gemeint seien; es sei von „Aristoteles und von scholastici die Rede", so ist das keineswegs schlüssig, wenn man in Betracht zieht, in welchem Zusammenhang auf Aristoteles verwiesen wird. Die Thesen gegen die scholastische Theologie hatten Luther den Vorwurf der Überheblichkeit eingebracht. Mit Übersendung der neuen Thesenreihe verwahrt er sich schon von vornherein gegen den Tadel der leichtfertigen und vermessenen Kritik. Aristoteles sei doch fast in jedem Satz, ja Satzteil ein Tadler, und die Scholastiker seien doch auch nichts anderes als Kritiker, einer ein Tadler des anderen. Bei diesem Verweis auf Aristoteles und die Scholastiker geht es also nicht um Inhaltliches, um die Philosophie, sondern um die kritische Methode. Kritik ist nicht mit Überheblichkeit gleichzusetzen. Waren die Ablassthesen nicht weniger kritisch als die gegen die scholastische Theologie, dann konnten sie ihm wie diese in Erfurt den Tadel der Vermessenheit einbringen. Gegen ein solches leichtfertiges Vorurteil, das auf die Sache selbst nicht eingeht, will Luther sich schützen. Da wir von anderen Thesen nichts wissen, können wir annehmen, dass es sich bei den am 11. November 1517 an Johannes Lang übersandten Streitsätzen um die Ablassthesen gehandelt hat.

Luther hätte dann fast 14 Tage gewartet, bis er die Thesen seinem Freunde im vertrauten Erfurter Kloster zuschickte. Er rechnete also noch damit, dass sie dort unbekannt waren, obwohl er später in „Wider Hans

---

magis erroris vitia, si qua in illis sunt, mihi significari. (122, 35) ... *Non itaque volo, eam ex me expectent humilitatem (id est, hypocrisin), ut prius eorum consilio et decreto mihi utendum esse credant, quam edam* (WA Br 1, 122, 46).
[109] Honselmann, Urfassung und Drucke, 106f.
[110] WA Br 1, 94, 15ff.
[111] *proposuit quaedam de Indulgentiis paradoxa* (CR 1, 291; vgl. oben 195 Anm. 94).

Worst" (1541) behauptet, die Thesen „liefen schier in 14 Tagen durch ganz Deutschland".[112]

Luther hat damit eine Frist verstreichen lassen, innerhalb derer er von den Bischöfen Antwort haben konnte. Denn Halle, wo Luther Erzbischof Albrecht wohl auf der Moritzburg, dessen Lieblingsaufenthalt, vermutete, ist 72 km und Brandenburg gut 80 km von Wittenberg entfernt. Selbst wenn man die damaligen postalischen Verhältnisse berücksichtigt, konnte Luther eine Erwiderung erwarten.[113] Dass Luthers Brief faktisch erst am 17. November im 66 km entfernten Calbe a.d.Saale von Albrechts Räten abgezeichnet wurde, lag sicher an anderen als postalischen Umständen.

3. Ähnlich wie an Lang wird Luther die Thesen, wie er wiederholt beteuert[114], an andere Gelehrte in Wittenberg und auswärts weitergegeben haben. Auf diese Verfahrensweise verweist auch die Überschrift der Thesen. Sie als Beweis für einen Thesenanschlag ins Feld zu führen, scheint mir jedenfalls völlig verfehlt. Die Überschrift zu Thesen einer in Wittenberg gehaltenen Disputation, z.B. für die über die „Frage nach den Kräften und dem Willen des Menschen ohne Gnade" aus dem Jahre 1516, lautet: „Unter dem erlauchten Mann Martin Luther, Augustiner und Magister der freien Künste wie der Theologie, wird am nächsten Freitag um 7 Uhr folgende Frage disputiert".[115] Die Überschrift der Ablassthesen dagegen lautet:

> „Aus Liebe zur Wahrheit und dem Eifer, sie ans Licht zu bringen, soll über das Nachstehende in Wittenberg disputiert werden, unter dem Vorsitz des ehrwürdigen Vaters Martin Luther, Magister der freien Künste und der hl. Theologie sowie ihres ordentlichen Professors daselbst. Darum bittet er die, welche nicht persönlich anwesend sein und nicht mündlich mit uns die Sache erörtern können, dies in Abwesenheit schriftlich zu tun".[116]

---

[112] WA 51, 540, 26.
[113] Gegen Gerhard Müller, Pastoralblatt, 197.
[114] An Leo X. (Mai 1518): *Itaque schedulam disputatoriam edidi invitans tantum doctiores* (WA 1, 528). An Scheurl (5.3.1518): ... *non fuit consilium neque votum eas evulgari, sed cum paucis apud et circum nos habitantibus primum super ipsis conferri, ut sic multorum iudicio vel damnatae abolerentur vel probatae ederentur* (WA Br 1, 152). Vgl. Brief an Trutfetter vom 9.5.1518 (WA Br 1, 170). In den *Asterisci* (März 1518): *Nam cum ego non lingua vulgari aediderim nec latius quam circum nos emiserim, adde solum doctioribus obtulerim et amicis eruditioribus* (WA 1, 311, 19).
[115] WA 1, 145.
[116] WA 1, 233; Honselmann, Urfassung und Drucke, 56f., hat gezeigt, dass Silvester Prierias in der Wiedergabe von Luthers Ablassthesen in seinem *Dialogus* (Juni

Die Aufforderung zu schriftlicher Äußerung hat bei Thesen, die am Schwarzen Brett für eine Disputation im Rahmen der Universität angeschlagen werden, keinen Sinn. Die Überschrift lässt an eine Versendung der Thesen nach auswärts bzw. an eine Verbreitung durch Buchdruck denken.

4. Faktisch hat auch keine Disputation stattgefunden. Es ist nicht so, dass Luther eine Disputation in Wittenberg gewollt hätte, aber seine Gegner nicht angetreten wären. Wenn er als *Magister regens* eine Disputation ansetzte, dann konnte er auch den *Opponens* und *Respondens* bestimmen bzw. vom Dekan der Fakultät bestimmen lassen. Luther dachte eben nicht an Gesprächspartner im engen Kreis von Wittenberg; bzw. da er selbst letzteres zweimal behauptet[117], ist jedenfalls anzunehmen, dass er nicht die üblichen Zirkular- oder Promotionsdisputationen im Auge hatte. Darin ist sich die Forschung auch inzwischen einig.[118] Hat Luther aber an

---

1518) das Vorwort der Thesen mit der Ankündigung der Disputation und der Bitte um schriftliche Stellungnahme nicht bringt. Das passt in die These Honselmanns, nach der dem Prierias als *Magister Sacri Palatii* das von Erzbischof Albrecht nach Rom gesandte Exemplar der Thesen vorlag. In diesem Text sei ja auch die Vorbemerkung völlig sinnlos gewesen: Luther konnte ja nicht die Disputation ansetzen, solange noch Aussicht bestand, dass der Erzbischof gegen die Ablassprediger vorging und die Ablassinstruktion zurückzog. Doch nicht nur das Vorwort fehlt bei Prierias, er hat auch einen kürzeren Text. Die Thesen 92 und 93 bringt er nicht. Nach Honselmann hat Luther diese erst später als Antwort auf die Gegenthesen Wimpina–Tetzels eingefügt. Vgl. unten 206–207.

[117] Brief an Scheurl vom 5.3.1518: ... *respondeo, quod non fuit consilium neque votum eas evulgari, sed cum paucis apud et circum nos habitantibus primum super ipsis conferri, ut sic multorum iudicio vel damnatae abolerentur vel probatae ederentur* (WA Br 1, 152, 7–10). An Leo X. (Mai 1518): ... *apud nostros et propter nostros tantum sunt editae* ... (WA 1, 528).

[118] Vgl. Ernst Wolf, Zur wissenschaftlichen Bedeutung der Disputation an der Wittenberger Universität im 16. Jahrhundert, in: 450 Jahre Martin-Luther-Universität Halle-Wittenberg, Bd. 1: Wittenberg 1502–1817, Halle 1952, 335–344: „Dass Luther seine Thesen zunächst in einer solchen Zirkulardisputation vorgelegt habe, ist ganz unwahrscheinlich ... Und die Tatsache, dass seine mit dem Anschlag des Thesendruckes erfolgte öffentliche Herausforderung keinen unmittelbaren Erfolg hatte, lehrt, dass er die Disputation um den Ablass selbst kaum in einen statutengemäßen Disputationsgang eingeordnet hat, sondern ähnlich wie später etwa die Leipziger Disputation als eine Veranstaltung außergewöhnlicher Art gedacht hat ... Ob Luther eine solche (d.h. Quartalsdisputation) bei dem Thesenanschlag vor Augen hatte, ist unwahrscheinlich" (336). Wären die Thesen für eine Zirkulardisputation, die freitags gehalten wurden, bestimmt gewesen, dann wären sie nicht am 31.10., einem Samstag angeschlagen worden. Denn nach den Statuten (siehe unten Anm. 123) sollten Disputationsthesen an dem Wochentag, der dem Tag der

eine Disputation im weiteren Rahmen, wie sie etwa 1519 in Leipzig gehalten wurde, gedacht, dann war ein Thesenanschlag in Wittenberg nicht die geeignete Weise, darauf hinzuweisen. Die Thesen für Disputationen dieser Art wurden verschickt bzw. durch Buchdruck verbreitet. Hatten sich Teilnehmer gefunden und war man sich über Ort, Zeitpunkt und das engere Thema einig, dann mögen ad hoc auch solche Thesen am Ort der Disputation angeschlagen worden sein. Dazu kam es in diesem Fall nicht, weil die Thesen nach ihrer Verbreitung eine solche Resonanz fanden, dass der Rahmen einer Disputation längst überschritten und eine solche angesichts der allgemeinen Zustimmung überflüssig war. Ja, Luther hatte Sorge, dass für seine Meinung angesehen wurde, was er nur *disputandi causa* aufgestellt hatte, ohne sich damit zu identifizieren.[119] Deshalb schrieb er den volkstümlichen „Sermon von Ablass und Gnade"[120] und als wissenschaftliche Erklärung der Ablassthesen die *Resolutiones disputationum de indulgentiarum virtute*[121], um sich vor einer falschen Auslegung seiner Auffassungen und Absichten zu schützen.

Vielleicht wurde die Disputation auch dadurch verhindert, dass die Thesen inzwischen zu einem Politikum geworden und das Gerücht aufgekommen war, sie seien von Kurfürst Friedrich dem Weisen als Schlag gegen seinen Rivalen Albrecht von Magdeburg inspiriert. Andererseits beklagt Luther sich mehrmals, dass niemand sich der öffentlichen Auseinandersetzung gestellt habe.[122]

Disputation vorausging, angeschlagen werden. Auch Hans Volz (GWU 684f.) nimmt an, dass Luther eine „von der Universität unabhängig Disputation (im Stile der späteren Leipziger von 1519) im Auge" hatte. Vgl. Honselmann, Urfassung und Drucke, 24f. Im Gutachten der Mainzer Universität für Erzbischof Albrecht (vgl. oben 181) ist allerdings von *conclusiones seu positiones ... in insigni universali gymnasio Wittenburgensi scolastice et publice disputatas* die Rede (ZKG 23, 1902, 266f.). Es wird also angenommen, dass eine Disputation stattgefunden hat. Zu dieser falschen Annahme konnten die Mainzer kommen, wenn sie von dem im Universitätsbetrieb Üblichen ausgingen, besonders weil die ihnen vom Erzbischof Albrecht übersandte Fassung die Überschrift mit der Bitte um schriftliche Äußerung zu den Thesen nicht führte.

[119] *Inter quae sunt, quae dubito, Nonnulla ignoro, aliqua et nego, Nulla vero pertinaciter assero* (WA Br 1, 139, 52 an Hieronymus von Brandenburg). An Scheurl: *Sunt enim nonnulla mihi ipsi dubia* (WA Br 1, 152, 13). An Leo X.: *disputationes sunt, non doctrinae, non dogmata, obscurius pro more et enygmaticos positae* (WA 1, 528f.).

[120] WA 1, 243–246.

[121] WA 1, 525–628.

[122] Brief an Spalatin vom 15.2.1518: WA Br 1, 146, 86ff.; an Bischof Hieronymus vom 13.2.1518: WA Br 1, 138, 46. Die Texte siehe unten 213 und 211.

Die von den Statuten der Universität vorgesehenen Disputationen forderten übrigens die Bekanntgabe der Thesen durch den Dekan an den Türen der Kirchen – also nicht allein der Schlosskirche – und in der Universität selbst.[123] Das Anschlagen der Thesen besorgte nicht der Professor persönlich, wie es die übliche dramatische Schilderung der Vorgänge am 31. Oktober 1517 wahrhaben will, sondern der Universitätspedell. So wollen es die Statuten.[124]

5. In einem nicht datierten Brief, den die Weimarer Ausgabe auf Anfang November festsetzt, schreibt Luther an Spalatin, der sich anscheinend darüber beklagt hat, dass man überall von Ablassthesen spreche, bei Hof aber keine Kenntnis davon habe: „Ich wollte nicht, dass unsere Thesen in die Hand unseres erlauchten Kurfürsten oder eines Mannes von seinem Hofe kämen, bevor die sie empfangen hätten, die sich in ihnen kritisiert fühlen würden. Sie sollten nicht glauben, die Thesen wären auf Anordnung oder mit Begünstigung des Kurfürsten von mir gegen den Erzbischof von Magdeburg veröffentlicht worden; so etwas wird, wie ich höre, schon von vielen gefaselt".[125] Die Betroffenen, die sogar schon vor Luthers Freunden von der Disputation wussten, waren aber nach Luthers Brief an Friedrich den Weisen vom 21. November 1518[126] die Bischöfe, besonders Albrecht von Magdeburg–Mainz. Diesem wurden aber die Thesen frühestens am 31. Oktober 1517 zugeschickt. Somit ist Luthers Argumentation gegenüber Spalatin, dass kein Mann vom Hof vor den Bischöfen Kenntnis von den Thesen haben sollte, mit deren Anschlag am 31. Oktober 1517 unvereinbar.

---

[123] Zu den Pflichten des Dekans der Theologischen Fakultät gehört es: *Promotiones similiter et disputationes intimet valuis ecclesiarum feria praecedente specivocando nomina promotoris, promovendi, praesidentis et respondentis ...*: Die Wittenberger Universitäts- und Facultätsstatuten vom Jahre 1508, hg. von Theodor Muther, Halle 1867, 18; Urkundenbuch der Universität Wittenberg 1 (1502–1611), bearbeitet von Walter Friedensburg, Magdeburg 1936, 33. Ähnlich heißt es vom Dekan der Artisten: *disputationes intimet valuis ecclesiarum et collegiorum feria praecedente ...* (ebd. 42; Urkundenbuch 54). Über die Disputationen sagen die Statuten der Theologischen Fakultät u.a.: *Quilibet Magister praeter examinatorium publice et solemniter in anno semel disputet. Circulariter autem disputent Magistri omnes secundum ordinem singulis sextis feriis, exceptis vacantiis generalibus, in quibus disputent Baccalaurei ab hora prima usque ad tertiam* (ebd. 22; Urkundenbuch 37).
[124] *Bidellorum munus esto ... disputationes, promotiones in scholis publicare ei ecclesiarum valuis intimare*: ebd. 13; Urkundenbuch 30.
[125] WA Br 1, 118, 9–13.
[126] WA Br 1, 245.

Wir brauchen uns nur die Situation auf dem Kirchplatz der Schlosskirche am 31. Oktober und 1. November zu vergegenwärtigen. Es war das Titelfest der Allerheiligenkirche. Aus diesem Anlass war der reiche Reliquienschatz ausgestellt, und es konnte die Unmenge der mit ihrer Verehrung verbundenen Ablässe gewonnen werden. Dazu kam der Portiunkula-Ablass, den Bonifaz IX. den Besuchern dieser Kirche für das Allerheiligenfest gewährt hatte. Dieses Privileg war damals noch selten und wurde bis dahin höchstens Franziskanerkirchen bewilligt. Wie viele Menschen aus diesem Anlass zusammenströmten, geht schon daraus hervor, dass unter Julius II. das ursprüngliche Beichtprivileg der Allerheiligenkirche für den Propst und acht Beichtväter an diesem Tag auf eine beliebige Zahl von Priestern ausgedehnt worden war.[127] Da hätte auch die lateinische Sprache nicht verhindern können, dass ein Anschlag der Thesen, zumal sie auch die ganze fromme Geschäftigkeit im Schatten der Schlosskirche in Frage stellten, zu einer Szene geworden wäre. Zumindest vom ungefähren Inhalt der Thesen hätte ein *aulicus* Kenntnis bekommen müssen, auch wenn Friedrich der Weise selbst damals nicht in Wittenberg weilte. Weiter wäre dann die vielfache Beteuerung Luthers, er habe an eine Veröffentlichung nicht gedacht, sondern die Thesen nur für die Gelehrten und seine gebildeten Freunde ausgegeben, nicht glaubhaft.[128]

War schließlich die Allerheiligenkirche im Laufe des 1. November so stark von Gläubigen besucht, dann ist es unsinnig anzunehmen, dass für diesen Tag dort eine öffentliche Disputation geplant gewesen wäre, wie Johannes Luther und andere meinen.[129]

6. Luther hat seine Thesen handschriftlich weitergegeben. Wir besitzen keinen Wittenberger Druck und können auch keinen nachweisen. Die Annahme eines sogenannten Urdruckes[130] beruht auf der allzu selbstver

---

[127] Paul Kalkoff, Forschungen zu Luthers römischem Prozess, Rom 1905, 63. Vgl. ders., Ablass- und Reliqienverehrung an der Schlosskirche zu Wittenberg, Gotha 1907, 7; 11; 94: Der Ablass konnte a *primis vesperis usque ad secundas inclusive*, also schon am Nachmittag des 31. gewonnen werden. Das Beichtprivileg galt schon zwei Tage vorher: vgl. ebd. 94. Nach dem „Wittemberger Heiligthumsbuch" konnte der Portiuncula-Ablass „zwen tag vor und noch allerheiligen tag" gewonnen werden: Wittemberger Heiligthumsbuch (Wittemberg 1509): Liebhaberbibliothek alter Illustratoren in Facsimile-Reproduction VI., München 1884, fol. a III v.

[128] Vgl. oben Anm. 114. Zur Datierung des Briefes an Spalatin siehe unten 234–235.

[129] Johannes Luther, Vorbereitung und Verbreitung von M. Luthers 95 Thesen, Berlin – Leipzig 1933, 9; dagegen vgl. Honselmann, Urfassung und Drucke, 24.

[130] Zuerst durch Otto Clemen (Luthers Werke in Auswahl, Bd. 1, Bonn 1912, 2),

ständlichen, aber unbewiesenen Voraussetzung, dass Luther die Thesen am 31. Oktober oder 1. November angeschlagen hat. Dass die drei ältesten vorliegenden um die Jahreswende 1517/18 erschienenen Drucke der Thesen – A (Hieronymus Hölzel in Nürnberg), B (Jakob Thanner in Leipzig) und C (Adam Petri in Basel) – alle auf handschriftliche Vorlagen zurückgehen, hat schon Joachim K.F. Knaake, der Herausgeber der Thesen im ersten Band der Weimarer Ausgabe, festgestellt. Auch für Hans Volz war der von ihm postulierte Wittenberger Urdruck nicht die Vorlage der auswärtigen Nachdrucke, sondern beruhen diese „nur auf danach hergestellten Abschriften".[131] Er scheint demnach anzunehmen, dass zwar Luther gedruckte Exemplare weitergegeben hat, diese aber so selten und für den jeweiligen Empfänger so kostbar waren, dass sie ihr gedrucktes Exemplar nicht aus den Händen gaben, sondern ihrerseits Abschriften anfertigten und sie nach auswärts verschickten. Dann ist aber unverständlich, weshalb der Wittenberger Drucker keine Neuauflagen anfertigte, sondern das Geschäft Auswärtigen überließ.

Dazu hat Klemens Honselmann in minutiösen Untersuchungen festgestellt, dass auch drei weitere Drucke, d.h. der in den Resolutionen (1518) und die der beiden Sammelbände lutherischer Disputationsthesen, von denen den einen 1530 Melanchthon und den anderen 1538 Luther selbst herausgegeben hat, auf verschiedene handschriftliche Exemplare zurückgehen. Dasselbe gilt von dem Thesendruck, den Silvester Prierias in seinem *Dialogus* vom Juni 1518 vorlegt. Weiter ist nach Honselmann anzunehmen, dass Luther die Abschriften selbst vorgenommen hat. Denn die Abweichungen seien derart, dass sie kaum auf Versehen eines Schrei-

---

weiter von Johannes Luther, Vorbereitung und Verbreitung, 11ff. Bei Julius Köstlin / Gustav Kawerau, Martin Luther 1, Berlin 1903, 155 und 754 Anm. 166, 2 wird der Nürnberger Plakatdruck A irrigerweise als „Originaldruck" bezeichnet. Kurt Aland nimmt an, dass Luther die 95 Thesen vor dem 31.10. hat drucken lassen (GWU 693). Für Hans Volz dürfte „kaum zu zweifeln sein", dass Luther die Thesen in Druck gegeben hat (Thesenanschlag, 44), und nach ihm hat er sie „sicherlich in einem von dem Wittenberger Universitätsdrucker Johann Rhau-Grunenberg hergestellten (verschollenen) Plakatdruck angeschlagen: *schedula disputatoria* (WA 1, 528, 24); *Disputationis scedula* (WA 54, 180, 17); GWU 684. Abgesehen davon, dass Volz *schedula disputatoria* = Disputationszettel mit „Plakatdruck" zu bestimmt übersetzt, bleibt er jeden Beweis für den jüngst auch WA Br 12 (1967) 2, behaupteten Druck schuldig. Zu der „Frage eines Urdruckes" vgl. Honselmann, Urfassung und Drucke, 17–29, und Heinrich Grimm, Luthers „Ablaßthesen" und die Gegenthesen von Tetzel-Wimpina in der Sicht der Druck- und Buchgeschichte, in: Gutenberg-Jahrbuch 1968, 139–150, hier: 140 u.ö.

[131] Thesenanschlag, 44 und 134f.

bers zurückgehen könnten, sondern vom Verfasser, dem beim Abschreiben eine bessere Formulierung einfalle oder sonst eine Änderung angebracht erscheine, bewusst vorgenommen sein müssten.[132] Diesen Befund bestätigen Luthers Angaben über die Weise, wie die Thesen verbreitet wurden.[133]

7. Nach Klemens Honselmann soll Luther nun erst in der zweiten Hälfte des Dezember aus seiner Zurückhaltung herausgetreten sein und handschriftliche Exemplare seiner Thesenreihe weitergegeben bzw. verschickt haben. Zu dieser Auffassung kommt Honselmann u.a. durch eine Untersuchung des Thesentextes, den Silvester Prierias in seinem Juni 1518 erschienenen *Dialogus* bringt. Wie schon vor ihm Joachim K.F. Knaake[134] sieht er in ihm den ursprünglichen Text vom 31. Oktober, den Erzbischof Albrecht nach Rom sandte und den Prierias als *Magister Sacri Palatii* und damit als Bücherzensor in die Hand bekommen hat. Prierias bringt einen kürzeren Text. Die heute mit den Nummern 92 und 93 bezeichneten Thesen führt er nicht auf. Nach Honselmann lagen sie ihm auch gar nicht vor, da Luther diese Thesen erst später verfasst hat. Sie seien gerichtet „gegen jene Thesen, die der Frankfurter Professor Wimpina für seinen Schüler, den Dominikaner Johann Tetzel, aufstellte, der sie für den akademischen Grad des Lizentiaten zu verteidigen hatte".[135]

Diese Thesen lauten bei Luther:

92   „Fort darum mit allen Propheten, die dem Volke Christi zurufen: Friede, Friede – und ist doch kein Friede (Jer 6,14; 8,11; Ez 13,10–16)!
93   Wohl all den Propheten, die dem Volke Christi zurufen: Kreuz, Kreuz – und ist doch kein Kreuz!"

Sie sollen nach Klemens Honselmann gerichtet sein gegen Thesen von Wimpina–Tetzel, die folgenden Wortlaut haben:

---

[132] Honselmann, Urfassung und Drucke, 50 und 64.
[133] Vgl. den Brief Luthers an Christoph Scheurl vom 5.3.1518 (WA Br 1, 152, 2ff.) und seine weiteren Äußerungen oben 200 Anm. 114.
[134] WA 1, 232.
[135] Honselmann, Urfassung und Drucke, 58. Nach Grimm, Luthers „Ablassthesen", 148, ging es bei der am 21.1.1518 von der Theologischen Fakultät in Frankfurt/Oder durchgeführten Disputation nicht um eine *disputatio pro gradu*. Tetzel sei an der Universität über den Baccalaureus der Theologie nicht hinausgekommen; er sei 1517 durch den Ordensgeneral Cajetan zum *Magister noster*, d.h. Dr.theol. ernannt worden, sei also *Doctor bullatus* gewesen.

(93) „Jenen, die gebeichtet haben, reuig sind und Nachlass erlangt haben, ist durch den Nachlass aller Strafe der Genugtuung Friede, Friede geworden ...

(94) Aber es bleiben Rückstände der Sünden, eine Geneigtheit und Leichtigkeit zum Fall ...

(95) Für den, der Verzeihung erhalten hat, ist also Friede, Friede gegenüber den Genugtuungsstrafen für das Vergangene. Aber es bleibt das Kreuz, das Kreuz, sich in Zukunft vor der Sünde zu hüten. Wer das leugnet, hat keine Einsicht, sondern irrt und ist ohne Verstand".[136]

Dem Text nach besteht kein Grund, dass nicht auch diese Sätze Wimpina-Tetzels wie die anderen gegen entsprechende von Luther aufgestellt sind. Ja, es spricht alles dafür, weil sie inhaltlich schon vorher bei Luther nachzuweisen sind. Dieser hatte, worauf auch Honselmann hinweist, schon am 23. Juni 1516 an den Prior in Neustadt an der Orla Michael Dressel geschrieben:

„Darum hat nicht der Frieden, den niemand stört – das ist ja Friede der Welt –, sondern der hat Frieden, den alle und alles stören und der das alles mit freudiger Ruhe erträgt: Du sprichst mit Israel (Jer 6,14; Ez 13,10): ‚Friede, Friede, und es ist doch nicht Friede'; sprich lieber mit Christus: Kreuz, Kreuz, und es ist doch nicht Kreuz. Denn in dem Augenblick ist das Kreuz nicht mehr Kreuz, in dem Du fröhlich sprichst: Gebenedeites Kreuz, unter allem Holze ist keins dir gleich!"[137]

Prierias kann die fehlenden Thesen weggelassen haben. Er bemerkt ja ausdrücklich: „Das ist es also, Martinus, was mir als Antwort auf Deine Thesen eingefallen ist, wobei ich am Schluss einiges Inhaltlose, was Du sagst, übergangen habe".[138] Andernfalls kann Luther die zwei Thesen hinzugefügt haben, bevor er die Reihe im Laufe des Novembers weitergab.

Außerdem ergibt Honselmanns Zeitplan erhebliche Schwierigkeiten. Denn danach müssten die Promotionsthesen Tetzels, die er am 20. Januar 1518 verteidigte, schon spätestens Mitte Dezember in Luthers Hände gekommen sein.[139] Dieser muss ja so zeitig zu ihnen Stellung genommen

---

[136] Übersetzung in Anlehnung an Honselmann, Urfassung und Drucke, 59. Text der Thesen bei Nikolaus Paulus, Johann Tetzel, der Ablassprediger, Mainz 1877, 171–180, und Köhler, Dokumente, 128–143.

[137] WA Br 1,47, 31ff.

[138] Aland, 95 Thesen, 101f. Anm. 9; auch Honselmann gibt zu, dass das eine, wenn auch „nur *eine* der möglichen Deutungen" ist: Urfassung und Drucke, 60 Anm. 15; vgl. Hans Volz, Die Urfassung von Luthers 95 Thesen, in: ZKG 78 (4. Folge 16) (1967) 67–93, hier: 78.

[139] Nach Paulus, Johannes Tetzel, 170, ist die gewöhnliche Annahme, die Thesen

und seine Thesen dann weitergegeben haben, dass sie bis Nürnberg und Basel gelangten und dort noch bis Ende 1517 im Druck erscheinen konnten.

Auch die Bemerkung Luthers in „Wider Hans Worst": „So gingen meine Thesen wider des Tetzels Artikel hinaus" (WA 51, 540), ist kein Beweis, dass sie gegen die Antithesen Wimpina–Tetzels gerichtet sind. Hier kann ebensogut Tetzels Ablasspredigt gemeint sein. Einige Zeilen vorher schreibt Luther nämlich: „Indessen kommt es vor mich, wie der Tetzel greulich schreckliche Artikel geprediget hätte, deren ich diesmal etliche nennen will".[140] Somit scheint mir Honselmanns Argumentation überzogen.

8. Die Ereignisse haben sich demnach etwa so abgespielt: Luther hat den Bischöfen, u.a. dem Erzbischof von Mainz–Magdeburg am 31. Oktober 1517, geschrieben und hat Antwort abgewartet. Als diese nicht eintraf bzw. man ihn zu beschwichtigen suchte, ohne auf sein Reformanliegen ernsthaft einzugehen[141], hat er seine Ablassthesen an Freunde und Gelehrte weitergegeben. Der erste Beleg dafür ist der Brief an Johannes Lang vom 11. November 1517. Vielen von denen, die sie in die Hand bekamen, wird es gegangen sein wie dem Franziskanerguardian Johannes Fleck, der nach Kennenlernen der Thesen gegenüber seinen Klosterbrüdern äußerte: „Er ist da, der es tun wird"[142], und Luther einen begeisterten Brief schrieb.

Viele Empfänger haben die Thesen unter der Hand weitergegeben. So erhielt der Nürnberger Stadtadvokat Christoph Scheurl sie von dem Wittenberger Kanoniker am Allerheiligenstift Ulrich von Dinstedt zugesandt. Er bestätigt den Empfang am 5. Januar 1518: „Die Thesen

---

seien schon 1517 gedruckt worden, „ganz unbegründet". Honselmann meint dagegen: „Dass Tetzel seine Thesen gegen Luther ... schon Ende 1517 veröffentlicht haben kann, wird man gerade mit Hinblick auf die Überlieferung der Jahreszahl in Luthers Werken [*Opera omnia* 1, Wittenberg 1545, fol. 96b – 98a] nicht bestreiten können": Urfassung und Drucke 117.

[140] WA 51, 539, 12f.; vgl. Volz, GWU 684 Anm. 6. Wenn Honselmann, Urfassung und Drucke, 116 Anm. 7, schreibt: „Einen Nachweis, dass Luther die Gegenthesen Tetzels nicht als Artikel bezeichnen konnte, hat Volz nicht versucht", scheint er mir die von ihm zu tragende Beweislast Volz zuzuschreiben. Er hat doch zu beweisen, dass die Worte „wider Detzels Artikel" sich auf Tetzels Gegenthesen beziehen und nicht wie einige Abschnitte vorher „greulich schreckliche Artikel" auf die Ablasspredigt des Dominikaners.

[141] Vgl. Luthers Bericht über die Reaktion des Brandenburger Bischofs in „Wider Hans Worst" oben 183–184.

[142] WA Tr 5, 177 Nr. 5480.

Martins habe ich dankbaren Herzens empfangen; die Unsrigen haben sie übersetzt und schätzen sie".[143] Dass Scheurl die Thesen handgeschrieben erhalten hatte, bezeugt er indirekt selbst, wenn er in seinem 1528 verfassten „Geschichtsbuch der Christenheit" schreibt: „Luther hat 95 Sätze vom Ablass aufgestellt und den anderen Doctoren zugeschickt, gewisslich nicht in der Absicht, dass sie weiter verbreitet würden. Denn sie waren bloß geschrieben. Auch wollte er sie nicht alle defendieren, sondern allein in der Schule behandeln und der anderen Gutdünken darüber erfahren ... Welche Conclusion wurde, als in unseren Zeiten unerhört und ungewöhnlich, vielfältig abgeschrieben und im deutschen Land als neue Nachricht hin und her geschickt".[144]

Wir dürfen annehmen, dass das von Ulrich von Dinstedt an Scheurl übersandte Exemplar zur Vorlage des uns erhaltenen Nürnberger Drucks (A) gedient hat. Dieser versetzte Scheurl in die Lage, die Thesen an verschiedene gelehrte Freunde weiterzuschicken, so am 5. Januar 1518 an Konrad Peutinger[145], an Johannes Eck in Ingolstadt u.a. Am 8. Januar berichtet er dem Augustiner Caspar Güttel in Eisleben: „Allmählich versichere ich Dr. M. Luther der Freundschaft der Optimaten; seine Ablassthesen bewundern und schätzen hoch Pirkheimer, A. Tucher und Wenzeslaus; C. Nutzel hat sie übersetzt; ich habe sie nach Augsburg und Ingolstadt geschickt".[146]

In diesen Tagen übersandte Scheurl auch an Luther einen Abdruck der Thesen in lateinischer und deutscher Sprache; er scheint dabei seine Enttäuschung darüber zum Ausdruck gebracht zu haben, nicht von Luther selbst die Thesen erhalten zu haben. Im Brief vom 5. März 1518 verteidigt dieser sich:

„Darauf, dass Du Dich wunderst, dass ich sie nicht zu Euch geschickt habe, antworte ich: Es war weder meine Absicht noch mein Wunsch, sie zu verbreiten, sondern mit Wenigen, die bei uns und um uns wohnen, zunächst über sie mich zu besprechen *(conferri)*, damit sie so nach dem Urteil

---

[143] Christoph Scheurl's Briefbuch, hg. v. Freiherr Franz von Soden und Joachim K.F. Knaake, Bd. 2, Potsdam 1872; Nachdruck Aalen 1962, Nr. 158, 42; vgl. Volz, Thesenanschlag, 131; zu der abwegigen Annahme von Otto Clemen (WA Br 1, 116 Anm. 9), die von Christoph Scheurl am 5.11. an Truchseß, Kilian Leib und Johannes Eck übersandten Thesen (Briefbuch 2, Nr. 153ff., 39f.) seien die 95 Thesen über den Ablass gewesen, vgl. Volz, Thesenanschlag, 114f.

[144] Ausgabe von Joachim K.F. Knaake (siehe oben 190 Anm. 74), 112; Johannes Luther, Vorbereitung und Verbreitung, 5f.

[145] Christoph Scheurl's Briefbuch 2, Nr. 156, 40: *Mitto conclusiones amici Martini Luderi theologi.*

[146] Ebd. Nr. 160, 43f.

vieler entweder verworfen und abgetan oder gebilligt und herausgegeben würden. Aber jetzt werden sie weit über meine Erwartung so oft gedruckt und herumgebracht, dass mich dieses Erzeugnis reut. Nicht, dass ich nicht dafür wäre, dass die Wahrheit dem Volke bekannt werde – das wollte ich vielmehr einzig und allein –, sondern weil diese Weise [d.h. der Disputationsthesen] nicht geeignet ist, das Volk zu unterrichten. Denn es ist mir selbst etliches zweifelhaft und ich hätte manches weit anders und sicherer behauptet oder weggelassen, wenn ich das erwartet hätte. Doch erkenne ich zur Genüge aus dieser Verbreitung, was alle allenthalben vom Ablass denken, freilich geheim, nämlich aus Furcht vor den Juden. So bin ich denn gezwungen, den Erweis für meine Thesen [d.h. die Resolutionen] vorzubereiten, den ich jedoch noch nicht habe veröffentlichen dürfen".[147]

Die Drucklegung Ende Dezember oder Anfang Januar erfolgte demnach ohne die Initiative, ja ohne den Willen Luthers. Er wurde durch seine Freunde sozusagen vor vollendete Tatsachen gestellt. Immerhin hat er den Dingen ihren Lauf gelassen. Er hat sich jedenfalls seit Frühjahr 1518, also nach Erscheinen der zahlreichen Thesendrucke, berechtigt gesehen, davon zu sprechen, dass er öffentlich zu mündlicher oder schriftlicher wissenschaftlicher Auseinandersetzung eingeladen habe. Das ist nicht ganz korrekt, ja angesichts dessen, dass er sich vielfach peinlich berührt zeigt von der weiten Verbreitung der Thesen, sogar zwiespältig. Den äußerlichen Tatsachen nach dagegen stimmt es, weil in der Vorrede mit Luthers Worten zur Disputation bzw. zur schriftlichen Rückäußerung aufgefordert wird und die Öffentlichkeit annehmen durfte, dass Luther die Thesen hatte drucken lassen.

9. Luther behauptet jedenfalls seit Februar 1518, dass er öffentlich dazu eingeladen habe, in eine Auseinandersetzung über den Ablass mit ihm einzutreten. So schreibt Luther in einem heute meist auf den 13. Februar 1518 datierten[148] Brief an Bischof Hieronymus von Brandenburg, dem er damit seine *Resolutiones* zur Durchsicht zugesandt hat:

---

[147] WA Br 1, 152, 1ff.; Aland, 95 Thesen, 75. Hier ist *conferri* mit *disputiert* werden übersetzt. Das ist eine unzulässige Einschränkung des viel allgemeineren Wortsinnes. Im letzten Satz verweist Luther darauf, dass er die *Resolutiones* dem Ortsbischof Hieronymus von Brandenburg vorgelegt hat mit der Bitte um Durchsicht. Doch dieser „ist sehr verhindert gewesen und hält mich so lange auf" (ebd. 152, 20). Luther ist also willens, das *Placet* des Bischofs abzuwarten. Vgl. den Brief an Schulz vom 13.2.1518: WA Br 1, 135–141.

[148] Nach Franz Lau zu Unrecht, weil „das Maidatum klar bezeugt ist" und das für die Umdatierung angeführte Argument kaum durchschlägt: Die gegenwärtige Diskussion um Luthers Thesenanschlag, in: Luther-Jahrbuch 34 (1967) 11–59.

„Um beiden Seiten d.h. im Streit um den Ablass Genüge zu tun, schien es mir der beste Rat zu sein, beiden weder zuzustimmen noch ihnen zu widersprechen, sondern über eine so große Sache zu disputieren, bis die heilige Kirche festsetzte, was man meinen solle. Daher ließ ich eine Disputation ausgehen, indem ich einlud und bat öffentlich alle, privat jedoch, wen immer ich als sehr Gelehrten kannte, dass sie mir wenigstens brieflich ihre Meinung äußerten.[149] Denn mir schien in diesen Dingen weder die Schrift wider mich zu stehen, noch die Lehrer der Kirche, noch das geistliche Recht selbst ..."

Nach längeren Ausführungen über die Notwendigkeit, theologische Meinungen zu begründen und ungeklärte Fragen zur Diskussion zu stellen, fährt Luther fort:

„Als ich daher alle in diese Arena rief, aber keiner kam, und sodann sah, dass meine Disputationen weiter verbreitet wurden, als ich gewollt hatte, und weithin nicht als etwas, darüber zu disputieren sei, sondern als sicher angenommen wurden, sah ich mich gegen meine Erwartung und meinen Wunsch gezwungen, meine Unerfahrenheit und Unkenntnis unter die Leute zu bringen und die Erklärungen und Beweise der Disputationen öffentlich herauszugeben."

Zum Schluss betont Luther, wegen der Kühnheit und Unwissenheit der Leute, die ihre Träume als Evangelium ausgäben, habe er sich gezwungen gesehen, seine Furcht zu überwinden und in die Disputation einzugreifen. Wenn deren [d.h. der Ablassprediger, die mit Bullen und Drohungen aufwarten] Verwegenheit und Dummheit nicht so groß wäre, „dann hätte mich niemand außer mein Winkel kennengelernt".[150]

Luther behauptet demnach, er habe eine Disputation ausgehen lassen und um, mindestens schriftliche, Meinungsäußerung gebeten. Diese Einladung sei auf doppeltem Wege erfolgt: öffentlich an alle und privat (d.h. mündlich oder durch Handschreiben) an die ihm bekannten Gelehrten.

Wenn man von der Diskussion um einen eventuellen Thesenanschlag nichts wüsste, würde man annehmen, Luther habe die Thesen durch Buchdruck veröffentlicht und Exemplare davon privat an ihm bekannte Männer verschickt. Denn zu einem Anschlag der Thesen im Rahmen der Universität – die Türen der Schlosskirche waren u.a. deren „Schwarzes

---

[149] *Itaque emisi disputationem, invitans et rogans publice omnes, privatim ut nosti, quosque doctissimos, ut vel per literas suam sententiam aperirent* (WA Br 1, 138, 17ff.); hier ist, worauf Hans Volz aufmerksam gemacht hat, von Otto Clemen willkürlich gegen alle Handschriften und alten Drucke *novi* in *nosti* geändert.
[150] *Quae nisi tanta esset, nullus me praeter quam angulus meus cognovisset*: WA Br 1, 140, 77.

Brett" – will weder das *publice omnes* noch das *privatim doctissimos*, noch die Bitte um schriftliche Meinungsäußerung passen. Dass Luther eine größere Öffentlichkeit angesprochen haben will, als die der Universität es war, kommt darin zum Ausdruck, dass er sagt, nur das laute Auftreten der Ablassprediger habe ihn dazu gebracht, seine Furcht zu überwinden und zu disputieren. Sonst wäre er außerhalb seines „Winkels" wohl nicht bekannt geworden. Im Brief an Johannes Lang vom 4. September 1517 war von der Wittenberger Universität als „Winkel" die Rede.[151]

Luthers Thesenanschlag dort hätte bedeutet, *in angulum susurrare*.[152] Die Bemerkung, er habe alle in die Arena gerufen, aber keiner sei gekommen, fordert auch keinen Thesenanschlag. Denn mit „Arena" muss nicht die Disputationsaula gemeint sein, wie Hans Volz[153] annimmt. Mit Erasmus u.a. gebraucht Luther „Arena" auch für die literarische Auseinandersetzung. In einer Tischrede sagt er z.B. bezüglich des Ablassstreites: „Bald stieg Silvester (Prierias), der *Magister Sacri Palatii*, in die Arena und donnerte ... gegen mich los".[154] Damit ist gesagt, dass der Hoftheologe des Papstes als erster gegen ihn geschrieben hat, nämlich in dem Juni 1518 erschienenen *Dialogus*. Dem *invitans et rogans publice omnes* ist nur wirklich Genüge getan durch einen Druck der Thesen. Wollen wir keinen von Luther besorgten Wittenberger Druck postulieren, wie Aland und Volz es tun, weil wir für einen solchen keinerlei Beleg haben und er, wie oben ausgeführt, unwahrscheinlich ist, dann müssen wir die bis Januar 1518 auswärts erfolgten Drucke als Basis für Luthers Behauptung nehmen.

Hier drängt sich als Parallele die Konzilsappellation vom 28. November 1518 auf. Luther hatte an diesem Tage in der Kapelle zum Heiligen Leichnam Christi seine Appellation an das bald und rechtmäßig im Heiligen Geist zu berufende Konzil zu Protokoll gegeben. Er gab das Dokument in Druck. Es sollte aber nicht veröffentlicht werden, sondern nur für den Fall seiner Bannung bereitliegen. Doch der geschäftstüchtige Drucker hatte, wie Luther beteuert[155], die Auflage schon unter die Leute gebracht, bevor der Reformator ein Exemplar in den Händen hatte. Dieser hätte also förmlich gar nicht appelliert, sondern nur eine Appella-

---

[151] Vgl. oben 198 Anm. 107.
[152] WA Br 1, 103, 14.
[153] Martin Luthers Thesenanschlag, a.a.O. 108f. Anm. 154.
[154] WA Tr 3, 564 Nr. 3722.
[155] Vgl. WA Br 1, 270, 15; 280, 6.

tion vorbereitet. Dieser Akt von so großer Tragweite wäre dann mehr oder weniger zufällig ausgelöst worden.

Wir können damit rechnen, dass Luther wie auch sonst, wenn Entwicklungen sich zugespitzt hatten, er aber vor der letzten Konsequenz zurückschreckte oder diplomatische Rücksichten nehmen musste, andere hat Schicksal spielen lassen. Jedenfalls hat er sich, wie kaum anders möglich, zu der Appellation bekannt, ja er war im Grunde froh über diesen Lauf der Dinge. „Was einmal geschehen ist, kann ich nicht ungeschehen machen", schrieb er am 20. Dezember 1518 in dieser Sache an Spalatin.[156]

Ähnlich konnte er die Drucke seiner Ablassthesen, die auf Manuskripten beruhten, die von ihm selbst unter die Leute gebracht waren und die die Einladung zur Disputation bzw. schriftlichen Gegenäußerung als Vorrede führten, als von sich veranlasst und zu verantworten ansehen.

10. Von öffentlicher Einladung zur Auseinandersetzung spricht Luther auch in einem Brief an Spalatin vom 15. Februar 1518, der also ungefähr gleichzeitig mit dem eben behandelten an Bischof Hieronymus ist. Er bedauert darin, dass der Kurfürst um seinetwillen ins Gerede gekommen sei und man behauptet habe, Friedrich der Weise habe ihn gegen seinen Rivalen Erzbischof Albrecht angestiftet. Freies Geleit vorausgesetzt, stellt sich Luther zu einer Disputation oder einer gerichtlichen Untersuchung zur Verfügung, wenn man nur den gänzlich unbeteiligten Fürsten nicht in die gegen ihn gerichtete Anklage auf Ketzerei verwickele. Er schließt mit einer allgemeinen Betrachtung über seine Situation:

> „Schau an die abscheuliche Art von Menschen und das Volk der Finsternis, das dem Lichte feind ist. Johann Reuchlin haben sie gegen seinen Willen durch drei Provinzen hindurch aufgespürt und vor die Gerichte geschleppt [Mainz, Speyer, Rom]. Mich, der ich *ante fores* einlud und aufforderte, verachten sie und beschwatzen in den Winkeln, was wissenschaftlich zu verteidigen sie sich außerstande sehen".[157]

Peter Meinhold übersetzt *ante fores* wörtlich mit „vor den Türen" und will diese Worte „eindeutig auf den Anschlag der 95 Thesen an die Türe der Schlosskirche zu Wittenberg" bezogen wissen. „Es ist", so schreibt er weiter, „ein unwiderlegliches Zeugnis dafür, dass Luther nicht nur ‚öffent-

---

[156] WA Br 1, 281, 12.
[157] *Vide Monstrosum hominum genus et tenebrarum populum lucis Inimicum. Iohannem Reuchlin ultra tres provincias invenerunt et traxerunt Invitum, Me ante fores Invitantem et rogantem spernunt et in angulis garriunt, quod defendere se non posse vident* (WA Br 1, 146, 89).

lich' zu einer Disputation eingeladen hat, sondern durch den Anschlag der 95 Thesen ‚vor der Türe'".[158]

Inzwischen ist sich die Forschung darüber einig, dass *ante fores* mit „in aller Öffentlichkeit" zu übersetzen ist.[159] Dafür spricht schon der Sprachgebrauch der Bibel, wo vor oder im Tor *(in foribus, in porta)* „öffentlich" oder „Besprechung mit anderen" bedeutet (vgl. Spr 1,21; 8,3; Ps 127,5; Am 5,15 u.a.). Luther gebraucht hier *ante fores* im Gegensatz zu *in angulis* wie im Brief an Johannes Lang vom 4. September 1517 *publice* zu *in angulum*.[160] So wäre mit *Me ante fores invitantem et rogantem* dasselbe gesagt wie mit dem *invitans et rogans publice omnes im* Brief an Bischof Hieronymus.

Da Luther das Gefühl hatte oder es wenigstens so erschien, dass er in Wittenberg im „Winkel" lebte, war mit einem Thesenanschlag innerhalb der „Winkeluniversität" Wittenberg dem *publice* oder *ante fores* nicht Genüge getan. Außerdem wäre es merkwürdig, wenn Luther, der eben noch sein Bedauern ausgesprochen hat, dass der Kurfürst in seine Sache hineingezogen wurde, hier mit dem Hinweis auf die öffentliche Einladung den Anschlag der Thesen an die Türe der Schlosskirche des Kurfürsten meinte. Überhaupt ist der Unterschied der Argumentation in diesem Brief an Spalatin zu der in dem Schreiben vom November 1517 nur verständlich, wenn inzwischen etwas geschehen ist, nämlich die Verbreitung der Thesen durch den Buchdruck.

Das *invitans publice* bzw. *ante fores,* das von den Verteidigern des Thesenanschlages als Hauptargument ins Feld geführt wird, ist also kein Beweis. Sicher nicht für einen Anschlag der Thesen am 31. Oktober oder 1. November, dem so vieles im Wege steht. Wer nicht ohne einen solchen auskommen zu können meint, mag ihn Mitte November ansetzen, etwa gleichzeitig mit der Übersendung der Thesen an Johannes Lang.

---

[158] Peter Meinhold, Luthers Thesenanschlag fand doch statt: Eine Antwort auf die Behauptung eines katholischen Theologen, in: „Christ und Welt" Nr. 31 vom 3.8. 1962, 10.

[159] Franz Lau, Möglich ist auch die Übersetzung „öffentlich", in: Lutherische Monatshefte 1 (1962) 462. Bernhard Lohse: „Meinholds Argument gegen Iserloh dürfte sich also nicht aufrecht erhalten lassen": Luther 34 (1963) 134. Hans Volz vermag nicht Meinholds „unhaltbarer Deutung des *ante fores* im Lutherbrief an Spalatin vom 15. Februar 1518 auf die Tür der Wittenberger Schlosskirche beizupflichten": Erzbischof Albrecht von Mainz, 219 Anm. 124. Ebenso Honselmann, Urfassung und Drucke, 108ff.

[160] WA Br 1, 103, 10.

V. ... und doch begann die Reformation am 31. Oktober 1517

Die im Vorausgegangenen vorgenommene Prüfung der Quellen und Nachrichten über die Vorgänge am 31. Oktober 1517 bzw. vorher und nachher zwingen uns zu dem Schluss, dass die äußere Dramatik längst nicht so groß war, wie die Jubiläumsfeiern seit 1617 und die alljährlichen Reformationsfeste seit 1668 uns glauben machen wollten, ja dass der Thesenanschlag überhaupt nicht stattgefunden hat. Fehlt diesem Tag die äußere Dramatik, so doch nicht die innere Spannung. Der 31. Oktober ist die Geburtsstunde der Reformation: nicht, weil Luther an ihm seine 95 Thesen an die Türen der Schlosskirche zu Wittenberg angeschlagen hat, sondern weil er an diesem Tag den zuständigen Kirchenfürsten seine dringende Forderung nach Reform vorgelegt und ihnen u.a. die Ablassthesen zugestellt hat, mit der Bitte, das unwürdige Treiben der Ablassprediger zu unterbinden. Als die Bischöfe nicht oder nicht entsprechend reagierten, hat er die Thesen zunächst privat weitergegeben. Sie wurden dann aber schnell verbreitet, in Nürnberg, Leipzig und Basel gedruckt und fanden in Deutschland und in der Welt eine Resonanz, wie sie der Reformator nicht beabsichtigte und nicht voraussehen konnte. Der Protest gegen die Ablasspredigt bei Erzbischof Albrecht und die Übersendung der Thesen an ihn brachten den römischen Prozess gegen Luther ins Rollen.

Es wird nun mancher einwenden: Ist es denn nicht unerheblich, ob der Thesenanschlag stattgefunden hat oder nicht? Mir scheint: Nein. Ein Thesenanschlag am 31. Oktober wäre angesichts des Wallfahrtsbetriebes im Umkreis der Schlosskirche am Feste Allerheiligen ein öffentlicher Protest gewesen. Hätte Luther nun diese Szene gemacht an dem Tage, an dem er seinen Brief an Erzbischof Albrecht abfasste, dann fehlte diesem Schreiben seine innere Glaubwürdigkeit, selbst wenn wir die übertriebenen Ergebenheits- und Demutsbezeugungen, die nach Karl August Meißinger an Geschmacklosigkeit grenzen[161], dem Stil der Zeit zugute halten. Dann hätte vor allem Luther mit seiner Behauptung, die Thesen erst weitergegeben zu haben, als die Bischöfe nicht reagiert hätten, sein ganzes Leben hindurch den Verlauf der Ereignisse wider besseres Wissen falsch dargestellt.

Hat der Thesenanschlag nicht stattgefunden, dann wird noch deutlicher, dass Luther nicht in Verwegenheit auf einen Bruch mit der Kirche hingesteuert ist, sondern, wie Joseph Lortz nicht müde wurde zu

---

[161] Meißinger, Der katholische Luther, 159.

betonen[162], ja, wie Luther selbst beteuert hat[163], absichtslos zum Reformator wurde. Als wollte er die evangelische Nachwelt davor bewahren, die Anfänge der Reformation fälschlich zu heroisieren, gibt Luther in der Vorrede seiner Thesenausgabe von 1538 ein Bild der Situation. Er stellt seine damalige Schwachheit, Unsicherheit und Scheu heraus und betont sein Bemühen, die Autoritäten der Kirche zu befragen. Das könnten diejenigen, die später sich so leicht getan hätten, die schon wund geschlagene Autorität des Papstes übermütig anzugreifen, gar nicht ermessen. Der Reformator schreibt:

> „Ich war allein und ohne die Tragweite zu ermessen *[per imprudentiam]* in diesen Streit geraten ... Ein ganz armseliges Mönchlein, einem Leichnam ähnlicher als einem Menschen, welches der Majestät des Papstes zuwiderhandeln sollte! ... Was und wie mein Herz in diesem ersten und zweiten Jahr gelitten hat, und wie groß meine echte Demut, ja beinahe Verzweiflung gewesen ist, ach! wie wenig wissen das die, welche später die verletzte Majestät des Papstes anzugreifen ganz übermütig anfingen. Und obgleich sie diese Verse nicht gemacht hatten (um Vergils Worte zu gebrauchen), trugen sie doch die Ehre davon, die ich ihnen jedoch gerne gönnte. Ich aber bin, während jene nur Zuschauer waren und mich allein Gefahr laufen ließen, nicht so froh, zuversichtlich und sicher gewesen. Ich wusste nämlich vieles nicht, was ich jetzt weiß. Ja, was der Ablass wäre, wusste ich ganz und gar nicht, wie auch nicht einmal das ganze Papsttum etwas davon wusste. Er wurde allein aus dem Brauch und der Gewohnheit verehrt. Ich disputierte nicht deshalb, um ihn abzuschaffen, sondern da ich sehr wohl wusste, was er nicht wäre, begehrte ich zu wissen, was er eigentlich wäre. Und da die toten oder stummen Lehrer, d.h. die Bücher der Theologen und Juristen, mich nicht befriedigten, beschloss ich, die lebenden zu befragen und die Kirche Gottes selbst zu hören, damit, wenn irgendwo Werkzeuge des heiligen Geistes übrig wären, sie sich meiner erbarmten und zusammen mit dem Vorteil für alle auch mir über den Ablass Gewissheit verschafften. Nun lobten viele gute Männer meine Thesen".[164]

Hat Luther mit seinem Protest oder besser seinem ernsten Drängen auf Reform sich zunächst an die zuständigen Bischöfe gewandt und ihnen Zeit gelassen, ihrem Amt entsprechend religiös-seelsorglich zu reagieren, dann

---

[162] Z.B. in: Die Reformation als religiöses Anliegen heute, Trier 1948, 125.
[163] Vgl. WA Tr 1, 601 Nr. 1206: *In negotium evangelii insciens a Deo coniectus sum. Quodsi praevidissem ea, quae nunc expertus sum, nullo modo passus fuissem me adigere etc.* An Leo X. schreibt Luther Mai 1518: ... *invitus venio in publicum periculosissimumque ac varium hominum iudicium, praesertim ego indoctus, stupidus ingenio, vacuus eruditione* ... (WA 1, 529,4ff.).
[164] WA 39 I 6, 9–32; vgl. Aland, 95 Thesen, 90f.

trifft diese noch größere Verantwortung. Dann kann es Luther ernst gewesen sein mit der Bitte an den Erzbischof, er möge das Ärgernis abstellen, bevor über ihn und die Kirche große Schmach käme.

Weiter hat dann eine noch größere Chance bestanden, die Herausforderung Luthers, die zum Bruch mit der Kirche führte, zu ihrer Reform zu wenden. Allerdings hätte es dazu einer ungleich größeren religiösen Kraft und eines viel lebendigeren priesterlichen Geistes bei den Bischöfen bedurft. Die Ausfallerscheinungen, die hier deutlich werden, wo die Bischöfe so unmittelbar als Theologen und Seelsorger gefordert waren, kann man im Zusammenhang mit der Frage nach den Ursachen der Reformation kaum wichtig genug nehmen. Sie sind viel folgenschwerer als das Versagen im persönlichen, engeren sittlichen Bereich, an das wir durchweg denken, wenn wir von „schlechten" Päpsten oder Priestern sprechen. Gleichgültige Einstellung zu theologischen Fragen, ja völlige Verständnislosigkeit, ihre religiöse Tragweite zu ermessen, findet sich bei Erzbischof Albrecht auch sonst; gleich ob er sein Missfallen darüber äußert, dass berühmte Professoren auf der Leipziger Disputation über Nichtigkeiten, die einen wahren Christenmenschen so gut wie gar nichts angingen, die Klingen kreuzten[165], oder ob er Luther zu seiner Hochzeit 1525[166] und Melanchthon 1532 aus Anlass der Überreichung seines Römerbriefkommentars[167] größere Geldgeschenke überreichen lässt.

---

[165] WA Br 2, 54, 26: ... *multis aliis his similibus nugamentis non admodum ad vere christianum pertinentibus tamquam pro re ardua et maxima acerrime digladiari* ...

[166] WA Tr 3, 154, 10 Nr. 3038b; WA Br 4, 56f.; vgl. Volz, Erzbischof Albrecht von Mainz, 227 Anm. 157.

[167] CR 2, 629; vgl. WA Tr 5, 690 Nr. 6486; 4, 640, 25 Nr. 5067. Hans Volz meint, dass die Charakterisierung des Mainzer Kirchenfürsten durch Paul Kalkoff als eines „aller ernsten Arbeit, jedem tieferen geistigen Interesse, jeder strengen Pflichterfüllung abgeneigten Schwächling[s], den nur die Sorge um ungestörten Genuss beherrschte" (Ulrich von Hutten und die Reformation, Leipzig 1920, 51), „unter keinen Umständen der Bedeutung eines Mannes gerecht werden kann, dem man einst das höchste deutsche Reichs- und Kirchenamt anvertraute": ebd. 16 Anm. 43. Als wenn man die Bedeutung eines Mannes an dem messen könnte, was er von Amts wegen hätte darstellen müssen; dabei wissen wir doch, dass Albrecht abgesehen von seiner Geburt seine Wahl zum Erzbischof von Mainz lediglich seiner Bereitschaft verdankte, die hohen Servitien und Palliengelder aus eigener Tasche zu bezahlen. Wenn man nicht die Maßstäbe eines Fürsten der Renaissance, sondern eines Erzbischofs anlegt, kommt man auf Grund des von Volz vorgelegten Materials auch nicht zu einem positiveren Urteil. Dass die Bischöfe der Zeit allgemein kein höheres Niveau zeigen, entschuldigt Albrecht höchstens subjektiv, macht die Situation hinsichtlich unserer Frage „Wie kam es zur Reformation?" aber nur schlimmer.

Nun könnte man einwenden: Bedeuteten nicht die Ablassthesen selbst schon den Bruch? Stellten sie nicht das Grundgefüge der damaligen Kirche in Frage? Hatte Luther in ihnen nicht „am entscheidenden Punkte der katholischen Auffassung den Boden entzogen"?[168] War damals Reform als Erneuerung der gegebenen Kirche überhaupt noch möglich? Bedeutete der Luther der 95 Ablassthesen nicht schon Revolution, und brachte er damit nicht notwendig die Reformation im Sinne der Kirchenspaltung?

Wir haben also zu fragen: Sind die Ablassthesen eine Leugnung von damals verbindlichen Lehren der Kirche? Dabei würde selbst ein Ja auf diese Frage noch nicht bedeuten, dass Luther Häretiker war; es sei denn, er sei sich der von der Lehre der Kirche abweichenden Auffassung bewusst gewesen und habe sich entsprechender Belehrung als unzugänglich erwiesen. Luther betont ja wiederholt, dass die Thesen nicht seine Meinung wiedergeben, manches ihm selbst zweifelhaft sei, er anderes ablehne und nichts von allem hartnäckig behaupten wolle.[169]

Was sagen die Ablassthesen? „Unser Herr und Meister Jesus Christus", so lautet die 1. These, „hat mit seinem Wort: ‚Tuet Buße ...' (Mt 4,17) gewollt, dass das ganze Leben der Gläubigen Buße sei". Damit ist weder die sakramentale Buße (These 2) noch die innere allein gemeint, denn diese ist keine, „wenn sie nicht auch nach außen mancherlei Abtötung des Fleisches bewirkt" (3). „Daher währt die Strafe solange, wie der Hass des Menschen gegen sich selbst (und das ist die wahre innere Buße) bleibt, also bis zum Eintritt ins Himmelreich" (4). Wie in Luthers früheren Äußerungen zum Ablass spricht hier die Sorge, dass die Gläubigen in eine falsche Heilssicherheit gewiegt werden. Man soll sie vielmehr „ermahnen, Christus ihrem Haupte durch Leiden, Tod und Höllen nachzufolgen" (94; 92–95). „Die wahrhafte Reue sucht und liebt die Strafen" (40). Der Ablass dagegen lehrt, sie zu fliehen. Niemand kann seiner Reue sicher sein (30), und so selten ein wahrer Büßer ist, d.h. über die Maßen selten, so selten ist einer, der wahrhaft Nachlass gewinnt (31).

Die Ablassprediger, die mit „ausschweifenden und zügellosen" (92) Worten die Ablässe weit über ihren Wert anpreisen (24; 73–80), leisten einem faulen Frieden (95) Vorschub, und zwar auf Kosten des Willens zur Reue und Buße (39–41). Dazu schreibt Luther später in den *Resolu-*

---

[168] Heinrich Bornkamm, Der weltgeschichtliche Sinn der 95 Thesen, in: ders., Luthers geistige Welt, Gütersloh 1959, 50.
[169] Siehe oben 202 Anm. 119.

tiones: „Sieh die Gefahr! Dem Volke wird Ablass gepredigt schnurstracks gegen die Wahrheit des Kreuzes und der Furcht Gottes".[170]

Der Ablass ist nicht grundsätzlich abzulehnen; ja, „wer wider die Wahrheit des apostolischen Ablasses redet, sei verflucht und vermaledeit" (71). Man darf aber auf ihn nicht sein Vertrauen setzen (49; 52; 32), vor allem stehen Werke der Liebe und das Gebet über ihm (41–47). Im Ablass will und kann der Papst nur die Strafen erlassen, die er auf Grund eigener Entscheidungen oder der kirchlichen Satzungen auferlegt hat (5). Mit solchen Strafen dürfen nur Lebende belegt werden (8). „In früheren Zeiten verhängte man die kirchlichen Strafen nicht nach, sondern vor der Lossprechung, um den Ernst der Reue daran zu prüfen" (12). Kann der Papst nur von ihm auferlegte Strafen erlassen (20), dann „irren all die Ablassprediger, welche erklären, dass der Mensch durch den Ablass des Papstes von jeder Strafe los und frei werde" (21). Gegen die *Instructio* und die Ablassprediger, die den Anschein erwecken, als hätten wir erst durch die Ablässe Vergebung von Sündenstrafen und Anteil an den Gütern Christi und der Kirche, betont Luther, dass jeder Christ in der wahren Reue völlige Vergebung von Strafe und Schuld findet (36) und auch ohne Ablass Anteil hat an allen Gütern Christi und der Kirche (37).

Die „Schätze der Kirche", aus denen der Papst den Ablass austeilt, sind dem Volke Christi weder genügend klar gekennzeichnet noch kennt es sie überhaupt (56). Sie sind offenbar nicht zeitlich (57), können aber auch nicht in den Verdiensten Christi und seiner Heiligen bestehen. Denn diese wirken ständig ohne die Vermittlung des Papstes „Gnade für den inneren und Kreuz, Tod und Hölle für den äußeren Menschen" (58). Luther will also die Gnadenmächte Christi nicht an die Verfügungsgewalt des Papstes gebunden wissen. Andererseits will er letztere aber auch nicht ausgeschlossen haben. Denn im Folgenden bezeichnet er „die Schlüssel der Kirche, die uns Christi Verdienst geschenkt hat" (60), als diesen Schatz. Der wahre Schatz der Kirche jedoch ist das Evangelium von der Herrlichkeit und Gnade Gottes (62). Daher können nur Feinde Christi es wie die *Instructio*[171] verbieten, während der Zeit der Ablasspredigt in den Kirchen das Wort Gottes zu verkünden (53–55). In den Thesen 14–19 betont Luther die Unsicherheit der Aussagen der Theologie über die Seelen im Fegfeuer. Jedenfalls werde der Ablass für die Toten nur in Form der Fürbitte gegeben (26; 25), weshalb man von unfehlbarer Wirkung nicht sprechen dürfe (27). „Ob die Kirche mit ihrer Fürbitte Erfolg hat, steht

---

[170] WA 1, 601.
[171] Köhler, Dokumente, 107, 25.

allein auf Gottes Entscheidung" (28). Dazu kann keiner wissen, ob jede Seele im Fegfeuer den Wunsch hat, daraus losgekauft zu werden (29). Alle diese Thesen können als berechtigte Kritik an Missbräuchen der Ablasspraxis und als Beitrag zur Diskussion noch nicht entschiedener Fragen der Theologie verstanden werden.

Auch Luthers Auffassung vom deklaratorischen Charakter der Lossprechung, dass der Papst die Schuld nicht anders erlassen kann als durch die Erklärung und Bestätigung, dass sie von Gott erlassen ist (6; 38), liegt noch in der Linie der damaligen nominalistischen Theologie. Nach ihr tilgt selbst die sakramentale Absolution „nicht Schuld und ewige Strafe, sondern zeigt nur die bereits erfolgte Tilgung an".[172]

Den Beichtwillen als Bedingung der Vergebung durch Gott betont auch Luther (7; 38). Er billigt dem Papst sogar ein auch vor Gott wirksames Recht der Reservierung von Sünden zu (6). Er schränkt allerdings die Wirkung des Ablasses, wie schon in dem Traktat *De indulgentiis*, auf den Nachlass der kanonischen Strafen ein (5; 11; 20; 21; 33) und lässt eine Entsprechung der kirchlichen Strafen zu den von Gott auferlegten nicht gelten. Doch gerade bei der Erklärung dieser These beteuert er wiederholt, dass er nicht behaupten, sondern disputieren möchte und sich gerne eines Besseren belehren lasse.[173]

Luther weiß sich im Gegensatz zu Theologen wie Thomas und Bonaventura. Doch sei er es nicht allein und nicht der erste, der deren Ansichten in Zweifel ziehe. Ein Kanon des Rechts und eine Stelle der Heiligen Schrift ständen nicht gegen ihn, und eine Lehrentscheidung der Kirche sei noch nicht getroffen.[174] Luther ist überzeugt, sich im Rahmen vertretbarer Schulmeinungen zu bewegen. Das bestätigt unsere Kenntnis der Theologie am Ausgang des 15. Jahrhunderts und wird auch daran deutlich, dass die *Resolutiones*, d.h. seine Erklärung der Thesen, dem Ortsbischof Hieronymus von Brandenburg vorgelegen und dessen Placet gefunden haben.[175]

Wie im ersten Kapitel schon angedeutet, neigt ja auch die heutige katholische Theologie, belehrt durch die Praxis der Kirche, gegen Tho-

---

[172] Bernhard Poschmann, Buße und Letzte Ölung (Handbuch der Dogmengeschichte IV, 3), Freiburg i.Br. 1951, 102.
[173] Die Resolution zu These 5 beginnt: *Hanc disputo et doceri humiliter peto* ... (WA 1, 534, 22), und zu These 20: *Hanc disputo, nondum pertinaciter assero* (WA 1, 567, 29). In der Erklärung von These 36 bezeichnet er es dagegen als eine Ungeheuerlichkeit zu lehren, mit den kanonischen Strafen werde erklärt, welche Strafe von Gott auferlegt sei (WA 1, 592f.).
[174] WA 1, 568.
[175] WA Br 1, 164.

mas von Aquin der Meinung zu, dass der Ablass als jurisdiktioneller Akt sich nur auf den Erlass kirchlicher Genugtuung erstreckt, dass er im übrigen auch für die Lebenden *per modum suffragii* wirkt, d.h. von Gott durch die Kirche der Nachlass der Sündenstrafen erbeten wird und dieser von Gottes Akzeptation abhängt.[176]

Doch müssen wir die Thesen geschichtlich sehen, dürfen nicht bei ihrem bloßen Wortlaut stehen bleiben, sondern müssen auf ihre Sinnspitze achten; d.h. wir müssen uns fragen, wohin sie zielen, welche Entwicklung ihnen immanent ist. Darauf ist zu antworten: Schon in der nominalistischen Theologie waren göttliches und menschliches Handeln weitgehend getrennt, insofern Gott das Tun der Kirche nur zum Anlass nimmt für sein Heilshandeln, ohne darin wirklich einzugehen. Luther führt diese Trennung des Menschlich-Kirchlichen vom Göttlichen so weit, dass er der kirchlichen Strafe bzw. ihrem Erlass nicht einmal mehr interpretative Bedeutung hinsichtlich der von Gott auferlegten Sündenstrafen zumisst. Hier scheint mir eine Wurzel der baldigen Leugnung des hierarchischen Priestertums als göttlicher Stiftung bei Luther zu liegen.

Diese theologische Tragweite der Thesen ist aber nicht unmittelbar wirksam geworden. Das Geheimnis der zündenden Wirkung und schnellen Verbreitung der Ablassthesen lag in ihrer polemisch-volkstümlichen Note. Luther rührte mit ihnen an lange schwelende und auch schon oft laut gewordene Fragen, Beschwerden und Ressentiments; er machte sich zum Wortführer vielfach enttäuschter Hoffnungen und einer weit verbreiteten Unzufriedenheit.

Wenn der Papst, wie er behauptet, die Seelen aus dem Fegfeuer befreien kann, weshalb tut er es dann wohl für Geld zugunsten eines Kirchbaus, aber nicht um der Liebe willen? Weshalb räumt er nicht aus Liebe zu den Armen Seelen das ganze Fegfeuer (82)? Wenn die Ablässe so heilsam sind, weshalb lässt er sie statt einmal nicht täglich hundertmal den Gläubigen zugute kommen (88)? Geht es ihm mehr um das Heil der Seelen als um das Geld, warum gibt er neue Ablässe heraus und suspendiert die früher gewährten Beichtbriefe und Ablässe, obwohl diese ebenso wirksam sind (89)? Wenn die Ablässe so sicher wirken und es Unrecht ist, für die schon Erlösten weiter zu beten, weshalb werden dann die Jahresgedächtnisse weiter begangen und gibt der Papst die Stiftungsgelder nicht zurück (83)? Weshalb baut er die Peterskirche statt mit den Groschen der Armen nicht lieber mit dem eigenen Geld, wo er doch vermögender ist als der reichste Crassus (86)? Luther macht sich hier, wie er betont, zum Sprachrohr für

---

[176] Vgl. Poschmann, Buße und Letzte Ölung, 123; LThK² 1, 51f.

die „recht spitzen und bedenklichen Einwendungen der Laien" (90; 81). Würde man die nur mit Gewalt zum Schweigen bringen, statt sie mit guten Gründen zu zerstreuen, dann würde man die Kirche und den Papst zum Gespött ihrer Feinde und die Christenheit unglücklich machen (90). Luther sprach in diesen Thesen aus, was mehr oder weniger bewusst alle empfanden. Viele werden wie der Franziskaner Johannes Fleck das Gefühl gehabt haben: „Er ist da, der es tun wird".[177]

Auch so entschiedene spätere Luthergegner wie Johannes Cochläus, Hieronymus Emser und Herzog Georg von Sachsen begrüßten die Thesen. Diesem berichtete sein Rat Cäsar Pflug von einer Äußerung des Bischofs Adolf VII. von Merseburg, wonach dieser es für gut gehalten habe, wenn die Thesen „an vielen Orten angeschlagen würden", um so die armen Leute „vor dem Betrug Tetzels" zu warnen.[178] Der Beichtvater Kaiser Karls V., der Franziskaner Glapion, hat dem sächsischen Kanzler Brück gegenüber noch 1521 geäußert: Luthers erste Stellungnahme gegen den Ablass, d.h. die Thesen und die *Resolutiones*, seien zu loben gewesen. Es hätte nicht viele Gelehrte gegeben, die ihm darin nicht zugestimmt hätten.[179]

Die schnelle Verbreitung der Thesen war für Luther selbst ein Beweis, ausgesprochen zu haben, womit viele aus „Furcht vor den Juden", wie er sich im Anklang an Joh 7,13 ausdrückt, hinter dem Berg gehalten hatten.[180]

Er bedauerte diese Entwicklung, weil die Thesen nicht für das Volk, sondern für wenige Gelehrte bestimmt gewesen seien und manche zweifelhafte Sätze enthielten.[181] Deshalb beeilte er sich, in dem „Sermon von dem Ablass und von der Gnade"[182] seine Grundgedanken über den Ablass für das Volk niederzuschreiben und gleichzeitig in den *Resolutiones disputationum de indulgentiarum virtute* eine ausführliche theologische Begründung seiner Ablassthesen zu geben.[183] Die *Resolutiones* erschienen aber erst August 1518, weil der Bischof von Brandenburg, dem Luther sie vorgelegt hatte, sich mit dem *Placet* so lange Zeit nahm. Hier hat Luther also die Stellungnahme des Bischofs abgewartet, was er, wenn der Thesenanschlag stattgefunden hätte, damals unterlassen hätte.[184]

---

[177] WA Tr 5, 177 Nr. 5480.
[178] Geß, Akten und Briefe I, 29.
[179] Deutsche Reichstagsakten. Jüngere Reihe, Bd. II (1896), 486.
[180] WA Br 1, 152.
[181] Brief an Scheurl vom 5.3.1518: WA Br 1, 151.
[182] März 1518; WA 1, 239–246.
[183] WA 1, 525–628.
[184] Brief vom 5.3.1518 an Scheurl: ... *Episcopus Brandenburgensis, cuius iudicium*

In dem Begleitbrief zu den *Resolutiones* an den Papst von Ende Mai 1518 schreibt Luther zum Schluss: „Darum, Allerheiligster Vater, lege ich mich Deiner Heiligkeit zu Füßen und übergebe mich Dir mit allem, was ich bin und habe"[185], und in der vorgeschickten *Protestatio* beteuert er: „Zum ersten bezeuge ich, dass ich nichts sagen und behaupten will, außer was vor allem in der Hl. Schrift, sodann in den von der römischen Kirche anerkannten ... Kirchenvätern, im Kirchenrecht und den päpstlichen Erlassen enthalten ist".

Luther lehnt es aber ab, sich auf Schulmeinungen festlegen zu lassen, und schließt: „Durch diese meine Protestatio ist, so hoffe ich, hinreichend deutlich gemacht, dass ich zwar irren kann, man mich aber nicht zum Ketzer machen dürfte ...".[186]

Diese Begleitschreiben zu den *Resolutiones* mit ihrer eigenartigen Mischung von treuherziger Demut, prophetischem Selbstbewusstsein und verwegenem Bekennermut sind als „Schachzüge ersten Ranges", wie Meißinger sie nennt[187], nicht genügend charakterisiert. Sie scheinen mir eine reale Möglichkeit zu beweisen, Luther in der Kirche zu halten. Allerdings bedurfte es dazu auf Seiten der beteiligten Bischöfe und des Papstes eines annähernd gleichen Maßes an religiöser Substanz und priesterlichem Ernst. So ist es keine billige Ausflucht, wenn Luther 1517/18 in der Ablassfrage immer wieder betont, er lasse sich nur auf die Lehren der Kirche festlegen, nicht aber auf Schulmeinungen, auch nicht auf die des Thomas von Aquin und des Bonaventura.[188] Die von Luther geforderte verbindliche Erklärung über den Ablass gab Leo X. erst in der Konstitution *Cum postquam* am 9. November 1518.[189] Ihr lag ein Entwurf Cajetans zu Grunde, der sie auch am 13. Dezember 1518 in Linz an der Donau publizierte.

Hier wird als Lehre der Kirche erklärt, dass der Papst kraft seiner Schlüsselgewalt im Ablass Sündenstrafen nachlassen kann, indem er den Schatz der Verdienste Christi und der Heiligen austeilt. Dieser Ablass

---

consului in hac re, multum impeditus tam diu me retardat (WA Br 1, 152). Luther „will lieber gehorchen als Wunder tun" (WA Br 1, 162). Am 4.4. teilt er Spalatin mit, dass der Bischof ihn von seinem Schweigeversprechen entbunden habe (WA Br 1, 64). Im Sommer 1518 hat Luther auf Veranlassung des Brandenburger Bischofs eine beabsichtigte Disputation über den Bann nicht gehalten (WA Br 1, 186).

[185] WA 1, 529.
[186] WA 1, 530f.
[187] Der katholische Luther, 162.
[188] Z.B. WA 1, 530.
[189] Köhler, Dokumente, 158ff.

wird den Lebenden in der Weise der Lossprechung und den Toten fürbittweise gewährt. Auch diese Erklärung ist damit noch sehr zurückhaltend und sparsam im Umfang dessen, was sie als verpflichtende Lehre festlegt.

Die Ablassprediger und die Ankläger Luthers gingen viel weiter. So sieht selbst Kardinal Cajetan in seinem Ablasstraktat vom 20. November 1519 sich genötigt, sich gegen Prediger zu wenden, die Privatmeinungen als kirchliche Lehre ausgeben.[190]

Wie weit die Leichtfertigkeit, Schulmeinungen als Dogmen auszugeben und entsprechend den Gegner zu verketzern, ging, wird deutlich an folgendem Beispiel: Unter den von Tetzel auf dem Ordenskapitel in Frankfurt/Oder 1518 disputierten Gegenthesen wird in These 42 (65) die für Luther so anstößige und auch von den heutigen katholischen Dogmatikern durchweg abgelehnte Meinung: für die Gewinnung eines vollkommenen Ablasses für Verstorbene sei der Gnadenstand nicht erforderlich, als „christliches Dogma" hingestellt.[191]

Diese willkürliche Dogmatisierung noch offener Fragen war sicher eine nicht weniger gefährliche Spielart der „theologischen Unklarheit" der Zeit. Dazu kommt der erschreckende Mangel an religiösem Ernst, mit dem man Luthers Sorgen und Anliegen begegnete.

In der 34. (57.) seiner Antithesen verteidigt Tetzel in leichtfertiger Weise die Lehre vom Ablass, die in dem Spottvers „Wenn das Geld im Kasten klingt, die Seele aus dem Fegfeuer springt" ihren berüchtigten Ausdruck gefunden hat. Ja, er betont, die Seele würde noch schneller befreit, denn das Geldstück benötige zum Fallen in den Kasten ja Zeit, während die Geistseele im Nu in den Himmel fliege.[192]

Von seinem Ordensbruder Silvester Prierias, dem Hoftheologen des Papstes, wird Tetzel im *Dialogus* noch an frivoler Leichtfertigkeit übertroffen. Nach Prierias ist ein Prediger, der die von Luther beanstandeten Lehren vertritt, nicht tadelnswerter als ein Koch, der einem überdrüssigen Magen die notwendigen Speisen durch Zusatz von Gewürzen pikant macht.[193] Darin zeigt sich ein ähnlicher Mangel an religiösem Ernst und priesterlichem Sinn wie in der Reaktion der Bischöfe auf die Thesen.

---

[190] *Num indulgentiis liberentur defuncti a poenis purgatorii*, in: *Opuscula*, Lyon 1562, 105a.
[191] Paulus, Johann Tetzel, 175.
[192] *Quisquis ergo dicit, non citius posse animam evolare, quam in fundo cistae denarius possit tinnire, errat*: zit. nach: ebd. 174; vgl. 143f.
[193] *Dialogus* B 1a; vgl. Paulus, Johann Tetzel, 147.

Dieser Ausfall an theologischer Kraft und apostolisch-seelsorglichem Geist war um so folgenschwerer, je größer 1517/18 noch die Möglichkeit war, den für die Ehre Gottes und das Heil der Seele eifernden Wittenberger Mönch an die Kirche zu binden und in ihr fruchtbar zu machen.

In diesem Zusammenhang scheint es mir wichtig, ob Luther die Thesen im Wallfahrtsbetrieb der Allerheiligenkirche angeschlagen hat oder nicht, d.h. ob er eine Szene gemacht hat oder ob er die Thesen lediglich den Bischöfen und einigen gelehrten Männern zugestellt hat. Jenen, damit sie den Missbrauch abstellten, diesen, damit sie die noch offenen theologischen Fragen klärten. Luther selbst hat der Tatsache, dass die Bischöfe mit der Ablasssache befasst waren, größere Bedeutung zugemessen als der wissenschaftlichen Auseinandersetzung. Den Bischöfen und nicht Tetzel hat er die Verantwortung für den negativen Verlauf des Ablassstreites zugeschrieben:

„Ich war mit dem hochwürdigen Bischof von Brandenburg hier in Wittenberg zusammen [Februar 1519], und er hat mich lebhaft, doch freundschaftlich zur Rede gestellt, dass ich solche Dinge wagte. Ich merke, dass die Bischöfe nun endlich begreifen, dass ihres Amtes gewesen wäre, was sie mich haben tuen sehen, und sich deshalb etwas schämen. Sie nennen mich stolz und kühn, was ich beides nicht leugnete. Aber sie sind nicht die Leute, die wüssten, was Gott ist und was wir sind".[194]

Härter als den Bischof von Brandenburg beurteilte er den Erzbischof Albrecht von Mainz:

„Wenn aber der Mainzer von Anfang an, als ich ihn warnte, und wenn der Papst, ehe er mich ungehört verdammte und mit seinen Bullen wütete ... sofort das Wüten Tetzels unterdrückt hätte, dann wäre es meines Erachtens nicht zu einem so großen Tumult gekommen ... Der Mainzer hat die ganze Schuld. Seine Weisheit und Schlauheit haben ihn betrogen, mit denen er meine Lehre unterdrücken und sein Geld aus dem Ablass unverkürzt behalten wollte. Jetzt ist guter Rat teuer, alle Bemühungen sind umsonst".[195]

Ist der Thesenanschlag eine Legende, dann ist es noch deutlicher, wie weit das Versagen der Bischöfe auf religiös-theologischem Gebiet dazu beigetragen hat, dass es statt zur Reform der Kirche zur Reformation, d.h. zur Kirchenspaltung kam.

---

[194] WA Br 1, 327.
[195] Vorrede von 1545: WA 54, 185. Vgl. Heinrich Bornkamm, Thesen und Thesenanschlag. Geschehen und Bedeutung. Erweiterte Fassung, Berlin 1967, 38.

Nachtrag: Sind die erhobenen Einwände ein Gegenbeweis?

Die dritte Auflage dieses Buches gibt mir Gelegenheit, zu der inzwischen geäußerten Kritik und zu weiteren Veröffentlichungen über die Ereignisse am 31. Oktober Stellung zu nehmen. Es geht vor allem um Arbeiten von Franz Lau[196], Heinrich Bornkamm[197], Kurt Aland[198], Hans Volz[199] und Klemens Honselmann.[200] Alle Beiträge zeichnen sich durch einen sachlichen Ton fern aller konfessionellen Polemik aus. Den Infragestellern des Thesenanschlages wird „Freundlichkeit und Sachlichkeit" bei der Diskussion bescheinigt, und „Zweifel an der Echtheit des Willens zur Inschutznahme Luthers" vor dem Tadel der Unehrlichkeit werden als unangebracht bezeichnet.[201]

Wenn die Feststellung von Lau stimmt, dass meine „Zerstörung der Legende vom Thesenanschlag" „in den evangelischen Gemeinden und in der Öffentlichkeit fast noch stärker als Rudolf Bultmanns gesamte Entmythologisierungstheologie" zu wirken schien, wobei nach seiner Meinung „eine Entmythologisierung Luthers ... tatsächlich notwendig"[202] ist, dann hat diese Wirkung im Schrifttum in keiner Weise einen entsprechenden Niederschlag gefunden. „Dass die evangelischen Beiträge, die zu der Streitfrage geschrieben worden sind, stark apologetisch gehalten sind", ja, wie Lau meint, „teilweise in einem nachgerade peinlichen apologetischen Stile", ist weniger bedauerlich, als dass man in der Öffentlichkeit kaum Notiz von der Diskussion genommen oder gar den Eindruck erweckt hat, als sei meine Auffassung wissenschaftlich schon erledigt.[203]

Wahrscheinlich wollte man die unter politischem Druck stehenden Feiern anlässlich des 450. Jahrestages der Reformation nicht auch noch mit historischen Streitfragen belasten. Wo man auf diese zu sprechen kam, hat man leider vielfach nicht einmal den Mut gehabt, die Argumente

---

[196] Vgl. Lau, Die gegenwärtige Diskussion; ders., Der junge Luther und der Beginn der Reformation. Zu dem so überschriebenen Aufsatz von Erwin Iserloh in Heft 11/1967, in: Die Zeichen der Zeit 21, Berlin 1967, 452–457.

[197] Bornkamm, Thesen und Thesenanschlag (siehe Anm. 195).

[198] Kurt Aland, Der 31. Oktober 1517 als Tag des Thesenanschlages, in: Kirche in der Zeit 21 (1966) 466–469; ders., Neue Thesen zum Thesenanschlag, in: Deutsches Pfarrerblatt 67 (1967) 626–628.

[199] Volz, Die Urfassung; ders., Um Martin Luthers Thesenanschlag, in: Luther. Zeitschrift der Luthergesellschaft 38 (1967) 125–138.

[200] Klemens Honselmann, Zur Diskussion um Luthers Thesenanschlag, in: Theologie und Glaube 57 (1967) 357–361.

[201] Lau, Die gegenwärtige Diskussion, 16f.

[202] Ebd. 14.

[203] Vgl. Hans Volz: WA Br 12, 4 Anm. 4.

gegen den Thesenanschlag den Lesern vorzuführen und sich mit ihnen auseinanderzusetzen. In einem zweiten, längeren Aufsatz hat z.B. die Zeitschrift „Kirche in der Zeit" ihren Lesern wiederum[204] die Äußerungen Luthers, die meiner Meinung nach einen Anschlag der Thesen ausschließen, nicht mitgeteilt, erst recht nicht versucht, meine Argumente zu entkräften.[205] Längst ausführlich diskutiertes Quellenmaterial wird darin als Gegenbeweis angeführt, ohne dass man die vorausgehende Behandlung der betreffenden Stellen auch nur anmerkt.[206] Meine Auffassung wird vielfach ungenau, ja falsch dargestellt. So entnehme ich ja nicht dem Brief Luthers an Erzbischof Albrecht vom 31. Oktober 1517, dass Luther die Thesen nicht angeschlagen habe, und mache auch keine „Vorlage" an die Bischöfe aus den Thesen.[207] Vielmehr argumentiere ich entsprechend Luthers eigenen Äußerungen zu diesem Brief vom 31. Oktober 1517, z.B. dass vor den Bischöfen nicht einmal seine engsten Freunde von seiner Disputationsabsicht gewusst hätten[208] und dass er die Thesen erst herausgegeben habe, nachdem er keine Antwort von dem Erzbischof erhalten habe.[209] Mein Argument ist auch nicht, Luther hätte im mönchischen Gehorsam die Antwort der Bischöfe abwarten müssen, wie Lau in seinem ausführlichen und im Ton sehr noblen Aufsatz wiederholt unterstellt, sondern dass Luther selbst mehrfach behauptet, gewartet zu haben.[210]

---

[204] Siehe oben 180–181 Anm. 44.
[205] Aland, Der 31. Oktober 1517. Meine Bitte, die Leser besser zu orientieren, und mein Angebot, das zu übernehmen, beschied die Redaktion abschlägig: „... Eine weiterführende Diskussion der Probleme müsste in einem anderen Organ, das sich vorwiegend kirchenhistorischen Untersuchungen widmet, stattfinden" (Brief der Redaktion vom 9.2.1967).
[206] Darüber klagt auch Volz, Um Martin Luthers Thesenanschlag: „Wenn Aland ... in seinem Aufsatz den Anspruch erhebt, ‚neues Material' zu dieser Frage vorzulegen, so trifft diese Behauptung nicht zu; denn alle von ihm besprochenen einschlägigen Quellenstellen, die er zugunsten des Faktums des Thesenanschlages verwertet, waren keineswegs bisher unbekannt, sondern wurden schon verschiedentlich in der Kontroverse herangezogen und diskutiert": 134.
[207] Aland, 95 Thesen, 22; engl. Übers. 17.
[208] Siehe oben 183.
[209] Siehe oben 183–184.
[210] Lau, Die gegenwärtige Diskussion: „Der Luther, der so gehandelt hätte, hätte seine mönchische Gehorsamspflicht verletzt, ja die Pflicht, die jedem Christen nach Mt 18 obliegt" (16). „Postulat, der Mönch Luther hätte seinen geistlichen Vorgesetzten Zeit lassen müssen" (17). „Iserlohs starkes Argument ist die Erwägung, Luthers Pflicht als Ordensmann und Christ sei es auf alle Fälle gewesen, seine Oberen zunächst anzusprechen und ihnen Zeit zur Gegenäußerung zu lassen" (56); vgl. ebd. 22 und 58. Lau kommt zu dem Schluss: „Der vornehme

Eine ausführliche Auseinandersetzung mit den vier Äußerungen Luthers zu seinen Briefen an die Bischöfe, Selbstaussagen des Reformators also, auf denen meine Argumentation beruht[211], ist man mir bisher schuldig geblieben. Lau, der doch offensichtlich das gesamte Material zusammentragen möchte und 28 Dokumente bespricht, bringt diese Dokumente nicht, geschweige denn, dass er sich mit ihnen auseinandersetzt. Bornkamm behandelt nur die Schreiben Luthers an Papst Leo X. und Friedrich den Weisen von 1518. Das ist legitim, insofern er von den Äußerungen Luthers ausgehen will, die dem auf schmaler Quellenbasis beruhenden Thesenanschlag am nächsten stehen.[212] Wenn er aber von vornherein behauptet, „Luther hat ... jedenfalls eine Äußerung der beiden Bischöfe auf seine Briefe nicht abgewartet"[213], dann müsste er sich mit den späteren Zeugnissen, in denen Luther das behauptet[214], auseinandersetzen. Es stimmt nicht, dass „nur der Widmungsbrief an den Papst" vom Mai 1518 „einen Zusammenhang zwischen seinen vergeblichen Bemühungen bei kirchlichen ‚Magnaten' und dem Disputationsentschluss" herstellt.[215] Aber selbst wenn das der Fall wäre, trifft man den Sachverhalt nicht, wenn man von einer „gewissen historischen Verschiebung"[216] spricht, wo doch alle anderen Quellen damit nicht nur in keinem Widerspruch stehen,

---

und kirchlich vollkommen korrekte Luther, der als demütiger Mönch nur seinen Vorgesetzten seine Bedenken vortrug, ist eine Erfindung von Iserloh und Honselmann" (58). In seiner Entgegnung auf meinen Aufsatz „Der junge Luther und der Beginn der Reformation" gibt Lau zu, mein Vorwurf sei „strenggenommen ... richtig", er habe meine „Argumentation deshalb wohlwollend leise modifiziert", weil er angenommen habe, die schon seit längerem gegen mich geltend gemachten Argumente hätten „etwas Eindruck auf mich gemacht" (Die Zeichen der Zeit 21, Berlin 1967, 456). Meine Frage: Welches sind die Argumente, und wo sind sie vorgetragen? Auch nach Joachim Staedke (Der Thesenanschlag, in: Neue Zürcher Zeitung vom 22.10.1967) argumentiere ich: „dass die gleichzeitige Publikation der den Bischöfen eingereichten Thesen eine schwere Verletzung der mönchischen Gehorsamspflicht gewesen wäre".

[211] Siehe oben 182–184.
[212] Bornkamm, Thesen und Thesenanschlag, 2.
[213] Ebd. 7. Dass er das nicht zu tun brauchte, ist von niemand bestritten worden. Luther hat es aber selbst behauptet und sich bei anderer Gelegenheit durch den Ortsbischof faktisch zum Verzicht auf eine Disputation bewegen lassen: WA Br 1, 186; siehe oben 222–223 Anm. 184, und vgl. Bornkamm, Thesen und Thesenanschlag, 7 Anm. 19; 39.
[214] „Wider Hans Worst" (1541): „Aber mir ward keine Antwort" (WA 51, 540); Rückblick von 1545: *Ego contemptus edidi Disputationis scedulam* (WA 54, 180).
[215] Bornkamm, Thesen und Thesenanschlag, 12.
[216] Ebd.

sondern in dieselbe Richtung weisen. Luther schreibt außerdem im November 1518 an Friedrich den Weisen, dass nicht einmal einer von seinen engsten Freunden von seiner Disputationsabsicht gewusst habe, sondern nur die Bischöfe, und sie habe er schriftlich gebeten, gegen die Ablassprediger einzuschreiten, bevor er die Disputationsthesen veröffentlichte.[217] Das heißt zwar nicht, „dass er ihnen die Thesen zur Genehmigung vorgelegt habe"[218] – das hat auch niemand behauptet! –, schließt aber den Thesenanschlag am 31. Oktober aus. Denn wie können die Bischöfe vor den engsten Freunden von der Disputationsabsicht erfahren, wenn er die Thesen am 31. Oktober durch Anschlag universitätsöffentlich macht und erst am selben Tag, wie auch Bornkamm annimmt, die Bischöfe von den Thesen in Kenntnis setzt durch einen Brief, der Tage, ja vielleicht Wochen brauchte, bis er in deren Hände kam. Bornkamm widerlegt, was niemand behauptet, und übergeht, was mit seiner These nicht in Einklang steht.

Mit welchem Recht lässt er übrigens die Zeugnisse Luthers von 1541 und 1545 beiseite? Wieso wirft er mir vor, „von dem späten Rückblick Luthers vom Jahre 1541 auszugehen"[219], obgleich doch sein Argument für den Thesenanschlag Melanchthons Vorrede von 1546 ist, deren Zuverlässigkeit er retten möchte. Dabei muss auch er Irrtümer und Ungenauigkeiten zugeben. Am schwersten wiegt für ihn die unzutreffende Behauptung Melanchthons, dass Friedrich der Weise Luther in Wittenberg habe predigen hören. Mit der Nachricht, dass Tetzel Luthers Thesen verbrannt habe, sei „Melanchthon wahrscheinlich einer Legende aufgesessen".[220]

---

[217] Siehe oben 183–184.
[218] Bornkamm, Thesen und Thesenanschlag, 12.
[219] Ebd. 44 mit Anm. 136. Außerdem stimmt das nicht. Die Stelle aus „Wider Hans Worst" ist nicht Ausgangspunkt, sondern die dritte von vieren (siehe oben 183–184). Wenn ich das vierte Kapitel mit der breiten Schilderung der „Ursache des lutherischen Lärmens" aus der Schrift von 1541 beginne, dann weil hier der Grund angegeben wird, weshalb Luther, der schon mehrfach gegen die Ablasspredigt Stellung genommen hatte, erst am 31.10.1517 an Erzbischof Albrecht geschrieben hat: Er hatte die *Instructio summaria* in die Hand bekommen, und ihm war klar geworden, dass Tetzels Predigt auf offizieller Anweisung beruhte. Auch Hermann Tüchle (Was geschah Allerheiligen 1517?, in: Klerusblatt 47, München 1967, 376) meint, ich ginge „von der Wahrheit der Aussagen und der ungetrübten Erinnerung des späten Luthers" aus, „der 24 Jahre nach den Ereignissen schrieb".
[220] Bornkamm, Thesen und Thesenanschlag, 25 Anm. 78, siehe oben 194–197. Herr Privatdozent Remigius Bäumer hat in seiner Freiburger Antrittsvorlesung (WS 1967/68), in deren Manuskript er mir freundlicherweise Einblick gewährt hat, darauf hingewiesen, dass Melanchthon, der 1521 den Thesenanschlag nicht

Wie sehr die auf Melanchthons Vorrede gründende Tradition und nicht die Quellen selbst Heinrich Bornkamm in Widerspruch zu seinen eigenen methodischen Überlegungen[221] bestimmen, zeigt seine Interpretation der Tischrede über Luthers Spaziergang mit Hieronymus Schurff in der Woche nach Allerheiligen.[222] Für ihn ist „die Tischrede ein Zeugnis dafür, dass das [d.h. der Plan einer Disputation] einige Tage nach Allerheiligen bekannt war, während er [Luther] es vor diesem Datum, wie er dem Kurfürsten versicherte, auch seinen nächsten Freunden noch nicht mitgeteilt hatte, sondern nur den Bischöfen. Das lässt einen Akt der Ausführung in der Zwischenzeit vermuten". Hat der „Akt der Ausführung", d.h. der Thesenanschlag, in der „Zwischenzeit" stattgefunden, d.h. zwischen dem 31. Oktober und einigen Tagen nach Allerheiligen, dann jedenfalls nicht am Mittag des 31. Oktober, wie Bornkamm gegen Volz festhält. Aber auch in der Zwischenzeit kann sich ein solcher Akt nicht vollzogen haben, denn die Tischrede ist eben kein Beweis, dass der Disputationsplan bekannt war. Im Gegenteil: Luther spricht von seiner Absicht, und Schurff ist entsetzt über das, was Luther tun will. Der apodiktische Satz Bornkamms: „Jedenfalls aber hat Luther seinen Freund damals mit der Absicht, den Ablass anzugreifen, nicht mehr überraschen können"[223], widerspricht schlicht der Quelle, nach der Luther von seinem Plan, gegen den Ablass zu schreiben, gesprochen hat und Schurff über die Absicht und nicht über die Ausführung erschrocken war.

Immerhin setzt Bornkamm sich mit dieser von mir ins Gespräch gebrachten Quelle auseinander und übergeht sie nicht wie Aland und Lau. Letzter führt dafür sehr ausführlich das Gutachten der Mainzer Fakultät vom 17. Dezember 1517 ins Feld, zu dem ich schon kurz Stellung genommen habe.[224] Ich weiß nicht, was die, wie von allen zugegeben wird, falsche

---

erwähnt, sondern erst 1546, elf Jahre später 1557 von einem Thesenanschlag zur Zeit der nachmittäglichen Predigt spricht (CR 25, 777; siehe oben 196 Anm. 97) und 1559 sogar die genaue Uhrzeit: 12 Uhr nennt. Die nachmittägliche Predigt habe aber in Wittenberg um 14 oder 15 Uhr stattgefunden. Der Ausdruck bei Melanchthon *ad vespertinam concionem sei* dazu sehr verdächtig. Denn eine solche Predigt habe es 1517 noch nicht gegeben, sie sei erst nach Abschaffung des Stundengebetes als reformatorischer Ersatz für die Vesper eingeführt worden.

[221] Bornkamm, Thesen und Thesenanschlag, 2 Anm. 5.
[222] Siehe oben 197–198.
[223] Bornkamm, Thesen und Thesenanschlag, 19.
[224] Siehe oben 201–202 Anm. 118; vgl. 181–182. Es stimmt also nicht, wenn Bornkamm von dem „allgemein nicht berücksichtigten Mainzer Gutachten vom 17.12.1517" spricht (Thesen und Thesenanschlag 43; vgl. 17, 32 und 46), und wenn Aland (Neue Thesen, 627) sagt: „Lau weist zum ersten Mal in der Debatte

Behauptung der Mainzer Professoren, die Thesen seien „in Wittenberg schulmäßig und öffentlich disputiert" worden[225], anders hergibt, als dass das Vorliegen von Disputationsthesen zu der Annahme verführt hat, eine Disputation habe stattgefunden, man also das an sich Normale als Tatsache postulierte.[226] Ähnlich konnten die vorhandenen Thesen Melanchthons dazu verführen, die an sich übliche Veröffentlichung am schwarzen Brett der Fakultät, d.h. an den Kirchtüren, einfach als Faktum anzunehmen. Wieso aber die irrtümliche Annahme der Mainzer Professoren „ein überzeugender Beweis gegen Iserlohs Annahme, dass die Bedeutung des 31. Oktober in der bloßen Zusendung der Thesen an Albrecht von Mainz und nicht ihrem Anschlag bestanden habe"[227], sein soll, ist mir schlechterdings unverständlich. Weiter weiß ich nicht, was die Tatsache, dass der Mindener Pfarrer Nikolaus Krage am 21. Februar 1530 19 Thesen an die Türen der Mindener Kirchen angeschlagen hat[228], mehr beweist, als dass

---

nachdrücklich auf die Bedeutung des Gutachtens der Mainzer Fakultät zu Luthers Thesen hin".

[225] ZKG 23 (1902) 266f.; siehe oben 201–202 Anm. 118.

[226] Damit ist für mich die Frage von Lau beantwortet: „Die Gegner des Thesenanschlags wären ferner zu fragen, wie sie denn den Irrtum der Mainzer Professoren vom 17.12.1517 erklären": Die gegenwärtige Diskussion, 55. Die falsche Annahme der Mainzer beweist nicht einmal, wie Lau gegen Honselmann meint (vgl. 33; 58), dass das ihnen übersandte Exemplar schon die Präambel führte. Im Gegenteil, die Aufforderung zur schriftlichen Äußerung hätte ihnen ein Hinweis sein können, dass nicht eine der üblichen Zirkular- oder Promotionsdisputationen geplant war, sondern eine im weiteren Rahmen wie etwa die in Leipzig 1519. Damit habe ich von Anfang der Auseinandersetzung an im Anschluss an Ernst Wolf gerechnet: Erwin Iserloh, Luthers Thesenanschlag, Tatsache oder Legende, in: TThZ 70 (1961) 307; vgl. dasselbe, Wiesbaden 1962, 26, und oben 201–202. Für Heinrich Bornkamm ist ja auch „klar, dass die von ihm geplante Disputation nicht in die üblichen Schuldisputationen hineinpasst": Thesen und Thesenanschlag, 13f.; 14 Anm. 40, nimmt er das allerdings wieder weitgehend zurück. „Dass Luther seinen Sätzen erst im Gegenzug gegen die Thesen von Wimpina-Tetzel Disputationsform gegeben habe" (ebd. 32), hat niemand, auch Honselmann nicht, behauptet. Disputationsform bekämen sie ja nicht erst durch die Überschrift. Man kann Bornkamm zustimmen, wenn er in der „Zusammenfassung" feststellt: „Dass sie [d.h. die 95 Thesen] noch kein Datum tragen und dass die Disputation später nicht zustandekam, teilen sie mit anderen Thesen der Zeit" (ebd. 40). Thesen wurden aber in besonderen Fällen – z.B. dem der Leipziger Disputation – auch nicht angeschlagen, sondern zunächst durch Druck verbreitet. Weshalb sollen die Ablassthesen nicht auch das mit anderen gemeinsam haben?

[227] Aland, Neue Thesen, 627; vgl. ders., Martin Luther's 95 Theses, 108.

[228] A. Clos, Luthers Thesenanschlag. Ein Beitrag aus der Mindener Reformationsgeschichte, in: Mindener Heimatblätter 33/34 (1961/62) 288–291.

die Kirchtüren Mittel zur Publikation waren. Wer hat das aber je bestritten?

Als Argumente für den Thesenanschlag sind weiter Briefe ins Feld geführt worden, aus denen hervorgehen soll, dass die Ablassthesen schon in den ersten Tagen des November in einem weiten Kreis, ja schon in Nürnberg bekannt gewesen sind. Nach Aland[229] hat Christoph Scheurl die Ablassthesen schon am 5. November 1517 an den Eichstätter Dekan Erhard Truchseß, an den Prior Kilian Leib von Rebdorf bei Eichstätt und an Johannes Eck in Ingolstadt gesandt. Um diese These aufstellen zu können, muss er mit Otto Clemen[230] *XII calend. Sextiles* (= 22. Juli) in *XII calend. Novembres* (= 21. Oktober) ändern.[231] Denn wenn sich Scheurl in einem Brief vom 5. November an Truchseß für ein Schreiben vom 21. Juli bedankt, dann ist anzunehmen, dass er in der Zwischenzeit keinen Brief von Truchseß erhalten und auch selber keinen geschrieben hat. So kann sich die Äußerung Scheurls in einem Brief vom 3. November an Luther, Truchseß billige seine Thesen[232], nur auf Thesen beziehen, die vor dem 22. Juli an Truchseß übersandt worden waren, und nicht auf die Thesen gegen die scholastische Theologie vom 4. September 1517. Letzteres ist aber gefordert, wenn man bewiesen haben will, dass Scheurl am 5. November die Ablassthesen und nicht erst jene gegen die scholastische Theologie an Truchseß übersandt hat. Deshalb ändern Clemen und Aland ihrer These zuliebe das Datum des 22. Juli in 21. Oktober. Diese willkürliche Korrektur verbietet noch ein weiterer Umstand, auf den auch Bornkamm hinweist[233]: Scheurl schreibt am 3. November 1517 an Luther über die Billigung von dessen Thesen durch Truchseß.[234] Diese Zustimmung muss letzterer ausgesprochen haben in dem Brief vom 22. Juli, den Clemen und Aland auf den 21. Oktober datiert wissen wollen. Wenn das

---

[229] Aland, Der 31.10.1517, 468f.; übernommen in: Martin Luther's 95 Theses, 111ff. Anm. 72. In „Neue Thesen zum Thesenanschlag", 627, spricht Aland nur noch davon, dass „aller Wahrscheinlichkeit nach" Scheurl die 95 Thesen am 5.11.1517 weitergesandt habe.

[230] WA Br 1, 116 Anm. 9.

[231] Scheurl schreibt am 5.11.1517 an Truchseß: *Reverendae paternitatis tuae epistola ad XII calend. Sextiles ad me data* (Briefbuch 2, 37). Nach Volz, Um Martins Luthers Thesenanschlag, 135, kann die von Otto Clemen angenommene Verlesung *Vltiles* statt *IXbres* „überhaupt nicht in Frage kommen", weil die von Scheurl selbst geschriebene und mit der Abfassung des Briefes unmittelbar zusammenhängende Kopie *sextiles* ausgeschrieben bringt.

[232] WA Br 1, 116.

[233] Thesen und Thesenanschlag, 41 Anm. 123.

[234] Briefbuch 2, 36; WA Br 1, 116.

richtig wäre und es sich um die Thesen gegen die scholastische Theologie gehandelt hätte, müsste Scheurl sie zwischen dem 11. September, an dem Luther ihm diese Thesen mit der Bitte um Weitergabe an Eck zuschickte[235], und dem 21. Oktober an Truchseß weitergegeben haben. Das ist aber nicht anzunehmen, weil Scheurl nach einer Wallfahrt nach Meißen, die er zwischen dem 18. August und dem 27. September unternommen hat[236], und seinem Brief vom 5. November keinen weiteren geschrieben hat. Denn in diesem nimmt er auf die Wallfahrt Bezug.[237] Er hat also den umstrittenen Brief vor der Wallfahrt, d.h. wie die Quelle aussagt, am 22. Juli und nicht, wie Clemen und Aland wollen, am 21. Oktober geschrieben. Scheurl hat somit Truchseß die Thesen gegen die scholastische Theologie nicht vor dem 5. November 1517 zugesandt. Die Konjektur von Clemen und Aland ist demnach unzulässig, und letzterer hat keinen Grund für die Annahme, dass Scheurl die Ablassthesen schon am 5. November in der Hand gehabt hat.

Darauf, dass die Zeit vom 31. Oktober bis zum 5. November für die Überbringung nach Nürnberg und ihre schriftliche Weitergabe zu kurz war, braucht deshalb nicht eingegangen zu werden[238]; auch nicht darauf, dass Scheurl „unter einem besonderen Eindruck" stand, weil er die ihm von einem Wittenberger Bekannten postwendend weitergegebene „Sensation" unmittelbar an Kilian Leib und Johannes Eck geschickt habe.[239] Die Thesen, von deren Billigung durch Truchseß Scheurl am 3. November

---

[235] WA Br 1, 106.
[236] Vgl. Brief vom 1.10. an Arnsdorff: *Ex Misna redeunti litterae tuae redditae sunt* (Briefbuch 2, 27), und an Eck vom 13. Oktober: ... *Mea quoque scribendi tarditas tribuenda erit peregrinationi nostrae Misnensi* (ebd. 28). Vgl. WA Br 1, 102.
[237] *Pellecta eleganti epistola tua Cusano me et omnem operam meam liberaliter spopondi, mox in Misnam ad montem S. Annae profectus sum* (Briefbuch 2, 38).
[238] Aland hat Erkundigungen bei der Westfälischen Reit- und Fahrschule eingezogen und erfahren, „dass ein Reiter mit einem normalen Reitpferd eine Entfernung von ca. 350 km in normalen Trab bzw. Schritt, auch bei Steigungen und schlechten Wegstrecken, ohne Pferdewechsel in 5 Tagen zurücklegen kann". Bei einmaligem Pferdewechsel hätten aber 3 bis 4 Tage genügt: Der 31.10.1517, 469 Anm. 36. Bornkamm dagegen zieht zeitgenössische Gewährsleute vor: „Die Beförderungszeiten für die Post des Kurfürsten aus dem gleich weit entfernten Lochau an seinen Gesandten von der Planitz in Nürnberg 1522 ... betrugen im Mindestfall 7, meist 8–11 Tage": Thesen und Thesenanschlag, 41 Anm. 123. Er kommt zu dem Ergebnis: „Davon, dass die Ablassthesen damals schon in Nürnberg bekanntgewesen wären, ist jedenfalls nichts überliefert".
[239] Aland, Der 31. Oktober 1517, 468f.

an Luther schreibt[240], sind entweder, wie Volz annimmt[241], die Thesen Karlstadts vom 26. April 1517, die Luther am 6. Mai Scheurl schickte und die dieser am gleichen 3. November in seinem Brief an Karlstadt erwähnt[242], oder es sind die Thesen Luthers für die Promotion von Bartholomäus Bernhardi aus Feldkirch vom 25. September 1516.[243]

Schließlich beweist für meine Kritiker der oben[244] behandelte Brief Luthers an Spalatin, der kein Datum trägt und seinem Inhalt nach in das Frühjahr 1518 passt, den aber die Weimarer Ausgabe auf Anfang November 1517 ansetzt[245], dass Luthers Thesen schon in den ersten Novembertagen in vieler Leute Hände waren.

Diese Datierung soll durch zwei Notizen im Brief gesichert bzw. gefordert sein: 1. der Übersendung des *Dialogus Julius exclusus,* den sich Spalatin auf Grund des von Scheurl am 3. September 1517 an ihn gerichteten Brief ausgebeten hatte; 2. der Mahnung Luthers wegen der ihm vom Kurfürsten versprochenen Kutte, für die er sich am 11. November 1517 durch Spalatin bedankt hatte.[246] Der *Dialogus Julius exclusus* gibt keinen sicheren Anhaltspunkt. Die Datierung von Brief Nr. 50 auf Anfang November bringt die Frage, wann Luther mit dem Dialog bekannt geworden ist, eher in Verwirrung, als dass man vom letzteren ausgehend den Brief datieren könnte. Deshalb hat schon Ernst Ludwig Enders[247] seine Vermutung aufgegeben, dass der in dem Brief Luthers an Spalatin genannte Dialog der des Julius sei. Luther bedankt sich erst am 20. Februar 1519 bei Scheurl für die Übersendung des *Dialogus.*[248] Das hat Otto

---

[240] WA Br 1, 116.
[241] Thesenanschlag, 113 Anm. 178; vgl. ders., Um Martin Luthers Thesenanschlag, 136 Anm. 36.
[242] Briefbuch 2, 37.
[243] WA Br 1, 107, 64; Briefbuch 2, 26.
[244] Siehe oben 203–204.
[245] WA Br 1, 11 7f. Für Lau bedeutet dieses Dokument „eine große Überraschung und ist von außerordentlicher Wichtigkeit" (Die gegenwärtige Diskussion, 27). „Die Gegner des Thesenanschlages wären zu bitten, den Brief Nr. 50 an Spalatin so sorgfältig wie möglich zu interpretieren ... Wie können schon viele eine bestimmte Meinung über Luthers Thesen besitzen, wenn diese sich noch im Geschäftsgang der erzbischöflichen Kanzlei befinden" (ebd. 55). Ja, „gegen Iserloh lässt sich nur mit Brief 50 argumentieren" (ebd. 59). Vgl. Bornkamm, Thesen und Thesenanschlag, 15 mit Anm. 43; Aland, Neue Thesen, 627; ders., Martin Luther's 95 Theses, 108 Anm. 50 und 110 Anm. 58.
[246] WA Br 1, 124.
[247] Dr. Martin Luthers Briefwechsel, bearbeitet und mit Erläuterungen versehen von Ernst Ludwig Enders, Bd. I, Frankfurt a.M. 1884, 434 Anm. 1.
[248] WA Br 1, 346.

Clemen in der Weimarer Ausgabe dazu bewogen, eine zweimalige Zusendung des Dialogs an Luther anzunehmen. Carl Stange[249] lehnt das zwar ab, bringt sich aber durch die selbstverständliche Übernahme der Datierung von Brief 50 durch die Weimarer Ausgabe seinerseits in Schwierigkeiten.[250] Hier kann auf den Juliusdialog und die vielen mit ihm verbundenen Probleme nicht eingegangen werden.[251]

Das entscheidende Argument für die frühe Datierung von Brief Nr. 50 ist ohnehin das zweite, dass Luther darin das Kleidungsstück anmahne, für das er sich schon am 11. November bedanke. Dass das nicht zutrifft, hat inzwischen Honselmann gezeigt.[252] Lau und Aland argumentieren: In der Nachschrift von Brief Nr. 50 fragt Luther Spalatin, wer mit der Besorgung der ihm vom Kurfürsten versprochenen Kutte *(vestis)* beauftragt sei. Er erfuhr, dass es Pfeffinger war, und so schreibt er in dem ebenfalls undatierten Brief an den Kurfürsten (Nr. 51), er möge veranlassen, dass Pfeffinger ihm das „neue Kleid", das der Kurfürst ihm vor einem Jahr durch Bernhard von Hirschfeld versprochen habe, nun auch in der Tat beschaffe.[253] Weil nun Luther sich am 11. November 1517 bei Spalatin für den „Erhalt des Geschenkes einer neuen Kutte"[254] seitens des Kurfürsten bedanke, folgert man, die Briefe Nr. 50 und 51 müssten in den ersten Tagen des November geschrieben sein. Wie konnte sich Luther aber am 3., 4. oder 5. November gegenüber Spalatin auf dessen Anfrage hin wegen der Thesen entschuldigen, wie konnte dieser außerhalb Wittenberg von dritter Seite schon vor dem 3. bis 5. November über sie unterrichtet sein, wie konnten sie den Kurfürsten bereits in Verdacht gebracht haben, wenn Luther sie lediglich den Bischöfen zugesandt hätte? „Es gibt", so meint Aland, „nur eine Antwort: die an der Tür der Schlosskirche angeschlagenen Thesen haben – entgegen Luthers Erwartung ... – sofort ein gewaltiges Echo gefunden und sind in Abschriften verbreitet worden".[255]

---

[249] Erasmus und Julius II. Eine Legende, Berlin 1937, 248–267, bes. 257 und 267.
[250] Was meint er mit „Luthers Äußerungen über den Dialog vom September 1517" (ebd. 267)?
[251] Vgl. u.a. Karl Schätti, Erasmus von Rotterdam und die Römische Kurie, Basel 1954, 37–48.
[252] Zur Diskussion um Luthers Thesenanschlag, in: Theologie und Glaube 57 (1967) 357–361.
[253] WA Br 1, 119f.
[254] Lau, Die gegenwärtige Diskussion, 28. Es heißt WA Br 1, 124: *pannum enim accepi.*
[255] Neue Thesen, 627.

Diese Argumentation hat nur den Haken, dass man das Stück Tuch *(pannus)*, für das sich Luther am 11. November bedankt, ohne weiteres für das Kleid hält, das Luther in den Briefen Nr. 50 und 51 reklamiert. Dieses hat Luther offenbar gar nicht bekommen. Noch 1519 (ca. 15. Mai) schreibt er dem Kurfürsten, die schwarze Kutte, die dieser ihm schon „vor zwei oder drei Jahren" zugesagt habe, sei ihm noch nicht zuteil geworden, obwohl Pfeffinger ihm seine Bereitwilligkeit erklärt habe.[256] Das Stück Tuch, für das Luther sich am 11. November 1517 bedankt, muss also „ein Posten für sich gewesen sein"[257] und nicht die versprochene Kutte. Damit besteht kein Grund, die Briefe Nr. 50 und 51 vor dem 11. November 1517 anzusetzen, und wir können Honselmann zustimmen, dass sie in die Nähe der Briefe 59 und 61 (Februar 1518) gehören.

Umstritten ist ferner die Frage, ob die am 11. November von Luther an Johannes Lang übersandten Thesen die über den Ablass waren. Honselmann stellt das weiter in Frage.[258] Ich habe mich gegen seine Behauptung gewandt, der Inhalt des Briefes lasse es „als unmöglich erscheinen", dass die Ablassthesen gemeint sein könnten.[259] Allerdings *müssen* sie es nicht gewesen sein. Der Inhalt des Briefes zwingt uns nicht, das anzunehmen.[260] Es könnten auch andere Thesen gewesen sein. Denn es sind viel weniger Thesenreihen erhalten, als im Rahmen des damaligen Universitätsbetriebes sicherlich aufgestellt worden sind. Ich habe keinen Grund, das zu bestreiten, und meine Argumentation hängt nicht daran, dass es die Ablassthesen vom 31. Oktober gewesen sind. Nur hat Luther den am 11. November Lang zugesandten Thesen, wie wir Ton und Inhalt seines Briefes entnehmen können, große Bedeutung zugemessen.

Wenn es die Ablassthesen waren, dann hat Luther immerhin 12 Tage gewartet. Ein Zeitraum, der ausreichte, um von Halle oder Brandenburg Antwort zu bekommen. Ob er angemessen lang genug war bei einem Schriftverkehr mit so hohen Herren, ist eine andere Frage. Wir müssen aber auch mit Luthers Ungeduld rechnen und damit, dass ihm die Angelegenheit auf den Nägeln brannte und es ihn drängte, den ihm nahestehenden Johannes Lang einzuweihen in das, was ihn beschäftigte, wie er ja auch nach Allerheiligen mit Hieronymus Schurff darüber gesprochen hat.

---

[256] WA Br 1, 386.
[257] Ebd.
[258] Honselmann, Zur Diskussion um Luthers Thesenanschlag, 358; vgl. die Besprechung meines Buches, in: Theologische Revue 63 (1967) 247f.
[259] Siehe oben 199.
[260] Nach Irmgard Höß, Geschichte Thüringens, Bd. 3, hg. von Hans Patze und Walter Schlesinger, Köln 1967, 20, waren es „vielleicht" die Ablassthesen.

Es stimmt nicht, dass bei dem von mir „eingeräumten Termin um den 11. November die Situation grundsätzlich keine wesentlich andere als bei einem Thesenanschlag am 1. November"[261] bzw. 31. Oktober gewesen ist.

Wenn ich schließlich dem, der von der liebgewonnenen Vorstellung eines Thesenanschlages nicht lassen will, die Möglichkeit dazu für Mitte November konzediert habe[262], so wollte ich damit keineswegs meine Position aufgeben, wie schon kolportiert worden ist, oder auch nur einschränken[263], sondern nur deutlich machen, dass es mir weniger um den Thesenanschlag an sich geht als um die Situation und das Verhalten Luthers am 31. Oktober, welche einen Thesenanschlag an diesem Tag und den unmittelbar folgenden ausschließen. Heinrich Grimm, der mich merkwürdig unfreundlich („Quellenenge", „Simplifizierung"[264]) in seine Betrachtung einbezieht, muss im Endergebnis auch „den legendenhaften [Thesenanschlag] vom 31.10.1517" ausschließen; er nimmt einen „realen von etwa Mitte November gleichen Jahres"[265] an. Nach ihm nahm Luther „erst nach Ablauf von etwa 14 Tagen [nach dem Brief an Erzbischof Albrecht] ... das offizielle Disputationsverfahren an seiner Theologischen Fakultät auf, etwa am 15.11.1517".[266] Die Disputation, die Grimm aus dem bloßen Vorliegen der Thesen erschließt, fand „Anfang Dezember" „de jure statt, wenn auch de facto keine Opponenten oder Respondenten auftraten".[267] Die hätte Luther als Magister jedoch ohne weiteres selbst bestimmen können!

Dass jeder sich meiner Argumentation anschließt, erwarte ich nicht. Man darf aber auch nicht den Eindruck zu erwecken suchen, als sei sie widerlegt oder als seien gar alle einem Thesenanschlag entgegenstehenden Probleme gelöst.[268] Für die Rüge von Lau, der einen apologetischen Stil bemängelt, habe ich Verständnis, schon weniger für den Versuch, meine

---

[261] Volz, Um Martin Luthers Thesenanschlag, 134.
[262] Siehe oben 214.
[263] Heinrich Bornkamm bemerkt im Hinblick auf diese meine Äußerung, es habe „sich eine gewisse Annäherung der Standpunkte angebahnt": Thesen und Thesenanschlag, 46. Hans Volz schreibt: „Von seiner bisherigen starren Position weicht Iserloh jetzt insofern einen Schritt zurück, als er nunmehr immerhin die Möglichkeit eines Thesenanschlags gelten lässt": Um Martin Luthers Thesenanschlag, 134.
[264] Grimm, Luthers „Ablassthesen", 139.
[265] Ebd. 145.
[266] Ebd. 143.
[267] Ebd. 144.
[268] Wieso kann Hermann Tüchle, Was geschah am Allerheiligen 1517?, in: Klerusblatt 47, München 1967, 376, sagen: „Nimmt man Melanchthons Zeugnis an, dann passen alle späteren Äußerungen Luthers"?

Auffassung totzuschweigen; entschieden wehre ich mich aber, wenn Volz in einer so bedeutenden Publikation wie der Weimarer Lutherausgabe behauptet, meine These sei „von der wissenschaftlichen Forschung allgemein abgelehnt worden".[269] Ein Blick in den Bericht über die Diskussion auf dem 26. Deutschen Historikertag in Berlin 1964[270] wird jeden eines Besseren belehren. Gehören die Professoren Hubert Jedin[271], Stephan Skalweit[272], Richard Stauffer[273], Karel Blockx[274] u.a. nicht zur Forschung? Sie und viele andere stimmen zu oder behandeln die Angelegenheit zumindest als eine offene Frage. So wertvoll die Schrift von Heinrich Bornkamm „Thesen und Thesenanschlag Luthers" ist, weil sie auf die tiefere theologische Frage eingeht, so wenig vermag ihre Argumentation für die Tatsächlichkeit des Thesenanschlages zu überzeugen. Unverständlich ist mir, wie Volz von dieser Schrift sagen kann, dass sie „den endgültigen Abschluss der Auseinandersetzung darstellt"[275] – es sei denn, man nimmt an, dass die Mitglieder der Luthergesellschaft im Jubiläumsjahr der Reformation beruhigt werden sollten. Zumindest hätte Volz dann seine eigene These vom 1. November 1517 als dem Tag des Thesenanschlages widerrufen müssen. Denn sie beruht ja auf der Behauptung, dass Melanchthons Bericht „eine haltlose Legende" ist, dessen „Zuverlässigkeit" Bornkamm gerade retten möchte.

---

[269] WA Br 12, 4 Anm. 4; vgl. Volz, Um Martin Luthers Thesenanschlag, 126.
[270] GWU 16 (1965) 675–699; den Beweis für seine Behauptung, dass der von Frau Irmgard Höß auf Grund einer Tonbandaufnahme verfasste Bericht „unzulänglich und fehlerhaft" sei (Um Martin Luthers Thesenanschlag, 126 Anm. 9), ist Volz schuldig geblieben.
[271] Hubert Jedin, Wandlungen des Lutherbildes in der katholischen Kirchengeschichtsschreibung, in: Wandlungen des Lutherbildes, hg. von Karl Forster, Würzburg 1966, 99.
[272] Stephan Skalweit, Reich und Reformation, Berlin o.J., 116, spricht davon, dass meine These „einen hohen Grad von innerer Wahrscheinlichkeit besitzt".
[273] Richard Stauffer, L'affichage des 95 Thèses. Realité ou légende?, in: Bulletin historique et littéraire de la Société de l'Histoire du Protestantisme français 113 (1967) 332–346.
[274] Karel Blockx, L'affichage des 95 thèses de Luther. État de la question, in: RHE 62 (1967) 776–791.
[275] Volz, Um Martin Luthers Thesenanschlag, 138.

D. Der „Thesenanschlag" – viel Lärm um nichts?

Volker Leppin

Blickt man in jüngere Veröffentlichungen zu Luther und zur Reformationsgeschichte, so könnte man meinen, es habe sich im Blick auf den Thesenanschlag seit Erwin Iserlohs fulminantem Plädoyer Wesentliches geändert:

> „Nach Lage der Dinge besitzt es die relativ größte Wahrscheinlichkeit, dass Luther zum 31.10.1517 ... einen Plakatdruck seiner 95 Thesen ... durch Anschlag an der Allerheiligenkirche, vielleicht auch an anderen Kirchentüren Wittenbergs, veröffentlichen ließ",

heißt es in der wichtigsten jüngeren Gesamtdarstellung der deutschen Reformation aus der Feder Thomas Kaufmanns.[1] Und Heinz Schilling nennt in seiner Lutherbiographie als Grund für eine solche Annahme gar „jüngere Quellenfunde", die einen Thesenanschlag „wahrscheinlich machen".[2] Nun ist das mit den neuen Quellenfunden aber so eine Sache – und mit der Wahrscheinlichkeit wohl auch:

Was die Diskussion noch einmal neu anstieß und ungewöhnlich heftig machte[3], war der Umstand, dass Martin Treu in der Thüringer Universitäts- und Landesbibliothek Jena Einsicht in einen Druck von Luthers Übersetzung des Neuen Testaments nahm, welchen der Reformator selbst und sein Umfeld, insbesondere sein „Amanuensis" Georg Rörer, für Notizen im fortlaufenden Prozess der Bibelrevision gebraucht hatten.[4]

---

[1] Thomas Kaufmann, Geschichte der Reformation, Frankfurt – Leipzig ²2010, 182.
[2] Heinz Schilling, Martin Luther. Rebell in einer Zeit des Umbruchs, München 2012, 164.
[3] Charakteristisch hierfür der Leserbrief von Johannes Wallmann in der Frankfurter Allgemeinen Zeitung vom 1. März 2007 oder auch die Blogger-Beiträge, die Vinzenz Pfnür zitiert, in: Die Bestreitung des Thesenanschlags durch Erwin Iserloh. Theologiegeschichtlicher Kontext – Auswirkung auf den katholisch-lutherischen Dialog, in: Luthers Thesenanschlag – Faktum oder Fiktion, hg. von Joachim Ott und Martin Treu, Leipzig 2008 (Schriften der Stiftung Luthergedenkstätten in Sachsen-Anhalt 9), 111–126; hier: 112.
[4] Siehe Martin Treu, Der Thesenanschlag fand wirklich statt. Ein neuer Beleg aus der Universitätsbibliothek Jena, in: Luther 78 (2008) 140–144; vgl. meine Replik: Geburtswehen und Geburt einer Legende. Zu Rörers Notiz vom Thesenanschlag, ebd. 145–150.

Hier fand sich am Ende einer Liste von Perikopen für das Kirchenjahr folgender Eintrag aus der Feder Georg Rörers:

> Anno do[m]ini 1517 in profesto o[mn]i[u]m Sanctoru[m], p<...> |
> Wite[m]berge in valuis temploru[m] propositae sunt <...> |
> de Indulgentiis, a D[octore] Mart[ino] Luth[ero].[5]
>
> (Im Jahr 1517 am Vorabend von Allerheiligen [...] sind in Wittenberg an den Türen der Kirchen [die Thesen] über den Ablass von Doktor Martin Luther vorgestellt worden.)

Nun war diese Entdeckung durchaus nicht neu: Schon 1972 war die kleine Notiz in der Weimarer Ausgabe, freilich an versteckter Stelle, veröffentlicht worden.[6] Brachte sie eine Veränderung des Diskussionsstandes gegenüber den sechziger Jahren, also gegenüber der These von Erwin Iserloh, der Thesenanschlag habe nicht stattgefunden? Auch dies allenfalls begrenzt: Man kann zunächst einmal nicht ausschließen, dass Rörers Eintrag noch zu Lebzeiten Luthers erfolgte. Damit hätte man ein früheres Zeugnis als das von Iserloh angeführte Melanchthon-Zitat aus dem Jahre 1546.[7] Rörer aber war so wenig wie Melanchthon am 31. Oktober 1517 in Wittenberg[8] – Iserlohs Befund, dass der Bericht eines Augenzeugen fehlt, bleibt also unverändert. Ja, Rörer selbst hat seinen Angaben offenbar nicht recht getraut: Als er einige Jahre später wieder auf den Thesenanschlag zu sprechen kam, folgte er nicht etwa dem eigenen früheren Wortlaut, sondern offenkundig dem von Melanchthon:

---

[5] Das Neue Testament Deutsch, Wittenberg: Hans Lufft, 1540 (ThULB Jena, Ms. App. 25; http://archive.thulb.uni-jena.de/hisbest/receive/HisBest_cbu_00010595 [f. 413ʳ] (Zugriff am 11.7.2013).
[6] WA 48.
[7] CR 6, 161–162: „Lutherus, studio pietatis ardens, edidit Propositiones de Indulgentiis, quae in primo Tomo monumentorum ipsius extant, Et has publice Templo, quod arci Witebergensi contiguum est, affixit pridie festi omnium Sanctorum anno 1517" („Luther, vom Eifer der Frömmigkeit brennend, gab die Thesen über den Ablass heraus, die im ersten Band seiner Werke vorliegen. Und diese hat er öffentlich an der Kirche, die an das Wittenberger Schloss grenzt, am Tag vor dem Allerheiligenfest im Jahre 1517 befestigt").
[8] Siehe Stefan Michel, Sammler – Chronist – Korrektor – Editor. Zur Bedeutung des Sammlers Georg Rörer (1492–1557) und seiner Sammlung für die Wittenberger Reformation, in: ders. / Christian Speer (Hg.), Georg Rörer (1492–1557). Der Chronist der Wittenberger Reformation, Leipzig 2012 (Leucorea-Studien zur Geschichte der Reformation und der Lutherischen Orthodoxie 15), 9–58, hier: 14.

„Anno a Natali Christi 1517 pridie festi omnium Sanctorum propositiones de indulgentiis venalibus edidit M.L. Theologiae D. affixas foribus templi, quod arci Wittembergensi contiguum est".[9]
(„Im Jahre 1517 nach Christi Geburt hat M.L., Doktor der Theologie, am Vortag des Festes Allerheiligen Thesen über den käuflichen Ablass herausgegeben, befestigt an den Türen des Tempels, der mit dem Wittenberger Schloss verbunden ist").

Die anekdotische Verdichtung, die mittlerweile in Wittenberg erfolgt war, zeigt sich dabei an einem kleinen Detail: Rörer nennt nur noch die Schlosskirchentür als Ort des Geschehens. In der Notiz im Neuen Testaments hatte er noch von mehreren Kirchentüren gesprochen, an die die Ablassthesen angeschlagen worden seien. Wenn ein Thesenanschlag stattgefunden haben sollte, so hätte er tatsächlich statutengemäß[10] außer an der Schlosskirche mindestens noch an der Stadtkirche erfolgen müssen. Der wichtigste Beitrag der Rörernotiz zum wissenschaftlichen Gespräch mag mithin darin bestehen, dass die gegen Iserloh ins Feld geführte Rede von der Schlosskirchentür als dem Schwarzen Brett der Universität[11] sich die Dinge zu einfach macht: Wenn man das anachronistische Bild verwenden will, so gab es mehrere Schwarze Bretter. Für die Festkultur ausgedrückt: Wenn es einen Thesenanschlag gab, so muss es gleich auch mehrere gegeben haben. Auch dies ist aber eben keine neue Erkenntnis, sondern die Erinnerung an einen Umstand, der Quellenkundigen längst bekannt war. Rörer selbst erscheint als ein Zeuge, der spätestens ab den vierziger Jahren überzeugt war, dass ein Thesenanschlag stattgefunden habe, dessen Kenntnisse aber so unsicher waren, dass er sich im Zweifelsfall an den Aussagen Melanchthons orientierte.

---

[9] WA.DB 11/2, CXLI. Die Abhängigkeit von Melanchthon gilt auch für den von Timothy Wengert, Georg Major: An „Eyewitness" to the Posting of Martin Luther's Ninety-Five Theses, in: Ott / Treu, Luthers Thesenanschlag, 93–97, angeführten Bericht Georg Majors, der immerhin als Augenzeuge in Frage käme; vgl. zur kritischen Analyse Volker Leppin, Die Monumentalisierung Luthers. Warum vom Thesenanschlag erzählt wurde – und was davon zu erzählen ist: ebd. 69–92, hier: 80f.

[10] Urkundenbuch der Universität Wittenberg. Teil 1 (1502–1611), bearbeitet von Walter Friedensburg, Magdeburg 1926 (Geschichtsquellen der Provinz Sachsen und des Freistaates Anhalt. N.R. 3), 33: Die Satzung der Theologischen Fakultät vom 15.11.1508 erklärt über die Pflichten des Dekans: „promociones similiter et disputaciones intimet valvis ecclesiarum feria praecedenti, specivocando promotoris, promovendi, predisentis et respondentis".

[11] Siehe Gerhard Brendler, Martin Luther. Theologie und Revolution, Berlin 1983, 107; Johannes Wallmann, Kirchengeschichte Deutschlands seit der Reformation, Tübingen ⁵2000, 20.

Wenn sich also die Rörernotiz trotz des von ihr ausgelösten lauten Rauschens im Blätterwald weder als sensationell noch auch nur als neu herausgestellt hat, so war doch die Diskussion, die sie angestoßen hat, außerordentlich produktiv. Eine Signalwirkung für die weitere Debatte dürfte gehabt haben, dass der Nestor der Reformationsgeschichte, Bernd Moeller, der einst mit guten Gründen erklärt hatte, dass die „Vorstellung, Luther habe die 95 Thesen am 31. Oktober 1517 an der Schloßkirche zu Wittenberg angeschlagen, ... auf einem Irrtum zu beruhen" scheine[12], nun zu der Auffassung gelangte, dass Luther an eben diesem Tag sehr wohl „seine Ablassthesen ... in Wittenberg durch Anschlag veröffentlicht hat"[13] – freilich mit weniger guten Gründen. Im Wesentlichen sind es drei: ein allgemeiner und zwei spezielle. Der allgemeine besteht in dem Hinweis auf den bekannten Umstand, dass für Disputationen in Wittenberg in der Regel Thesenplakate gedruckt wurden.[14] Hieraus leitet Moeller ab, dass es einen solchen auch am 31. Oktober 1517 in Wittenberg gegeben haben müsse, auch wenn er nicht nachweisbar ist.

Für eine solche Vermutung müsste man freilich starke Gründe haben. Moeller meint solche hauptsächlich in seinem ersten speziellen Argument zu finden, nämlich der Annahme, dass „das Abschreiben zu einer eher mühsamen Arbeit" geworden wäre.[15] Thomas Kaufmann hat diese dezente Aussage sogar noch verstärkt: „Es ist kaum vorstellbar, dass er [Luther; V.L.] sie im Falle mehrmaliger Übersendung jedes Mal abgeschrieben haben sollte".[16] Für Menschen des 21. Jahrhunderts mag es tatsächlich eine erschreckende Vorstellung sein, 95 Sätze handschriftlich wiederzugeben. Für einen Mönch und Theologieprofessor des 16. Jahrhunderts aber ist dies weder zu mühsam noch unvorstellbar: Dass Luther den ungleich längeren Text der *Resolutiones* dem Brandenburger Bischof Hieronymus Schultz in einer selbst verfertigten Handschrift *(mea manu scriptas)* zugesandt hat, ist durch ihn selbst belegt.[17] Zur Verdeutlichung sei darauf hingewiesen, dass die Ablassthesen selbst in der Weimarer

---

[12] Bernd Moeller, Deutschland im Zeitalter der Reformation, Göttingen ³1988 (Deutsche Geschichte 4), 55.
[13] Bernd Moeller, Thesenanschläge, in: Ott / Treu, Luthers Thesenanschlag, 9–31, hier: 31.
[14] Moeller, Thesenanschläge, 18–24.
[15] Moeller, Thesenanschläge, 25.
[16] Thomas Kaufmann, Der Anfang der Reformation. Studien zur Kontextualität der Theologie, Publizistik und Inszenierung Luthers und der reformatorischen Bewegung (Spätmittelalter, Humanismus, Reformation 67), Tübingen 2012, 177.
[17] WA.TR 4, 317, 1 (Nr. 4446); vgl. WA.B 1, 135–141 (Nr. 58).

Ausgabe fünfeinhalb Seiten umfassen[18], die *Resolutiones* hingegen einhundertundvier[19], also, die zahlreicheren Spatien im Thesendruck nicht gerechnet, rund das Neunzehnfache der Thesen selbst. Solche kleinen Indizien verweisen jenseits aller Vermutungen darauf, dass Luther tatsächlich eine weit größere Abschreibelast für tragbar hielt, als dies seinen modernen Interpreten vorstellbar scheint. Dies gilt um so mehr, als auch nach dem 31. Oktober die weitere handschriftliche Überlieferung der Thesen belegt ist: Christoph Scheurl berichtet, dass die Ablassthesen „vhilualtig vmbgeschriben vnd in teutsche landt fur newe Zeitung hin vnd wider geschickt".[20] Dieser Vorgang wäre schwer erklärlich, wenn Moellers Vermutung zu Recht bestünde, dass am 31. Oktober ein Thesendruck in Wittenberg vorgelegen hätte.

Kaum gewichtiger als dieses erste spezielle Argument ist das zweite von Moeller angeführte: dass nämlich Plakatdrucke (wie der von ihm postulierte) für den Anschlag bestimmt waren, da sie sonst „kaum lesbar waren".[21] Wiederum zeigen die Quellen, dass hier mit Vermutungen gearbeitet wird, die den Verhältnissen kaum entsprechen: Moeller selbst muss zugestehen, dass ausgerechnet bei den frühen Drucken der Ablassthesen die Plakatform gewählt wurde, obwohl sie aller Wahrscheinlichkeit nach gerade nicht für den Anschlag bestimmt waren.[22] Vor allem aber belegt Luthers Schreiben an Johannes Lang vom 11. November 1517, dass er diesem seine Ablassthesen, doch wohl zum Lesen und nicht zum Anschlag, zugesandt hat.[23] Die *intitulatio* der Ablassthesen, in welcher Luther auch die Anwesenden einlud, sich mit Briefen an der Disputation zu beteiligen[24], lässt vermuten, dass dies noch für weitere Gelehrte galt. Hätte also jener von Moeller postulierte Thesendruck jemals existiert, dann hätten Luther und seine Zeitgenossen ihn offenkundig für lesbarer gehalten, als Moeller dies tut – was im Ergebnis die Hypothese, dass ein

---

[18] WA 1, 232–238.
[19] WA 1, 525–628.
[20] Christoph Scheurl's Geschichtbuch der Christenheit von 1511 bis 1521, in: Jahrbücher des deutschen Reichs und der deutschen Kirche im Zeitalter der Reformation 1 (1872) 1–179, hier: 112. Dieses Zitat dürfte kaum anders denn im Sinne einer handschriftlichen Verbreitung zu verstehen sein: Hans Volz, Martin Luthers Thesenanschlag und dessen Vorgeschichte, Weimar 1959, 127 Anm. 205.
[21] Moeller, Thesenanschläge, 28.
[22] Moeller, Thesenanschläge, 29: „Im Fall der 95 Thesen kann man sich allenfalls bei den dissimulierenden, ganz schematisch verfahrenden auswärtigen Nachdrucken eine solche Unstimmigkeit denken."
[23] WA.B 1, 121, 4 (Nr. 52).
[24] WA 1, 233, 7.

(seinerseits hypothetisch erschlossener) Plakatdruck das Faktum eines Thesenanschlags begründen könne, als gewitzt und gewagt, aber sachlich weitgehend unbegründet erscheinen lässt.

Zusammenfassend lässt sich also festhalten, dass die neuere, 2007 aufbrandende Diskussion um den Thesenanschlag keine neuen Quellenfunde zu Tage gefördert, sondern lediglich bekannte neu ins Licht der Aufmerksamkeit gerückt hat. Die vermeintlich gestiegene Wahrscheinlichkeit beruht auf einer ungesicherten Hypothese, die für den 31. Oktober 1517 einen durch keinen einzigen äußeren Beleg gestützten Plakatdruck der Ablassthesen postuliert. Eine substanzielle Veränderung an dem durch Erwin Iserloh erreichten Stand der Debatte wird man darin kaum erkennen können. So seien die beiden wichtigsten Gründe noch einmal genannt, die es nahelegen, sich von der Vorstellung, Martin Luther habe am 31. Oktober 1517 seine Thesen gegen den Ablass an die Tür(en) der Schlosskirche (und anderer Kirchen) angeschlagen, zu verabschieden:

1. Die Zeugnisse von einem solchen Thesenanschlag bleiben spät und sekundär und stammen von Personen, die nicht selbst Zeugen der Geschehnisse gewesen sein können, oder sie sind so formuliert, dass sie von solchen Zeugnissen aus zweiter Hand abhängig sind.

2. Luthers eigene Aussagen beschreiben eindeutig einen anderen Ablauf: Im Mai 1518 legte er gegenüber Leo X. und der Öffentlichkeit dar:

„Ego sane, ut fateor, pro zelo Christi, sicuti mihi videbar aut si ita placet pro iuvenili calore urebar, nec tamen meum esse videbam, in iis quicquam statuere aut facere: proinde monui privatim aliquot Magnates Ecclesiarum. ... Tandem, cum nihil possem aliud, visum est saltem leniuscule illis reluctari, id est eorum dogmata in dubium et disputationem vocare. Itaque schedulam disputatoriam edidi, invitans tantum doctiores, siqui vellent mecum disceptare".[25]

(„Ich freilich entbrannte, so gestehe ich, um des Eifers für Christus willen, wie mir schien, oder, wenn man so will, aufgrund jugendlicher Hitze. Freilich meinte ich, es sei nicht meine Aufgabe, in diesen Dingen etwas festzustellen oder zu tun. Daher habe ich privat einige Kirchenfürsten ermahnt. ... Endlich, als ich nichts anderes vermochte, schien es angemessen, mich jenen [Vertretern des Ablasses] wenigstens ganz sanft zu widersetzen, das heißt, ihre Lehren in Zweifel und zur Disputation zu ziehen. Daher habe ich ein Disputationszettelchen herausgegeben, in dem ich nur Gelehrte einlud, ob sie vielleicht mit mir debattieren wollten.").

---

[25] WA 1, 528, 18–26.

Und gegenüber seinem Landesherren erklärte er:

„Hos enim, sicut intererat eorum ista monstra prohibere, ita privatis literis, antequam disputationem ederem, humiliter et reverenter monui".[26]

(„Diese [Bischöfe] habe ich, demgemäß, dass es in ihrem Interesse lag, diese Ungeheuerlichkeiten zu unterbinden, in privaten Schreiben, ehe ich eine Disputation herausgab, demütig und ehrerbietig ermahnt").

Will man also Luther Glauben schenken, so wird man für den 31. Oktober 1517 weiterhin kaum etwas anderes feststellen können als:

Ein Thesenanschlag fand nicht statt.

---

[26] WA.B 1, 245, 361–363. Diese Notiz entkräftet auch den ausführlichen Versuch von Helmar Junghans, Martin Luther, kirchliche Magnaten und Thesenanschlag. Zur Vorgeschichte von Luthers Widmungsbrief zu den „Resolutiones disputationum de indulgentiarum virtute" an Papst Leo X., in: Ott / Treu, Luthers Thesenanschlag, 33–46, anhand des Begleitschreibens zu den *Resolutiones* nachzuweisen, dass Luthers Hinweis auf vorherige Kontakte mit „Magnates Ecclesiarum" keine Bischöfe meinen müsse (38–40) und auch das dort gebrauchte „privatim" nicht zwingend einen brieflichen Kontakt bedeute (34): Aus WA.B 1, 245, 359–362, geht eindeutig hervor, dass Luther sich mit Briefen an die zuständigen Bischöfe gewandt haben will.

E. Erwin Iserloh. Vollständige Bibliographie[1]

1947

- Persönlichkeit und Gemeinschaft im religiösen Leben, in: Gemen-Werkheft (Werkwoche der Neudeutschen Studentengemeinschaft Münster, Burg Gemen 19.3 bis 26.3.1947) 30–37.

1948

- Um die Echtheit des Centiloquiums. Ein Beitrag zur Wertung Ockhams und zur Chronologie seiner Werke, in: Gregorianum 30 (1949) 78–103 und 309–346.

1950

- Die Eucharistie in der Darstellung des Johannes Eck. Ein Beitrag zur vortridentinischen Kontroverstheologie über das Messopfer (RST 73/74), Münster 1950.
- Der Campo Santo der Deutschen bei St. Peter, in: Anno Santo (Würzburg 1950) 325ff.
- [Rez.] Hubert Jedin, Das Konzil von Trient. Ein Überblick über die Erforschung seiner Geschichte, Rom 1948, in: Theologische Revue [ThRv] 46 (1950) 145–148.
- [Rez.] Der Kampf um das große Konzil (Besprechung von Hubert Jedin, Geschichte des Konzils von Trient, Bd. 1), in: Rheinischer Merkur 5 (1950) Nr. 26 vom 9.10.1950.
- Pilgerfahrten des hl. Bonifatius nach Rom, in: Vom Goldenen Rom zur Welt, Rom – München – Wien [12]1959, 152–158; franz. Ausgabe: Rom 1950; ital. Ausgabe: 1951.

1951

- [Rez.] Antonio Cistellini, Figure della riforma pretridentina, Brescia 1948, in: ThRv 47 (1951) 57f.

1952

- Der Kampf um die Messe in den ersten Jahren der Auseinandersetzung mit Luther (KLK 10), Münster 1952.

1953

- Mässan som offer. Katolsk kontroverstheologi vid början av reformationen, in: Credo 34 (Uppsala 1953) 105–118.

---

[1] Grundlage: Bibliographie 1947–1979, in: Reformatio Ecclesiae. Beiträge zu kirchlichen Reformbemühungen von der Alten Kirche bis zur Neuzeit. Festgabe für Erwin Iserloh, hg. von Remigius Bäumer, Paderborn 1980, 967–989 (zusammengestellt von Angela Antoni); Bibliographie 1980–1985, in: Erwin Iserloh, Kirche – Ereignis und Institution. Aufsätze und Vorträge, 2 Bände, Münster 1985, Band 2, 507–510.

- [Rez.] Carl Hinrichs, Luther und Müntzer. Ihre Auseinandersetzung über Obrigkeit und Widerstandsrecht (Arbeiten zur Kirchengeschichte 29), Berlin 1952, in: Erasmus 6 (1953) 273–276.

1954

- Die Kontinuität des Christentums beim Übergang von der Antike zum Mittelalter im Lichte der Glaubensverkündigung des hl. Bonifatius, in: TThZ 63 (1954) 193–205.
- Biel, Gabriel, in: NDB 2 (1954) 225f.
- Brillmacher, Peter Michael, in: NDB 2 (1954) 613f.
- [Rez.] Theobald Freudenberger, Der Würzburger Domprediger Dr. Johann Reßy. Ein Beitrag zur Geschichte der Seelsorge im Bistum Würzburg am Vorabend der Reformation (KLK 11), Münster 1954, in: TThZ 63 (1954) 316f.
- [Rez.] Albert Erdle / Hubert Butterwege (Hg.), Bonifatius, Wanderer Christi. Ein Bonifatius Lesebuch, Paderborn o.J., in: TThZ 63 (1954) 317.
- [Rez.] Gerhard Matern, Die kirchlichen Verhältnisse im Ermland während des späten Mittelalters, Paderborn 1953, in: TThZ 63 (1954) 317f.

1955

- Heil und Erfüllung des Menschen im Gottmenschen. Die Apologie des Christentums bei Blaise Pascal, in: TThZ 64 (1955) 193–204 und 283–294.
- [Rez.] Alfons Auer, Die vollkommene Frömmigkeit des Christen. Nach dem Enchiridion militis Christiani des Erasmus von Rotterdam, Düsseldorf 1954, in: TThZ 64 (1955) 315f.
- [Rez.] Pius XII., Vater der Christenheit. Pius XII. in seinen Enzykliken, Botschaften und Ansprachen, München 1955, in: TThZ (1955) 316.
- [Rez.] Archiv für mittelrheinische Kirchengeschichte, hg. von Ludwig Lenhart und Anton Ph. Brück, Jahrgang 5, Speyer 1953, in: TThZ 64 (1955) 191.
- [Rez.] Walter Delius, Geschichte der irischen Kirche von ihren Anfängen bis zum 12. Jahrhundert, München – Basel 1954, in: TThZ 64 (1955) 191f.
- [Rez.] Friedrich Kempf SJ, Papsttum und Kaisertum bei Innozenz III. (Miscellanea historiae pontificiae 19), Rom 1954, in: TThZ 64 (1955) 247f.
- [Rez.] Winfried Kämpfer, Studien zu den gedruckten mittelniederdeutschen Plenarien, Münster – Köln 1954, in: TThZ 64 (1955) 249.
- [Rez.] Hugo Zwetsloot SJ, Friedrich Spee und die Hexenprozesse. Die Stellung und Bedeutung der Cautio Criminalis in der Geschichte der Hexenverfolgungen, Trier 1954, in: TThZ 64 (1955) 249f.
- [Rez.] Alfred Delp SJ, Kämpfer, Beter, Zeuge. Letzte Briefe und Beiträge von Freunden, Berlin 1955, in: TThZ 64 (1955) 250.
- [Rez.] Jordanus de Saxonia, Liber Vitasfratrum. Ad fidem cod. rec. prolegom. app. crit. not. instruxerunt Rudolphus Arbesmann OSA et Winfridus Hümpfner OSA (Cassiacum. American Series 1), in: TThZ 64 (1955) 250f.
- [Rez.] Joseph Lortz, Bonifatius und die Grundlegung des Abendlandes, Wiesbaden 1954, in: TThZ 64 (1955) 123.
- [Rez.] Viktor von Geramb, Wilhelm Heinrich Riehl. Leben und Wirken (1823–1897), Salzburg 1954, in: TThZ 64 (1955) 123.

- [Rez.] Ludwig Hertling SJ, Geschichte der katholischen Kirche in den Vereinigten Staaten, Berlin 1954, in: TThZ 64 (1955) 379.
- [Rez.] Marcel Jakob, Abbé Pierre, Revolte der Barmherzigkeit, Colmar 1954, in: TThZ 64 (1955) 256.
- [Rez.] Marcel Jakob, Giorgio La Pira. Der seltsame Bürgermeister von Florenz, Colmar 1955, in: TThZ 64 (1955) 256.
- [Rez.] Hubert Jedin, Joseph Greving (1861–1919). Zur Erinnerung an den Begründer der „Reformationsgeschichtlichen Studien und Texte" im Jahre 1905 (KLK 12), Münster 1954, in: TThZ 64 (1955) 54.
- [Rez.] Friedrich Wilhelm Oediger, Über die Bildung der Geistlichen im späten Mittelalter (Studien und Texte zur Geistesgeschichte des Mittelalters, Bd. 2), Leiden – Köln 1953, in: TThZ 64 (1955) 192.
- Nochmals: Deutsche Gregorianik, in: Hirschberg 8 (1955) Heft 5.
- Formung der Persönlichkeit, in: Leuchtturm 44 (1955) Heft 1, 10f.

1956

- Gnade und Eucharistie in der philosophischen Theologie des Wilhelm von Ockham. Ihre Bedeutung für die Ursachen der Reformation, Wiesbaden 1956.
- Innozenz XI. Ein Papst zwischen Ost und West, in: TThZ 65 (1956) 297–301.
- [Rez.] Archiv für mittelrheinische Kirchengeschichte, Jahrgang 6, Speyer 1954, in: TThZ 65 (1956) 246f.
- [Rez.] August Franzen, Die Kelchbewegung am Niederrhein im 16. Jahrhundert. Ein Beitrag zum Problem der Konfessionsbildung im Reformationszeitalter (KLK 13), Münster 1955, in: TThZ 65 (1956) 247.
- [Rez.] Ernst Barnikol, Luther in evangelischer Sicht, Halle 1955, in: TThZ 65 (1956) 247f.
- [Rez.] Karl Reinerth, Die Reformation der siebenbürgisch-sächsischen Kirche (Schriften des Vereins für Reformationsgeschichte 173), Gütersloh 1956, in: TThZ 65 (1956) 248.
- [Rez.] Der Weg aus dem Ghetto. Vier Beiträge von Robert Grosche, Friedrich Heer, Werner Becke, Karlheinz Schmidthüs, Köln 1955, in: TThZ 65 (1956) 248f.
- [Rez.] Emil Ritter, Die katholisch-soziale Bewegung im 19. Jahrhundert und der Volksverein, Köln 1954, in: TThZ 65 (1956) 249.
- [Rez.] Bernhard von Clairvaux, Mönch und Mystiker (Veröffentlichungen des Instituts für Europäische Geschichte Mainz, Bd. 6), Wiesbaden 1955, in: TThZ 65 (1956) 378f.
- [Rez.] Erich Kleineidam, Wissen, Wissenschaft, Theologie bei Bernhard von Clairvaux (Erfurter theologische Schriften 1), Leipzig 1955, in: TThZ 65 (1956) 379.
- [Rez.] Jean Baptiste Chautard, St. Bernhards Söhne, Limburg 1953, in: TThZ 65 (1956) 379.
- [Rez.] Viktor Conzemius, Jakob III. von Eitz, Erzbischof von Trier 1567–1581. Ein Kurfürst im Zeitalter der Gegenreformation (Veröffentlichungen des Instituts für Europäische Geschichte Mainz, Bd. 12), Wiesbaden 1956, in: TThZ 65 (1956) 188f.

- [Rez.] Max Bierbaum, Nicht Lob, nicht Furcht. Das Leben des Kardinals von Galen nach unveröffentlichten Briefen und Dokumenten, Münster o.J., in: TThZ 65 (1956) 189f.
- [Rez.] Wilhelm Neuss, Die Kirche der Neuzeit (Die katholische Kirche im Wandel der Zeiten und Völker, Bd. 3), Bonn 1954, in: TThZ 65 (1956) 190f.
- [Rez.] August Hagen, Gestalten aus dem schwäbischen Katholizismus T. 3, Stuttgart 1954, in: TThZ 65 (1956) 127.
- [Rez.] Agnès de La Gorce, Der Heilige der Heimatlosen, Benedikt Joseph Labre, Colmar 1955, in: TThZ 65 (1956) 127.

1957

- Joseph Lortz 70 Jahre alt, in: ThRv 53 (1957) 274f.
- „Gott finden in allen Dingen". Die Botschaft des hl. Ignatius von Loyola an unsere Zeit, in: TThZ 66 (1957) 65–79.
- Ignatius von Loyola – Bücher zum 400. Todestag des Heiligen, in: TThZ 66 (1957) 179–186.
- Busch, Johannes, in: NDB 3 (1957) 62f.
- Albada, Aggaeus, in: LThK^2 1 (1957) 269.
- Altenburger Religionsgespräch, in: LThK^2 1 (1957) 379.
- Andreä, 1. Jakob 2. Johann Valentin, in: LThK^2 1 (1957) 511.
- Apobolymäus, Johannes, in: LThK^2 1 (1957) 690.
- Aurifaber, Johann, in: LThK^2 1 (1957) 1110.
- Barbo, 2. Marco, in: LThK^2 1 (1957) 1240.
- [Rez.] Georges Bavaud, La dispute de Lausanne (1536). Une étappe de l'évolution doctrinal des réformateurs romands (Studia Friburgensia 14), Fribourg 1956, in: ThRv 53 (1957) 183ff.
- [Rez.] Ernst Manfred Wermter, Kardinal Stanislaus Hosius von Ermland und Herzog Albrecht von Preußen. Ihr Briefwechsel über das Konzil von Trient (1560–62) (RST 82), Münster 1957, in: TThZ 66 (1957) 374.
- [Rez.] Winfried Trusen, Um die Reform und Einheit der Kirche. Zum Leben und Werk Georg Witzels (KLK 14), Münster 1957, in: TThZ 66 (1957) 374f.
- [Rez.] Anton Ph. Brück, Die Mainzer Theologische Fakultät im 18. Jahrhundert. Beitrag zur Geschichte der Universität Mainz, Bd. 2, hg. von Rektor und Senat der Johann-Gutenberg-Universität Mainz, Wiesbaden 1955, in: TThZ 66 (1957) 375.
- [Rez.] Hugo Rahner SJ, Kirche – Gottes Kraft in menschlicher Schwäche, Freiburg i.Br. 1957, in: TThZ 66 (1957) 375f.
- [Rez.] Alois Thomas, Wilhelm Arnold Günther 1763–1813. Staatsarchivar in Koblenz, Generalvikar und Weihbischof in Trier (Veröffentlichungen des Bistumsarchivs Trier 4), Trier 1957, in: TThZ 66 (1957) 376f.
- [Rez.] Archiv für mittelrheinische Kirchengeschichte, Jahrgang 8, Speyer 1956, in: TThZ 66 (1957) 377.
- [Rez.] Ernst Werner, Pauperes Christi. Studien zu sozial-religiösen Bewegungen im Zeitalter des Reformpapsttums, Leipzig 1956, in: TThZ 66 (1957) 126f.

- [Rez.] Carl Erdmann, Die Entstehung des Kreuzzugsgedankens (Unveröffentlichter Nachdruck des 1935 als Bd. 6 der Forschungen zur Kirchen- und Geistesgeschichte erschienenen Werkes), Stuttgart 1955, in: TThZ 66 (1957) 127.

1958

- Jesus Christus – Herr der Geschichte, in: Mitteilungen für Jugend-Seelsorge. Beilage zum Kirchlichen Amtsanzeiger Trier vom 15. November 1958.
- Kirchengeschichte als Auftrag, in: TThZ 67 (1958) 43–50.
- Luther-Kritik oder Luther-Polemik? Zu einer neuen Deutung der Entwicklung Luthers zum Reformator, in: Festgabe Joseph Lortz Bd. 1, hg. von Erwin Iserloh und Peter Manns, Baden-Baden 1958, 15–42.
- Delfin, Peter, in: RGG 2 (1958) 74.
- Bilderstreit III (Mittelalter u. Reformation), in: LThK^2 2 (1958) 463f.
- Billicanus, Theobald, in: LThK^2 2 (1958) 476.
- Bonifatius, in: LThK^2 2 (1958) 591ff.
- Borrhaus, Martin, in: LThK^2 2 (1958) 611.
- Braun, Konrad, in: LThK^2 2 (1958) 655.
- Butzer, Martin, in: LThK^2 2 (1958) 845f.
- Camerarius, 1. Joachim, in: LThK^2 2 (1958) 903f.
- [Rez.] Franz Xaver Seppelt, Geschichte der Päpste von den Anfängen bis zur Mitte des 20. Jahrhunderts, Bd. 2: Die Entfaltung der päpstlichen Machtstellung im frühen Mittelalter von Gregor dem Großen bis Mitte des 11. Jahrhunderts, München ^{2}1955, in: TThZ 67 (1958) 317f.
- [Rez.] L. Cristiani, Luther wie er wirklich war (Luther, tel qu'il fut), Stuttgart o.J., in: TThZ 67 (1958) 319f.
- [Hg.] Festgabe Joseph Lortz (mit Peter Manns), Bd. 1: Reformation. Schicksal und Auftrag; Bd. 2: Glaube und Geschichte, Baden-Baden 1958.
- [Hg.] Trierer Theologische Zeitschrift (Pastor Bonus) 67 (1958) – 73 (1964).

1959

- Die „Tagebücher" von Franz Xaver Kraus, in: TThZ 68 (1959) 177–181.
- Der Heilige Rock und die Wallfahrt nach Trier, in: Geist und Leben 32 (1959) 271–279.
- Die Geschichte der Liturgischen Bewegung, in: Hirschberg 12 (1959) 113–122.
- Eck, 1. Johannes, in: NDB 4 (1959) 273ff.
- Eck, Johann v., in: NDB 4 (1959) 277.
- Confutatio, in: LThK^2 3 (1959) 37f.
- Deutschland I, 2, in: LThK^2 3 (1959) 287–290.
- Dietenberger, Johannes, in: LThK^2 3 (1959) 382.
- Eck, Johannes, in: LThK^2 3 (1959) 642ff.
- Eckart, Johannes, in: LThK^2 3 (1959) 645.
- Emser, Hieronymus, in: LThK^2 3 (1959) 855f.
- Erasmus, in: LThK^2 3 (1959) 955ff.
- [Rez.] Arno Borst, Der Turmbau von Babel. Geschichte der Meinungen über Ursprung und Vielfalt der Sprachen und Völker, Bd. 1: Fundamente und Aufbau, Stuttgart 1957, in: ThRv 55 (1959) 14ff.

- [Rez.] Karl Koch / Eduard Hegel, Die Vita des Prämonstratensers Hermann Joseph von Steinfeld. Ein Beitrag zur Hagiographie und Frömmigkeitsgeschichte des Hochmittelalters (Colonia Sacra. Studien und Forschungen zur Geschichte der Kirche im Erzbistum Köln, Bd. 3), Köln 1958, in: TThZ 68 (1959) 187.
- [Rez.] Jean de Fabrègues, J.-M. Vianney – Der Zeuge von Ars. Apostel in einem Jahrhundert der Verzweiflung (L'Apôtre du siècle désespéré. Jean-Marie Vianney, Curé d'Ars), Freiburg 1958, in: TThZ 68 (1959) 187f.
- [Rez.] (L. Christiani), Der Pfarrer von Ars, wie er wirklich war (Angepasst an „Saint Jean-Marie Vianney, curé d'Ars"), Trier 1958, in: TThZ 68 (1959) 188.
- [Rez.] Frits van der Meer, Auf den Spuren des alten Europa. Christliche Bilder und Stätten, Köln 1958, in: TThZ 68 (1959) 188.
- [Rez.] René Fourrey, Der Pfarrer von Ars. Das Leben des Heiligen auf Grund authentischer Zeugnisse, Heidelberg 1959, in: TThZ 68 (1959) 373f.
- [Rez.] Raphael Schulte OSB, Die Messe als Opfer der Kirche. Die Lehre frühmittelalterlicher Autoren über das eucharistische Opfer (LWQF 35), Münster 1959, in: TThZ 68 (1959) 372f.
- [Rez.] Die Katholische Kirche in Berlin und Mitteldeutschland, Berlin 1959, in: TThZ 68 (1959) 374.
- [Rez.] Deutsche Kunstdenkmäler. Ein Bildhandbuch (Rheinland-Pfalz. Saar), hg. von Reinhard Hootz, Darmstadt 1958, in: TThZ 68 (1959) 374.
- [Rez.] Peter Schindler, Das Netz des Petrus, Regensburg 1957, in: TThZ 68 (1959) 63f.
- [Rez.] Göran Stenius, Die Glocken von Rom, Frankfurt 1957, in: TThZ 68 (1959) 64.
- [Rez.] Adalbert Seipolt, Alle Wege führen nach Rom. Die heiteren Geschichten einer Pilgerfahrt, Würzburg 1958, in: TThZ 68 (1959) 64.
- [Rez.] Heinrich Fries, Der Beitrag der Theologie zur Una Sancta (Erweiterte Antrittsvorlesung vom 19. November 1958), München 1959, in: ThZ 68 (1959) 250.
- [Rez.] Oskar Thulin, Martin Luther. Sein Leben in Bildern und Zeitdokumenten, München – Berlin 1958, in: TThZ 68 (1959) 250.

1960

- Corpus Catholicorum, in: TThZ 69 (1960) 117–124.
- Abendmahl und Opfer in katholischer Sicht, in: Peter Meinhold / Erwin Iserloh, Abendmahl und Opfer, Stuttgart 1960, 75–109.
- Von der Liturgischen Bewegung zur Erneuerung. Der Beitrag der Jugendbewegung zum Wandel der eucharistischen Frömmigkeit im Zeichen der liturgischen Erneuerung, in: Echo der Zeit, Sonderausgabe zum Eucharistischen Weltkongress, 17.
- Luther, in: Staatslexikon Bd. 5 (1960) 470–475.
- Fisher, John, in: LThK² 4 (1960) 158f.
- Hagenauer Religionsgespräch, in: LThK² 4 (1960) 1315.
- Hommer, Joseph v., in: LThK² 5 (1960) 466.
- Eck, (Jean), in: Dictionnaire d'histoire et de géographie ecclésiastiques 14 (1960) 1375–1379.

- [Rez.] Hubert Jedin, Keine Konziliengeschichte. Die zwanzig ökumenischen Konzilien im Rahmen der Kirchengeschichte (Herderbücherei Nr. 51), Freiburg – Basel – Wien 1959, in: TThZ 69 (1960) 176f.
- [Rez.] Archiv für mittelrheinische Kirchengeschichte, Jahrgang 9, Speyer 1959, in: TThZ 69 (1960) 177.
- [Rez.] René Millot, Das Heldenlied der Mission (L'Epopée missionaire). Abenteuer und Missionen im Dienste Gottes vom heiligen Paulus bis Gregor XV., Aschaffenburg 1959, in: TThZ 69 (1960) 177f.
- [Rez.] Walter Ferber, Kleine Geschichte der Katholischen Bewegung, Würzburg 1959, in: TThZ 69 (1960) 178.
- [Rez.] Petrus Canisius, Briefe. Ausgewählt und hg. von Burkhart Schneider SJ (Wort und Antwort 23), Salzburg 1959, in: TThZ 69 (1960) 312.
- [Rez.] Gundolf Gieraths OP, Kirche in der Geschichte, Essen 1959, in: TThZ 69 (1960) 312f.
- [Rez.] Jakob Torsy, Lexikon der Deutschen Heiligen, Ehrwürdigen und Gottseligen, Köln 1959, in: TThZ 69 (1960) 313.
- [Rez.] Josef Lenzenweger, Sancta Maria de Anima. Erste und zweite Gründung, Wien – Rom 1959, in: TThZ 69 (1960) 313f.

1961

- Der Wert der Messe in der Diskussion der Theologen vom Mittelalter bis zum 16. Jahrhundert, in: ZKTh 83 (1961) 44–79.
- Die Kirchenfrömmigkeit in der „Imitatio Christi", in: Sentire Ecclesiam. Festschrift für Hugo Rahner, hg. von Jean Danilou und Herbert Vorgrimler, Freiburg – Basel – Wien 1961, 251–267.
- Die Einheit der Theologie als Aufgabe. Ansprache bei der feierlichen Immatrikulation am 6. Mai 1961, in: Vorlesungsverzeichnis der Theologischen Fakultät Trier WS 1961/62, 16–19.
- Luthers Thesenanschlag. Tatsache oder Legende?, in: TThZ 70 (1961) 303–312.
- Lauterbach, Anton, in: LThK^2 6 (1961) 837.
- Leipziger Disputation, in: LThK^2 6 (1961) 930f.
- [Rez.] Hans Asmussen, Das kommende Konzil nach dem Stande vom 10. November 1959, Meitingen o.J., in: TThZ 70 (1961) 59.
- [Rez.] Max Lackmann, Der Protestantismus und das ökumenische Konzil, Klosterneuburg 1960, in: TThZ 70 (1961) 60f.
- [Rez.] Leonhard von Matt, Das Konzil. Begleitender Text von Burkhart Schuster SJ, Würzburg 1960, in: TThZ 70 (1960) 61.
- [Rez.] Domenico Kardinal Tardini, Pius XII. als Oberhirte, Priester und Mensch, Freiburg – Basel – Wien 1961, in: TThZ 70 (1961) 380.
- [Rez.] Peter Meinhold, Der evangelische Christ und das Konzil (Herderbücherei Nr. 98), Freiburg – Basel – Wien 1961, in: TThZ 70 (1961) 381.
- [Rez.] Georges Huber, Das missverstandene Konzil, Gespräche unter den Kolonaden von St. Peter, Essen 1961, in: TThZ 70 (1961) 381.
- [Rez.] Richard Baumann, Evangelische Romfahrt, Stuttgart 1960, in: TThZ 70 (1961) 381f.

- [Rez.] Die Kirche ist immer jung. Ein Buch der Hoffnung, hg. von Jakob Brummet, München 1960, in: TThZ 70 (1961) 382.
- [Rez.] Meister Eckhart der Prediger. Festschrift zum Eckhart-Gedenkjahr, hg. im Auftrag der Dominikanerprovinz „Teutonia" von P. Udo Nix OP und P. Raphael Öchslin, Freiburg – Basel – Wien 1960, in: TThZ 70 (1961) 123f.
- [Rez.] Hieronymus Emser, Schriften zur Verteidigung der Messe (CC 28), hg. von Theobald Freudenberger, Münster 1959, in: ARG 52 (1961) 131–134.

1962

- Gestalt und Funktion der Konzilien in der Geschichte der Kirche, in: Ecclesia. Festschrift für Bischof Wehr, Trier 1962, 149–169.
- Zur Gestalt und Biographie Thomas Müntzers, in: TThZ 71 (1962) 248–253.
- Katholik und Politik im 19. und 20. Jahrhundert, in: Staatsbürgerliche Erziehung an katholischen Privatschulen, Referate der Lehrertagung Bamberg 1962, 68–98.
- Luthers Thesenanschlag. Tatsache oder Legende?, Wiesbaden 1962.
- Die Wandlung des katholischen Lutherbildes. Zum 75. Geburtstag von Joseph Lortz, in: Der Christliche Sonntag 14 (1962) 397f.
- Miltiz, Karl v., in: LThK^2 7 (1962) 422.
- Mün(t)zer, Thomas, in: LThK^2 7 (1962) 689f.
- Myconius, Friedrich, in: LThK^2 7 (1962) 715f.
- Nachfolge Christi III, in: LThK^2 7 (1962) 762ff.
- Oekolampad(ius), Johann, in: LThK^2 7 (1962) 1125f.
- Olevian(us), Kaspar, in: LThK^2 7 (1962) 1145f.
- [Rez.] Basilius Senger OSB, Liudgers Erinnerungen, Essen 1959, in: TThZ 71 (1962) 324.
- [Rez.] Anton Freitag SVD, Die Wege des Heils (Atlas du monde chrétien), Salzburg 1960, in: TThZ 71 (1962) 324.
- [Rez.] Cuthbert Butler / Hugo Lang, Das 1. Vatikanische Konzil, München ^{2}1961, in: TThZ 71 (1962) 325.
- [Rez.] Karl-Heinz Oelrich, Der späte Erasmus und die Reformation (RST 86), Münster 1961, in: TThZ 71 (1962) 187f.
- [Rez.] Elisabeth von Thüringen. Die Zeugnisse ihrer Zeitgenossen (Menschen der Kirche in Zeugnis und Urkunde, N.F. Bd. 5), hg. von Lee Maril, Einsiedeln – Zürich – Köln 1960, in: TThZ 71 (1962) 188.
- [Rez.] Fernand Hayward, Was muss man über die Inquisition wissen? (Bibliothek Ekklesia Bd. 15), Aschaffenburg 1959, in: TThZ 71 (1962) 260.
- [Rez.] Hildebrand Troll, Die Papstweissagung des hl. Malachias (Bibliothek Ekklesia Bd. 22), Aschaffenburg 1961, in: TThZ 71 (1962) 260f.

1963

- Vom Abschluss des Reichskonkordates bis zur Ratifikation, in: TThZ 72 (1963) 39–52.
- Werner von Oberwesel. Zur Tilgung seines Festes im Trierer Kalender, in: TThZ 72 (1963) 270–285.

- Was ist Kirchengeschichte?, in: Religionsunterricht an Höheren Schulen 6 (1963) 77–89.
- Messe als Repraesentatio Passionis, in: Liturgie. Gestalt und Vollzug, hg. von Walter Düring, München 1963, 138–146.
- „Existentiale Interpretation" in Luthers erster Psalmenvorlesung?, in: ThRv 59 (1963) 73–84.
- Erbanus, Hosius, in: DHGE 15 (1963) 516f.
- Regensburger Buch, in: LThK² 8 (1963) 1094f.
- Regensburger Konvent und Bündnis, in: LThK² 8 (1963) 1095.
- Rock, Heiliger Rock, in: LThK² 8 (1963) 1348ff.
- [Rez.] Ursmar Engelmann OSB, Der heilige Pirmin und sein Missionsbüchlein, Konstanz 1959, in: TThZ 72 (1963) 121.
- [Rez.] Marie-Humbert Vicaire OP, Geschichte des heiligen Dominikus, Bd. 1: Ein Bote Gottes, Freiburg – Basel – Wien 1962, 121f.
- [Rez.] Eduard Hegel, Kirchliche Vergangenheit im Bistum Essen, Essen 1960, in: TThZ 72 (1963) 122f.
- [Rez.] Eduard Hegel, Die katholisch-theologische Fakultät Münster in ihrer geschichtlichen Entwicklung 1773–1961 (Schriften der Gesellschaft zur Förderung der Westfälischen Wilhelms-Universität 47), Münster 1961, in: TThZ 72 (1963) 123.

1964

- Die Nachfolge Christi: Bücher der Entscheidung, hg. von Wilhelm Sandfuchs, Würzburg 1964, 55–66.
- Unbeachtete Quellen zur Beilegung des Kulturkampfes, in: TThZ 73 (1964) 178–189.
- Wie es zur Reformation kam, in: Lebendiges Zeugnis Heft 21/3, Paderborn 1964, 133–152.
- Reform der Kirche bei Nikolaus von Kues, in: Mitteilungen für Forschungen der Cusanus-Gesellschaft 4, Mainz 1964, 54–73.
- Akademische Freiheit! Aber wie? Die Universität selbst steht ihrer Reform im Weg, in: Rheinische Post Nr. 15 vom 18.1.1964.
- Schatzgeyer, Kaspar, in: LThK² 9 (1964) 371f.
- Sickingen, Franz v., in: LThK² 9 (1964) 732f.
- Spalatin, Georg, in: LThK² 9 (1964) 934f.
- Stoß, 2. Andreas, in: LThK² 9 (1964) 1095.
- Sutter, Johann, in: LThK² 9 (1964) 1199.
- Tetzel, Johann, in: LThK² 9 (1964) 1383f.
- [Rez.] Anton G. Weiler, Heinrich von Gorkum (1431). Seine Stellung in der Philosophie und der Theologie des Spätmittelalters, Hilversum – Einsiedeln – Zürich – Köln 1962, in: TThZ 73 (1964) 311.
- [Rez.] Bernard Botte u.a., Das Konzil und die Konzile. Ein Beitrag zur Geschichte des Konzilslebens der Kirche, Stuttgart 1962, in: TThZ 73 (1964) 310f.
- [Rez.] Alfons Kirchgässner, Im katholischen Kontinent. Notizen von einer Reise durch Lateinamerika, Frankfurt o.J., in: TThZ 73 (1964) 311.

- [Rez.] Hubert Jedin, Der Abschluss des Trienter Konzils 1562/63. Ein Rückblick nach vier Jahrhunderten (KLK 21), Münster 1963, in: TThZ 73 (1964) 116.
- [Rez.] Johannes XXIII. Leben und Werke. Eine Dokumentation in Text und Bild, hg. von „Herder-Korrespondenz" (Herder-Bücherei Nr. 165), Freiburg – Basel – Wien 1963, in: TThZ 73 (1964) 117.

1965

- Reform der Kirche bei Nikolaus von Kues, Wiesbaden 1965.
- Der Gestaltwandel der Kirche – Vom Konzil zu Trient zum Vatikanum II, in: Klerusblatt 45 (1965) 313–318 = Hirschberg 18 (1965) 285–290.
- Das tridentinische Messopferdekret in seinen Beziehungen zu der Kontroverstheologie der Zeit, in: Il Concilio di Trento e la riforma tridentina. Atti del convegno storico internazionale, Trento 2–6 Settembre 1963, Rom 1965, 401–439.
- Sacramentum et exemplum. Ein augustinisches Thema lutherischer Theologie, in: Reformata Reformanda. Festgabe für Hubert Jedin, Bd. 1, Münster 1965, 247–264.
- Der Thesenanschlag fand nicht statt, in: Geschichte in Wissenschaft und Unterricht [GWU] 16 (1965) 675–682.
- Werner v. Oberwesel, in: LThK² 10 (1965) 1055f.
- [Hg.] Reformata Reformanda. Festgabe für Hubert Jedin zum 17. Juni 1965, 2 Bde, hg. von Erwin Iserloh und Konrad Repgen, Münster 1965.

1966

- Luther zwischen Reform und Reformation, Münster 1966; 2. Auflage 1967; 3. Auflage 1968; ital. Übers. 1970; engl. Übers. 1968; amerik. Übers. 1968.
- Luthers Stellung in der theologischen Tradition, in: Wandlungen des Lutherbildes (Studien und Berichte der Katholischen Akademie in Bayern 36), Würzburg 1966, 15–47.
- Luther in der neueren katholischen Kirchengeschichtsschreibung, in: Der evangelische Erzieher 18 (1966) 269–277.
- Luther in katholischer Sicht heute, in: Concilium 2 (1966) 231–235.
- Der 31. Oktober 1517 im Lichte neuerer Forschungen, in: ThPQ 114 (1966) 340–345.

1967

- Luther zwischen Reform und Reformation, Münster ²1967, siehe 1966.
- Ökumenismus. Begegnung der Konfessionen. Wege zueinander, Kevelaer 1967.
- Reformation, Katholische Reform und Gegenreformation (mit Hubert Jedin und Josef Glazik): Handbuch der Kirchengeschichte IV, Freiburg – Basel – Wien 1967; 2. Aufl. 1975; span. Übers. 1972; ital. Übers. 1975.
- Der junge Luther und der Beginn der Reformation, in: Die Zeichen der Zeit, Evangelische Monatszeitschrift für Mitarbeiter der Kirche 21 (Berlin 1967) 401–409.
- De jonge Luther en het begin van de reformatie, in: Kosmos en Oecumene 1 (1967) 309–320.

- Offene Sprache oder diplomatische Zurückhaltung. Ein Briefwechsel zwischen Kardinalstaatssekretär Eugenio Pacelli und Bischof Franz Rudolf Bornewasser aus dem Jahre 1936, in: Festschrift für Alois Thomas, Trier 1967, 199–204.
- Begegnung der Konfessionen im Lichte des Dekrets über den Ökumenismus, in: Erneuerung der Kirche. Aufbruch zu einer Theologie von morgen, hg. von Klemens Richter, Osnabrück 1967, 123–148.
- Luther und die Mystik, in: Kirche, Mystik, Heiligung und das Natürliche bei Luther. Vorträge des Dritten Internationalen Kongresses für Lutherforschung, Järvenpää, Finnland, 11. – 16. August 1966, hg. von Ivar Asheim, Göttingen 1967, 60–83; amerik. Übers. siehe 1970.
- Nausea, Friedrich, in; New Catholic Encyclopedia [NCE] 10 (1967) 282.
- Paulus, Nikolaus, in: NCE 11 (1967) 31.
- Wimpina, in: NCE 14 (1967) 954f.
- [Rez.] Richard Stauffer, Le catholicisme à la découverte de Luther. L'évolution des recherches catholiques sur Luther de 1904 au 2ème Concile du Vatican, Neuchâtel – Paris 1966, in: ZKG 78 (1967) 425f.

1968

- The Theses were not posted. Luther between Reform and Reformation, Boston 1968; amerik. Übers., siehe 1966.
- The Theses were not posted. Luther between Reform and Reformation, London – Dublin – Melbourne 1968; engl. Übers., siehe 1966.
- Luther zwischen Reform und Reformation. Fand der Thesenanschlag wirklich nicht statt? 3. Aufl. mit dem neuen 8. Kapitel: Sind die erhobenen Einwände ein Gegenbeweis?, Münster 1968; erste Auflage siehe 1966.
- Das „Reformatorische" bei Martin Luther, in: Um Reform und Reformation (KLK 27/28), hg. von August Franzen, Münster 1968, 33–52.
- Vom kirchlichen Hochmittelalter bis zum Vorabend der Reformation (mit Hans-Georg Beck, Karl August Fink, Josef Glazik, Hans Wolter): Handbuch der Kirchengeschichte III/2, Freiburg – Basel – Wien 1968; span. Übers. 1973; engl. Übers. 1970; ital. Übers. 1977.
- Antisemitismus – eine Konsequenz des Christusglaubens? Halbwahrheiten und historische Irrtümer bringen Friedrich Heers geistesgeschichtliche Studie um ihre Glaubwürdigkeit, in: Rheinischer Merkur 23 Nr. 16 vom 19. April 1968, 33f.
- [Rez.] Friedrich Heer, Gottes erste Liebe. 2000 Jahre Judentum und Christentum. Genesis des österreichischen Katholiken Adolf Hitler, München 1967, in: Religion und Theologie 27 (1968) 2.
- [Rez.] Pinchas Lapide, Rom und die Juden, Freiburg – Basel – Wien 1967, in: Religion und Theologie 27 (1968) 2.
- [Rez.] Alexandre Ganoczy, Le jeune Calvin. Genèse et évolution de sa vocation réformatrice, Wiesbaden 1966, in: Erasmus (Speculum Scientiarum 20) Nr. 5–6 (1968) 184–187.
- [Rez.] Fernando Bea, Paul VI., München 1965, in: ThPQ 116 (1968) 289f.
- [Hg.] Vorreformationsgeschichtliche Forschungen, ab 16/II (1968).

1969

- Die Religionsfreiheit nach dem II. Vatikanischen Konzil in historischer und theologischer Sicht, in: Essener Gespräche zum Thema Staat und Kirche 3, Münster 1969, 13–34.
- Teserna spikades aldrig, in: Credo 50 (Uppsala 1969) 8–13.
- Antisemitismus – eine Konsequenz des Christusglaubens? Zu Friedrich Heer, Gottes erste Liebe. 2000 Jahre Judentum und Christentum. Genesis des österreichischen Katholiken Adolf Hitler, München 1967, in: ThPQ 117 (1969) 46–51.
- Bildfeindlichkeit des Nominalismus und Bildersturm im 16. Jahrhundert, in: Bild – Wort – Symbol in der Theologie, hg. von Wilhelm Heinen, Würzburg 1969, 119–138.
- Gratia und Donum, Rechtfertigung und Heiligung nach Luthers Schrift „Wider den Löwener Theologen Latomus" (1521), in: Studien zur Geschichte und Theologie der Reformation. Festschrift für Ernst Bizer, Neukirchen 1969, 141–156 = Catholica 24 (1970) 67–83.
- Kleine Reformationsgeschichte. Ursachen – Verlauf – Wirkung (mit Joseph Lortz) (Herderbücherei Nr. 342), Freiburg – Basel – Wien 1969; ital. Übers. 1974; holl. Übers. 1971.
- Lutero, Tal Como e Hoje Visto Pelos Catolicos, in: Lutero e Luteranismo Hoje, hg. von Erwin Iserloh und Harding Meyer, Petropolis R.J. Brasilien 1969, 7–20.
- Reform – Reformation, in: Erwartung, Verheißung, Erfüllung, hg. von Wilhelm Heinen und Josef Schreiner, Würzburg 1969, 111–131.
- Reform oder Spaltung, Kirche in der Krise I, in: Rheinischer Merkur 24 (1969) Nr. 48 vom 28. November.
- Die Kirchen reformatorischer Prägung, in: Konrad Algermissen, Konfessionskunde, neu bearbeitet von Heinrich Fries, Wilhelm de Vries, Erwin Iserloh, Laurentius Klein, Kurt Keinath, Paderborn [8]1969, 281–462.
- Erbe des Bundes – Aufgabe in unseren Tagen (50 Jahre Neudeutschland), in: Hirschberg 22 (1969) 308–312.
- Heinrich (von Ahus), in: NDB 8 (1969) 405f.
- [Rez.] Richard Friedenthal, Luther. Sein Leben und seine Zeit, München 1967, in: ThRv 65 (1969) 117f.

1970

- Luther's Christ-Mysticism, in: Catholic Scholars Dialogue with Luther, hg. von Jared Wicks, Chicago 1970, 37–58; amerik. Übers., deutsch siehe 1967.
- Was ist Kirchengeschichte?, in: Kirchengeschichte heute. Geschichtswissenschaft oder Theologie?, hg. von Raymund Kottje, Trier 1970, 10–32.
- Lutero tra riforma cattolica e protestante, Brescia 1970; ital. Übers., deutsch siehe 1966.
- From the High Middle Ages to the eve of the Reformation (mit Hans-Georg Beck, Karl August Fink, Josef Glazik, Hans Wolter): Handbook of Church History IV, London – New York 1970; engl. Übers., deutsch siehe 1968.
- Kirche und Gesellschaft in Protest und Anpassung, in: Kirche im Wandel der Gesellschaft, hg. von Josef Schreiner, Würzburg 1970, 56–70.

- Brauchen wir eine zweite Reformation?, in: Dokumentation – ein Informationsdienst. Evangelischer Pressedienst 19/70, Frankfurt, 19. Mai 1970, 26–31.
- Reform oder Spaltung?, in: Hirschberg 23 (1970) 219–223.
- Es geht nicht um den Zölibat. Ein Rückblick auf das holländische Pastoralkonzil, in: Publik Nr. 10 vom 6. März 1970, 23.
- Interkommunion als Protest? Einheit mit den Protestanten würde eine Kluft zu den Orthodoxen aufreißen, in: Rheinischer Merkur 25 (1970) Nr. 45 vom 6. November, 23.
- Für Fortschritt und Reformen. Prof. Dr. Bernhard Kötting feiert seinen 60. Geburtstag, in: Münstersche Zeitung vom 28./29. März 1970.
- Bonifatius, in: Lexikon der Pädagogik, Bd. 1, Neue Ausgabe, Freiburg – Basel – Wien 1970, 207.
- [Rez.] Karl Gerhard Steck (Hg.), Luther für Katholiken, München 1969, in: Religion und Theologie, Ausgabe Frühjahr 1970, 30.
- [Rez.] Jan Nicolaas Bakhuizen van den Brink, Juan de Valdés réformateur en Espagne et en Italie 1529–1541 (Études de Philologie et d'Histoire 11), Genf 1969, in: HZ 201 (1970) 694.

1971

- Synoden in der Kirchengeschichte, in: Klerusblatt 51 (1971) 35–38.
- Der Reichstag zu Worms 1521 in katholischer Sicht, in: Rheinische Post vom 17. April 1971.
- Luther auf dem Reichstag zu Worms. Zum 450. Jahrestag (1521 bis 1971), in: Glaube und Leben (Katholische Kirchenzeitung für das Bistum Mainz) 27 vom 18. April 1971, 10f.
- „Rehabilitation Luthers"? Überlegungen zu der Bitte, den Bann gegen Luther aufzuheben, in: KNA – Kritischer ökumenischer Informationsdienst Nr. 16 vom 21. April 1971, 5–8.
- Zeichen der Einheit, in: Deutsche Tagespost Nr. 63 vom 28./29. Mai 1971, 15f.
- Das Reich Gottes auf Erden. Antrieb und Versuchung in der Geschichte der Kirche, in: Gottesreich und Menschenreich, hg. von Anselm Hertz, Erwin Iserloh, Günter Klein, Johann Baptist Metz, Wolfhart Pannenberg, Regensburg 1971, 51–72.
- Freiwillige Ehelosigkeit und Zölibat, in: Fragen der Kirche heute, hg. von Adolf Exeler, Würzburg 1971, 128–134.
- Die Interkommunion, in: Fragen der Kirche heute, hg. von Adolf Exeler, Würzburg 1971, 50–64.
- De Hervorming van de Kerk in de late Middeleeuwen en de geeste – lijke Wereld van Thomas a Kempis, in: Gemeente Zwolle (Archief- en Bibliotheekwezen in Belgie 4), Zwolle 1971, 18–27.
- Thomas von Kempen und die Kirchenreform im Spätmittelalter, Kempen 1971.
- Thomas von Kempen und die Kirchenreform im Spätmittelalter, in: Ordo Canonicus, Wien 1971, 16–29.
- Beknopte Geschiedenis van de Reformatie (mit Joseph Lortz), Haarlem 1971; holl. Übers., deutsch siehe 1969.
- Calvino y Calvinismo, in: Gran Enciclopedia Rialp [GER] Bd. 4, 735–740.

- Zum Arbeitspapier „Gottesdienst", in: Ökumenisches Pfingsttreffen Augsburg 1971 (Dokumente), Stuttgart 1971, 224f.
- [Rez.] Franz Josef Kötter, Die Eucharistielehre in den katholischen Katechismen des 16. Jahrhunderts bis zum Erscheinen des Katechismus Romanus 1566 (RSt 98), Münster 1969, in: ThRv 67 (1971) 62f.
- [Rez.] Eduard Quiter, Untersuchungen zur Entstehungsgeschichte der Kirchenprovinz Magdeburg. Ein Beitrag zur Geschichte des kirchlichen Verwaltungsrechts im 10. Jahrhundert, Paderborn 1969, in: ThRv 67 (1971) 54f.
- [Rez.] Wichmann-Jahrbuch für Kirchengeschichte im Bistum Berlin, hg. von Bernhard Stasiewski, Jahrgänge 1967–1969, in: ThRv 67 (1971) 373.
- [Rez.] Helmut Roscher, Papst Innozenz III. und die Kreuzzüge, Göttingen 1969, in: ThRv 67 (1971) 187f.
- [Rez.] August Franzen, Zölibat und Priesterehe in der Auseinandersetzung der Reformationszeit und der Katholischen Reform des 16. Jahrhunderts (KLK 29), Münster 1969, in: ThRv 67 (1971) 372f.
- [Rez.] Karl Rahner, Zur Theologie der Zukunft, München 1971, in: ThRv 67 (1971) 496.
- [Rez.] Ökumenisches Direktorium. 2. Teil: Ökumenische Aufgaben der Hochschulbildung, Trier 1970, in: ThRv 67 (1971) 555.
- [Hg.] Theologische Revue, ab Nr. 1 (1971).

1972

- Ein Glaube, eine Taufe – getrennt beim Abendmahl? Anmerkungen zu einem Buch von Heinrich Fries, in: Unsere Seelsorge 22 (1972) 26ff.
- Aufhebung des Lutherbannes? Kirchengeschichtliche Überlegungen zu einer aktuellen Frage, in: Von Konstanz nach Trient. Beiträge zur Geschichte der Kirche von den Reformkonzilien bis zum Tridentinum. Festgabe für August Franzen, hg. von Remigius Bäumer, München – Paderborn – Wien 1972, 365–377.
- Aufhebung des Lutherbannes? Kirchengeschichtliche Überlegungen zu einer aktuellen Frage, leicht verbesserter Wiederabdruck, in: Lutherprozess und Lutherbann. Vorgeschichte, Ergebnis, Nachwirkung (KLK 32), hg. von Remigius Bäumer, Münster 1972, 69–80.
- Sakraments- und Taufverständnis bei Thomas Müntzer, in: Zeichen des Glaubens. Studien zu Taufe und Firmung, Balthasar Fischer zum 60. Geburtstag, hg. von H. Auf der Maur und B. Kleinheyer, Zürich – Einsiedeln – Freiburg 1972, 109–122.
- Reforma, reforma catolica y contrareforma (mit Hubert Jedin und Josef Glazik), Manual de Historia de la Iglesia V, Barcelona 1972; span. Übers., deutsch siehe 1967.
- Revolution bei Thomas Müntzer. Durchsetzung des Reiches Gottes oder soziale Aktion?, in: HJ 92 (1972) 282–299.
- Revolution bei Thomas Müntzer. Durchsetzung des Reiches Gottes oder soziale Aktion? Gekürzte Fassung, in: Rheinischer Merkur Nr. 49 vom 8. Dezember 1972, 49f.
- Holtmann, Johannes, in: NDB 9 (1972) 555.

- [Rez.] Adolf M. Birke, Bischof Ketteler und der deutsche Liberalismus. Eine Untersuchung über das Verhältnis des liberalen Katholizismus zum bürgerlichen Liberalismus in der Reichsgründerzeit, Mainz 1971, in: ThRv 68 (1972) 124ff.
- [Rez.] Wilhelm Borth, Die Luthersache (Causa Lutheri) 1517 bis 1524. Die Anfänge der Reformation als Frage von Politik und Recht, Lübeck – Hamburg 1970, in: ThRv 68 (1972) 217ff.
- [Rez.] Heinrich Fries, Ein Glaube. Eine Taufe. Getrennt beim Abendmahl?, Graz – Wien – Köln 1971, in: ThRv 68 (1972) 131f.
- [Rez.] Die Zukunft des Ökumenismus, mit Beiträgen von Per Lønning, Georges Casalis, Bernhard Häring und einer Einleitung von Günther Gassmann (Ökumenische Perspektiven 1), Frankfurt 1972, in: ThRv 68 (1972) 318ff.
- [Rez.] Daniel Olivier, Der Fall Luther. Geschichte einer Verurteilung 1517–1521, Stuttgart 1972, in: ThRv 68 (1972) 390ff.
- [Hg.] Reformationsgeschichtliche Studien und Texte, ab Bd. 106 (1972).
- [Hg.] Katholisches Leben und Kirchenreform im Zeitalter der Glaubensspaltung, ab Heft 32 (1972).
- La Iglesia de la edad media después de la reforma gregoriana (mit Hans-Georg Beck, Karl August Fink, Josef Glazik, Hans Wolter): Manual de Historia de la Iglesia IV, Barcelona 1973; span. Übers., deutsch siehe 1968.

1973

- Römische Quellen zur Bischofsernennung Wilhelm Emmanuel von Kettelers 1850, in: Studia Westfalica. Beiträge zur Kirchengeschichte und religiösen Volkskunde Westfalens. Festschrift für Alois Schröer (Westfalia Sacra 4), Münster 1973, 159–184.
- Amt und Ordination, in: Karlheinz Schuh (Hg.), Amt im Widerstreit, Berlin 1973, 67–76.
- [Rez.] Norbert Trippen, Das Domkapitel und die Erzbischofswahlen in Köln 1821–1929, Köln – Wien 1972, in: ThRv 69 (1973) 48ff.
- [Rez.] Gottfried Maron, Die römisch-katholische Kirche von 1870–1970, Göttingen 1972, in: ThRv 69 (1973) 123ff.
- [Rez.] Vinzenz Pfnür, Einig in der Rechtfertigungslehre? Die Rechtfertigungslehre der Confessio Augustana (1530) und die Stellungnahme der katholischen Kontroverstheologie zwischen 1530 und 1535, Wiesbaden 1973, in: ZKG 84 (1973) 387–390.

1974

- Ökumenische Kirchengeschichte Bd. 3 (Neuzeit) (mit Klaus Scholder u.a.), Mainz 1974.
- Luther und die Reformation. Beiträge zu einem ökumenischen Lutherverständnis, Aschaffenburg 1974; ital. Übers. siehe 1977.
- Storia della Riforma (mit Joseph Lortz), Bologna 1974; ital. Übers., deutsch siehe 1969.
- Prophetisches Charisma und Leitungsauftrag des Amtes in Spannung und Begegnung als historisches Phänomen, in: Wilhelm Weber (Hg.), Macht – Dienst – Herrschaft in Kirche und Gesellschaft, Freiburg – Basel – Wien 1974, 143–153.

- Die Verteidigung der Bilder durch Johannes Eck zu Beginn des reformatorischen Bildersturmes, in: Aus Reformation und Gegenreformation. Festschrift für Theobald Freudenberger (Würzburger Diözesan-Geschichtsblätter 35/36), Würzburg 1974, 75–85.
- Amt und Ordination, in: Suchen und Finden. Der katholische Glaube 23 (1974) 153–157.
- Joseph Lortz (1887–1975), in: HJ 94 (1974) 505ff.
- [Rez.] Heinz Robert Schlette, Romano Guardini – Werk und Wirkung, Bonn 1973, in: ThRv 70 (1974) 160.
- [Hg.] Corpus Catholicorum. Werke katholischer Schriftsteller im Zeitalter der Glaubensspaltung, ab Bd. 31 (1974).

1975

- Verwirklichung des Christlichen im Wandel der Geschichte, hg. von Klaus Wittstadt, Würzburg 1975.
- Die soziale Aktivität der Katholiken im Übergang von caritativer Fürsorge zu Sozialreform und Sozialpolitik, dargestellt an den Schriften Wilhelm Emmanuel von Kettelers, Wiesbaden 1975.
- Riforma e controriforma (mit Hubert Jedin und Josef Glazik): Storia della chiesa VI, Milano 1975; ital. Übers., deutsch siehe 1967.
- Reformation, Katholische Reform und Gegenreformation (mit Hubert Jedin und Josef Glazik): Handbuch der Kirchengeschichte IV, Freiburg – Basel – Wien ²1975; siehe 1967.
- Wilhelm Emmanuel von Ketteler zur Infallibilität des Papstes. Unveröffentlichte Stellungnahmen, in: Konzil und Papst. Historische Beiträge zur höchsten Gewalt in der Kirche. Festgabe für Hermann Tüchle, hg. von Georg Schwaiger, Paderborn 1975, 521–542.
- La transformación de la imagen de la Iglesia desde el Concilio de Trento al Vaticano II, in: Arbor 90 (Madrid 1975) 23 [343] – 38 [358]; span. Übers., deutsch siehe 1965.
- Joseph Lortz (1887–1975). Ein großer Luther-Forscher ist gestorben, in: KNA Nr. 9 vom 26. Februar 1975, 11f.; Kurzfassung des Beitrags von 1974.
- Von der Caritas zur Sozialpolitik, in: Rheinischer Merkur Nr. 8 vom 21. Februar 1975, 31.
- [Rez.] Hermann Josef Seiler OESA, Im Banne des Kreuzes – Lebensbild der stigmatisierten Augustinerin Anna Katharina Emmerick, neu hg. von P. Ildefons Dietz OESA, Aschaffenburg 1974, in: ThRv 71 (1975) 423f.
- [Rez.] Zeitgeschichte in Lebensbildern. Aus dem deutschen Katholizismus des 20. Jahrhunderts, hg. von Rudolf Morsey, Mainz 1973, in: ThRv 71 (1975) 485f.

1976

- Thomas von Kempen und die Devotio Moderna, in: Nachbarn, hg. von der Presse- und Kulturabteilung der Königlichen Niederländischen Botschaft, Bonn 1976.

- Die Kirche im industriellen Zeitalter: Der deutsche Sozialkatholizismus im 19. Jahrhundert, in: Zeitgeschichte 3 (Salzburg 1976) 285–298.
- Von der Caritas zur Sozialpolitik, in: Katholische Soziallehre heute, Koblenz 1976, 50–56; siehe 1975.
- [Rez.] Zeitgeschichte in Lebensbildern. Aus dem deutschen Katholizismus des 20. Jahrhunderts, Bd. 2, hg. von Rudolf Morsey, Mainz 1975, in: ThRv 72 (1976) 119f.

1977

- Bischof Ketteler in seinen Schriften (mit Christoph Stoll), Mainz 1977.
- Tra medioevo e rinascimento (mit Hans-Georg Beck, Karl August Fink, Josef Glazik): Storia della chiesa V/2, Milano 1977; span. Übers., deutsch siehe 1968.
- Lutero e la riforma, Brescia 1977; ital. Übers., deutsch siehe 1974.
- Charisma und Institution im Leben der Kirche, Wiesbaden 1977; span. Übers. siehe 1979.
- Die Kirche im industriellen Zeitalter: Der deutsche Sozialkatholizismus im 19. Jahrhundert, in: Religion und Kirchen im industriellen Zeitalter, hg. vom Georg-Eckert-Institut für internationale Schulbuchforschung, Braunschweig 1977, 24–41; Erstabdruck siehe 1976.
- Abendmahl III/2. (Mittelalter) und III/3.2 (Reformationszeit – Römisch-Katholische Kirche), in: TRE Bd. 1, Berlin – New York 1977, 89–106 und 122–131.
- Ketteler, v., in: NDB 11 (1977) 556ff.
- Gertrud von le Fort in Sorge um den „Kranz der Engel", in: Hundert Jahre deutsches Priesterkolleg beim Campo Santo Teutonico 1876 bis 1976, hg. v. Erwin Gatz, RQ 35 Suppl., 203–208.
- Ein Bischof mächtig in Wort und Tat, in: Westfälische Nachrichten vom 9. Juli 1977.
- Il movimento sociale cattolico in Germania dal 1870 al 1914, in: Il cattolicesimo politico e sociale in Italia e Germania dal 1870 al 1914, hg. von Ettore Passerin d'Entrèves und K. Repgen, Bologna 1977, 43–71.
- Die Geschichte der deutschen Bischofskonferenz, in: Reden zur Zeit Bd. 3, hg. vom Institut für Demokratieforschung, Würzburg 1977, 15–31; nachgedruckt (z.T. gekürzt) in:
  – Ein „Kölner Ereignis" im Jahre 1977, hg. von Wilhelm Mogge, Neuß 1977, 31–50;
  – L'Osservatore Romano (Wochenausgabe in deutscher Sprache) Nr. 8 vom 25. Februar 1977, 7–9;
  – Deutsche Tagespost Nr. 20 vom 16. Februar 1977, 8;
  – Unsere Seelsorge Nr. 2, Juli 1977, 5–10;
  – Kirchenzeitung für das Erzbistum Köln Nr. 6, 4. Februar 1977, 16f. und 25.
- [Hg.] Wilhelm Emmanuel von Ketteler, Schriften, Aufsätze und Reden 1848–1866 (Sämtliche Werke und Briefe Abt. 1, Bd. 1), Mainz 1977.
- [Hg.] Wilhelm Emmanuel von Ketteler, Schriften, Aufsätze und Reden 1871–1877 (Sämtliche Werke und Briefe Abt. 1, Bd. 4), Mainz 1977.
- [Hg.] Römische Quartalschrift, ab Bd. 72 (1977).
- [Hg.] Historisches Jahrbuch, ab Bd. 97 (1977).

1978

- Wilhelm Emmanuel v. Ketteler und die Freiheit der Kirche und in der Kirche, Mainz 1978.
- „Confessio Augustana in der Diskussion" – Eine Umfrage der Deutschen Tagespost (Pfingsten 1978), Nr. 57, 13.
- Eine Grundlage für die Einheit? Kirche – Kirchengemeinschaft – Kircheneinheit nach der CA, Teil 1, in: KNA – Ökumenische Information Nr. 21 vom 24. Mai 1978; Teil II und Schluss: ebd. Nr. 22 vom 31. Mai 1978, 5–7.
- Geschichte und Schicksal eines Bekenntnisses (Confessio Augustana), in: zur debatte 8, Nr. 4, Juli/August 1978, 1.
- Zölibat im Dilemma zwischen Gesetz und Charisma?, in: ThRv 74 (1978) 449–456.
- W.E. von Ketteler und die Freiheit der Kirche und in der Kirche, in: Texte zur katholischen Soziallehre III (Dokumentation des Kettelerjahres), hg. vom Bundesverband der katholischen Arbeitnehmer-Bewegung (KAB) Deutschlands, Kevelaer 1978, 293–319; Erstabdruck siehe oben.
- Ludwig Klockenbusch 70 Jahre, in: Hirschberg 31 (1978) 262.
- [Rez.] Rudolf Morsey, Der Untergang des politischen Katholizismus, Stuttgart – Zürich 1977, in: ThRv 74 (1978) 95f.
- [Rez.] Winfried Leinweber, Der Streit um den Zölibat im 19. Jahrhundert, Münster 1978, in: ThRv 74 (1978) 456ff.
- [Hg.] Wilhelm Emmanuel von Ketteler, Schriften, Aufsätze und Reden 1867–1870 (Sämtliche Werke und Briefe Abt. 1, Bd. 2), Mainz 1978.

1979

- Carisma e institucionalidad en la vida de la Iglesia, in: Archivo Ibero-Americano 39 (1979) 3–22; span. Übers., deutsch siehe 1977.
- Die Confessio Augustana als Anfrage an Lutheraner und Katholiken im 16. Jahrhundert und heute, in: Ökumenisches Forum (Grazer Hefte für konkrete Ökumene) Nr. 2, Graz 1979, 27–45 = Catholica 33 (1979) 30–48.
- Vorgeschichte, Entstehung und Zielsetzung der Confessio Augustana, in: Heinrich Fries u.a. (Hg.), Confessio Augustana – Hindernis oder Hilfe?, Regensburg 1979, 9–29.
- Das tridentinische Messopferdekret in seinen Beziehungen zu der Kontroverstheologie der Zeit, in: Concilium Tridentinum, hg. von Remigius Bäumer, Darmstadt 1979, 341–381; Erstabdruck siehe 1965.
- „Das Herrenmahl" im römisch-katholischen und evangelisch-lutherischen Gespräch, in: ThRv 75 (1979) 178–182.
- [Rez.] Ignatius von Loyola, bearb. von Karl Rahner, Paul Imhof, Helmuth Nils Loose, Freiburg – Basel – Wien 1978, in: ThRv 75 (1979) 217ff.
- „Dokumente der Einheit, des Friedens", in: Deutsche Tagespost Nr. 112 vom 18. September 1979, 7.
- Zeichen der Einheit, in: Rhein. Merkur Nr. 35 vom 31. August 1979, 30.
- Bis an die Grenze seiner Kräfte (Zum Tod von Bischof Heinrich Tenhumberg), in: Rheinischer Merkur Nr. 38 vom 21. September 1979, 30.

- Wilhelm Emmanuel von Ketteler: Libertad de la Iglesia y en la Iglesia, in: Salmanticensis 27 (1979) 257–275; span. Übers., deutsch siehe 1978.

1980

- Wilhelm Emmanuel von Ketteler, in: Personen und Wirkungen. Biographische Essays, hg. von der Landesbank Rheinland-Pfalz Girozentrale, Mainz 1979, 202–206.
- (Hg. in Verbindung mit Barbara Hallensleben) Confessio Augustana und Confutatio. Der Augsburger Reichstag 1530 und die Einheit der Kirche. Internationales Symposion der Gesellschaft zur Herausgabe des Corpus Catholicorum in Augsburg vom 3.–7. September 1979, Münster 1980.
- „Von der Bischofen Gewalt": zu CA 28, in: Confessio Augustana und Confutatio. Internationales Symposion der Gesellschaft zur Herausgabe des Corpus Catholicorum in Augsburg vom 3.–7.September 1979: 1530 und die Einheit der Kirche, hg. von Erwin Iserloh in Verbindung mit Barbara Hallensleben, Münster 1980, 473–488.
- Die Sakramente: Taufe und Abendmahl (mit Vilmos Vajta), in: Harding Meyer / Heinz Schütte (Hg.) Confessio Augustana. Bekenntnis des einen Glaubens. Gemeinsame Untersuchung lutherischer und katholischer Theologen, Paderborn – Frankfurt 1980, 198–227.
- Die Abendmahlslehre der Confessio Augustana, ihrer Confutatio und ihrer Apologie, in: Catholica 34 (1980) 15–35.
- Schicksalstage des Augsburger Reichstages, in: Bernhard Lohse / Otto Hermann Pesch (Hg.), Das „Augsburger Bekenntnis" von 1530 – damals und heute, Mainz – München 1980, 64–78.
- Geschichte und Theologie der Reformation im Grundriss, Paderborn 1980.
- Kirchengeschichte als Geschichte und Theologie in der Sicht Hubert Jedins, in: Jahrbuch des italienisch-deutschen historischen Instituts in Trient VI (1980) 35–64.

1981

- Das Ringen um die Einheit der Christenheit auf dem Augsburger Reichstag 1530, in: Gewissen und Freiheit 16 (1981) 25–31.
- 450 Jahre Confessio Augustana. Eine Bilanz, in: Catholica 35 (1981) 1–16.
- Die Arbeit der Gesellschaft zur Herausgabe des Corpus Catholicorum e.V., in: Jahrbuch der historischen Forschung 1979, 54–57.
- Der deutsche Sozialkatholizismus im 19. und 20. Jahrhundert, in: Neunzig Jahre Rerum Novarum, hg. von der Arbeitsgemeinschaft katholisch-sozialer Bildungswerke in der Bundesrepublik Deutschland, Bonn 1981, 26–43.
- Nachruf auf Hubert Jedin, in: Jahrbuch der Akademie der Wissenschaften und der Literatur Mainz 1980, Wiesbaden 1980, 79–81.
- (mit Barbara Hallensleben), Cajetan de Vio, in: TRE Bd. 7, Berlin – New York 1981, 538–546.
- Johannes Eck (1486–1543). Scholastiker – Humanist – Kontroverstheologe (KLK Heft 41), Münster 1981.

- Johannes Eck, in: Martin Greschat (Hg.), Die Reformationszeit 1 (Gestalten der Kirchengeschichte Bd. 5), Stuttgart – Berlin – Köln – Mainz 1981, 247–269.
- Johannes Eck (1486–1543), in: TRE Bd. 9, Berlin – New York 1981, 249–258.
- In Memoria di Hubert Jedin (1900–1980), in: Humanitas Nr. 36 (1981) 649–665.
- Das Herrenmahl im römisch-katholischen und evangelisch-lutherischen Gespräch, in: Wilhelm Ernst, Konrad Feiereis, Siegfried Hübner, Joseph Reindl (Hg.), Theologisches Jahrbuch, Leipzig 1981, 389–394.

1982

- Kirchengeschichte – Eine theologische Wissenschaft, Mainz – Wiesbaden 1982.
- Geschichte und Theologie der Reformation im Grundriss, Paderborn 1982.
- Der Fröhliche Wechsel und Streit. Zu Theobald Beers Werk über Grundzüge der Theologie Martin Luthers, in: Catholica 36 (1982) 101–114.
- Luther und die Kirchenspaltung. Ist das Reformatorische kirchentrennend?, Teil 1, in: KNA – Ökumenische Information Nr. 21, 19. Mai 1982, 5–9. Teil II, in: KNA – Ökumenische Information Nr. 22/23, 26. Mai 1982, 5–10.
- [Hg.] Wilhelm Emmanuel von Ketteler, Schriften, Briefe und Materialien zum Vaticanum I, 1867–1875 (Sämtliche Werke und Briefe Abt. 1, Bd. 3), Mainz 1982.
- Luther und die Kirchenspaltung – Ist das Reformatorische kirchentrennend?, in: Hans Friedrich Geisser u.a., Weder Ketzer noch Heiliger. Luthers Bedeutung für den Ökumenischen Dialog, Regensburg 1982, 73–92.
- Charisma und Institutionen im Leben der Kirche dargestellt an Franz von Assisi und der Armutsbewegung seiner Zeit, in: Kultur und Institution 9 (1982) 339–355; Erstabdruck siehe 1977.
- Devotio moderna – Die „Brüder und Schwestern vom gemeinsamen Leben" und die Windesheimer Augustiner Kongregation, in: Géza Jászai (Hg.), „Monastisches Westfalen", Klöster und Stifte 800–1800, Münster 1982, 191–201.
- [Hg.] Johannes Eck, De sacrificio missae libri tres (1526) (Corpus Catholicorum 36), Münster 1982.
- Das Bischofsamt nach der Confessio Augustana, in: Episcopale Munus. Recueil d'études sur le ministère episcopal, offertes en hommage à Son Excellence Mgr Joannes Gijsen, hg. von Philippe Delhaye und Léon Elders, Assen 1982, 312–328.

1983

- Art. Johannes Busch, in: Lexikon des Mittelalters, Bd. 11(1983), Sp. 1115f.
- Luther und die Kirchenspaltung. Was verbindet ihn mit, was trennt ihn von der katholischen Kirche?, in: Katechetische Blätter 108 (1983) 27–41; Erstabdruck siehe 1982.
- Art. Konziliarismus, in: Ökumene-Lexikon – Kirchen. Religionen. Bewegungen, hg. von Hanfried Krüger, Werner Löser und Walter Müller-Römfeld, Frankfurt a.M. 1983, 719f.
- Art. Lortz, Joseph, in: ebd. 757f.

- „Mit dem Evangelium lässt sich die Welt nicht regieren". Luthers Lehre von den beiden Regimenten im Widerstreit, in: Gerda-Henkel-Vorlesung. Aus der Lutherforschung, Opladen 1983, 49–64.
- Der Katholizismus und das Deutsche Reich von 1871. Bischof Kettelers Bemühungen um die Integration der Katholiken in dem kleindeutschen Staat, in: Politik und Konfession. Festschrift für Konrad Repgen zum 60. Geburtstag, hg. von Dieter Albrecht u.a., Berlin 1983, 213–230 (Westfälische Zeitschrift 133 [1983], 57–73).
- Luther and the Concil of Trent, in: The Catholic Historical Review 69 (1983) 563–579.

1984

- Lutero e il Concilio di Trento, in: Martin Luther e il Protestantesimo in Italia, hg. vom Goethe-Institut Mailand – Università degli Studi di Milano, Mailand 1984, 193–209; engl. siehe 1983.
- [Hg.] Kaspar Schatzgeyer OFM, Schriften zur Verteidigung der Messe (Corpus Catholicorum 37), Münster 1984.
- [Hg.] Wilhelm Emmanuel von Ketteler, Briefe 1825–1850 (Sämtliche Werke und Briefe Abt. II, Bd. 1), Mainz 1984.
- Martin Luther in katholischer Sicht, in: Die Reformation geht weiter. Ertrag eines Jahres, hg. von Ludwig Markert und Karl-Heinz Stahl, Erlangen 1984, 214–231.
- Martin Luther und die römische Kirche, in: Luther und die politische Welt, hg. von Erwin Iserloh und Gerhard Müller, Stuttgart 1984.
- [Hg.], Katholische Theologen der Reformationszeit 1 (KLK 44), Münster 1984.
- „Mit dem Evangelium lässt sich die Welt nicht regieren" – Luthers Lehre von den beiden Regimenten im Widerstreit, in: Otto Hermann Pesch (Hg.), Lehren aus dem Lutherjahr. Sein Ertrag für die Ökumene, München – Zürich 1984, 86–105; Erstabdruck siehe 1983.
- Evangelismus und katholische Reform in der italienischen Renaissance, in: August Buck (Hg.), Renaissance – Reformation. Gegensätze und Gemeinsamkeiten, Wiesbaden 1984, 35–46.

1985

- Die Päpste im Zeitalter der Reformation und das Konzil von Trient, in: Martin Greschat (Hg.), Gestalten der Kirchengeschichte Bd. 12: Das Papsttum II. Vom großen Abendländischen Schisma bis zur Gegenwart, Stuttgart 1985, 53–78.
- Pius XI., ebd. 257–277.
- Kirche – Ereignis und Institution. Aufsätze und Vorträge, Bd. I: Kirchengeschichte als Theologie; Bd. II: Geschichte und Theologie der Reformation, Münster 1985.

1987

- Lebenserinnerungen, in: Römische Quartalschrift 82 (1987) Heft 1–2, 15–43.

STUDIA OECUMENICA FRIBURGENSIA

(= Neue Folge der ÖKUMENISCHEN BEIHEFTE)
(= Nouvelle Série des CAHIERS OECUMÉNIQUES)

61 Uwe WOLFF: Iserloh. Der Thesenanschlag fand nicht statt, hg. von Barbara Hallensleben. Mit einem Geleitwort von Landesbischof Friedrich Weber und einem Forschungsbeitrag von Volker Leppin. 267 S., 2013.

60 Nikolaus WYRWOLL: Ostkirchliches Institut Regensburg. Studierende und Gäste 1963–2013. 283 S., 2013.

59 Jürg H. BUCHEGGER: Das Wort vom Kreuz in der christlich-muslimischen begegnung. Leben und Werk von Johan Bouman. 322 S., 2013.

58 Christof BETSCHART: „Unwiederholbares Gottessiegel". Zum Verständnis der personalen Individualität in Edith Steins philosophisch-theologischem Horizont. 378 S., 2013.

57 Ernst Christoph SUTTNER: Einheit im Glaube – geistgewirkte Vielfalt in Leben und Lehre der Kirche. 151 S., 2013.

56 Christoph SCHWYTER: Das sozialpolitische Denken der Russischen Orthodoxen Kirche. Eine theologische Grundlegung auf der Basis offizieller Beiträge seit 1988. VIII + 375 S., 2013.

55 Franck LEMAÎTRE : Anglicans et Luthériens en Europe. Enjeux théologiques d'un rapprochement ecclésial. IV + 356 p., 2011.

54 Ernst Christoph SUTTNER: Quellen zur Geschichte der Kirchenunionen des 16. bis 18. Jahrhunderts. Deutsche Übersetzung der lateinischen Quellentexte von Klaus und Michaela Zelzer mit Erläuterungen von Ernst Christoph Suttner. IV + 292 S., 2010.

53 Marie Louise GUBLER: Befreiung verkündigen. Eine Auslegung der Sonntagsevangelien. 466 S., 2010.

52 Ernst Christoph SUTTNER: Kirche und Theologie bei den Rumänen von der Christianisierung bis zum 20. Jahrhundert. 258 S., 2009.

51 Augustin SOKOLOVSKI: *Matrix omnium conclusionum*. Den *Augustinus* des Jansenius lesen. VIII + 322 S., 2013.

50 Cyril PASQUIER osb : Aux portes de la gloire. Analyse théologique du millénarisme de Saint Irénée de Lyon. 176 p., 2008.

49 Ernst Christoph SUTTNER: Staaten und Kirchen in der Völkerwelt des östlichen Europa. Entwicklungen der Neuzeit. 484 S., 2007.

48 Barbara HALLENSLEBEN und Guido VERGAUWEN (Hg.): Letzte Haltungen. Hans Urs von Balthasars „Apokalypse der deutschen Seele" – neu gelesen. 360 S., 2006.

47 Hilarion ALFEYEV : Le mystère sacré de l'Église. Introduction à l'histoire et à la problématique des débats athonites sur la vénération du nom de Dieu. 448 p., 2007.

46 Urs CORRADINI: Pastorale Dienste im Bistum Basel. Entwicklungen und Konzeptionen nach dem Zweiten Vatikanischen Konzil. 560 S., 2008.

45 Gottfried Wilhelm LOCHER: Sign of the Advent. A Study in Protestant Ecclesiology. 244 S., 2004.
44 Mariano DELGADO und Guido VERGAUWEN (Hg.): Glaube und Vernunft – Theologie und Philosophie. Aspekte ihrer Wechselwirkung in Geschichte und Gegenwart. 248 S., 2003.
43 Hilarion ALFEYEV: Geheimnis des Glaubens. Einführung in die orthodoxe dogmatische Theologie. 280 S., 2003; 2. Auflage 2005.
42 Jorge A. SCAMPINI o.p. : „La conversión de las Iglesias, una necesidad y una urgencia de la fe". La experiencia del *Groupe des Dombes* como desarrollo de un método ecuménico eclesial (1937–1997). 672 p., 2003.
41 Iso BAUMER: Von der Unio zur Communio. 75 Jahre Catholica Unio Internationalis. 536 S., 2002.
40 Adrian LÜCHINGER: Päpstliche Unfehlbarkeit bei Henry Edward Manning und John Henry Newman. 368 S., 2001.
39 Klauspeter BLASER : Signe et instrument. Approche protestante de l'Eglise. Avec la collaboration de Christian Badet. 216 p., 2000.
38 Kurt STALDER: Sprache und Erkenntnis der Wirklichkeit Gottes. Texte zu einigen wissenschaftstheoretischen und systematischen Voraussetzungen für die exegetische und homiletische Arbeit. Mit einem Geleitwort von Heinrich Stirnimann o.p., hg. von Urs von Arx, unter Mitarbeit von Kurt Schori und Rudolf Engler. 486 S., 2000.
37 Marie-Louise GUBLER: Im Haus der Pilgerschaft. Zugänge zu biblischen Texten. 300 S., 1999.
36 Iso BAUMER: Begegnungen. Gesammelte Aufsätze 1949–1999. 356 S., 1999.
35 Barbara HALLENSLEBEN und Guido VERGAUWEN o.p. (éd.) : *Praedicando et docendo*. Mélanges offerts à Liam Walsh o.p. 345 p., 1998.
34 Son-Tae KIM: Christliche Denkform: Theozentrik oder Anthropozentrik? Die Frage nach dem Subjekt der Geschichte bei Hans Urs von Balthasar und Johann Baptist Metz. 626 S., 1999.
33 Guido VERGAUWEN o.p. (éd.) : Le christianisme : Nuée de témoins – beauté du témoignage. 152 p., 1998.
32 Marcelo Horacio LABÈQUE : Liberación y modernidad. Una relectura de Gustavo Gutiérrez. 444 p., 1997.
31 Bernd RUHE: Dialektik der Erbsünde. Das Problem von Freiheit und Natur in der neueren Diskussion um die katholische Erbsündenlehre. 296 S., 1997.
30 Marek CHOJNACKI: Die Nähe des Unbegreifbaren. Der moderne philosophische Kontext der Theologie Karl Rahners und seine Konsequenzen in dieser Theologie. 448 S., 1996.
29 Carlos MENDOZA-ÁLVAREZ o.p.: *Deus liberans*. La revelación cristiana en diálogo con la modernidad: los elementos fundacionales de la estética teológica. XVI + 478 p., 1996.
28 Iso BAUMER und Guido VERGAUWEN o.p. (Hg.): Ökumene: das eine Ziel – die vielen Wege. Œcuménisme : un seul but – plusiers chemins. Festschrift zum 30jährigen Bestehen des Institutum Studiorum Oecumenicorum der Universität Freiburg (Schweiz). 340 S., 1995.

UNSERE NEUEN REIHEN:

EPIPHANIA

Herausgegeben von
Barbara Hallensleben, Guido Vergauwen, Klaus Wyrwoll
in Zusammenarbeit mit
dem Institut für Ökumenische Studien der Universität Freiburg Schweiz
und dem Ostkirchlichen Institut Regensburg Deutschland

7   Sergij BULGAKOV: Philosophie der Wirtschaft. Hg. von Barbara Hallensleben und Regula Zwahlen. Ca. 320 Seiten (in Vorbereitung).

6   Theophil MEYER: Vierzig Jahre im Dienste der Lutherischen Kirche Russlands. Ca. 200 Seiten (in Vorbereitung).

5   Kyrill GUNDJAEV (Patriarch Kyrill von Moskau): Einsetzung und Entwicklung der kirchlichen Hierarchie. Ca. 200 Seiten (in Vorbereitung).

4   Rüdiger BUBNER: Polis und Staat. Grundlinien der Politischen Philosophie. Mit einem Vorwort von Martin Gessmann. Lizenzausgabe (Suhrkamp Verlag). Ca. 220 Seiten (in Vorbereitung).

3   Uwe WOLFF: Der vierte König lebt! Edzard Schaper – Dichter des 20. Jahrhunderts. 407 Seiten, 2012.

2   Nikolaus WYRWOLL: Politischer oder petrinischer Primat? Zwei Zeugnisse zur Primatsauffassung im 9. Jahrhundert. Mit einem Vorwort der Herausgeber. 147 Seiten, 2010.

1   KYRILL, Patriarch von Moskau und der ganzen Rus': Freiheit und Verantwortung im Einklang. Zeugnisse für den Aufbruch zu einer neuen Weltgemeinschaft. Aus dem Russischen übersetzt von Xenia Werner. Mit einem Geleitwort der Herausgeber. 239 Seiten, 2009.

EPIPHANIA · EGREGIA

Herausgegeben von
Barbara Hallensleben, Guido Vergauwen, Klaus Wyrwoll
in Zusammenarbeit mit
dem Institut für Ökumenische Studien der Universität Freiburg Schweiz
und dem Ostkirchlichen Institut Regensburg Deutschland

10 Jean CORBON: Jahr und Tag. Einführung ins liturgische Tagesgebet. Ikonen-Meditationen zum Kirchenjahr. Übersetzt und herausgegeben von Iso Baumer. Mit 12 Ikonen-Darstellungen, ca. 150 S. 2013. EUR 12,00 / CHF 16,00.

9 Cinzia MINERVINI JORDAN: Being and Becoming. Reading Arthur Miller's *Focus* and "The Crucible" through Giorgio Agamben. Edited and with a preface by Thomas Austenfeld. 116 S. 2012. EUR 10,80 / CHF 13,80.

8 Dieter HATTRUP: Freiheit in der Natur. Eine Anthropologie. Ca. 150 Seiten (in Vorbereitung). EUR 12,80 / CHF 15,80.

7 Hugo RAHNER: Maria und die Kirche. Vorreden zur Sophiologie. Herausgegeben von Klaus Wyrwoll. Mit einem Vorwort von Yves Congar und einem Geleitwort von Barbara Hallensleben. 111 + XIII Seiten, 2011. EUR 10,80 / CHF 13,80.

6 Gemeinsamer Glaube und pastorale Zusammenarbeit. 25 Jahre Seelsorgegemeinschaft zwischen der Syrisch-Orthodoxen Kirche und der Römisch-Katholischen Kirche. Herausgegeben von Johannes Oeldemann. 99 Seiten, 2011. EUR 8,80 / CHF 12,80.

5 Fairy von Lilienfeld. 1917–2009. Herausgegeben von Ruth Albrecht und Ruth Koch. 143 Seiten, 2011. EUR 12,80 / CHF 15,80.

4 Maja TSCHUMI – SIMON HELBLING: APOKALYPSE. Das Theater / Giorgio AGAMBEN: Kirche und Herrschaft. 64 Seiten, 2011. EUR 7,80 / CHF 11,80.

3 Walter NIGG: Ein Wörtlein über meine Bücher – und andere autobiographische Texte. Herausgegeben von Barbara Hallensleben und Uwe Wolff. 119 Seiten, 2010. EUR 9,80 / CHF 14,80.

2 Wilm SANDERS: Epiphanie. Eine Wiederentdeckung in 40 Aspekten. Mit einer Meditation von Uwe Wolff. Herausgegeben von Nikolaus Wyrwoll und Barbara Hallensleben. 148 Seiten, 2010. EUR 9,90 / CHF 14,80.

1 Edzard SCHAPER: Händel-Brevier. Aus dem unvollendeten, unveröffentlichten Roman. Zusammengestellt von Paul Hostettler. Eingeleitet von Uwe Wolff und Luca Zoppelli. Herausgegeben von Barbara Hallensleben. 145 Seiten, 2009. EUR 19,80 / CHF 28,00.